Schwarzes Meer
(Euxeinos Pontos)
Apollonia
Byzantion
Bosporos
Marmarameer
(Propontis)
Hellespont
Axios
Pella
Thessaloniki
(Therme)
Philippi
Abdera
Hebros
Stageira
Thasos
Samothrake
Haliakmon
Pydna
Olymp
Chalkidike
Athos
Poteidaia
Sestos
Lampsakos
Kyzikos
Nikaia
Imbros
Abydos
Prusa
Lemnos
Tenedos
Troia
Larisa
äolisch
akia
Phthia
Asien
Mytilene
Thermopylen
Artemision
Lesbos
Pergamon
Skyros
Ägäisches
Meer
Arginusen
Parnass
Euboia
ionisch
Phokaia
Delphi
Chalkis
Eretria
Sardeis
Theben
Chios
Smyrna
Plataiai
Marathon
Klazomenai
Eleusis
Kolophon
Elis
Korinth
Megara
Athen
Andros
Nemea
Salamis
Peiraieus
Ephesos
Laureion
Maiandros
Olympia
Mykene
Samos
Mykale
Aigina
Sunion
Ikaria
Priene
Keos
Alpheios
Argos
Epidauros
Milet
Mykonos
Delos
Didyma
Peloponnes
Hydra
Naxos
Paros
Halikarnass
Sparta
Eurotas
Pylos
Siphnos
dorisch
Kos
Melos
Ios
Santorin
(Thera)
Rhodos
Kythera
Kreta
Knossos

ΚΑΙΡΟΣ
KAIROS
kompakt

Textband

C.C.BUCHNER

ΚΑΙΡΟΣ
KAIROS
kompakt

Herausgegeben von Andreas Weileder und Markus Heber

Textband
Bearbeitet von Susanne Full, Markus Heber, Matthias Märkl, Hubert Müller, Florian Sellmer und Andreas Weileder
auf der Grundlage von KAIROS neu

Zu diesem Lehrwerk sind erhältlich:
- Digitales Lehrermaterial click & teach Einzellizenz, Bestell-Nr. 370101
- Digitales Lehrermaterial click & teach Box (Karte mit Freischaltcode), ISBN 978-3-661-37010-1

Weitere Materialien finden Sie unter www.ccbuchner.de.

Dieser Titel ist auch als digitale Ausgabe click & study unter www.ccbuchner.de erhältlich.

1. Auflage, 1. Druck 2022

Dieses Werk folgt der reformierten Rechtschreibung und Zeichensetzung. Ausnahmen bilden Texte, bei denen künstlerische, philologische oder lizenzrechtliche Gründe einer Änderung entgegenstehen.

Auf verschiedenen Seiten dieses Buches finden sich Verweise (Links) auf Internetadressen. Haftungshinweis: Trotz sorgfältiger inhaltlicher Kontrolle wird die Haftung für die Inhalte externer Seiten ausgeschlossen.

Redaktion: Andrea Forster, Andreas Grünbeck und Laura Kampmann
Layout und Satz: tiff.any GmbH & Co. KG, Berlin
Karten: Archiv i.motion, Bamberg
Umschlag: tiff.any GmbH & Co. KG, Berlin
Druck und Bindung: mgo360 GmbH & Co. KG, Bamberg

www.ccbuchner.de

ISBN 978-3-661-**37001**-9

Kairos (καιρός) steht im Griechischen für den rechten Zeitpunkt, die günstige Gelegenheit oder das rechte Maß, den geeigneten Ort, den Vorteil und den Nutzen. Alle diese Bedeutungen liegen auch dem Titel dieser Neubearbeitung des seit Jahren bewährten Lehrwerks **KAIROS** bzw. **KAIROS neu** zugrunde.
Schon beim Erlernen der Sprache eröffnet sich ein faszinierender, gewinnbringender Einblick in die griechische Welt mit all ihrer Buntheit, ihrem kulturellen und gedanklichen Reichtum, ihrer historischen Dimension und geografischen Vielfalt. Zugleich bietet sich die einzigartige Chance, zu den Wurzeln europäisch geprägten Denkens und Lebens vorzudringen und damit eine breite und solide Basis zu erlangen, europäische Identität vertieft zu begreifen und sich fundiert mit ihr auseinanderzusetzen.
Inhaltlich folgt **KAIROS kompakt** einem doppelten Gliederungsprinzip: Übergeordnet bleibt die bewährte geografische Grundstruktur. Die Lernenden begeben sich auf eine höchst abwechslungsreiche Reise durch die Landschaften des antiken Griechenlands. Die einzelnen Etappen werden durch anschaulich gestaltete Sequenzteiler eingeleitet, die über die in ihrem Charakter sehr unterschiedlichen Regionen informieren. Der Weg beginnt auf der Insel Kreta, einer der Keimzellen griechischer Kultur, und führt anschließend über die Landschaften der Peloponnes nach Mittelgriechenland. Mit Delphi, dem „Nabel" der damals bekannten Welt, ist in etwa auch die Mitte des Lehrgangs erreicht. Anschließend geht es über Nordgriechenland, Kleinasien, den Orient und Afrika, die Magna Graecia und schließlich die ägäische Inselwelt nach Athen weiter. Dort, im blühenden, pulsierenden Zentrum griechischen Geistes, griechischer Kultur und Politik, endet die Reise. Die Begegnung mit Sokrates und Platon, die sich hier, am Ende des Sprachlehrgangs, ergibt, erleichtert thematisch zugleich auch den anschließenden Einstieg in den Lektüreunterricht.
Neben dem geografischen folgt **KAIROS kompakt** aber auch einem historischen Gliederungsprinzip: Auf einem Zeitstrahl, der, beginnend in mythischer Vorzeit, über die minoische und mykenische Zeit in die Epochen der Archaik, der Klassik und schließlich des Hellenismus weist, ist das Kernthema jeder einzelnen Lektion sorgfältig verortet. Dadurch haben die Lernenden stets auch die historische Entwicklung Griechenlands klar im Blick. Ergänzend wird ihnen durch prägnant formulierte Zusammenfassungen das Wesen der einzelnen Epochen auch systematisch vermittelt, und sie erkennen, dass – zumindest für den antiken Griechen – Mythos und Geschichte untrennbar miteinander verwoben sind.
Der formale Aufbau der Lektionen im **KAIROS kompakt** wurde mit Blick auf die Erfordernisse eines motivierenden, zeitgemäßen Sprachunterrichts umfassend weiterentwickelt und modernisiert (vgl. dazu die Sonderseiten „Aufbau einer Lektion", S. 4–5). **kompakt** bedeutet dabei auch, dass Grammatik und Wortschatz weiter verschlankt und systematisiert und damit auf den Kern dessen reduziert wurden, was für gelingenden Lektüreunterricht unbedingt erforderlich ist.
Methodisch wird im Sinne des Kompetenzerwerbs großer Wert auf eine systematische Hinführung zu strukturiertem, im Lauf der Spracherwerbsphase zunehmend eigenständigem Lernen und Wiederholen gelegt. Dazu dienen u. a. griffig gestaltete Methodenseiten (z. B. zum Vokabellernen, zur Übersetzungstechnik) sowie regelmäßige Wiederholungseinheiten. Ein reichhaltiges digitales Zusatzangebot (click & teach, QR-Codes usw.) ergänzt das Lernen mit **KAIROS kompakt** und rundet es ab.
Da Sprachunterricht als jahrgangsstufenübergreifendes Kontinuum zu verstehen ist, ersetzt im **KAIROS kompakt** eine nahtlos fortlaufende, zusammenhängende Darstellung sowohl im Text- als auch im Begleitband die bisherige Aufteilung in getrennte Jahrgangsstufenbände.
„Καιρὸς δ' ἐπὶ πᾶσιν ἄριστος." – „Der rechte Augenblick ist bei allem am besten." – Ausgehend von dieser Einsicht des frühgriechischen Dichters Hesiod bleibt am Ende des Vorworts zu wünschen, dass sich **KAIROS kompakt** nun auch in der Unterrichtspraxis als rechter Augenblick, als günstige Gelegenheit erweist. Denn dann kann das Griechische als Schlüsselfach ebenso für modernes, selbsttätiges Lernen und methodisch strukturierte Spracherfassung wie für ein tieferes Verständnis europäischer Identität – kurz als ein gymnasiales Kernfach – lebendig werden.

Der Aufbau einer Lektion (Doppelseite)

Einführungssätze:
Entdecken und Erarbeiten des neuen Grammatikstoffs (grau: A-Teil; schwarz: B-Teil)

Übungen:
kleinschrittige Erarbeitung und Festigung der Grammatik (grau: A-Teil; schwarz: B-Teil)

Informationstexte:
Vermittlung von Kulturwissen und Hinführung zum Übersetzungstext **T**

7

E

1. Ὁ Μίνως δῶρον λαμβάνει. Τὸ δῶρον τὸν κύριον εὐφραίνει.
2. Ὁ Μίνως δώροις χαίρει.
3. Τὰ δῶρα τὸν κύριον εὐφραίνει.
4. Ὁ γεωργὸς τὸν κύριον εὐφραίνει ταύρῳ·
„Λάμβανε τὸν ταῦρον, τὸ τοῦ δήμου δῶρον."
5. Ὁ Μίνως λέγει πρὸς τὸν δῆμον·
„Μὴ ἔχετε φόβον. Διάγομεν ἄνευ κινδύνων."

Ü

1 Formenstaffel. Bilde ausgehend vom Nom. Sg. die Formenreihen.
τὸ δένδρον → Akk. → Pl. → Dat. → Sg. → Gen.
τὸ δῶρον → Dat. → Gen. → Pl. → Akk. → Nom.
ὁ σῖτος → Pl. → Akk. → Dat. → Sg. → Gen.
τὸ τέκνον → Vok. → Pl. → Akk. → Sg. → Dat.
ὁ κύριος → Vok. → Akk. → Pl. → Dat. → Gen.

2 Wähle jeweils das grammatisch korrekte Satzglied aus und übersetze.
a) Τὰ δῶρα τὰ τέκνα εὐφραίνειν / εὐφραίνει / εὐφραίνουσιν.
b) Ὁ γεωργὸς τῷ τέκνῳ / τοῦ τέκνου / τὸ τέκνον δῶρον παρέχει.
c) Οἱ φιλόσοφοι λόγων / λόγους / λόγοις τοὺς ἀνθρώπους παιδεύουσιν.

3 Erkläre den Modus und übersetze. Stehen die Sätze jeweils eindeutig im Indikativ oder Imperativ oder sind sie doppeldeutig?
a) Φέρετε τὸν οἶνον.
b) Οὐ φέρετε τὸν οἶνον.
c) Μὴ φέρετε τὸν οἶνον.
d) Φέρετε τὸν οἶνον, ὦ δοῦλοι.

I

Kretische Mythen – Aufstieg und Fall einer Insel
Kreta ist im Mythos der **Ursprung der griechischen Zivilisation** und die **Wiege Europas**. Hierher soll Zeus die phoinikische Prinzessin **Europe** entführt haben, hier soll ihr Sohn **Minos** als König geherrscht und den Menschen erstmals Gesetze gegeben haben. Auf Kreta lebte auch das Ungeheuer **Minotauros** – halb Stier, halb Mensch. Für das Untier baute der kunstfertige **Daidalos** ein Labyrinth. Alle neun Jahre mussten die Athener dem Minotauros je sieben Jungen und Mädchen opfern, bis **Theseus** das Ungeheuer tötete. Er fand den Weg aus dem Labyrinth mithilfe eines Fadens, den ihm **Ariadne**, die Tochter des Minos, geschenkt hatte.
Die Mythen um Kreta deuten auf **tatsächliche Ereignisse der frühen Geschichte Griechenlands** hin, etwa den phoinikischen Ursprung des griechischen Alphabets (vgl. S. 14 f.) oder die Bedeutung Kretas in der Frühzeit. Dennoch darf man den Mythos weder als Wiedergabe realer Geschehnisse missdeuten noch auf seine historische Bedeutung reduzieren, da man sonst die zeitlosen Aussagen des Mythos aus den Augen verliert.

34

Für die Behandlung des Grammatikstoffs einer Doppelseite bieten sich – vereinfacht dargestellt – zwei **methodische Verfahren** an:

von links nach rechts: Erarbeitung des Grammatikstoffs (anhand von **E**) → Einübung des Grammatikstoffs (**Ü**) → Übersetzen und Erschließen des Lektionstexts (**T** und texterschließende Aufgaben) → Sprachliche und inhaltliche Vertiefung (texterschl. Aufgaben)

MYTHISCHE VORZEIT	MINOISCHE ZEIT	MYKENISCHE ZEIT	ARCHAIK	KLASSIK	HELLENISMUS

1800 – 1600 – 1400 – 1200 – 1000 – 800 – 600 – 400 – 200

Zeitstrahl: (kultur)historische Einordnung des Themas

T

Europe und der Stier

Im östlichen Mittelmeer spielt sich ein eigenartiges, doch prachtvolles Schauspiel ab: Dort schwimmt ein schöner weißer Stier; auf seinem Rücken sitzt ein Mädchen, das sich weinend an den Hörnern des Tieres festklammert: die phoinikische Prinzessin Europe, die übrigens bald Mutter des Minos werden wird.

Ὁ ταῦρος λέγει· „Παῦε, ὦ τέκνον, τὰ δάκρυα· δάκρυα γὰρ τὸ πρόσωπον διαφθείρει. Γίγνωσκε, ὅτι οὐ θηρίον σε[1] διὰ τοῦ πόντου φέρει, ἀλλὰ Ζεύς. Μὴ ὑπόπτευε κακά."

Εὐρώπη φόβον οὐκέτι ἔχει καὶ θεῶν δώροις χαίρει· Ἔρως μὲν γὰρ ᾄδει τὸν ὑμέναιον[2], Ἀφροδίτη δὲ τὸν ταῦρον ῥόδοις[3] βάλλει, Ποσειδῶν δὲ κελεύει· „Μὴ ταράττετε τὸν πόντον, ὦ ἄνεμοι" – καὶ χορὸν δελφίνων[!] πέμπει.

Ὁ ταῦρος εἰς Κρήτην[!] σπεύδει. Ἐκεῖ δὲ πάλιν γίγνεται[4] Ζεύς, καὶ ὁ θεῶν καὶ ἀνθρώπων κύριος Εὐρώπην[!] εἰς δένδρον ἄγει· τὸ γὰρ δένδρον τοῖς φύλλοις[5] κρύπτει τὸν γάμον.

[1] σε: dich

[2] ὁ ὑμέναιος: das Hochzeitslied

[3] τὸ ῥόδον: die Rose

[4] γίγνεται: er, sie, es wird

[5] τὸ φύλλον: das (Laub-)Blatt

Übersetzungstext T: Lektionstext mit dem aktuellen Grammatikstoff und den neuen Vokabeln

1. Erschließe anhand der Verneinung den Modus von ταράττετε (Z. 6).
2. Z. 1–3: Beschreibe, wie es dem „Stier" gelingt, bei dem verängstigten Mädchen einen Stimmungsumschwung zu erzeugen.
3. Im Text wechseln sich erzählende Passagen und direkte Reden ab. Analysiere, in welcher der beiden Textformen Imperative vorkommen können, und stelle diese zusammen.
4. MK Neben seiner Ehe mit Hera hat Zeus immer wieder heimliche Liebschaften. Meist tritt er diesen Mädchen und Frauen in zunächst anderer Gestalt gegenüber (wie hier im Text und auf der Abbildung als Stier). Nenne drei weitere Partnerinnen und gib an, in welcher Tarnung er sich ihnen jeweils nähert.

Texterschließende Aufgaben:
Text und Sprache: Aufgaben zur Erschließung des Textes (erste Aufgabe zur Vorerschließung)
Kultur: Weiterführende Auseinandersetzung mit dem Thema und Schulung der Medienkompetenz

▲ *Andrea Schiavone (1510–1563): Raub der Europe.*

Abbildung: Auseinandersetzung mit **T** und **I**

35

von rechts nach links: Übersetzen und Erschließen des Lektionstextes (**T**, texterschließende Aufgaben); dabei: Erarbeiten des Grammatikstoffs → Einüben des Grammatikstoffs (Auswahl aus **Ü**, **E**)

Weitere Übersetzungstexte (zur Vertiefung) sind außerdem unter folgendem Mediencode abrufbar: **37001-15**

Inhalt

Schriftkurs — 14

1 Griechisches Alphabet (Majuskeln) • Spiritus … 16
2 Griechisches Alphabet (Minuskeln) • Akzente … 18
3 Besonderheiten der Schreibweise • Satzzeichen • Digamma • ι subscriptum … 20
W1 Wiederholung zur griechischen Schrift … 22

Kreta — 24

4 Eine göttlich geprägte Welt … 26
F o-Deklination: φίλος und Artikel • Elision
S Gebrauch des Artikels • Dritte Person des Verbs • Genitivattribut
K Die Götter der Griechen … 28
5 Ein selbstbewusster Herrscher … 30
F Indikativ und Infinitiv Präsens Aktiv
S Negation • Wort- und Satzfragen
6 Ein Gottkönig sorgt für Brot und Spiele … 32
F Wortakzent und Länge der Silben • o-Dekl.: ἄνθρωπος, γεωργός, δοῦλος
S Adverb und Präpositionalausdruck als Attribut • Apposition
7 Europe und der Stier … 34
F o-Dekl.: Neutrum • Imperativ Präsens
S Neutrum Plural als Subjekt • Dativ des Mittels oder Werkzeugs
W2 Theseus auf Kreta … 36
K Epochenüberblick I – Die mythische Vorzeit und die minoische Zeit … 38

Argolis — 40

8 Tragödie in Troizen … 42
F Indikativ und Infinitiv Präsens Passiv
S Substantivierter Infinitiv • Erweiterter substantivierter Infinitiv
9 Nur einer kann helfen … 44
F Hilfs- und Vollverb εἶναι
S Prädikatsnomen • Enklise • Akkusativ mit Infinitiv (AcI)
10 Was ist das Beste für den Menschen? … 46
F a-Dekl.: γνώμη und τιμή
S Artikel als Demonstrativpronomen
11 Wunderheilung durch Asklepios … 48
F Dreiendige Adjektive der o- und a-Dekl.
S Adjektiv als Attribut • Substantivierung des Adjektivs • Adjektiv als Prädikatsnomen

12 **Trotz gegen den Göttervater** 50
F μέγας und πολύς ● Indikativ, Imperativ und Infinitiv Präsens Medium
S Akkusativ der zeitlichen und räumlichen Ausdehnung ● Medium
13 **Gewissenskonflikt und Gnadenakt** 52
F Partizip Präsens Medium und Passiv
S Attributive Verwendung des Partizips ● Substantiviertes Partizip ● Adverbiale Verwendung des Partizips
14 **Doppelmord in Mykene** 54
F a-Dekl.: οἰκία und γενεά ● a-Dekl.: Maskulina auf -ας und -ης
15 **Der Rächer** 56
F Dreiendige Adjektive der o- und a-Dekl.: λαμπρός, -ά, -όν ● αὐτός und μόνος
S Häufung von Negationen ● Dativ der Gemeinschaft ● Dativ der Art und Weise ● Dativ des Grundes
K **Epochenüberblick II – Die mykenische Zeit und die Archaik** 58
W3 **Griechenland im 19. Jahrhundert** 60

Lakonien – Messenien 62

16 **Erziehungsgrundsätze in Sparta – ein Vorbild?** 64
F Imperfekt Aktiv ● syllabisches Augment; temporales Augment
S Aspekt des Imperfekts
17 **Mädchenerziehung in Sparta** 66
F Imperfekt Medium und Passiv ● Imperfekt zusammengesetzter Verben
S Adjektive in prädikativer Stellung bei Vollverben
18 **Todesmut** 68
F Imperfekt von εἶναι ● Personalpronomen
S Artikel bei Adverbien, Präpositionalausdrücken und Genitivattributen
19 **Spartanisch leben, lakonisch reden** 70
F Reflexivpronomen ● Possessivpronomen
S Ellipse ● Prädikatsnomen beim Infinitiv
20 **Die Dioskuren – Helfer in der Not** 72
F Aorist Aktiv und Medium der Verben mit vokalischem Stockauslaut ● Partizip Aorist Medium
S Aspekt des Aorists ● Infinitiv Aorist
21 **Der Raub der Helena?** 74
F Verba muta: Aorist der T- und P-Stöcke ● Imperativ Aorist ● Hauchdissimilation
22 **Als Gast auf einer Skandalhochzeit** 76
F Verba muta: Aorist der K-Stöcke ● o-Dekl. auf -ος: Feminina
S Doppelter Akkusativ
W4 **Telemachos bei Menelaos und Helena in Sparta** 78

Arkadien 80

23 **Eberjagd mit Hindernissen** 82
F Starker Aorist Aktiv ◉ οὗτος, αὕτη, τοῦτο und ἐκεῖνος, -η, -ο
24 **Lässt sich die Erfüllung eines Orakelspruchs verhindern?** 84
F Weitere Verben mit starkem Aorist ◉ Starker Aorist Medium ◉ ὅδε, ἥδε, τόδε
25 **Das Ende einer unfreiwilligen Reise** 86
F a-Dekl.: Feminina auf -ᾰ und γῆ ◉ o-Dekl.: νοῦς und πλοῦς
S Persönliches Passiv bei Verben des Sagens und Meinens (NcI)
W5 **Die Rettung des Spartanerkönigs Theopompos durch seine Frau Cheilonis** 88

Elis 90

26 **Phidias – ein Genie!** 92
F τίς, τί ◉ τις, τι
S Interrogativpronomen ◉ Indefinitpronomen
27 **Das Zeusheiligtum in Olympia und die Olympischen Spiele** 94
F ὅς, ἥ, ὅ ◉ ὅστις, ἥτις, ὅ τι
S Relativpronomen ◉ Verallgemeinerndes Relativpronomen
28 **Pelops und Oinomaos** 96
F Futur Aktiv und Medium der Verba vocalia und muta ◉ Futur von εἶναι
S Gebrauch des griechischen Futurs
29 **Herakles und die Ställe des Augias** 98
F Dritte Dekl.: Liquida-Stämme auf -λ und -ρ ◉ Dritte Dekl.: Muta-Stämme
30 **Kein Zutritt für Frauen!** 100
F Dritte Dekl.: Liquida-Stämme auf -ν ◉ Dritte Dekl.: Adjektive auf -ν ◉ α privativum
31 **Wie viel ist ein sportlicher Sieg wert?** 102
F Dritte Dekl.: Stämme auf -ντ ◉ Zweiendige Adjektive der o-Dekl.
S Genitiv des geteilten Ganzen
K **Die Olympischen Spiele** 104
W6 **Der Kylonische Frevel** 106

Korinth – Achaia 108

32 **Handelt so ein weiser Mann?** 110
F Partizip Präsens Aktiv der Verben auf -ω ◉ Partizip Präsens von εἶναι
S Adverbial gebrauchtes Partizip: Übersetzungsmöglichkeiten und Zeitverhältnisse ◉ Unterscheidung von adverbialem und attributivem Partizip
33 **Dem Tod von der Schippe gesprungen** 112
S Genitivus absolutus ◉ Feste Wendungen mit Partizip

34 **Ibykos und die Kraniche** 114

F Partizip Aorist Aktiv der Verben mit starkem und schwachem Aorist ◦ πᾶς, πᾶσα, πᾶν

35 **Was ist stärker: Emotion oder Verstand?** 116

F Partizip Futur Aktiv und Medium der Verba vocalia und Verba muta ◦ Partizip Futur von εἶναι

S Adverbiale Verwendung des Partizips Futur ◦ Prädikativ gebrauchtes Partizip (Typ 1)

36 **Der Isthmos von Korinth** 118

F Zahlwörter: Grundzahl 1; οὐδείς / μηδείς ◦ Zahlwörter: Grundzahlen von 2 bis 12

S Prädikativ gebrauchtes Partizip (Typ 2)

K **Griechische Vasen** 120

W7 **Paulus in Korinth** 122

Boiotien – Phokis 124

37 **Oidipus – eine Katastrophe bahnt sich an** 126

F Dritte Dekl.: Sigma-Stämme (Substantive / Adjektive) ◦ Dritte Dekl.: Eigennamen auf -ης bzw. -κλῆς

38 **Antigone und Kreon – zwei Welten prallen aufeinander** 128

F Aorist Passiv der Verben mit vokalischem Stockauslaut ◦ Aorist Passiv der Verba muta ◦ Starker Aorist Passiv

39 **Der Drachentöter – ein Mythos aus Theben** 130

F Futur Passiv ◦ Imperativ von εἶναι ◦ Dritte Dekl.: Vokalstämme auf -ῐ und -ῠ ◦ Quantitätentausch

40 **Noch ein Drachentöter – ein Mythos aus Delphi** 132

F Dritte Dekl.: Vokalstämme auf -ῠ (Adjektive) ◦ Dritte Dekl.: Diphthongstämme auf -ευ

S Akkusativ der Beziehung

41 **Zu Besuch in Delphi** 134

F Steigerung des Adjektivs

S Genitiv des Vergleichs ◦ Elativ

42 **Eindeutig zweideutig!** 136

F Perfekt Aktiv der Verben mit vokalischem Stockauslaut ◦ Perfekt Medium und Passiv der Verben mit vokalischem Stockauslaut ◦ Besonderheiten der Reduplikation

S Aspekt des Perfekts

43 **Hesiod – Liebling der Musen** 138

F Perfekt Medium und Passiv der Verba muta ◦ Besondere Perfektformen

S Dativ der handelnden Person

Inhalt

44 **Die Schlacht bei den Thermopylen** 140
F Zahlwörter ◉ Vom Adjektiv gebildetes Adverb ◉ Steigerung des Adverbs
K **Epochenüberblick III – Die Klassik** 142
W8 **Eine vom Schicksal geschlagene Familie** 144

Thessalien – Makedonien 146

45 **Die Hellenen bekommen ihren Namen** 148
S Konditionalgefüge (1/2): Indefiniter Fall / Irrealis ◉ Indikativ im Griechischen – Irrealis im Deutschen
46 **Wahre Liebe** 150
F Konjunktiv Präsens ◉ Konjunktiv Präsens von εἰμί
S Konjunktiv im Hauptsatz (1/2): Hortativ; Deliberativ ◉ Konjunktiv im Nebensatz: Finalsatz
47 **Ein Weltherrscher wird geboren** 152
F Konjunktiv Aorist Aktiv, Medium und Passiv
S Aspekt des Konjunktivs Aorist ◉ Konjunktiv im Hauptsatz (3): Prohibitiv
48 **Eine Therapie gegen Kopfschmerzen** 154
S Konditionalgefüge (3/4): Eventualis / Iterativ der Gegenwart ◉ Eventualis und Iterativ der Gegenwart im Relativsatz
K **Griechische Statuen** 156
W9 **Der Sänger Orpheus – thrakisch und tragisch** 158

Kleinasien 160

49 **Eine Majestätsbeleidigung** 162
F Optativ Präsens Aktiv, Medium und Passiv ◉ Optativ von εἰμί
S Optativ als Wunschmodus im Hauptsatz ◉ Potentialis im Hauptsatz ◉ Konditionalgefüge (5): Potentialis
50 **Streit in Troja I: Ehekrach in Troja** 164
F Optativ Aorist Aktiv, Medium und Passiv
S Aspekt des Optativs Aorist
51 **Streit in Troja II: Auseinandersetzung um die Waffen des Achilleus** ... 166
S Konditionalgefüge (6): Iterativ der Vergangenheit ◉ Optativ im Nebensatz: Obliquer Optativ
52 **Der Pergamonaltar** 168
S Temporalsatz ◉ Modi in Temporalsätzen ◉ Temporalsatz mit πρίν
53 **Thales – das verkannte Genie** 170
F Verba contracta: Allgemeines ◉ Verba contracta auf -έω: Kontraktionsregeln; Präsensstamm Aktiv

54 **Heraklit – „der Dunkle“** ... 172
F Verba contracta auf -έω: Präsensstamm Medium und Passiv
K **Griechische Philosophie** ... 174
W10 **Was ist das Kennzeichen der Christen?** ... 177

Orient – Afrika 178

55 **„Drei drei drei ...“** ... 180
F Verba contracta auf -άω: Kontraktionsregeln; Präsensstamm Aktiv, Medium und Passiv
56 **Alexander in Ägypten** ... 182
F Verba contracta auf -όω: Kontraktionsregeln; Präsensstamm Aktiv, Medium und Passiv
57 **Alexander – der Sohn des Zeus?** ... 184
F Verba contracta auf -ήω: Kontraktionsregeln; Präsensstamm • Verba contracta: Futur, Aorist, Perfekt • Stammformenreihe
58 **Die Schrift – eine geniale Erfindung?** ... 186
F Krasis
S Infinitiv der näheren Bestimmung bei Adjektiven • Absoluter Infinitiv • Finaler Infinitiv
59 **Ein Welteroberer am Wendepunkt** ... 188
F Attisches Futur • Mediales Futur mit aktiver Bedeutung / mit passiver Bedeutung
60 **Alexanders Tod** ... 190
F Einsilbige Verba contracta auf -έω • Verben mit Stockauslaut ϝ • Verbalstöcke auf -σ; Verba contracta auf -έω mit beschränkter Dehnung
S Zeitbestimmungen: Substantive im Genitiv und Dativ
K **Epochenüberblick IV – Der Hellenismus** ... 192
W11 **Alexander und Bukephalos** ... 194

Magna Graecia 196

61 **Freundestreue** ... 198
F Verba liquida: Allgemeines; Futur Aktiv und Medium; Aorist Aktiv und Medium; Aorist Passiv und Futur Passiv; Perfekt; Stammformenreihe zu ἀγγέλλω • Besonderheiten bei der Tempusbildung (1) • Kurze Stammformenreihen zu weiteren Verba liquida (1/2)
S Dativ der näheren Bestimmung
62 **Der Tod des Empedokles** ... 200
F Kurze Stammformenreihen zu weiteren Verba liquida (3/4) • Verba liquida: Besonderheiten bei der Tempusbildung (2)

Inhalt

63 **Der Tyrann und der Philosoph** 202
F Verben der Mischklasse (1/2): ἀγορεύω, ἔρχομαι, ἐρωτάω, ἐσθίω / ὁράω, τρέχω
S Nebensätze nach Verben der Fürsorge / des Befürchtens

64 **Katastrophe in Sizilien** 204
F Verben der Mischklasse (3/4/5): αἱρέω, φέρω / ἔχω / ἕπομαι

65 **Hebel, Spiegel und die Liebe zur Geometrie** 206
F Wurzelaorist (1): ἔβην, ἔστην ❋ Stammformenreihe zu βαίνω
S Akkusativ des Inhalts

K **Griechische Tempel** 208

W12 **Besser selbstbeherrscht als fremdbeherrscht** 210

Ägäische Inseln 212

66 **Sappho – die Liebe, eine „bittersüße" Leidenschaft** 214
F Wurzelaorist (2/3): ἔγνων, ἑάλων, ἐβίων / ἔφυν, ἔδυν ❋ Stammformenreihen zu γιγνώσκω, ἁλίσκομαι, βιόω / δύομαι und φύομαι

67 **Alkaios – ein politischer Liedermacher** 216
F Wurzelpräsens (1/2): φημί / εἶμι, κεῖμαι

68 **Archilochos – ein Diener des Kriegsgottes und der Musen** 218
S Relativischer Satzanschluss ❋ Verschränkter Relativsatz ❋ Assimilation und Attraktion im Relativsatz

69 **Das Recht des Stärkeren** 220
F Wurzelperfekt (1/2): δέδια, ἑστᾶσιν, τεθνᾶσιν / οἶδα
S Infinitiv bzw. Partizip mit ἄν

W13 **Unglück im Glück** 222

Athen – Attika 224

70 **Athenisches Selbstbewusstsein** 226
F Besonderheiten im Gebrauch der Genera verbi: Allgemeines / 1. Gruppe / 2. Gruppe
S Genitivus subiectivus und Genitivus obiectivus

71 **Athenes Geschenk** 228
F Besonderheiten im Gebrauch der Genera verbi: 3. Gruppe
S Indirekte Satzfragen ❋ Wahlfragen ❋ Genitiv des Grundes

72 **Die Panathenäen – Athen feiert** 230
F Verben auf -μι mit Präsensreduplikation (1): δίδωμι ❋ δίδωμι: Präsensstamm (Aktiv) / Futur, Aorist, Perfekt (Aktiv)

73 **Die Dionysien – großes Theater in Athen** 232
F δίδωμι: Präsensstamm (Passiv); Futur, Aorist, Perfekt (Passiv) ◈ Stammformenreihe zu δίδωμι
S Genitiv des Wertes / der Beschaffenheit ◈ Kausalsatz
74 **Ein Paar im Rampenlicht** 234
F Verben auf -μι mit Präsensreduplikation (2): τίθημι und ἵημι ◈ τίθημι und ἵημι: Präsensstamm (Aktiv und Medium/Passiv); Futur und Aorist (Aktiv, Medium, Passiv) ◈ Stammformenreihen zu τίθημι und ἵημι
S Genitiv bei Ausdrücken des Gerichtswesens ◈ Konsekutivsatz
75 **Die Sophisten – Stars oder Scharlatane?** 236
F Verbaladjektiv auf -τός, -τή, -τόν / -τέος, -τέα, -τέον
76 **Wie soll der Mächtige regieren?** 238
F Verben auf -μι mit Präsensreduplikation (3): ἵστημι ◈ ἵστημι: Präsensstamm; Futur, Aorist, Perfekt (Aktiv, Medium, Passiv) ◈ Stammformenreihe zu ἵστημι
77 **Pazifismus ist Frauensache** 240
F Weitere Verben nach dem Beispiel von ἵστημι bzw. ἵσταμαι
S Verben mit unterschiedlichen Konstruktionen
78 **Das Ende Athens?** 242
F Verben auf -νυμι: Präsensstamm (Aktiv und Medium/Passiv); Stammformenreihen
S Dativ des Vorteils bzw. Nachteils
79 **Platon und Aristoteles** 244
F Verben der Nasalklasse mit Präsenserweiterung: Allgemeines; Erweiterung -ν- / -νε- / -αν- / -ν- und -αν-
80 **Epikureer und Stoiker** 246
F Verben mit Präsenserweiterung -(ι)σκ- / mit Präsensreduplikation / mit Präsensreduplikation und Präsenserweiterung -(ι)σκ- ◈ Verben der E-Klasse
K **Demokratie** 248
W 14 **Athen wird wieder Hauptstadt** 250

Übergangslektüre

81 **Wer war Sokrates?** 252
82 **Die Ehe des Sokrates** 254
83 **Zivilcourage und Rechtsempfinden des Sokrates** 256
84 **Τί ποτ' ἐστίν; – Was ist eigentlich ...?** 258
85 **Gedanken eines zum Tode Verurteilten** 260

Anhang

Verzeichnis der Eigennamen 263
Vokabelverzeichnis 271

SCHRIFT-KURS

Die Fähigkeit zu schreiben ist eine entscheidende Kulturtechnik (1); die Phoinikier waren eine der ersten Hochkulturen im Mittelmeerraum, die diese Technik beherrschten. Sie siedelten etwa in dem Gebiet des heutigen Libanon, Syrien und Israel. Ungefähr 1 000 v. Chr. entwickelten sie eine Buchstabenschrift, die die Mutter zahlreicher Schriften wurde: So leiten sich vom phoinikischen Alphabet das griechische, lateinische, kyrillische, hebräische und arabische Alphabet ab.

Am phoinikischen Aleph, dem griechischen Alpha, kann man gut erkennen, wie es zu diesem Buchstaben kam: Aleph bedeutete bei den Phoinikiern „Rind“ (2) und dieses stellten sie mit dem Symbol ⩤ dar. Der Rinderkopf wurde dann zum Zeichen für den Laut „A“. Die Griechen drehten einfach den Buchstaben nach rechts, sodass die Hörner nach unten zeigten, woraus der griechische Buchstabe Alpha (A) entstand.

4

5

6

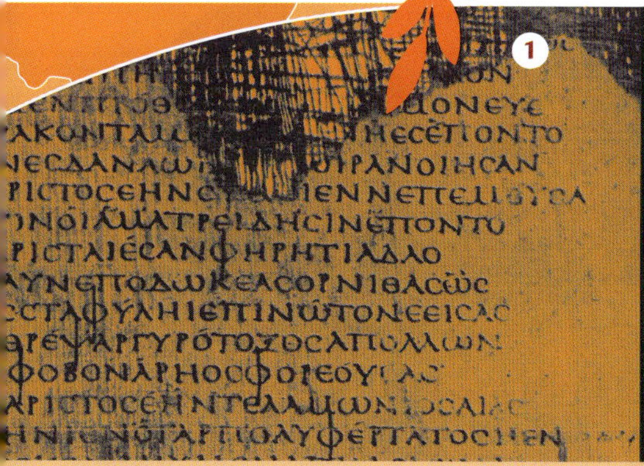

1

2

3

Als erste literarische Werke in griechischer Schrift – und im abendländischen Kulturkreis überhaupt – entstanden im 8./7. Jahrhundert v. Chr. mit der *Ilias* [3] und der *Odyssee* zwei Heldenepen des griechischen Dichters Homer [4], der die zuvor nur mündlich weitergegebenen Geschichten um den Trojanischen Krieg schriftlich festhielt. Als Überlieferungsmedium dienten Papyrus [1] und später Pergament. Dies bedeutete den Startschuss für ein reges literarisches Schaffen. Gedichte, Tragödien und Komödien, Werke über Geschichte, Philosophie und Wissenschaft galten als so bedeutend, dass sie durch ständige Vervielfältigung die Jahrtausende überdauerten und heute noch gelesen werden können.

Mit der Kenntnis der griechischen Schrift kann man aber nicht nur die großen Werke der griechischen Antike lesen oder alte Inschriften entschlüsseln, denn auch heute wird in Griechenland noch dieselbe Schrift benutzt [5].

Außerdem sind die griechischen Buchstaben auch in unserem Alltag präsent, z. B. bei christlichen Symbolen [6] oder in der Mathematik, etwa bei der Kreiszahl π oder bei der Bezeichnung von Winkeln $\alpha, \beta, \gamma, \ldots$

Ü **1** Erschließe die griechischen Großbuchstaben (Majuskeln): Schreibe die folgenden griechischen Wörter ab und schreibe sie nach dem vorgegebenen Muster mithilfe der in Klammern angegebenen Hilfestellungen möglichst buchstabengetreu ins Deutsche um. Bestimme anhand deiner Umschrift vor allem den farbig hervorgehobenen Buchstaben. (Manchmal wird ein griechischer Buchstabe auch durch zwei deutsche ausgedrückt.)

	ΑΝΝΑ	(Vorname)	Anna	(→ Α = A)
a)	ΙΤΑΛΙΑ	(Land)	? ? ? ? ? ?	(→ Λ = ?)
b)	ΒΙΟΛΟΓΙΑ	(Schulfach)	? ? ? ? ? ? ? ?	(→ Γ = ?)
c)	ΓΕΡΜΑΝΙΑ	(Land)	? ? ? ? ? ? ? ?	(→ Ρ = ?)
d)	ΓΥΜΝΑΣΙΟΝ	(Schulform)	? ? ? ? ? ? ? ? ?	(→ Σ = ?)
e)	ΑΣΘΜΑ	(Krankheit)	? ? ? ? ? ?	(→ Θ = ?)
f)	ΣΤΑΔΙΟΝ	(Sportstätte)	? ? ? ? ? ? ?	(→ Δ = ?)
g)	ΔΩΡΟΘΕΑ	(Vorname)	? ? ? ? ? ? ? ?	(→ Ω = ?)
h)	ΣΤΡΑΤΗΓΟΣ	(Feldherr)	? ? ? ? ? ? ? ? ?	(→ Η = ?)
i)	ΠΟΛΙΤΙΚΟΣ	(Beruf)	? ? ? ? ? ? ? ? ?	(→ Π = ?)
j)	ΦΙΛΙΠΠΟΣ	(Vorname)	? ? ? ? ? ? ? ?	(→ Φ = ?)
k)	ΛΕΞΙΚΟΝ	(Nachschlagewerk)	? ? ? ? ? ? ?	(→ Ξ = ?)
l)	ΧΑΡΑΚΤΗΡ	(Wesensart)	? ? ? ? ? ? ? ?	(→ Χ = ?)
m)	ΥΨΙΛΟΝ	(Buchstabe)	? ? ? ? ? ? ?	(→ Ψ = ?)

37001-16

2 In der folgenden Tabelle sind die Namen der griechischen Großbuchstaben in alphabetischer Reihenfolge angegeben:

Α ΑΛΦΑ	**Β** ΒΗΤΑ	**Γ** ΓΑΜΜΑ	**Δ** ΔΕΛΤΑ	**Ε** Ε ΨΙΛΟΝ	**Ζ** ΖΗΤΑ
Η ΗΤΑ	**Θ** ΘΗΤΑ	**Ι** ΙΩΤΑ	**Κ** ΚΑΠΠΑ	**Λ** ΛΑΜΒΔΑ	**Μ** ΜΥ
Ν ΝΥ	**Ξ** ΞΙ	**Ο** Ο ΜΙΚΡΟΝ	**Π** ΠΙ	**Ρ** ΡΩ	**Σ** ΣΙΓΜΑ
Τ ΤΑΥ	**Υ** Υ ΨΙΛΟΝ	**Φ** ΦΙ	**Χ** ΧΙ	**Ψ** ΨΙ	**Ω** Ω ΜΕΓΑ

a) Lies die griechischen Buchstabennamen laut vor.
(Beachte: Die Buchstabenfolge ΑΥ ist wie das deutsche AU zu sprechen.)

b) Erkläre den Begriff „Alphabet" und stelle den Bezug zu seinem deutschen Synonym ABC her.

c) Lerne das griechische Alphabet in der angegebenen Reihenfolge.

3 **a)** Ordne die in Übung 2 gelernten Buchstaben nach Vokalen und Konsonanten.

b) Beschreibe den Unterschied zwischen den durch die griechischen Buchstaben Ε und Η sowie Ο und Ω bezeichneten Lauten. Erschließe, inwiefern sich der Unterschied zwischen Ο und Ω auch in der griechischen Buchstabenbezeichnung ausdrückt.

c) Neben Vokalen und Konsonanten gibt es auch im Griechischen Diphthonge (Doppelselbstlaute). Lies dazu die Erklärung im Begleitband auf S. 14 und präge dir die einzelnen Diphthonge und deren Aussprache genau ein.

d) Besonders viele Diphthonge enthält die Ortsbezeichnung ΠΕΙΡΑΙΕΥΣ. – Lies sie laut vor und gib, ggf. mithilfe der Karte im Umschlag des Textbandes, an, welcher Ort damit gemeint ist.
Lies anschließend auch die folgenden griechischen Begriffe laut vor und stelle jeweils ihren Bezug zum heutigen Sprachgebrauch her:

ΕΥΡΩΠΗ • ΟΚΤΩΠΟΥΣ • ΑΡΧΑΙΟΛΟΓΙΑ •
ΕΥΦΟΡΙΑ • ΑΥΤΟΝΟΜΙΑ • ΟΙΚΟΝΟΜΙΑ •
ΠΟΙΗΤΗΣ • ΠΑΙΔΑΓΩΓΟΣ • ΠΑΡΑΔΕΙΣΟΣ

e) Entschlüssele die beiden Schilder und gib an, wohin man gelangt, wenn man ihnen folgt.

f) Schreibe die nachfolgenden Orte in griechischen Großbuchstaben:
(Tipp: Alle hier auftretenden e- und o-Laute sind kurz.)

Delphoi • Sunion • Aulis • Eleusis • Naxos • Chalkis • Korinthos • Lampsakos

4 a) Für den durch das deutsche ‚h' ausgedrückten Laut existiert im Griechischen kein eigener Buchstabe. Stattdessen gibt es hier sogenannte Spiritūs (Hauchzeichen). Lies dazu den Abschnitt „Der Spiritus" im Begleitband auf S. 14.

b) Lies folgende Wörter laut vor und ordne sie den aufgelisteten Stichwörtern zu:

ἝΛΛΑΣ	ἨΘΟΣ	ἩΡΩΣ	ἈΚΡΟΠΟΛΙΣ	ἹΣΤΟΡΙΑ
Wahrzeichen Athens	Held	Geschichts-schreibung	Bezeichnung für Griechenland	sittliche Haltung

5 Erläutere die Aussage des abgebildeten christlichen Symbols anhand deiner Kenntnis der griechischen Majuskeln und des griechischen Alphabets.

6 Erkläre die Bedeutung folgender aus Übung 1 und 3 bekannter Wörter und Wortbestandteile:

ΓΥΜΝΑΣΙΟΝ • ΔΩΡΟΘΕΑ • ΦΙΛΙΠΠΟΣ •
ΒΙΟΛΟΓΙΑ • -ΛΟΓΙΑ • ΟΙΚΟΝΟΜΙΑ • -ΝΟΜΙΑ

Ü 1 In der nachfolgenden Übersicht findest du die griechischen Buchstaben und ihre dir bereits bekannten Bezeichnungen, allerdings in Minuskelschrift (Kleinbuchstaben) und nicht in der richtigen Reihenfolge:

φ θ α κ σ ω ρ μ δ ζ υ τ χ ν ε ι η γ π λ ψ ο β ξ

φι • θητα • αλφα • καππα • σιγμα • ω μεγα • ρω • μυ • δελτα • ζητα • υ ψιλον • ταυ • χι • νυ • ε ψιλον • ιωτα • ητα • γαμμα • πι • λαμβδα • ψι • ο μικρον • βητα • ξι

a) Vergleiche die Buchstaben und Buchstabenbezeichnungen mit denen in Majuskelschrift und weise die einzelnen Minuskeln den jeweils zugehörigen Majuskeln zu (Α = α).

Α Β Γ Δ Ε Ζ Η Θ Ι Κ Λ Μ Ν Ξ Ο Π Ρ Σ Τ Υ Φ Χ Ψ Ω

b) Übe das Schreiben der griechischen Minuskeln (Anleitung mit Schreibrichtung unter dem QR-Code).

37001-01

2 a) Buchstabiere die folgenden Wörter (Verbformen) auf Griechisch und lies sie dann laut vor.

χαιρε • λεγει • γραφουσιν • θαυμαζει • διδασκει • φερουσιν • χαιρετε

b) Lies die folgenden griechischen Wörter laut vor und untersuche, an welcher Stelle sich eine Ergänzung der in Übung 1 vorgenommenen Zuweisungen ergibt. Versuche, die Ergänzung systematisch zu erklären.

σταδιον • βιολογια • δωρον • ἀσθμα • ἀρχαιολογια • μουσειον • ὀκτωπους • φιλος • φιλοσοφος • στρατηγος • νομος • θεος • γεωργος • φοβος • τυραννος • ξενος • χορος • τροπος

3 Die griechische Sprache kennt drei verschiedene Akzente: Akut ´, Gravis ` und Zirkumflex ˜.

a) Lies die folgenden Sätze laut vor, indem du jeweils die Silbe betonst, die einen Akzent trägt.
Φιλόσοφος λέγει καὶ γράφει. Γεωργοὶ θαυμάζουσι καὶ χαίρουσιν. Φιλόσοφος γὰρ διδάσκει.
Καὶ ὁ τύραννος καὶ ὁ δῆμος χαίρουσιν. Ὁ γὰρ ἥλιος φῶς (Licht) φέρει.
Οἱ γεωργοὶ θαυμάζουσιν. Οἱ γὰρ ταῦροι οὐχ (nicht) ἥκουσιν.

b) Versuche anhand dieser Sätze möglichst allgemein zu erfassen,
- auf welchen Silben ein Gravis stehen kann,
- auf welchen Lauten ein Zirkumflex stehen kann,
- was die Ausgänge -ος und -οι bzw. -ει und -ουσιν (vor nachfolgendem Konsonanten -ουσι) bedeuten,
- um welche Wortart es sich bei ὁ und οἱ handelt.

c) Übersetze diese Sätze.

4 Lies die folgenden griechischen Eigennamen laut vor und übertrage sie in dein Heft.

a) Landschaften Griechenlands: Ἀττική ◦ Βοιωτία ◦ Φωκίς ◦ Θεσσαλία ◦ Ἤπειρος ◦ Μακεδονία ◦ Κόρινθος ◦ Ἀργολίς ◦ Λακωνική ◦ Μεσσηνία ◦ Ἀρκαδία ◦ Ἦλις ◦ Ἀχαία ◦ Κυκλάδες ◦ Κρήτη

b) Berühmte Personen der griechischen Welt: Ὅμηρος ◦ Σωκράτης ◦ Πλάτων ◦ Ἀριστοτέλης ◦ Σαπφώ ◦ Αἰσχύλος ◦ Σοφοκλῆς ◦ Εὐριπίδης ◦ Φίλιππος ◦ Ἀλέξανδρος ◦ Κλεοπάτρα

5 a) Übersetze und erschließe dabei die Bedeutung der Ausgänge -ον und -ους. Bestimme außerdem die Wortart von τόν bzw. τούς.

(Singular:) Ὁ θεὸς **τὸν** ἄνθρωπ**ον** φυλάττει.

(Plural:) Οἱ θεοὶ **τοὺς** ἀνθρώπ**ους** φυλάττουσιν.

b) Übersetze und bilde anschließend nach dem Muster von a) den Plural bzw. Singular:

Ὁ τύραννος τὸν νόμον λύει.

Οἱ φιλόσοφοι τοὺς ξένους παιδεύουσιν.

▲ *Platon.*

6 Lies und übersetze.

Begegnung mit dem Philosophen Platon

Πλάτων, ὁ φιλόσοφος, ἥκει. Λέγει καὶ διδάσκει. Οἱ ἄνθρωποι ἀκούουσιν. Τὸν φιλόσοφον καὶ τοὺς λόγους θαυμάζουσιν. Πλάτων γὰρ τοὺς ἀνθρώπους διδάσκει καὶ παιδεύει.

7 Die alte griechische Schrift wird auch heute noch in Griechenland benutzt. So kann die Kenntnis der Schrift auch bei einem Griechenlandaufenthalt sehr helfen, z. B. beim Besuch einer Taverne. Erschließe, um welche Speisen es sich bei folgenden Begriffen handelt:

Φέτα ◦ Τζατζίκι ◦ Σαλάτα ◦ Ομελέτα ◦ Γύρος

8 Erkläre ausgehend von deinen griechischen Wortschatzkenntnissen die Bedeutung folgender Fremdwörter:

die Anthropologie ◦ der Philanthrop ◦ die Xenophobie ◦ die Ökologie ◦ die Demografie

Ü

1 Beschreibe jeweils die Besonderheit in der Schreibweise, die dir bei den Begriffen in a) und b) auffällt.

a) ῥυθμός, ῥευματισμός, Ῥόδος, ῥοδόδενδρον
Schreibe die modernen Entsprechungen zu diesen Wörtern.

b) Σφίγξ
Informiere dich im Begleitband (3 A1) über die dieser Schreibweise zugrunde liegende allgemeine Regel und schreibe anschließend auf Griechisch (jeweils mit Akut auf der <u>betonten</u> Silbe):
<u>A</u>ngelos, Ph<u>a</u>lanx, Anch<u>i</u>sēs, Synkŏp<u>ē</u>

2 Lies und übersetze; versuche anschließend Gemeinsamkeiten und Unterschiede zwischen den griechischen und deutschen Satzzeichen zusammenzustellen.

Der Arzt und der Philosoph

Ὁ ἰατρὸς καὶ ὁ φιλόσοφος τοὺς ἀνθρώπους διδάσκουσιν. Ὁ ἰατρὸς λέγει· „Φόβος τοὺς ἀνθρώπους λαμβάνει· ὁ γὰρ θάνατος φόβον φέρει.“ Ἀλλὰ (aber) ὁ ἰατρὸς τὸν κίνδυνον καὶ τὸν φόβον λύει· γιγνώσκει γὰρ τὸν καιρὸν καὶ τοὺς ἀνθρώπους θεραπεύει. Οἱ ἄνθρωποι ὑγιαίνουσιν.

Ὁ φιλόσοφος λέγει·„Ἀκούετε (hört zu). Διὰ τί (weswegen) ὁ θάνατος φόβον φέρει; Οἱ ἄνθρωποι οὐ (nicht) γιγνώσκουσιν, τί (was) ὁ θάνατος φέρει.“ Ὁ φιλόσοφος τοὺς ἀνθρώπους πείθει· μανθάνουσι καὶ φόβον οὐκέτι (nicht mehr) ἔχουσιν.

3 **a)** Lies im Begleitband die Regel (3 B2) und erkläre anhand der Eigennamen Ἅιδης und Αἵμων, wie man aufgrund des Spiritus bzw. des Akzents die Buchstabenfolge „langes α + ι adscriptum“ vom Diphthong „AI“ unterscheiden kann.

b) Erschließe den Kasus, der in den folgenden Sätzen durch die Ausgänge -ῳ bzw. -οις bezeichnet wird: Ὁ ἄγγελος **τῷ** τυράνν**ῳ** δῶρον φέρει. Ὁ ἥλιος **τοῖς** ἀνθρώπ**οις** φῶς (Licht) φέρει.

c) Bilde die entsprechenden Kasusformen zu:
ὁ νόμος, ὁ ξένος, ὁ ἵππος, ὁ κόσμος, ὁ πόντος, ὁ γάμος

4 Lies und übersetze.

Götter und Menschen

Οἱ θεοὶ τὸν κόσμον καὶ τὸν οὐρανὸν ἔχουσι καὶ φυλάττουσι τοὺς ἀνθρώπους. Οἱ ἄνθρωποι ἐνίοτε (manchmal) χαίρουσιν· Γάμους ἄγουσιν. Ἐν (in) τῷ γυμνασίῳ καὶ ἐν τῷ σταδίῳ ἄθλους θαυμάζουσιν. Ἐν τοῖς οἴκοις σὺν (mit) φίλοις οἶνον ἔχουσιν. Καὶ μύθους ἀκούουσιν. Γιγνώσκουσι καὶ μανθάνουσιν· Οἱ θεοὶ τοὺς ἀνθρώπους σῴζουσιν. Διὸ (deshalb) οἱ ἄνθρωποι τοῖς θεοῖς θύουσιν.

Ἐνίοτε (manchmal) οἱ ἄνθρωποι καὶ φόβον ἔχουσιν. Οὐχ (nicht) ὑγιαίνουσι καὶ ὁ θάνατος φόβον φέρει. Καὶ ἐν (auf) τῷ πόντῳ κίνδυνοι τοὺς ἀνθρώπους ταράττουσιν· ὁ γὰρ Ποσειδῶν *(Eigenname)* πολλάκις (oft) τὰ πλοῖα (die Schiffe) διαφθείρει. Οἱ ἄνθρωποι ὕπνον οὐκ (nicht) ἔχουσι καὶ θύουσι τῷ θεῷ. Καὶ ὁ θεὸς τοῖς ἀνθρώποις τὸν φόβον λύει.

5 In den ersten drei Lektionen hast du nun das griechische Alphabet in Majuskel- und Minuskelschrift gelernt. Das kann dir auch bei einer Urlaubsreise ins heutige Griechenland sehr helfen (vgl. 2 Ü 7). Lies die nachfolgenden griechischen Inschriften und versuche, ihren Inhalt zu erfassen.

Die folgenden Übungen helfen dir dabei, nochmals das griechische Alphabet zu wiederholen. Übung 1 kann nach Lektion 1 bearbeitet werden, Übung 2 nach Lektion 2 und Übung 3 nach Lektion 3.

Ü 1 Helden, Götter und Dichter

a) In einem Stück des berühmten griechischen Tragikers ΕΥΡΙΠΙΔΗΣ beschreibt ein Analphabet eine Inschrift in Großbuchstaben. Erschließe den Namen des athenischen Helden, von dem die Rede ist.

„Ein Kreis wie mit dem Zirkel gezogen und mit einem Strich in der Mitte.
Das zweite Zeichen hat zunächst zwei Linien, die aber in der Mitte eine andere, einzelne auseinanderhält.
Das dritte ist wie ein Blitz gekrümmt.
Beim vierten steht eine Linie senkrecht, und drei weitere sind quer an sie angelehnt.
Das fünfte ist nicht leicht zu beschreiben; denn da sind zwei Linien, die aus getrennten Richtungen in einen einzigen Fuß zusammenlaufen.
Das letzte schließlich gleicht dem dritten."

b) Ermittle, welche beiden Gottheiten auf dem Vasenbild (links unten) dargestellt sind, und schreibe ihre Namen ins Deutsche um.
(Vorsicht: Bei der linken Gottheit ist der erste Buchstabe hier etwas ungewöhnlich geschrieben.)

c) Die Büste (rechts unten) zeigt eine berühmte griechische Dichterin. Schreibe ihren Namen ins Deutsche um.

2 Löse das Rätsel, indem du die deutschen Ausdrücke ins Griechische übersetzt. Schreibe die Wörter in griechischen Minuskeln (Kleinbuchstaben) in dein Heft. Als Lösungswort ergibt sich (rückwärts gelesen) der Name eines Ungeheuers, gegen das der athenische Held aus Übung 1a kämpfen musste.

37001-17

			ς						
	?	ε	?	?					Gott
	?	?	?						nämlich
	?	α	?	?	?	ς			Stier
		?	?	?					und
			?	ρ	ο	?	ο	?	Sitte
	?	?	?	?	?	?	ς		Bauer
	?	ε	?	ο	?				Gast
?	?	ε	?						er ist da
			M						

3 Neugriechisch

a) Schreibe die Namen der beiden griechischen Sportclubs ins Deutsche um.

b) Nenne zwei altgriechische Wörter, die du in den beiden Schriftzügen erkennst, und erschließe daraus die Bedeutung des/der neugriechischen Wortes/Wörter.

c) Lies die neugriechischen Begriffe für „Polizei“, „Krankenhaus“, „Post“ und „Strand“ und schreibe sie ins Deutsche um.

KPHTH

KRETE

Beim Namen der größten griechischen Insel denken viele Menschen heute zuerst an Sonne, wunderbare Strände und türkisfarbenes Meer. Das milde Klima begünstigt den Anbau von Trauben, Getreide, Ölbäumen, Obst und Gemüse. Das Inselinnere ist sehr gebirgig; auf der Lasithi-Hochebene (1) zeigt sich in ca. 1 200 Metern Höhe die sogenannte Höhle des Zeus, wo der Sage nach der Göttervater geboren sein soll.

Die Überreste der kretischen Hochkultur erfordern eine gute Vorstellungskraft, reicht die minoische Kultur, benannt nach dem sagenhaften König Minos, doch bis in das 3. und 2. Jahrtausend v. Chr. zurück. Sie spielte neben den Mächten Ägyptens und des Vorderen Orients, mit denen sie kulturelle Verbindungen hatte, eine gewichtige Rolle.

Als ihr Entdecker gilt der britische Archäologe Sir Arthur Evans. Er grub zu Beginn des 20. Jahrhunderts den von ihm so benannten „Palast des Minos" in Knossos aus. Teile dieses Palastes ließ er rekonstruieren. So bekommt man einen Eindruck davon, wie die große, verwinkelte Palastanlage einmal ausgesehen haben mag, z. B. der sogenannte Thronsaal von Knossos 2 oder der Innenhof 3. Faszinierend sind die bunten Fresken, die Evans entdeckte, so z. B. das Delfinfresko 4 oder die Darstellung einer jungen Frau, an deren Kleidung und Schmuck die Archäologen die Handelsbeziehungen zu Phoinikien erkennen können 5.

Immer wieder begegnet auf Kreta der Stierkult 6; der abgebildete Stierkopf stammt aus der Mitte des 2. Jahrtausends v. Chr. und wurde in Knossos gefunden. Der Stier spielte bei religiösen Handlungen eine zentrale Rolle, die sich im Mythos widerspiegelt (vgl. S. 35).

Etwa zur gleichen Zeit, wie Evans den Palast von Knossos entdeckte, fand man in Phaistos – hier der Palast von Phaistos 7 – eine mit Symbolen versehene Tonscheibe 8, die auf etwa 1700–1600 v. Chr. datiert wird. Bis heute ist die genaue Bedeutung der Symbole oder Schriftzeichen umstritten. Die größte, nicht endgültig geklärte Frage ist jedoch, weshalb die minoische Hochkultur um etwa 1250 v. Chr. unterging. Fest steht, dass sich zu dieser Zeit die Bewohner der Küstenregionen Kretas in das Gebirge zurückgezogen haben. Dies stützt die Theorie von einem Angriff vom Meer aus; andere Forscher machen eine Reihe von schweren Erdbeben oder den Vulkanausbruch auf Thera (heute Santorin) verantwortlich. Viele Rätsel um die Minoer warten noch darauf, gelöst zu werden.

E

1. Φίλιππος ξένον γιγνώσκει. Ὁ Φίλιππος λόγου ἄρχει· „Χαῖρε, ὦ ξένε.“ Ὁ ξένος τῷ λόγῳ χαίρει.
2. Φίλιππος καὶ Ἀλέξανδρος ξένους γιγνώσκουσιν. Οἱ φίλοι λόγων ἄρχουσιν· „Χαίρετε, ὦ ξένοι.“ Οἱ ξένοι τοῖς λόγοις χαίρουσιν.
3. Οἱ ξένοι τοὺς τῶν φίλων λόγους γιγνώσκουσιν. Χαίρουσι τοῖς λόγοις τοῖς τῶν φίλων.

Ü

1 Formenstaffel. Bilde die Formenreihen.
ὁ πόντος → Pl. → Akk. → Gen. → Sg. → Dat.
οἱ νόμοι → Dat. → Sg. → Nom. → Akk. → Pl.
τὸν ἵππον → Vok. → Dat. → Pl. → Nom. → Gen.

2 Übersetze und achte dabei auf die Verwendungsweise von μέν ... δέ.
a) Ὁ μὲν Ἄρης φόβον παρέχει, ὁ δὲ Διόνυσος ἡμᾶς (uns, *Akk.*) εὐφραίνει.
b) Ὁ ἰατρὸς βίους μὲν σῴζει, πόνους δὲ λύει.

3 Wende deine Kenntnisse zur Stellung des Genitivattributs an. Bilde unter Berücksichtigung beider Möglichkeiten Sätze. Der eingeklammerte Genitiv wird Attribut zum farbig hervorgehobenen Satzteil. Übersetze anschließend die gebildeten Sätze.
a) Ὁ τύραννος τοῖς πόνοις χαίρει. (τῶν ἐναντίων)
b) Ζεὺς τοὺς νόμους σῴζει. (τῶν ξένων)
c) Οἱ λόγοι τοὺς ἀνθρώπους εὐφραίνουσιν. (τοῦ φιλοσόφου)
d) Ὁ ἰατρὸς τοὺς ταύρους θεραπεύει. (τῶν γεωργῶν)

4 Der QR-Code führt dich zu einer Darstellung unseres Sonnensystems. Ordne die neugriechischen Namen den Planeten zu.
Θ: Γη (die Erde)
Άρης, Αφροδίτη, Δίας (altgr. Ζεύς), Ερμής, ήλιος, Κρόνος, Ουρανός, Ποσειδώνας

37001-02

I

Eine Welt voller Götter

Die griechische Göttervorstellung war geprägt vom **Polytheismus** (Glaube an die Existenz vieler Gottheiten) und einem **anthropomorphen** (menschengestaltigen) Götterbild. Im Zentrum des griechischen Götterhimmels stehen die zwölf **olympischen Götter** (vgl. Übersicht, S. 28 f.), benannt nach ihrem Wohnsitz. Denn vom Olymp, dem höchsten Gebirge Griechenlands, beobachten sie die Welt und können in das Geschehen eingreifen. Die Götter sind unsterblich, aber nicht ewig. Wie Menschen können sie launisch sein und auch einmal Fehler machen. Ihre Geschichten werden in Mythen erzählt. Man glaubte, ihre Unterstützung durch Gebete, Kulte und vor allem durch Opfer erreichen zu können.

T

Eine göttlich geprägte Welt

Die griechischen Gottheiten hatten vielfältige Tätigkeitsfelder und teilweise ganz menschliche Eigenschaften.

Ζεὺς τοῦ κόσμου ἄρχει καὶ τοὺς ξένους φυλάττει. Ἥρα μὲν τοὺς γάμους σῴζει, ὁ δὲ Ζεὺς πολλάκις τοὺς τῶν γάμων νόμους διαφθείρει. Τοὺς μὲν πόντους ταράττει Ποσειδῶν, ἀλλὰ τὸν Τάρταρον ἔχει Ἅιδης. Ἐκεῖ δ᾽ ἐναντίους τῶν Ὀλυμπίων κολάζει. Ἀπόλλων κιθαρίζει[1] καὶ Μούσας[2] ἄγει. Ἀθηνᾶ δὲ λόγους διδάσκει καὶ τοῖς φιλοσόφοις συμβουλεύει καὶ σοφίαν[3] παρέχει.

Ἀλλ᾽ Ἑρμῆς, ὁ τῶν θεῶν ἄγγελος, χαίρει δόλοις[4]· οἱ θεοὶ πολλάκις τὸν ἄγγελον πρὸς τοὺς ἀνθρώπους πέμπουσιν. Ἄρης μὲν φόβον παρέχει καὶ τὸν βίον τὸν τῶν ἀνθρώπων ταράττει, Ἀφροδίτη δὲ καὶ Διόνυσος τοὺς ἀνθρώπους εὐφραίνουσιν· λύουσι γὰρ πόνους. Καὶ Ἥφαιστος τοῖς Ὀλυμπίοις παρασκευάζει θρόνους καὶ κόσμους. Ἀλλὰ καθ᾽ Ὅμηρον οἱ θεοὶ ἐνίοτε ἐρίζουσιν.

1 κιθαρίζει: er, sie, es spielt (auf der) Leier
2 Μούσας: *Akk. Pl. zu* Μοῦσα
3 σοφίαν: die Weisheit *(Akk. Sg.)*
4 ὁ δόλος: die List

1. Stelle aus dem Text die Namen der Götter und Göttinnen zusammen; benenne auch ihre Aufgaben und Charaktermerkmale.

2. Das Wortpaar μέν … δέ hilft dir, die Struktur des Textes besser zu verstehen. Arbeite an zwei Stellen heraus, dass damit Gottheiten mit unterschiedlichen Eigenschaften einander gegenübergestellt werden.

3. Im Griechischen gibt es zwei Möglichkeiten, einem Substantiv mit Artikel ein Genitivattribut beizufügen. Nenne sie und gib aus dem Text jeweils ein Beispiel an.

MK 4. Ordne fünf Gottheiten aus dem Text den Figuren auf der Abbildung zu (Nike im Hintergrund); nutze bei Bedarf ein mythologisches Lexikon.

▼ *Rekonstruktion des Ostgiebels des Parthenon (Ausschnitt); Höhe der Figuren ca. 3 m.*

K

Die Götter der Griechen

An der Spitze der olympischen Götter steht der Göttervater **Zeus** (lat. *Iuppiter*). Als Himmels- und Wettergott wird er häufig mit einem Blitzbündel in der Hand abgebildet.

Poseidon (lat. *Neptunus*), ein Bruder des Zeus, ist der Gott des Meeres. Mit seinem Dreizack kann er die Erde spalten, Erdbeben verursachen oder Quellwasser aus dem Boden hervorströmen lassen.

Hades (lat. *Pluto*) ist ein weiterer Bruder des Zeus. Er ist der Gott der Unterwelt und gehört nicht zu den Olympiern. Er hat oft Szepter (oder Zweizack) und Füllhorn bei sich.

Zeus' Ehefrau **Hera** (lat. *Iuno*) beschützt die Ehe, während sie selbst immer wieder die Liebesabenteuer ihres Mannes mit anderen Frauen – Göttinnen und Menschen – erdulden muss. Sie trägt einen Peplos, eine Art Schleier, auf dem Kopf, und hält ein Szepter oder auch einen Granatapfel als Zeichen der Fruchtbarkeit. Zu ihren Attributen zählt auch der Pfau.

Zur älteren Generation der Götter gehört ferner **Demeter** (lat. *Ceres*), die Göttin der Fruchtbarkeit, erkennbar an einem Füllhorn, einem Korb mit Feldfrüchten oder Ähren.

Ares (lat. *Mars*), ein Sohn von Zeus und Hera, ist der Gott des Krieges. Er erscheint oft in Rüstung und mit brennender Fackel, begleitet von Hund und Geier. Diese Tiere sind als Aasfresser Symbole für die durch Kriege angerichtete Zerstörung.

Hephaistos (lat. *Vulcanus*) ist der Gott des Feuers und der Schmiedekunst. Der hässliche Hephaistos hinkt, ist aber ein überaus kunstfertiger und begabter Handwerker. Oft trägt er seine Schmiedewerkzeuge mit sich.

Hephaistos ist mit **Aphrodite** (lat. *Venus*), der Göttin der Liebe und der Schönheit, verheiratet. Diese besonders attraktive und meist kaum oder gar nicht bekleidete Göttin wird auf Abbildungen oft von Eros, dem kleinen, geflügelten Gott der Liebe, der allerdings nicht zu den Olympiern gehört, begleitet.

Aus Zeus' Affäre mit Leto entstammen die Zwillinge Apollon und Artemis.
Apollon (lat. *Apollo*) trägt als Gott der Musenkunst, der Weissagung, der Heilkunst sowie des Bogenschießens oft Pfeil und Bogen oder die Kithara, eine Art Harfe.

Artemis (lat. *Diana*), die jungfräuliche Göttin der Natur und der Jagd, wird als Jägerin, oft von Tieren begleitet, abgebildet.

Auch die ebenfalls jungfräuliche **Athene** (lat. *Minerva*), die Göttin der Künste und des Handwerks, der Weisheit und auch des planvollen (Verteidigungs-)Krieges, ist eine Tochter des Zeus. Zu erkennen ist sie an ihrem Helm.

Persephone (lat. *Proserpina*), die Tochter des Zeus und der Demeter, ist Gattin des Hades und Herrin der Unterwelt; sie trägt Szepter und Fackel.

Ein weiterer unehelicher Sohn des Zeus ist der Götterbote **Hermes** (lat. *Mercurius*), erkennbar an Reisehut (oder Flügelhelm) und Flügelschuhen. Er beschützt die Reisenden und Kaufleute, ist auch Gott der Diebe und begleitet die Toten in den Hades.

Als Gott des Weines und der Vegetation hält **Dionysos** (lat. *Bacchus*), ebenfalls ein Sohn des Zeus, ausschweifende Feiern in den Wäldern zusammen mit den bockgestaltigen Satyrn und Silenen sowie den Mänaden, den entfesselten weiblichen Anhängerinnen seines Kultes (μαίνομαι – „ich bin in Ekstase"). Weinranken und -trauben schmücken sein Haar, in einer Hand hält er oft eine Schale, einen Trinkbecher oder auch einen Stab, der mit Bändern und Weinranken umwunden ist.

1. Ordne den abgebildeten Gottheiten anhand der Beschreibungen ihre griechischen Namen zu.

MK 2. Neben den olympischen Göttern gibt es noch viele weitere Gottheiten, wie z. B. die Moiren und die Musen. Recherchiere, wer jeweils zu diesen Gruppen dazugehört; präsentiere deine Ergebnisse.

E

Zeus und Poseidon unterhalten sich:

1. Ζεύς· „Ἄρχω τοῦ κόσμου. Ὦ Ποσειδῶν, ταράττεις τοὺς πόντους.
2. Καὶ ὁ Ἄρης φόβον παρέχει. Τί διαφθείρετε τοὺς ἀνθρώπους;“
3. Ποσειδῶν· „Κολάζομεν τοὺς ἀνθρώπους.
   Καὶ πείθομεν τοὺς ἀνθρώπους μὴ λύειν τοὺς νόμους.
4. Τοὺς γὰρ νόμους οὐ φυλάττουσιν. Τοῖς θεοῖς οὐχ ὑπακούουσιν.“
5. Ζεύς· „Ἆρ᾽ οἱ ἄνθρωποι τοὺς θεοὺς ὀλίγον (nur wenig) θεραπεύουσιν;
6. Ἆρ᾽ οὐ ταύρους θύουσιν;“ – Ποσειδῶν· „Θύουσι ταύρους.“
7. Ζεύς· „Ἆρα μὴ λύουσι τοὺς νόμους;“ – Ποσειδῶν· „Οὐ λύουσιν.“

Ü

1 Bilde die gesuchten Formen.
μανθάνω → 3. Pers. Sg. → 2. Pers. Pl. → 3. Pers. Pl. → 2. Pers. Sg. → 1. Pers. Pl. → Inf. Präs.

2 Ordne den Singularformen die Pluralformen zu und übersetze alle Formen.
διδάσκεις ◦ γράφομεν ◦ θαυμάζει ◦ θεραπεύετε ◦ λαμβάνω ◦ φέρουσιν

3 Weise den Sätzen die passende Negation zu (οὐ ◦ οὐκ ◦ οὐχ ◦ μή).
a) ● ὑγιαίνετε.
b) Τὸν στρατηγὸν ● πείθομεν.
c) ● ἔχει φίλους.
d) Συμβουλεύω τοὺς νόμους ● λύειν.

4 Nenne den „Irrläufer“ und begründe deine Wahl.
a) ξένων ◦ ξένον ◦ ξένοι ◦ ξένοις ◦ ξένους
b) θύεις ◦ θύομεν ◦ θύετε ◦ θύει ◦ θύειν
c) εὐφραίνει ◦ ἔχει ◦ ἐκεῖ ◦ πείθει ◦ παρέχει
d) κολάζουσιν ◦ νέους ◦ ἐναντίοι ◦ κινδυνεύεις ◦ πέμπετε

5 Übersetze und gib auf Deutsch die erwartete Antwort an.
a) Ἆρα μὴ Ζεὺς τοὺς γάμους φυλάττει;
b) Ἆρ᾽ οὐχ Ἥρα τοὺς γάμους φυλάττει;
c) Ἆρ᾽ οἱ ἄνθρωποι τοὺς νόμους φυλάττουσιν;

I

Der Mythos – eine Erklärung der Welt

Der **Mythos** (ὁ μῦθος) erzählt Geschichten von Göttern und Heroen. Er ist eine Art, das Funktionieren der Welt und das Handeln des Menschen zu erklären und zu beurteilen. **Aitiologische Mythen** berichten vom Ursprung von Phänomenen der Natur, Traditionen oder Städten. Aufgrund ihrer dauerhaft bedeutsamen Themen sprechen sie die Menschen über Jahrhunderte hinweg an.

T

Ein selbstbewusster Herrscher

Das durch einen Fluch des kretischen Königs Minos von einer Seuche bedrohte Athen muss alle neun Jahre sieben Jungen und sieben Mädchen als Opfer für den Minotauros nach Kreta schicken. Da kommt ein Kaufmann aus Zypern, der viel in der Mittelmeerwelt umherreist, zu Minos.

Ξένος· Χαῖρε, ὦ Μίνως. Ἆρ᾽ εὖ πράττεις;

Μίνως· Χαῖρε, ὦ ξένε. Εὖ πράττω καὶ ὑγιαίνω. Ἀλλὰ τί φέρεις νέον[1];

Ξένος· Οἱ Ἀθηναῖοι οὐχ ὑπακούουσιν. Καὶ ἀκούω, ὡς νῦν οὐκέτι ἐθέλουσι νέους δεῦρο πέμπειν καὶ τῷ Μινωταύρῳ θύειν. Ἆρ᾽ οὐ γιγνώσκεις, ὅτι κινδυνεύετε;

Μίνως· Ἆρα μὴ στόλον θέλουσι παρασκευάζειν καὶ ἐν πόντῳ φόβον παρέχειν; Συμβουλεύω τοῖς Ἀθηναίοις μὴ στρατεύειν. Φόβον γὰρ οὐκ ἔχομεν, ὅτι καὶ τῶν πόντων καὶ τῶν ἐναντίων ἄνευ πόνου ἄρχομεν.

▲ *Rekonstruktion des Palastes von Knossos.*

[1] νέον: Neues

1. Vergleiche die folgenden zwei Übersetzungen des Satzes Συμβουλεύω … στρατεύειν (Z. 11) und erkläre, warum nur eine davon richtig ist: „Ich rate den Athenern nicht, in den Krieg zu ziehen." – „Ich rate den Athenern, nicht in den Krieg zu ziehen."

2. Z. 10–13: Stelle alle Wörter und Wendungen zusammen, die zum Sachfeld „Seeschlacht" gehören; belege dadurch, dass Minos auf einen bewaffneten Konflikt mit Athen vorbereitet ist. (vgl. M 10 A)

3. Gib aus dem Text jeweils ein Beispiel für eine Wort- und eine Satzfrage an.

4. Paraphrasiere die Aussagen des Kaufmanns (Z. 5–9) und des Minos (Z. 10–13); spielt den Dialog anschließend mit verteilten Rollen nach.

5. MK Minotauros soll in einem ungewöhnlichen Gefängnis festgehalten worden sein. Erschließe mithilfe der Abbildung, welchen Beitrag die Architektur des Palastes zur Entstehung des Mythos geleistet hat.

E

1. Οἱ Ἀθηναῖοι· „Ὁ Μινώταυρος τοῖς ἀνθρώποις παρέχει φόβον.
2. Καὶ οἱ κύριοι καὶ οἱ γεωργοὶ καὶ οἱ δοῦλοι φόβον ἔχουσιν.
3. Ὁ γὰρ Μινώταυρος τοῖς υἱοῖς τοῖς τῶν κυρίων καὶ τῶν γεωργῶν καὶ τῶν δούλων παρέχει θάνατον.
4. Τί οἱ ἐν οὐρανῷ θεοὶ τοὺς νέους οὐ φυλάττουσιν;
5. Τοὺς κινδύνους τοὺς ἐν λαβυρίνθῳ! εὖ γιγνώσκομεν. Τοὺς ἐκεῖ κινδύνους οὐκέτι φέρομεν."
6. Τὸν Μίνων (Akk.), τὸν τύραννον, οὐκέτι θεραπεύομεν.

Ü

1 Die Substantive φιλόσοφος, ἰατρός und δῆμος sind in verschiedenen grammatischen Formen, allerdings ohne Akzente, angegeben. Schreibe sie ab, setze den Akzent und gib Kasus und Numerus an.

φιλοσοφους • δημον • ἰατρῳ • φιλοσοφου • φιλοσοφον • δημων • ἰατροις • δημους • δημῳ • ἰατροι

2 Wähle das Objekt im korrekten Kasus aus und übersetze. (vgl. M 6 A)

a) Ὁ κύριος τοὺς κινδύνους / τῶν κινδύνων / τοῖς κινδύνοις λύει.
b) Συμβουλεύω τοῦ υἱοῦ / τὸν υἱὸν / τῷ υἱῷ μανθάνειν.
c) Ζεὺς τοῖς ἀνθρώποις / τῶν ἀνθρώπων / οἱ ἄνθρωποι ἄρχει.
d) Ἥρα τοὺς γάμους / τοῖς γάμοις / τῶν γάμων χαίρει.

3 Beachte die Stellung des Adverbs bzw. Präpositionalausdrucks und übersetze.

a) Οἱ νῦν ἄνθρωποι τοῖς τῶν παλαιῶν (der Alten) μύθοις χαίρουσιν.
b) Οἱ ἄνθρωποι νῦν τοῖς τῶν παλαιῶν (der Alten) μύθοις χαίρουσιν.
c) Ἐν τῷ πόντῳ κίνδυνοί εἰσιν (es gibt). Οἱ ἐν τῷ πόντῳ κίνδυνοι τοῖς ἀνθρώποις φόβον παρέχουσιν.
d) Χαίρομεν τοῖς λόγοις τοῖς κατὰ τὸν γάμον.

4 Weise den Sätzen jeweils ein sinnvolles „kleines Wort" zu und übersetze.

● Μίνων (Akk.) ταράττει; Ὁ Μίνως ● χαίρει, ● οἱ Ἀθηναῖοι ● ὑπακούουσιν. ● ὁ Μίνως κινδυνεύει; ● οἱ Ἀθηναῖοι τῷ Μίνῳ φόβον παρέχουσιν; Τῷ ● Μίνῳ ● ὁ θάνατος φόβον παρέχει.

ἆρ' • ἆρα μή • δέ • ὅτι • οὐ • οὐδέ • οὐκέτι • τί

I

Die erste europäische Hochkultur

Auf der Insel Kreta haben Ausgrabungen Spuren der **frühesten Hochkultur Europas** zutage gebracht. Bereits im 3. Jahrtausend v. Chr. entstanden monumentale Paläste und Kunstwerke. Die Reste des berühmten **Palastes von Knossos** erinnerten die Ausgräber an die Erzählungen vom Labyrinth des Minos, sodass man diese Kultur seit ihrer Wiederentdeckung im 19. Jahrhundert als **minoische Kultur** bezeichnet. Über tausend Jahre lang (ca. 2600–1425) kontrollierten die Bewohner Kretas die Ägäischen Inseln und das griechische Festland. Die kretischen Mythen, vor allem die Erzählungen von den regelmäßigen Tributforderungen gegenüber Athen und dem Sieg des Theseus über Minotauros, spiegeln die Macht und den Niedergang dieser frühen Hochkultur wider.

T

Ein Gottkönig sorgt für Brot und Spiele

Vor dem Palast von Knossos steht ein Fremder. Ein Bauer, dessen Sklave einen Stier treibt, kommt des Weges.

Ξένος· Χαῖρε, ὦ γεωργέ.

Γεωργός· Χαῖρε, ὦ ξένε. Ἆρα τοὺς ἐκεῖ οἴκους θαυμάζεις; Ἐν τοῖς οἴκοις διάγει Μίνως, ὁ Διὸς[1] υἱός· ἄρχει καὶ φροντίζει τοῦ ἐν Κρήτῃ[!] δήμου. Θεραπεύομεν αὐτὸν[2] ὥσπερ θεόν. Τοὺς γὰρ τοῦ Διὸς[1] νόμους τοῖς ἀνθρώποις φέρει καὶ τοὺς ἀγροὺς τοὺς τῶν γεωργῶν φυλάττει καὶ σῴζει. Διὸ οἱ γεωργοὶ τῷ δήμῳ σῖτον καὶ οἶνον παρασκευάζουσιν.

Ξένος· Ποῖ ὁ δοῦλος ἄγει τὸν ταῦρον;

Γεωργός· Τὸν ταῦρον τῷ Μίνῳ, τῷ κυρίῳ, παρέχειν ἐθέλω, ὅτι ἐνίοτε τὸν δῆμον συλλέγει καὶ ἄθλους ἄγει· ἐκεῖ δὲ νέοι κυβιστῶντες[3] ταύρους ὑπερθρώσκουσιν[4]. Οἱ νῦν νέοι φόβον οὐκ ἔχουσιν· ὑπομένουσι κινδύνους, φεύγουσιν οὐδὲ θάνατον.

Ξένος· Κινδυνεύεις μύθους λέγειν.

[1] Διός: des Zeus
[2] αὐτόν: ihn
[3] κυβιστῶντες: sich überschlagend
[4] ὑπερ-θρώσκω: ich überspringe

1. Stelle aus dem Text alle Substantive zusammen, denen ein Attribut in Form eines Adverbs oder Präpositionalausdrucks beigefügt ist.

2. Z. 2–7: Belege anhand der Verben in der ersten Äußerung des Bauern, dass er seinen König Minos als fürsorglichen Herrscher darstellen möchte.

3. Beschreibe mithilfe des Textes und der Abbildung die aus heutiger Sicht ungewöhnliche „Sportart“ auf Kreta.

MK 4. Weise die große Bedeutung des Stieres für die minoische Kultur nach.

▲ *Minoische Stierspielakrobaten. 16. Jh. v. Chr.*

E

1. Ὁ Μίνως δῶρον λαμβάνει. Τὸ δῶρον τὸν κύριον εὐφραίνει.
2. Ὁ Μίνως δώροις χαίρει.
3. Τὰ δῶρα τὸν κύριον εὐφραίνει.
4. Ὁ γεωργὸς τὸν κύριον εὐφραίνει ταύρῳ·
„Λάμβανε τὸν ταῦρον, τὸ τοῦ δήμου δῶρον."
5. Ὁ Μίνως λέγει πρὸς τὸν δῆμον·
„Μὴ ἔχετε φόβον. Διάγομεν ἄνευ κινδύνων."

Ü

1 Formenstaffel. Bilde ausgehend vom Nom. Sg. die Formenreihen.
τὸ δένδρον → Akk. → Pl. → Dat. → Sg. → Gen.
τὸ δῶρον → Dat. → Gen. → Pl. → Akk. → Nom.
ὁ σῖτος → Pl. → Akk. → Dat. → Sg. → Gen.
τὸ τέκνον → Vok. → Pl. → Akk. → Sg. → Dat.
ὁ κύριος → Vok. → Akk. → Pl. → Dat. → Gen.

2 Wähle jeweils das grammatisch korrekte Satzglied aus und übersetze.
a) Τὰ δῶρα τὰ τέκνα εὐφραίνειν / εὐφραίνει / εὐφραίνουσιν.
b) Ὁ γεωργὸς τῷ τέκνῳ / τοῦ τέκνου / τὸ τέκνον δῶρον παρέχει.
c) Οἱ φιλόσοφοι λόγων / λόγους / λόγοις τοὺς ἀνθρώπους παιδεύουσιν.

3 Erkläre den Modus und übersetze. Stehen die Sätze jeweils eindeutig im Indikativ oder Imperativ oder sind sie doppeldeutig?
a) Φέρετε τὸν οἶνον.
b) Οὐ φέρετε τὸν οἶνον.
c) Μὴ φέρετε τὸν οἶνον.
d) Φέρετε τὸν οἶνον, ὦ δοῦλοι.

I

Kretische Mythen – Aufstieg und Fall einer Insel

Kreta ist im Mythos der **Ursprung der griechischen Zivilisation** und die **Wiege Europas**. Hierher soll Zeus die phoinikische Prinzessin **Europe** entführt haben, hier soll ihr Sohn **Minos** als König geherrscht und den Menschen erstmals Gesetze gegeben haben. Auf Kreta lebte auch das Ungeheuer **Minotauros** – halb Stier, halb Mensch. Für das Untier baute der kunstfertige **Daidalos** ein Labyrinth. Alle neun Jahre mussten die Athener dem Minotauros je sieben Jungen und Mädchen opfern, bis **Theseus** das Ungeheuer tötete. Er fand den Weg aus dem Labyrinth mithilfe eines Fadens, den ihm **Ariadne**, die Tochter des Minos, geschenkt hatte.
Die Mythen um Kreta deuten auf **tatsächliche Ereignisse der frühen Geschichte Griechenlands** hin, etwa den phoinikischen Ursprung des griechischen Alphabets (vgl. S. 14 f.) oder die Bedeutung Kretas in der Frühzeit. Dennoch darf man den Mythos weder als Wiedergabe realer Geschehnisse missdeuten noch auf seine historische Bedeutung reduzieren, da man sonst die zeitlosen Aussagen des Mythos aus den Augen verliert.

T

Europe und der Stier

Im östlichen Mittelmeer spielt sich ein eigenartiges, doch prachtvolles Schauspiel ab: Dort schwimmt ein schöner weißer Stier; auf seinem Rücken sitzt ein Mädchen, das sich weinend an den Hörnern des Tieres festklammert: die phoinikische Prinzessin Europe, die übrigens bald Mutter des Minos werden wird.

Ὁ ταῦρος λέγει· „Παῦε, ὦ τέκνον, τὰ δάκρυα· δάκρυα γὰρ τὸ πρόσωπον διαφθείρει. Γίγνωσκε, ὅτι οὐ θηρίον σε[1] διὰ τοῦ πόντου φέρει, ἀλλὰ Ζεύς. Μὴ ὑπόπτευε κακά.“

Εὐρώπη φόβον οὐκέτι ἔχει καὶ θεῶν δώροις χαίρει· Ἔρως μὲν γὰρ ᾄδει τὸν ὑμέναιον[2], Ἀφροδίτη δὲ τὸν ταῦρον ῥόδοις[3] βάλλει, Ποσειδῶν δὲ κελεύει· „Μὴ ταράττετε τὸν πόντον, ὦ ἄνεμοι“ – καὶ χορὸν δελφίνων[!] πέμπει.

Ὁ ταῦρος εἰς Κρήτην[!] σπεύδει. Ἐκεῖ δὲ πάλιν γίγνεται[4] Ζεύς, καὶ ὁ θεῶν καὶ ἀνθρώπων κύριος Εὐρώπην[!] εἰς δένδρον ἄγει· τὸ γὰρ δένδρον τοῖς φύλλοις[5] κρύπτει τὸν γάμον.

[1] σε: dich

[2] ὁ ὑμέναιος: das Hochzeitslied

[3] τὸ ῥόδον: die Rose

[4] γίγνεται: er, sie, es wird

[5] τὸ φύλλον: das (Laub-)Blatt

1. Erschließe anhand der Verneinung den Modus von ταράττετε (Z. 6).

2. Z. 1–3: Beschreibe, wie es dem „Stier“ gelingt, bei dem verängstigten Mädchen einen Stimmungsumschwung zu erzeugen.

3. Im Text wechseln sich erzählende Passagen und direkte Reden ab. Analysiere, in welcher der beiden Textformen Imperative vorkommen können, und stelle diese zusammen.

MK 4. Neben seiner Ehe mit Hera hat Zeus immer wieder heimliche Liebschaften. Meist tritt er diesen Mädchen und Frauen in zunächst anderer Gestalt gegenüber (wie hier im Text und auf der Abbildung als Stier). Nenne drei weitere Partnerinnen und gib an, in welcher Tarnung er sich ihnen jeweils nähert.

▲ *Andrea Schiavone (1510–1563): Raub der Europe.*

Ü **1** Löse das Kreuzworträtsel. Das gesuchte Lösungswort ist ein sagenumwobener Ort auf Kreta.

37001-18

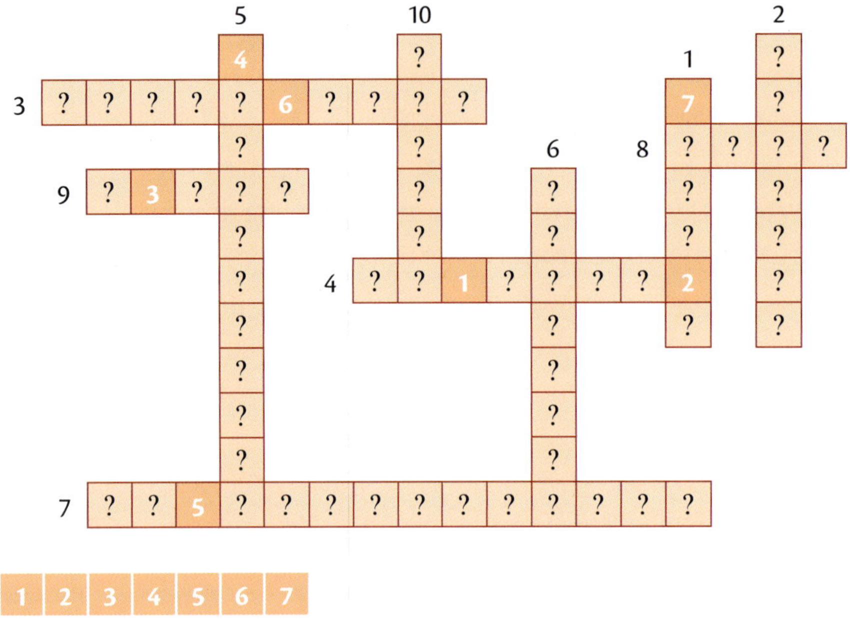

1) υἱοί
2) ἄρχει erfordert ein Objekt im …
3) διαφθείρομεν: wir …
4) γιγνώσκειν
5) Dem deutschen Fragezeichen entspricht im Griechischen ein …
6) ἐνίοτε
7) Ein Mädchen namens Xenia ist … *(Adj.)*
8) ἄνευ
9) ποῖ
10) ἐναντίος

2 Gib die griechische(n) Wurzel(n) der folgenden Fremdwörter an und erschließe so deren Bedeutung. (vgl. M 7 B)

Nennen Eltern ihr Mädchen Dorothee, halten sie es wohl für ●.
Ein Choreograf legt ● schritte fest.
Ein Pädiater ist ein ● für Kinder.
Die Kosmologie untersucht die Entstehung des ●.
Bei einem heliozentrisches Weltbild ist auf alle Fälle die ● das ●.
Wer behauptet, dass es keinen ● gibt, ist Atheist.
Das Evangelium ist die ● Botschaft.
Ist jemand Önologe, kennt er sich mit ● bestens aus.
Wer an einem Triathlon teilnimmt, muss drei verschiedene ● bestreiten.
Unter Theriophobie leidet jemand, der ● vor ● hat.

3 Ordne die griechischen Wörter folgenden Wortfeldern zu: Wissenschaft – Sprechen – Gefühle

λόγος • φόβος • φιλόσοφος • δάκρυον • ἰατρός • μῦθος • διδάσκω • γράφω • λέγω • παιδεύω • χαίρω • πείθω • μανθάνω • ἀκούω • εὐφραίνω • εὖ πράττω • γιγνώσκω • ᾄδω

T

Theseus auf Kreta

Οἱ Ἀθηναῖοι καὶ νέους καὶ Θησέα (Akk.) διὰ πόντου εἰς Κρήτην (Akk.) πέμπουσιν.

Ἐκεῖ ὁ Θησεὺς εἰς λαβύρινθον[!] οὐ σπεύδει· φόβον γὰρ ἔχει. Κίνδυνος θανάτου τὸν υἱὸν τὸν τοῦ τῶν Ἀθηναίων κυρίου ταράττει.

Ἀλλ' Ἀριάδνη τῷ ξένῳ λίνον[1] παρέχει καὶ συμβουλεύει· „Παῦε τὰ κακά. Κόλαζε τὸν Μινώταυρον. Φέρε θάνατον τῷ θηρίῳ. Ἐθέλω σε[2] σῴζειν. Κινδυνεύεις γάρ. Τὸ δὲ λίνον[1] διὰ τοῦ λαβυρίνθου ἄγει σε[2] πάλιν δεῦρο. Λάμβανε τὸ λίνον[1]."

[1] τὸ λίνον: der Faden
[2] σε: dich
[3] ἡμᾶς: uns
[4] ἐστίν: er, sie, es ist

Ὁ δὲ Θησεὺς λέγει· „Τέκνον, τί δεῦρο ἥκεις ἄνευ φίλων καὶ δούλων; Τί τὸν Μινώταυρον διαφθείρειν θέλεις; Ἆρ' οὐχ ὁ τῆς Κρήτης (Gen.) τύραννος τῶν Ἀθηναίων ἄρχειν ἐθέλει; Διὸ ἡμᾶς[3] τῷ Μινωταύρῳ θύει."

Ἀλλ' Ἀριάδνη τὸν Θησέα (Akk.) καὶ τοὺς νέους πείθει· „Ὑπακούετε τοῖς λόγοις. Λαμβάνετε τὸ δῶρον. Γιγνώσκετε, ὅτι τὸ θηρίον ἐναντίος τῶν ἀνθρώπων ἐστίν[4]."

Ὁ δὲ Θησεὺς τὸν Μινώταυρον διαφθείρει καὶ φεύγει οὐκ ἄνευ τῆς Ἀριάδνης (Gen.).

▲ *Theseus und Ariadne. Wandfresko aus Pompeji.*

1. Übersetze folgende Wendungen: ὁ υἱὸς ὁ τοῦ κυρίου – ὁ τῶν Ἀθηναίων κύριος – ὁ υἱὸς ὁ τοῦ τῶν Ἀθηναίων κυρίου (vgl. Z. 4)

2. Gib alle Imperative an, mit denen sich Ariadne zunächst an Theseus (Z. 5–8) und später an ihn und seine Gefährten (Z. 14 f.) wendet; übersetze die Formen.

3. Stelle aus dem Text alle Wörter und Wendungen zusammen, die Ariadne als hilfsbereit charakterisieren.

4. Nenne alle redeeinleitenden Verben, die in dem Text verwendet werden.

5. Z. 9–12: Erfasse, wodurch Theseus seine Unsicherheit sprachlich zu erkennen gibt.

6. Begründe anhand der Wendung οὐκ ἄνευ τῆς Ἀριάδνης (Z. 16 f.), dass die Verbindung zwischen Theseus und Ariadne im Textverlauf enger wird.

7. Definiere auf Grundlage des Textes und des Mythos den Begriff ‚Ariadnefaden'; erläutere den Unterschied zu einem ‚roten Faden'.

8. MK Recherchiere online weitere Anleitungen, um aus einem Labyrinth herauszufinden; präsentiere deine Ergebnisse und gib dabei auch die jeweils nötigen Hilfsmittel an.

9. MK Arbeite Gemeinsamkeiten und Unterschiede zwischen dem Text und der Abbildung heraus.

Epochenüberblick I

Der in jeder Lektion vorhandene Zeitstrahl ermöglicht es dir, die Themen der einzelnen Texte (T) dieses Buches historisch einzuordnen. Auf den Seiten „Epochenüberblick" findest du jeweils kurze Übersichten über die einzelnen Epochen der griechischen Geschichte.

MYTHISCHE VORZEIT	MINOISCHE ZEIT	MYKENISCHE ZEIT	ARCHAIK	KLASSIK	HELLENISMUS

1800 1600 1400 1200 1000 800 600 400 200

K

Die mythische Vorzeit

Aus heutiger Sicht erscheint es vielleicht merkwürdig, die griechischen Mythen historisch einzuordnen, da es sich bei den Geschichten um Heroen und Götter natürlich nicht um geschichtliche Tatsachen handelt. Für die Griechen gehörten sie jedoch lange Zeit zu ihrer Geschichte: Die mythische Vorzeit war für sie die Zeit, in der die Welt erschaffen wurde, in der Titanen und Götter um die Herrschaft über die Welt stritten und sterbliche Heroen mit Göttern Umgang hatten.

Mit diesen Mythen **erklärten** die Griechen die Welt, denn durch sie erhielten die Menschen Antworten auf viele Fragen, die sie anders nicht klären konnten: Wie entstanden die Welt und die Menschen? Wieso blitzt und donnert es? Wer brachte den Menschen das Feuer (vgl. 12 T)? Für die frühen Griechen sind diese Fragen immer gleich zu beantworten: Hinter all dem stehen Götter und Helden (vgl. 4 T).

Heute können wir viele solcher Fragen auf Grundlage der Wissenschaft (wie z. B. der Physik) erklären. Doch diese wissenschaftliche Herangehensweise ist keineswegs eine moderne Erfindung; auch bei den Griechen versuchten die ersten Naturphilosophen wie Thales oder Heraklit (vgl. S. 59 und 174), wissenschaftliche Antworten auf solche Fragen zu finden.

Mythen hatten jedoch nicht nur die Funktion, Antworten auf Fragen zu liefern, die man auf andere Weise nicht beantworten konnte. Sie sollten die Menschen auch **erziehen**, ihnen zeigen, wie man richtig handelt. Wenn beispielsweise Sisyphos (vgl. 33 T) gegen den Göttervater Zeus frevelte und er deswegen eine fast unerträgliche Strafe auferlegt bekam, sollte dies den Menschen eine Warnung vor gottlosem Verhalten sein.

◄ *Luca Giordano (1634–1705): Perseus und die Medusa.*

Bis heute haben die griechischen Mythen nichts von ihrer Faszination verloren. Die griechischen Götter und Heroen sind in Film und Literatur so beliebt, dass sie z. B. in Hollywoodproduktionen wiederaufgegriffen werden (vgl. Abbildung rechts).

Percy Jackson – Diebe im Olymp (Film): Percy Jackson und die Medusa. 2010. ▸

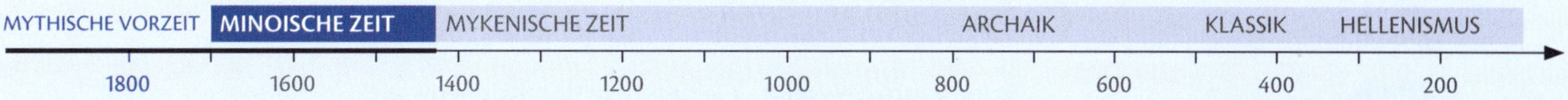

Die minoische Zeit (ca. 2600 – 1425)

Die erste **Hochkultur** Europas hatte ihr Zentrum auf der Insel **Kreta**. Begünstigt durch die geografische Lage zwischen den drei Kontinenten Europa, Asien und Afrika wuchs der Wohlstand Kretas durch die Entwicklung von Schiffen und durch regen Seehandel. So konnten auf der Insel die ersten Straßen Europas, ein Wasserleitungs- und Kanalisationssystem sowie beeindruckende mehrstöckige Palastanlagen entstehen. Besonders berühmt ist der Palast der Stadt Knossos; dort soll der mythische König Minos geherrscht haben, nach dem die Epoche später benannt wurde.

Die Minoer besaßen als erstes Volk in Europa bereits eine eigene **Schrift**, die es ihnen ermöglichte, einen komplexen Verwaltungsapparat aufzubauen. Jedoch konnte diese Schrift bis heute nicht vollständig entschlüsselt werden.

Von der großen **künstlerischen Tätigkeit** zeugen neben Architektur, Skulpturen und Vasenmalerei vor allem die (teils restaurierten) bunten Wandfresken in den Palastanlagen (vgl. Buchumschläge). Sie zeigen Landschaften und Motive aus der Tier- und Pflanzenwelt sowie des täglichen Lebens. Auffällig ist das Stiersymbol, das einem in der minoischen Kunst und Architektur häufig begegnet. Es zeugt von einem auf Kreta praktizierten **Stierkult**, zu dessen Feierlichkeiten Menschen gegen Stiere antraten und diese akrobatisch überspringen mussten (vgl. 6 T).

Aus diesem Grund ist es auch nicht erstaunlich, dass in den Mythen rund um Kreta der Stier immer wieder in Erscheinung tritt: Der Minotauros, das auf Kreta lebende Ungeheuer, war ein Mischwesen aus Mensch und Stier (vgl. 5 T) und die phoinikische Königstochter Europe wurde von einem Stier nach Kreta entführt – auch wenn in Wirklichkeit jemand ganz anderes dahintersteckte (vgl. 7 T). Selbst der große Held Herakles (vgl. 9 I) bekam es in einer seiner Prüfungen mit einem gewaltigen Stier auf der Insel Kreta zu tun.

ΑΡΓΟΛΙΣ
ARGOLIS

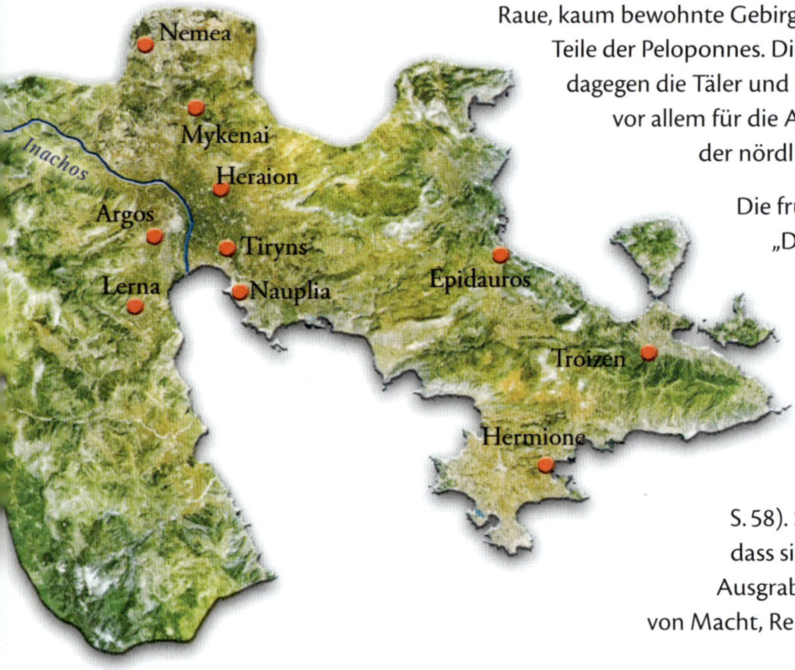

Raue, kaum bewohnte Gebirgszüge durchziehen weite Teile der Peloponnes. Dicht besiedelt sind heute dagegen die Täler und Küstenebenen; dies gilt vor allem für die Argolis an der Ostküste der nördlichen Peloponnes (1).

Die fruchtbare Gegend, die „Daumen der peloponnesischen Hand" genannt wird, lud auch schon vor über 5 000 Jahren Menschen zur Ansiedelung ein (zur Geschichte vgl. S. 58). So verwundert es nicht, dass sich hier eine Vielzahl von Ausgrabungsstätten befindet, die von Macht, Reichtum und Kultur zeugen.

5

6

7

Große Gestalten der Mythologie wie Agamemnon, Klytaimestra und Orestes sind mit der mächtigen Burg von Mykene 2 verbunden; sie boten den Stoff zu den Tragödien, die auf der Bühne der Theater in Argos 3, dem einst mächtigen Zentrum der Argolis, oder in Epidauros 4, dem wohl berühmtesten Theater des griechischen Festlands, aufgeführt wurden.

Es sind die Geschichten von Göttern und Menschen, Krieg, Kampf um Macht und Ehre, Liebe und Eifersucht, Rache und Mord, die die Menschen aller Zeiten faszinieren. Aischylos, Sophokles und Euripides sind die drei großen Tragiker, deren Werke bis heute auf den Bühnen der Welt immer wieder neu inszeniert werden. Die Tragödien wurden in der Antike in einem Agon, einem Dichterwettstreit, aufgeführt. Jeweils drei Tragödien (Trilogie) folgten aufeinander, sodass ein Theaterbesuch den ganzen Tag in Anspruch nahm. Die Schauspieler trugen Masken 5, um als Person hinter ihrer Rolle zurückzutreten. Ein wichtiges Element war der Chor 6, der aus ca. 12 bis 15 Personen bestand und die Handlung mit Musik und Tanz begleitete.

Die Theateraufführungen dienten ursprünglich der Verehrung der Götter. In Epidauros war das Theater Teil einer Kultstätte des Asklepios, des Gottes der Heilkunst 7. Sie entwickelte sich seit dem 5. Jahrhundert v. Chr. zu einem großen Kurort: Bäder, Hotels, Tempel und Krankenhäuser zeugen von der Anziehungskraft des Ortes, an dem sich die Menschen göttliche Hilfe und Heilung erhofften.

E

1. Ταῦρος Εὐρώπην (Akk.) φέρει. Εὐρώπη ὑπὸ ταύρου φέρεται.
2. Ὁ ταῦρος λέγει· „Οὐχ ὑπὸ ταύρου φέρῃ, ὦ Εὐρώπη, ἀλλ' ὑπὸ θεοῦ."
3. Εὐρώπη· „Πείθομαι τοῖς λόγοις καὶ οὐκέτι σῴζεσθαι ἐθέλω."
4. Νῦν τὸ φέρεσθαι εὐφραίνει Εὐρώπην (Akk.).
5. Εὐρώπη τῷ διὰ τοῦ πόντου φέρεσθαι χαίρει.

Ü

1 Bilde die entsprechende Form im Passiv.

κρύπτειν • διδάσκει • ταράττουσιν • κολάζεις • πέμπομεν • διαφθείρω • θαυμάζετε

2 Wähle die richtige Form aus. Bestimme und übersetze auch die übrigen Formen.

a) wir werden verwirrt: ταράττομεν, ταράττεσθαι, ταραττόμεθα, φυλάττεσθε, φυλαττόμεθα, φυλάττεις

b) ihr werdet versammelt: συμβουλεύει, συμβουλεύειν, συλλέγεσθαι, συλλέγεσθε, συλλέγεις, συλλέγονται

c) du wirst gepflegt: θεραπεύομαι, θεραπεύονται, θεραπεύεις, θεραπεύειν, θεραπεύεται, θεραπεύῃ

3 Übersetze und finde für die substantivierten Infinitive eine elegante Wiedergabe.

a) Τὸ ὑγιαίνειν τοὺς ἀνθρώπους εὐφραίνει.

b) Οἱ ἄνθρωποι τῷ ὑγιαίνειν χαίρουσιν· τὸ δὲ μὴ ὑγιαίνειν μισοῦσιν (sie hassen).

c) Διὸ οἱ ἰατροὶ τῷ φάρμακα (τὸ φάρμακον: das Heilmittel) παρέχειν τοὺς ἀνθρώπους θεραπεύειν ἐθέλουσιν.

I

Die Rolle der Familie im antiken Griechenland

Der Mythos von Phaidra und Hippolytos zeigt eine Familie, in der nicht mehr funktioniert, was im alten Griechenland ungeschriebenes Gesetz war. Als Familie bezeichnete man die Hausgemeinschaft, die aus Vater, Mutter, Kindern und auch aus **Sklaven** bestand. In erster Linie war sie **Zweck- und Wirtschaftsgemeinschaft**. Liebe und Zuneigung spielten bei der Eheschließung nur eine untergeordnete Rolle. Unangefochtener Herr im Haus (κύριος) war der Vater (**patriarchalisches Gesellschaftssystem**). Frauen lebten zurückgezogen und durften an Veranstaltungen wie Gastmählern im Haus (Symposien) nicht teilnehmen.

Hippolytos auf seiner Flucht. Rotfiguriger Krater, um 340 v. Chr.

T

Tragödie in Troizen

Phaidra, Tochter des Minos und Ehefrau des athenischen Königs Theseus, hat sich in Hippolytos verliebt. Er ist der Sohn ihres Mannes aus erster Ehe und wächst in Troizen in der Argolis auf. Weil er ihre Liebe nicht erwidert, erhängt sich Phaidra. In ihrem Abschiedsbrief legt sie ihrem unschuldigen Stiefsohn zur Last, sie belästigt zu haben. So geraten Vater und Sohn in einen offenen Streit.

Θησεύς· „Ταράττομαι νῦν κακοῖς· τὸ γὰρ ὑπὸ τοῦ υἱοῦ μὴ θεραπεύεσθαι οὐκέτι φέρω. Τί οὐ κολάζῃ, κακοῦργε, ὑπὸ τῶν θεῶν; Ἐκ προσώπου, ἄνθρωπε. Κελεύω σε[1] φεύγειν."

Ἱππόλυτος· „Διαφθειρόμεθα τοῖς Φαίδρας[2] ἔργοις. Βλάπτομαι τοῖς λόγοις καὶ μετὰ τὸν Φαίδρας[2] θάνατον. Σφάλλῃ γάρ, ὦ πάτερ[3]. Ἐρωτικῶν[4] μὲν οὐ φροντίζω, τῷ δὲ ἐν γυμνασίοις πολλάκις διάγειν χαίρω καὶ εὐφραίνομαι τῷ θηρία διώκειν."

Ὁ μὲν Θησεὺς τοῖς τοῦ υἱοῦ λόγοις οὐ πείθεται, ἀλλὰ λέγει· „Ὦ Πόσειδον, διάφθειρε τὸν κακοῦργον." Ὁ δὲ Ἱππόλυτος φεύγειν ἀναγκάζεται.

Auf dem Weg in die Verbannung rast er mit seinem Viergespann an der Küste nahe Troizen entlang.

Ὁ δὲ Ποσειδῶν ἐκ πόντου ταῦρον πέμπει, καὶ οἱ ἵπποι φόβῳ ταράττονται. Ὁ οὖν νέος ἐκ μὲν τοῦ δίφρου[5] πίπτει, ὑπὸ δὲ τῶν ἵππων ἕλκεται καὶ ἀποθνῄσκει.

[1] σε: *Akk. zu* σύ: du
[2] Φαίδρας: *Gen. zu* Φαίδρα
[3] πάτερ *(Vok.)*: Vater
[4] τὰ ἐρωτικά: die Liebesaffären
[5] ὁ δίφρος: der (zweirädrige) Wagen

1. Übersetze treffend: Τὸ μὴ θεραπεύεσθαι οὐ φέρω (vgl. Z. 1 f.).
2. Bestimme alle passivischen Verbformen im Text und übersetze sie.
3. **a)** Nutze Konnektoren (vgl. M 15 B) wie γάρ, ἀλλά, οὖν oder das Wortpaar μέν ... δέ, um die Struktur des Textes zu erfassen; arbeite nun seinen Gedankengang heraus.
   b) Z. 1–3: Erläutere, warum Theseus in seiner ersten Äußerung weitgehend auf solche Konnektoren verzichtet.
4. Z. 1–7: Weise anhand der gegenseitigen Anreden und der Verbformen nach, dass Theseus vor allem an sich selbst denkt, während Hippolytos den familiären Zusammenhalt betont.
5. MK Erschließe mithilfe eines mythologischen Lexikons, aus welchem Grund Theseus gerade Poseidon anruft, um seinen Sohn bestrafen zu lassen.
6. Weise der Abbildung die entsprechende Textstelle zu.

E

1. Ὁ Ζεὺς λέγει· „Μὴ φόβον ἔχε, ὦ Εὐρώπη. Κύριος τοῦ οὐρανοῦ εἰμι. Ἐν κινδύνῳ οὐκ εἶ. Ἐκεῖ Κρήτη ἐστίν."
2. Εὐρώπη· „Ἀλλ' οἱ φίλοι ἐν φόβῳ εἰσίν. Ποῦ ἐστε, ὦ φίλοι; Τί ἐν τῷ πόντῳ ἐσμέν; Οὐκ ἔστιν ἄνευ φόβου εἶναι."
3. Ὁ Ζεὺς νομίζει κύριος τοῦ οὐρανοῦ εἶναι.
4. Εὐρώπη λέγει τοὺς φίλους ἐν φόβῳ εἶναι.

Ü

1 Bilde die gesuchten Formen von εἶναι. Übersetze das Lösungswort.

2. Pers. Pl.		?	?	?	?			
2. Pers. Sg.				?	?			
1. Pers. Pl.				?	?	?	?	?
1. Pers. Sg.				?	?	?	?	
3. Pers. Sg.	?	?	?	?	?			

37001-19

2 Übersetze. Achte hierbei besonders auf die Betonung von ἐστί(ν) bzw. ἔστι(ν).

a) Τοῖς ἀνθρώποις οὐκ ἔστι τὸν κόσμον γιγνώσκειν.
b) Ὁ ἄνθρωπος δοῦλος τῶν θεῶν ἐστιν.
c) Ἔστι θεός.

3 Kombiniere die Genitive der Zugehörigkeit bzw. den Dativ des Besitzers sinnvoll mit den zweiten Satzteilen.

Τοῦ τυράννου ...	... τέκνα ἐστίν.
Τοῦ κυρίου ...	... ταῦροι καὶ ἵπποι εἰσίν.
Τῷ γεωργῷ ...	... ἐστὶ τοῦ δήμου ἄρχειν.

4 Immer wieder Infinitiv! Übersetze.

a) Χρὴ τοὺς κακούργους ὑπὸ τοῦ δήμου κολάζεσθαι.
b) Ὁ τύραννος νομίζει κύριος τοῦ δήμου εἶναι.
c) Ὁ τύραννος λέγει τὸν ξένον κακοῦργον εἶναι.
d) Διὸ ὁ τύραννος κελεύει τοὺς ἀνθρώπους τὸν ξένον διώκειν.
e) Ὁ δὲ ξένος λέγει κακοῦργος οὐκ εἶναι.
f) Ἆρ' ἔστι τὸν ξένον κολάζεσθαι;

I

Herakles – ein antiker Superheld

Herakles war einer der wichtigsten und beliebtesten Helden für die Menschen der Antike, die sich von ihm Schutz vor Gefahren erhofften. Der uneheliche **Sohn des Zeus und der Alkmene** zeichnete sich vor allem durch seine Stärke aus. Seine bekanntesten Taten sind die **zwölf Aufgaben**, die er auf Befehl des Königs **Eurystheus**, des Herrschers über Mykene und Tiryns, ausführen musste. Herakles wird mit einer Keule und dem Fell des nemeischen Löwen dargestellt. Nach seinem Tod wurde er von Athene in den Olymp geführt.

T

Nur einer kann helfen

In einem Dorf am Rande des Sumpfgebiets Lerna in der südlichen Argolis herrscht Katastrophenstimmung. In höchster Aufregung versammeln sich einige Männer im Haus des Bürgermeisters. Klagen, Fragen und Vorschläge schwirren durch den Raum.

Ἆρ' ἐχθροί ἐστε, ὦ θεοί, τῶν ἀνθρώπων; Ἆρα κακοῦργοί ἐσμεν; — Ποῦ εἶ, ὦ Ἥρα; Τί οὐκ ἀπολύεις ἡμᾶς[1] θανάτου; — Ἀνθρώποις οὐκ ἔστιν ἀμύνειν τὸ ὑπὸ θεῶν κολάζεσθαι· οἱ γὰρ θεοὶ τύραννοί εἰσιν, τοὺς δ' ἀνθρώπους δούλους εἶναι νομίζουσιν. — Οὕτως ἔχει. Χρὴ οὖν καὶ νῦν ὑπομένειν τὸ κακόν. — Τί ἐστι τὸ κακόν; — Ἐν κινδύνῳ εἰσὶν οὐ μόνον οἱ ταῦροι, ἀλλὰ καὶ οἱ ἄνθρωποι.
— Ἀκούω θηρίον φαρμάκῳ κατ' ἀγροὺς πανταχοῦ θάνατον φέρειν. — Τὸ θηρίον ὕδρα[2] ἐστίν. Γεωργοὶ δὲ λέγουσι τῷ θηρίῳ εἶναι κάρηνα[3] ἐννέα. — Κώμαρχός[4] εἰμι καὶ κωμάρχου ἔστι φυλάττειν τὸν δῆμον· Ἔστι σῴζεσθαι καὶ ἔστιν ἐπίκουρος. — Τίς ἐστιν; Καὶ πόθεν ἐστίν; — Ὁ Ἡρακλῆς, ὁ τοῦ Διὸς[5] καὶ τῆς Ἀλκμήνης υἱός.

[1] ἡμᾶς (*Akk.*): uns
[2] ἡ ὕδρα: die Wasserschlange
[3] τὸ κάρηνον: der Kopf
[4] ὁ κώμ-αρχος: der (Dorf-)Bürgermeister
[5] τοῦ Διός: *Gen. zu* ὁ Ζεύς

▲ *Herakles und Iolaos im Kampf mit der Hydra von Lerna. Attisches Weingefäß, um 490 v. Chr.*

1. Weise die verschiedenen Verwendungsweisen und Bedeutungen von ἐστί(ν) und ἔστι(ν) im Text nach (Z. 4, 7, 12, 14, 15, 16, 17).

2. Z. 1–6a: Der erste Textabschnitt thematisiert Unterschiede zwischen Menschen und Göttern. Arbeite anhand von Schlüsselwörtern heraus, wie dieses Verhältnis beschrieben wird. (vgl. M 9 A)

3. Z. 6b–17: Weise nach, dass die relevanten Informationen wie in einem Krimi Schritt für Schritt enthüllt werden.

4. Stelle aus dem Text alle AcI-Konstruktionen zusammen; untersuche die möglichen Positionen des jeweiligen Verbs im Satz, das den AcI auslöst.

MK 5. Informiere dich anhand der Abbildung und mithilfe weiterer geeigneter Medien über die Abstammung und Herkunft der Hydra sowie ihre Überwindung durch Herakles; präsentiere deine Ergebnisse in der Klasse.

E

1. Θησεὺς ἄνευ γνώμης νομίζει τὸν υἱὸν κακοῦργον εἶναι.
2. Ὁ Θησεὺς τῇ γνώμῃ τῇ τοῦ υἱοῦ οὐ πείθεται· οὐ γὰρ πείθεται ταῖς τῶν κακούργων γνώμαις.
3. Ἀλλὰ νομίζει ἀνάγκην εἶναι τὸν υἱὸν κολάζειν.
4. Ὁ Θησεὺς εὐχαῖς τὸν τοῦ πόντου θεὸν ἱκετεύει τὸν Ἱππόλυτον διαφθείρειν.
5. Ὁ δὲ ἀκούει τὰς εὐχάς.

Ü

1 Bilde die Formenreihe.
αἱ γνῶμαι → Sg. → Dat. → Pl. → Akk. → Sg. → Gen. → Pl.

2 Nenne den „Irrläufer". Begründe deine Wahl.
a) ἀναγκάζῃ ✳ ἀνάγκῃ ✳ ἀκούει ✳ ἀναγκάζει ✳ ἀναγκάζειν
b) εὐχῇ ✳ ἑορτῇ ✳ ἔχῃ ✳ εὐχή ✳ εὐχῆς ✳ ἑορτή
c) τιμῶν ✳ ἀναγκῶν ✳ ἐχθρῶν ✳ τυχῶν ✳ εὐχῶν
d) γνώμαις ✳ ἱεροῖς ✳ τιμῇ ✳ ἀρεταῖς ✳ ῥώμην ✳ ναοῖς

3 Bilde den jeweils passenden Kasus des eingeklammerten Substantivs und übersetze.
a) Οἱ ἄνθρωποι ● τοῦ Ἡρακλέους (Gen.) ● θαυμάζουσιν. (ἡ τύχη)
b) Καὶ ● τοῦ Ἡρακλέους ● χαίρουσιν. (ἡ ῥώμη)
c) Ἆρ' ἔχεις ●, ὅτι ὁ Ἡρακλῆς ἐπίκουρος τῶν ἀνθρώπων ἐστίν; (ἡ γνώμη)
d) ● τοῦ Ἡρακλέους ● οἱ ἄνθρωποι σῴζονται. (ἡ ἀρετή)
e) ● ἐστιν τοὺς ἀνθρώπους σῴζειν. (ἀρετή)

4 Beherrschst du die Infinitivkonstruktionen noch? Übersetze.
a) Χρὴ τὴν μὲν Κυδίππην εἰς τὸ ἱερὸν σπεύδειν, τοὺς δὲ νέους τὴν ἅμαξαν (den Wagen) ἕλκειν.
b) Οἱ Ἀργεῖοι νομίζουσιν ἀνάγκην εἶναι τὴν τῶν νέων ῥώμην θαυμάζειν.
c) Οἱ θεοὶ γιγνώσκουσι τοὺς νέους ἐν ὕπνῳ ἀποθνῄσκειν.

I

Was im Leben eines Menschen zählt

Die Zeitspanne von etwa 800–500 v. Chr. bezeichnet man als **Archaik**. Die Lebensbedingungen vieler Menschen in dieser Zeit waren ärmlich, was sich in einer negativen Weltsicht, dem sogenannten **archaischen Pessimismus**, niederschlug. Wichtig im Leben war **öffentlich anerkannte Ehre (τιμή)**, die man durch das Zeigen von Exzellenz **(ἀρετή)** im Bereich kriegerischer oder sportlicher Herausforderungen oder auch einfach durch Schönheit erwarb, sodass sich die Menschen dauerhaft an einen erinnerten. Reichtum und Geschenke als **äußerlich sichtbare Zeichen** von Ehre und gesellschaftlichem Status hatten eine große Bedeutung.

T

Was ist das Beste für den Menschen?

Kydippe, Priesterin am berühmten Heraheiligtum (Heraion) bei Argos, steht am Morgen eines großen Tempelfestes vor ungeahnten Schwierigkeiten.

Χρὴ Κυδίππην κομίζεσθαι εἰς τὸ Ἥραιον· οἱ γὰρ Ἀργεῖοι ἑορτὴν ἄγειν ἐθέλουσιν. Ἀλλ' οἱ ταῦροι ἐκ τοῦ ἀγροῦ οὐκ ἐν καιρῷ ἥκουσιν. Ἐξ ἀνάγκης Κλέοβις καὶ Βίτων, οἱ τῆς Κυδίππης υἱοί, τὴν ἅμαξαν[1] εἰς τὸ ἱερὸν ἕλκουσιν.

Ἐκεῖ δὲ οἱ ἄνθρωποι θαυμάζουσι μὲν οὐ μόνον τὸν τοῦ εἰδώλου κόσμον, ἀλλὰ καὶ τὴν τῶν υἱῶν ῥώμην, μακαρίζουσι[2] δὲ τὴν τῆς μητρὸς[3] τύχην, ὅτι οὕτως ἐν τιμαῖς ἔχεται. Ἡ δὲ Κυδίππη χαίρει καὶ τῇ τῶν τέκνων ἀρετῇ καὶ τῇ τῶν ἀνθρώπων γνώμῃ. Διὸ τὴν θεὸν ἱκετεύει· „Πάρεχε, ὦ Ἥρα, τοῖς υἱοῖς τὸ ἄριστον[4].“ Ἡ δὲ πείθεται τῇ εὐχῇ· Κλέοβις γὰρ καὶ Βίτων ἄρτι ἐν τῷ ναῷ καθεύδουσιν – καὶ ἐν ὕπνῳ ἀποθνῄσκουσιν.

[1] ἡ ἅμαξα: der (vierrädrige) Wagen

[2] μακαρίζω: ich preise glücklich

[3] μητρός: *Gen. Sg. zu* ἡ μήτηρ: die Mutter

[4] τὸ ἄριστον: das Beste

1. Z. 3–9: Stelle aus dem Text alle Substantive zusammen, die zum Wortfeld „Familie und Verwandtschaft“ gehören (vgl. M 10 A); arbeite dann die familiäre Beziehung der Hauptfiguren heraus.

2. τιμή und ἀρετή (Z. 7, 8) sind in der Archaik zentrale Wertvorstellungen (vgl. I). Gib die deutschen Bedeutungen der beiden Begriffe an; belege ihre große gesellschaftliche Bedeutung am Text und anhand der Abbildung.

3. Diskutiert, was ihr euch in eurem Leben jeweils als τὸ ἄριστον (Z. 9) wünschen würdet, und vergleicht eure Einschätzung mit dem Geschenk Heras.

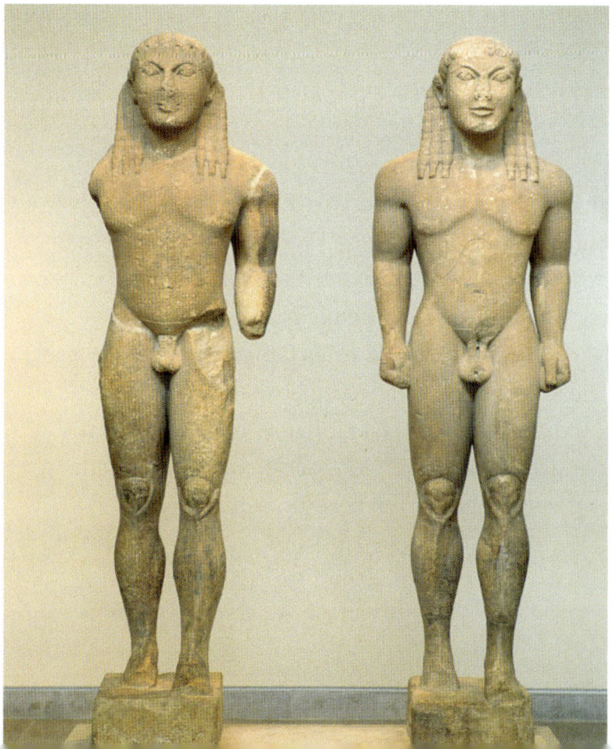

◄ *Kleobis und Biton. Marmorstatuen, gefunden in Delphi, um 600 v. Chr.*

E

1. Κλέοβις καὶ Βίτων τὴν καλὴν ἅμαξαν (Wagen) ἕλκουσιν εἰς τὸ ἔρημον ἱερόν.
2. Ἡ θαυμαστὴ ῥώμη ἡ τῶν ἀγαθῶν υἱῶν θαυμάζεται ὑπὸ τῶν ἄλλων ἀνθρώπων.
3. Οἱ γὰρ υἱοὶ καλοὶ καὶ ἀγαθοί εἰσιν.
4. Δῆλόν ἐστιν, ὅτι οὐκ ὀλίγοι τὸ τῶν νέων ἔργον καλὸν εἶναι νομίζουσιν.
5. Οἱ γὰρ νέοι πράττουσι θαυμαστά.

Ü

1 Wende deine Kenntnisse zur Kasuslehre an. Bilde die eingeklammerten Ausdrücke im jeweils passenden Kasus und übersetze.

a) Θαυμάζεις ... (ὁ ἀγαθὸς ἰατρός, Sg. und Pl.).
b) Χαίρω ... (ὁ ποικίλος ναός, Sg. und Pl.).
c) Ὁ τύραννος ἄρχει ... (ὀλίγοι ἄνθρωποι).

2 Beherrschst du die Kasus nach Präpositionen? Wähle jeweils den Ausdruck im korrekten Kasus aus und übersetze.

a) Ἥκω εἰς τὸ ἔρημον ἱερόν / τοῦ ἐρήμου ἱεροῦ / τῷ ἐρήμῳ ἱερῷ.
b) Ἐν τοῦ ποικίλου ναοῦ / τῷ ποικίλῳ ναῷ / τοὺς ποικίλους ναοὺς εἶ.
c) Ὁ ξένος ὑπὸ τοῦ θαυμαστοῦ ἰατροῦ / τοῖς θαυμαστοῖς ἰατροῖς / τὸν θαυμαστὸν ἰατρὸν θεραπεύεται.
d) Ὁ κύριος σπεύδει διὰ τὸν καλὸν οἶκον / τοῦ καλοῦ οἴκου / τοῖς καλοῖς οἴκοις.
e) Ἥκετε ἐκ οἱ ἔρημοι οἶκοι / τοὺς ἐρήμους οἴκους / τοῦ ἐρήμου οἴκου.
f) Διάγομεν ἄνευ ἀγαθοὺς φίλους / ἀγαθῶν φίλων / ἀγαθῷ φίλῳ.

3 Übersetze in gutes Deutsch.

a) Πολλάκις χρὴ τοὺς ἀνθρώπους κακὰ φέρειν.
b) Οἱ ἄνθρωποι ἐκ τῶν μύθων οὐκ ὀλίγα θαυμαστὰ μανθάνουσιν.
c) Οἱ ἄνθρωποι τοῖς τῶν ναῶν καλοῖς εὐφραίνονται.
d) Ἀνάγκη ἐστὶν ἀγαθοὺς ὑπ’ ἀγαθῶν παιδεύεσθαι.

I

Gesund werden an Leib und Seele

Asklepios (lat. *Aesculapius*) ist der wichtigste **Heilgott** der Antike. Zahlreiche Menschen kamen in sein Heiligtum in **Epidauros**, um sich von ihren Krankheiten heilen zu lassen. Ein Aufenthalt im Asklepiosheiligtum dauerte mehrere Tage. Die Pilger wuschen sich zunächst in Wasserbecken, was nicht nur der Reinigung des Körpers, sondern auch der Seele dienen sollte. Nach der Darbringung eines **Opfers** folgte der wichtigste Teil des Heilungsprozesses: Die Kranken schliefen in einer speziellen Schlafhalle und erwarteten im **Heilschlaf** die Erscheinung („Epiphanie“) des Asklepios, der ihnen Heilung in Aussicht stellte oder gar brachte. Bis heute ist der von einer Schlange umwundene **Äskulapstab** das Erkennungszeichen medizinischer Berufe.

T

Wunderheilung durch Asklepios

In Epidauros, einer der bedeutendsten Kultstätten des Heilgottes Asklepios, wurden bei den Ausgrabungen nicht nur Weihegaben gefunden, sondern auch Tafeln mit Inschriften. Auf ihnen sind Heilungsberichte als eine Art „Werbung“ für das Heiligtum erhalten.

Ἄρρωστοι[1] εἰς Ἐπίδαυρον κομίζονται, ὅτι ἐκεῖ τῶν κακῶν ἀπολύεσθαι ἐθέλουσιν ἐν τῷ Ἀσκληπιοῦ ἱερῷ. Οὐκ ὀλίγοι τὰ θαυμαστὰ τοῦ θεοῦ ἔργα εἰς στήλας[2] γράφουσιν·

Μυρρίνη ἐξ Ἀθηνῶν· τυφλή ἐστιν. Καθεύδει ἐν τῷ ἀβάτῳ[3]. Ἐν ὀνείρῳ ὁ θεὸς ἥκει καὶ τὴν Μυρρίνην ἐκ τοῦ ἀβάτου[3] εἰς κρήνην ἐρήμην ἄγει καὶ κελεύει ὕδατι[4] τοὺς ὀφθαλμοὺς καθαίρειν. Πρῴ[5] δὲ ἡ Μυρρίνη ὑγιαίνει καὶ χαίρει· καλὸν γάρ ἐστι τοὺς ἄλλους ἀνθρώπους καὶ τὸν ποικίλον τοῦ θεοῦ ναὸν καὶ τὰ δένδρα γιγνώσκειν ὀφθαλμοῖς.

Δῆλόν ἐστιν, ὅτι ἡ τοῦ Ἀσκληπιοῦ τέχνη ἡ ἀγαθὴ καὶ νῦν ἔτι ὑπὸ σοφῶν ἰατρῶν θαυμάζεται.

[1] ἄ-ρρωστος: krank

[2] ἡ στήλη: die Gedenksäule

[3] τὸ ἄβατον: die Liegehalle *(für den Tempelschlaf)*

[4] ὕδατι: mit Wasser

[5] πρῴ *(Adv.)*: am Morgen

1. Stelle alle Adjektive aus dem Text zusammen; erkläre, ob sie jeweils als Attribut, als Substantivierung oder als Prädikatsnomen verwendet werden.
2. Paraphrasiere, wie die Heilung der Myrrhine abläuft, und weise Gemeinsamkeiten zur Abbildung nach.
3. Stelle Bezüge her, wo das genannte Attribut des Asklepios (vgl. I) bis heute in deiner Umgebung sichtbar ist.
4. MK Moderne Medizin sieht den Menschen als Einheit von Körper und Geist und beleuchtet auch das soziale Umfeld. Untersuche, inwiefern bereits in Epidauros dieses ganzheitliche Prinzip galt.

▼ *Asklepios heilt eine Frau. Weihrelief aus dem 4. Jh. v. Chr.*

E

1. Πολλοὶ ἄνθρωποι ἐν Ἐπιδαύρῳ μεγάλων κακῶν ἀπολύονται.
2. Διὸ οἱ πολλοὶ νομίζουσι τὸν θεὸν μέγαν ἐπίκουρον εἶναι.
3. Πολλάκις μὲν πολλὰ στάδια σπεύδουσιν εἰς τὸ ἱερόν, πολλάκις δὲ πολὺν χρόνον τὸν θεὸν ἱκετεύουσιν.
4. Ὁ θεὸς αἰσθάνεται τὰς εὐχάς.
5. Οἱ τοῦ θεοῦ δοῦλοι κελεύουσιν· „Παρασκευάζεσθε εἰς τὸ καθεύδειν."
6. Οἱ ἄνθρωποι τοῖς δούλοις πείθονται.

Ü

1 Bilde den jeweils passenden Kasus der eingeklammerten Ausdrücke und übersetze.

a) Ὁ κύριος εἰς ... ἥκει. (ὁ μέγας οἶκος)
b) Ἐκεῖ ... συλλέγει. (πολλοὶ δοῦλοι)
c) Τὰ τέκνα ... εὐφραίνει. (πολλὰ καὶ μεγάλα δῶρα)
d) Οἱ γεωργοὶ τῷ κυρίῳ ... παρασκευάζουσιν. (πολὺς οἶνος)
e) Τὰ τέκνα ... καθεύδει. (πολὺς δὴ χρόνος)

2 Ordne folgende mediale Formen von der 1. Pers. Sg. bis zur 3. Pers. Pl. und übersetze sie.
σκέπτεσθε ◦ μέμφεται ◦ καθίζῃ ◦ αἰσθανόμεθα ◦ φυλάττονται ◦ πείθομαι

3 Gib an, ob die Sätze im Passiv oder im Medium stehen oder ob sie doppeldeutig sind. Begründe deine Antwort.

a) Οἱ δοῦλοι τῷ κυρίῳ πείθονται / ὑπὸ τοῦ κυρίου πείθονται.
b) Οἱ δοῦλοι τὸν κύριον φυλάττονται / ὑπὸ τοῦ κυρίου φυλάττονται.
c) Οἱ δοῦλοι τὸν σῖτον παρασκευάζονται. / Ὁ σῖτος ὑπὸ τῶν δούλων παρασκευάζεται.
d) Οἱ ἄνθρωποι ἐκ τῶν κινδύνων σῴζονται.

4 Analysiere die folgenden Wörter, indem du jeweils ihre Bestandteile (z. B. Wortstamm, Endung) ermittelst. Übersetze anschließend.

a) συμβουλεύει, βουλεύεται, βουλεύῃ, βουλεύεσθε (2), βουλεύεσθαι, βούλεσθαι, βούλεσθε (2), βούλει
b) οἴεται, οἴεσθε (2), οἴει, οἴκου, οἴου, οἴνου, οἴεσθαι, οἴομαι

I

Unterhaltung im Theater

Das Theater von Epidauros ist das am besten erhaltene der griechischen Welt und bot ca. 12 000 Zuschauern Platz. Beim Bau eines Theaters benutzte man einen natürlichen Hang, in den man den ungefähr **halbkreisförmigen Zuschauerraum** baute. Dieser wird wie die gesamte Anlage als **θέατρον** (θεάομαι – „ich betrachte") bezeichnet. Auf der gegenüberliegenden Seite befindet sich die **σκηνή**, ein zunächst provisorisches Bühnengebäude. Ein wichtiges inhaltliches Element des griechischen Theaters war der **Chor**, der, wie in einem modernen Musical, gleichzeitig tanzte und sang. Der Chor war Teil der Bühnenhandlung, kommentierte diese aber auch in seinen Chorliedern und trug so zur Belehrung des Publikums bei. Die kreisrunde Fläche zwischen Bühne und Zuschauerraum, auf welcher der Chor agierte, wird als **ὀρχήστρα** (Tanzplatz) bezeichnet.

T

Trotz gegen den Göttervater

Zeus plant, die Menschen aus Zorn über ihre Schlechtigkeit durch eine Sintflut zu vernichten. Auf Seiten der Menschen steht der Titan Prometheus, der ein Geheimnis kennt: Wenn Zeus die umworbene Meeresgöttin Thetis (die spätere Mutter des Achilleus) heiraten sollte, wird der Sohn aus dieser Ehe mächtiger werden als der Vater.

▲ *Die Bestrafung des Prometheus. Schwarzfigurige Trinkschale, um 550 v. Chr.*

Ἔστιν ἐν τῷ Ἀσκληπιοῦ ἱερῷ καὶ μέγα θέατρον. Οὐκ ὀλίγοι ξένοι ἥκουσι πολλὰ στάδια, ὅτι τραγῳδίας[!] θαυμάζειν βούλονται. Νῦν δὴ ἐν τῷ μεγάλῳ θεάτρῳ καθίζονται καὶ σκέπτονται μεγάλην Αἰσχύλου τραγῳδίαν[!].

Ἐπὶ τῆς σκηνῆς Προμηθεὺς τοὺς ἀνθρώπους πολλὰς δὴ τέχνας διδάσκειν βουλεύεται καὶ πῦρ[1] ἀπ' Ὀλύμπου κλέπτει. Διὸ ὑπὸ τῶν θεῶν κολάζεται· πολὺν γὰρ χρόνον ἔχεται ἐν δεσμοῖς ἐπὶ τῆς Καυκάσου κορυφῆς[2]. Τὰ δὲ κακὰ ὑπομένει καὶ λέγει· „Αἰσθάνομαι, ὦ Ζεῦ[!], ὅτι τοὺς πολλοὺς τῶν ἀνθρώπων κατακλυσμῷ[3] διαφθείρειν παρασκευάζῃ. Ἀλλὰ μὴ οἴου ἀεὶ δὴ μέγας τύραννος εἶναι. Χρὴ καὶ τὸν θεῶν κύριον πείθεσθαι ταῖς Μοίραις καὶ φυλάττεσθαι κινδύνους.“

Ὁ δὲ χορὸς μέμφεται· „Θεοὺς ὑβρίζειν μῶρόν[4] ἐστι καὶ κακόν.“

[1] τὸ πῦρ (*Nom. / Akk.*): das Feuer
[2] ἡ κορυφή: der Gipfel
[3] ὁ κατα-κλυσμός: die Überschwemmung
[4] μῶρος: töricht

1. Im Text wird die Aufführung einer griechischen Tragödie beschrieben. Stelle alle Wörter und Wendungen zusammen, die zum Sachfeld „Theater“ gehören. (vgl. M 10 A)

2. Prometheus bezeichnet Zeus als μέγας τύραννος und als θεῶν κύριος (Z. 13 f.). Erkläre auf Grundlage deiner Wortschatzkenntnisse, worin der Unterschied zwischen den beiden Titeln besteht.

3. Grenzen und Regeln infolge von Selbstüberschätzung nicht zu beachten, bezeichnet man im griechischen Denken als Hybris (vgl. ὑβρίζω → ἡ ὕβρις). Arbeite aus dem Text heraus, worin die Hybris des Prometheus besteht.

MK 4. Der Text beschreibt nur einen Teil von Prometheus' Bestrafung durch Zeus. Nutze für deine Recherche über das volle Strafmaß die Abbildung und ein mythologisches Lexikon; präsentiere deine Ergebnisse.

E

1. Οἱ ξένοι οἱ ἐν τῷ θεάτρῳ καθιζόμενοι μεγάλην τραγῳδίαν! θαυμάζειν βούλονται.
2. Οἱ ἐν τῷ θεάτρῳ καθιζόμενοι ξένοι χαίρουσι τῇ τραγῳδίᾳ!.
3. Ὁ Προμηθεὺς τοὺς ἀνθρώπους τοὺς μανθάνειν βουλομένους πολλὰς τέχνας διδάσκει.
4. Οἱ διδασκόμενοι χαίρουσι ταῖς τέχναις.
5. Ἀλλ' οἱ θεοὶ ὑβριζόμενοι κολάζουσι τὸν Προμηθέα (Akk.).
6. Ὁ Προμηθεὺς κολάζεται ἐν δεσμοῖς ἐχόμενος.
7. Ὁ Προμηθεὺς οὐκ ἀπολύεται ὑπὸ τῶν θεῶν καίπερ ἱκετευομένων.

Ü

1 Übersetze die Sätze zunächst ohne, dann mit Partizipialklammer (sofern vorhanden).

a) Τοῖς (τοὺς τρόπους ἀεὶ μεμφομένοις) φιλοσόφοις πολλοὶ ὀργίζονται· οἱ δ' ὀργιζόμενοι τοῖς φιλοσόφοις οὐκέτι ὑπακούειν βούλονται· καὶ οἱ φιλόσοφοι τοῖς οὐ πείθεσθαι βουλομένοις ὀργίζονται.

b) Ἱππόλυτος (ὁ φεύγειν ἀναγκαζόμενος) ἐκ τοῦ δίφρου (vom Wagen) πίπτει. Ὁ δ' ὑπὸ τῶν ἵππων ἑλκόμενος ἀποθνῄσκει αὐτίκα (sofort).

c) Ὁ πόντος (ὁ ἀνέμοις ταραττόμενος) τοῖς ἀνθρώποις φόβον παρέχει. Οἱ δ' ἐκ τοῦ πόντου σῳζόμενοι χαίρουσιν.

2 Erschließe mögliche Sinnrichtungen des Partizips und übersetze.

a) Πολλοὶ τὸν Ἡρακλέα (Akk.) θεραπεύουσιν / μέμφονται ὑπ' αὐτοῦ (von ihm) σῳζόμενοι.

b) Ἡ Εὐρώπη φόβον ἔχει ὑπὸ τοῦ ταύρου κομιζομένη.

c) Ὁ Θησεὺς ὀργιζόμενος κελεύει τὸν Ἱππόλυτον φεύγειν.

3 Analysiere die Partizipialkonstruktion, indem du das Partizip, sein Beziehungswort und gegebenenfalls dessen Artikel ausfindig machst. Übersetze die Sätze erst ohne, dann mit Partizipialkonstruktion.

a) Προμηθεὺς ὑπὸ τῶν θεῶν κολαζόμενος κακὰ ὑπομένει.

b) Ὁ Προμηθεὺς καίπερ ἐν δεσμοῖς ἐχόμενος Δία (Akk. zu Ζεύς) μέμφεται.

c) Δῆλόν ἐστι τοὺς θεοὺς ὑπ' ἀνθρώπων ὑβριζομένους ὀργίζεσθαι.

d) Δῆλόν ἐστι τοὺς ὀργιζομένους θεοὺς τοῖς ἀνθρώποις κακὰ παρέχειν.

e) Ἀνάγκη δ' ἐστὶ καὶ τὸν Προμηθέα (Akk. zu Προμηθεύς) ὀργίζεσθαι κακὰ ὑπομένειν ἀναγκαζόμενον.

I

Der Trojanische Krieg

Der bedeutendste militärische Konflikt des griechischen Mythos ist der **Trojanische Krieg**. Anlass war die **Entführung** der **Helena**, der Frau des Königs **Menelaos** von Sparta, durch den trojanischen Prinzen **Paris**. Unter dem Oberbefehl **Agamemnons** brach ein mächtiges Truppenkontingent auf, um sie zurückzuholen. Nach **zehnjähriger Belagerung** wurde Troja mithilfe des **Trojanischen Pferdes**, einer List des Odysseus, eingenommen.

T

Gewissenskonflikt und Gnadenakt

Agamemnon, Herrscher über Mykene und Argos, sieht als Oberbefehlshaber des griechischen Aufgebots den Aufbruch aus dem Hafen von Aulis nach Troja durch eine hartnäckig anhaltende Windstille gefährdet. Er befragt den Seher Kalchas. Dieser nennt als Ursache ein unerfülltes Opferversprechen Agamemnons gegenüber der Göttin Artemis.

Κάλχας κηρύττει διαλεγόμενος τῷ στρατηγῷ· „Ἄρτεμις ὀργιζομένη κελεύει σε[1], ὦ κύριε, πρὸ τῆς ἀναγωγῆς[2] θύειν Ἰφιγένειαν τὴν κόρην.“ Πολὺν δὴ χρόνον βουλευόμενος Ἀγαμέμνων ὑπὸ Μενελάου τοῦ ἀδελφοῦ πείθεται διὰ τὴν τιμὴν τὰ δεινὰ ὑπομένειν.

Μεταπέμπεται οὖν τὴν Ἰφιγένειαν ἐκ Μυκηνῶν γάμον τῇ κόρῃ ἐπαγγελλόμενος· ἡ δὲ εἰς τὸ στρατόπεδον σπεύδει εὐφραινομένη τῇ ἀγαθῇ τύχῃ.

Ἐκεῖ δὲ Διομήδης καὶ Ὀδυσσεὺς τὴν ταραττομένην κόρην καίπερ ἐκ θανάτου σῴζεσθαι εὐχομένην ἐπὶ βωμὸν ἕλκουσιν. Ἀλλ' ἐξαπίνης μεγάλη μὲν ἔλαφος[3] ἀντὶ τῆς κόρης πρὸ τοῦ βωμοῦ ἀσπαίρει[4]· ἡ γὰρ θεὸς[!] φροντίζει τῆς εὐχομένης καὶ κομίζει τὴν Ἰφιγένειαν ἐπὶ τοὺς Ταύρους.

[1] σε: *Akk. zu* σύ: du
[2] ἡ ἀν-αγωγή: die Abfahrt *(von Schiffen)*
[3] ἡ ἔλαφος: die Hirschkuh
[4] ἀσπαίρω: ich zucke, zapple

1 **a)** Gib aus dem Text alle Partizipien und gegebenenfalls ihre Beziehungswörter an.
b) Überprüfe nun die jeweilige Verwendungsweise der Partizipien (attributiv bzw. substantiviert oder adverbial).

2 Gib alle Bedeutungen der Präpositionen an und übersetze die Wendungen: πρὸ τῆς ἀναγωγῆς (Z. 2) – διὰ τὴν τιμήν (Z. 4) – ἐκ θανάτου σῴζεσθαι (Z. 8 f.) – ἐπὶ βωμόν (Z. 9) – ἀντὶ τῆς κόρης (Z. 10) – ἐπὶ τοὺς Ταύρους (Z. 11 f.)

3 Belege am Text, dass Agamemnon den Auftrag der Artemis nicht aus eigenem Antrieb und erst nach längerem Zögern erfüllt.

4 Ordne die Personen aus dem Text den Figuren auf der Abbildung zu (Menelaos fehlt, oben rechts ist Apollon).

MK **5** Weise Parallelen zwischen der Opferung der Iphigenie und der des Isaak im Alten Testament nach.

▲ *Die Opferung der Iphigenie. Wandmalerei aus dem Haus des Poeten in Pompeji, 1. Jh. n. Chr.*

E

1. Ἄρτεμις δι' ἀδικίαν ὀργίζεται.
2. Φροντίζει οὖν τῆς τιμωρίας καὶ κελεύει μεταπέμπεσθαι τὴν Ἰφιγένειαν ἐκ τῶν ἐν Μυκήναις οἰκιῶν.
3. Ἡ δ' Ἰφιγένεια οὐ θύεται, χαίρει δὲ τῇ σωτηρίᾳ.
4. Τῷ δ' Ἀγαμέμνονι (Dat.), ὡς λέγει Αἰσχύλος ὁ ποιητής, ἔστι τοὺς νεανίας ἐπὶ Τροίαν ἄγειν.
5. Πολλὰ περὶ (über) τοῦ ἐπὶ Τροίαν στόλου μανθάνομεν διδασκόμενοι ὑφ' Ὁμήρου τοῦ ποιητοῦ.

Ü

1 Bilde die Formenkette.

a) ἡ ἀδικία → Pl. → Akk. → Sg. → Gen. → Pl. → Dat. → Sg.

b) ἡ σωτηρία → Gen. → Akk. → Dat. → Pl. → Nom. → Gen. → Akk.

2 Stelle die Wörter bzw. die Wortgruppen zu sinnvollen Sätzen zusammen und übersetze diese. Wähle hierzu jeweils aus jeder Spalte ein Wort bzw. eine Wortverbindung aus.

Οἱ νεανίαι	σοφὸς	εἰς θέατρον	ἄλλους	διαφθείρειν οὐ βούλονται.
Ὁπλῖται	ἀγαθοὶ	τὴν ἀδικίαν	κακὴν	σπεύδει.
Ὁ ποιητὴς	πολλοὶ	ἀνθρώπους	μέγα	οὐ φέρουσιν.

3 Beherrschst du das Partizip noch? Übersetze und beachte die möglichen Sinnrichtungen.

a) Ἄρτεμις τὴν Ἰφιγένειαν ἐν τῷ τῶν Ἀχαιῶν στρατοπέδῳ σῴζει θυομένην.

b) Ἡ Ἰφιγένεια σῴζεται καίπερ ἐπὶ βωμοῦ θυομένη.

c) Ἡ Ἰφιγένεια οὐκ ἀποθνῄσκει ὑπὸ τῶν θεῶν σῳζομένη.

I

Fluch über einer Familie

Die Brüder **Atreus und Thyestes** stritten um die Königsherrschaft in Mykene. Atreus setzte seinem Bruder dessen getötete Söhne als Mahlzeit vor. **Aigisthos**, der überlebende Sohn des Thyestes, rächte sich an seinem Onkel für den Tod seiner Brüder und ermordete ihn.

Atreus' Söhne **Agamemnon und Menelaos** werden als **Atriden** bezeichnet und spielen eine zentrale Rolle im **Trojanischen Krieg**: Menelaos als Ehemann Helenas, die der eigentliche Kriegsgrund war (vgl. 13 I), Agamemnon als Oberbefehlshaber der Truppen. Vor der Abfahrt der griechischen Flotte musste Agamemnon seine Tochter **Iphigenie** opfern (vgl. 13 T). Aus Rache für den Verlust der Tochter tötete Agamemnos Frau **Klytaimestra** ihn gemeinsam mit ihrem Liebhaber **Aigisthos** nach seiner Rückkehr aus Troja.

Sowohl Episoden aus dem Trojanischen Krieg als auch aus der Atridensage waren beliebte Themen der griechischen **Tragödie**. Die berühmtesten Tragödiendichter waren **Aischylos, Sophokles** und **Euripides**. Sie verfassten im 5. Jahrhundert v. Chr. zahlreiche Dramen, in denen die Gewissenskonflikte und Motive von Figuren wie Agamemnon anschaulich vor Augen geführt wurden und die Zuschauer mitfiebern und mitleiden konnten.

T

Doppelmord in Mykene

Troja ist nach zehn Jahren erobert, und so kann auch Agamemnon in seine Heimat und zu seiner Gattin Klytaimestra zurückkehren.

Ἀγαμέμνων μὲν καὶ τῇ ἐν τῷ πολέμῳ νίκῃ καὶ τῇ ἐκ τοῦ πόντου σωτηρίᾳ εὐφραινόμενος πάλιν εἰς Μυκήνας ἥκει – οὐ μόνον σὺν πολλοῖς ὁπλίταις, ἀλλὰ καὶ σὺν παλλακῇ[1]. Ἡ δὲ λέγεται μὲν Κασσάνδρα, γενεὰ δ᾽ ἐστὶν αὐτῇ[2] ἐκ Πριάμου, τοῦ Τροίας κυρίου.

Κλυταιμήστρα δὲ εἰς τιμωρίαν παρασκευάζεται, ὅτι τὴν τότε τῆς θυσίας[3] ἀδικίαν ἀεὶ μνημονεύει καὶ τῇ τοῦ κυρίου παλλακῇ[1] σφόδρα ὀργίζεται.

Κρύπτει τὴν ὀργὴν εἰς τὴν καρδίαν ἡ Κλυταιμήστρα καίπερ ὑβρίζεσθαι οἰομένη· πρὸ μὲν τῶν θυρῶν τὸν κύριον ποικίλοις λόγοις δέχεται· ἐν δὲ τῇ οἰκίᾳ καιρός ἐστι φονεύειν ἀξίνῃ[4] πρῶτον μὲν τὸν κύριον ἄρτι λουόμενον[5], ἔπειτα δὲ καὶ τὴν Κασσάνδραν.

Ἀλλ᾽ ὡς οἱ ποιηταὶ γράφουσιν, τιμωρία ὑπὸ νεανίου παρασκευάζεται ἄνευ ἐλέου.

▲ *John Collier (1850–1934): Klytaimestra.*

[1] ἡ παλλακή: die Geliebte
[2] αὐτῇ *(Dat. des Personalpron.)*: ihr
[3] ἡ θυσία: die Opferung
[4] ἡ ἀξίνη: die Axt
[5] λούω: ich bade (jdn.)

1 a) Z. 1–17: Gib aus den ersten drei Absätzen das Subjekt jedes Hauptsatzes an; belege nun den Wechsel der Handlungsträger im Verlauf des Textes.
b) Untersuche, wie auch die Konnektoren (μέν …) δέ den Text strukturieren.

2 Erläutere, auf welches dir aus der vorigen Lektion bekannte Ereignis sich die Wendung τὴν τότε τῆς θυσίας ἀδικίαν (Z. 9 f.) bezieht.

3 Belege am Text, dass Klytaimestra ihren Tatentschluss nicht spontan fasst, sondern vorsätzlich handelt.

4 Nenne aus dem Text alle Verbformen mit mediopassiver Endung und erkläre, ob sie jeweils medial oder passivisch verwendet werden.

5 Erarbeitet ein Standbild, das Klytaimestra und Agamemnon bei ihrer Wiederbegegnung vor dem Palast zeigt; diskutiert verschiedene Varianten, die Klytaimestras inneren und äußeren Zustand zum Ausdruck bringen. Der Text und die Abbildung geben erste Anregungen.

E

1. Ἡ λαμπρὰ Κλυταιμήστρα εἰς αἰσχρὰν τιμωρίαν παρασκευάζεται.
2. Τῷ Ἀγαμέμνονι (Dat.) οὐκ ἔστιν οὔτε φεύγειν οὔτε μάχεσθαι.
3. Ὁ Ἀγαμέμνων ἐν τῇ ἰδίᾳ οἰκίᾳ φονεύεται ἀξίνῃ (mit einer Axt).
4. Τῇ αὐτῇ ἀξίνῃ ἡ Κλυταιμήστρα αὐτὴ φονεύει καὶ Κασσάνδραν· ἡ δ' ἀποθνῄσκει σχεδὸν (beinahe) τῷ αὐτῷ τρόπῳ καὶ ὁ Ἀγαμέμνων / τῷ Ἀγαμέμνονι (Dat.).
5. Ἡ Κλυταιμήστρα χαίρει τῇ τιμωρίᾳ.

Ü

1 Ergänze jeweils die fehlenden Kasus im Singular und Plural: ἡ θεῖα γενεά, τῶν λαμπρῶν ἑορτῶν

2 Wähle die richtigen Übersetzungen aus und erläutere, in welchen Punkten die anderen fehlerhaft sind. (vgl. M 15 B)

Οἱ νῦν ἄνθρωποι ἐνίοτε οὐ μανθάνουσιν οὔτε τοὺς τῶν φιλοσόφων λόγους οὔτε τοὺς παλαιοὺς μύθους.

a) Die heutigen Menschen verstehen manchmal die Aussagen der Philosophen und die Heldensagen aus dem Altertum nicht.
b) Die jetzigen Menschen verstehen manchmal die Worte der Philosophen und die alten Sagen.
c) Die jetzigen Menschen verstehen manchmal sowohl die Aussagen der Philosophen als auch die alten Heldengeschichten.
d) Die jetzigen Menschen verstehen manchmal weder die Worte der Philosophen noch die Heldensagen aus dem Altertum.
e) Die Menschen verstehen jetzt sowohl die Worte der Philosophen als auch die Mythen aus dem Altertum.

3 Analysiere die Sätze im Hinblick auf die Wortstellung von μόνος und αὐτός. Übersetze dann.

a) Ὁ κύριος αὐτὸς τοῖς ξένοις σῖτον καὶ οἶνον φέρει.
b) Τὸ αὐτὸ τῷ φίλῳ θέλω· τῷ γὰρ αὐτῷ χαίρω καὶ ὁ φίλος.
c) Ὁ υἱὸς μόνος ἐν ἐρήμῃ χώρᾳ θηρία διώκει.
d) Οὐ κακίᾳ (Bosheit), ἀλλ' ἀνάγκῃ Ὀρέστης, ὁ μόνος τοῦ Ἀγαμέμνονος (Gen.) υἱός, τὴν Κλυταιμήστραν ῥώμῃ φονεύει.

I

Mykene – eine Stadt mit langer Geschichte

Im 19. Jahrhundert entdeckte der deutsche Archäologe Heinrich Schliemann, der auch Troja ausgegraben hatte, unter der Stadt Mykene Reste einer Burg sowie zahlreiche Fundstücke, die zeigen, dass es bereits von ca. **1600–1200 v. Chr.** eine **Hochkultur auf dem griechischen Festland** gegeben hatte. Obwohl diese weit über Mykene hinaus verbreitet war, wird sie bis heute als **mykenische Kultur** bezeichnet. Sie hatte eine eigene **Schrift**, die 1952 entziffert werden konnte. Seitdem ist bekannt, dass viele Elemente der späteren griechischen Kultur, etwa die Namen der meisten Götter, bereits aus dieser frühen Phase stammen.

(Zu Entstehung und Untergang der mykenischen Kultur: vgl. Epochenüberblick II, S. 58 f.)

T

Der Rächer

Agamemnons Sohn Orestes, zur Zeit der Ermordung seines Vaters noch ein Jugendlicher, ist von seiner Amme zu einem befreundeten König gebracht und dort erzogen worden. Neun Jahre später befragt der mittlerweile junge Erwachsene das delphische Orakel, wie er sich angesichts der Racheverpflichtung für seinen Vater gegenüber seiner Mutter verhalten solle. Diese herrscht inzwischen zusammen mit ihrem Geliebten Aigisthos über Mykene.

Ἐν λαμπραῖς τραγῳδίαις[!] Αἰσχύλος φράζει, ὡς καὶ μετὰ τὰ δεινὰ Κλυταιμήστρας ἔργα οὐ παύονται[1] οὔτ᾽ ὀργὴ οὔτε φόνοι·

Ὑπὸ μὲν γὰρ τοῦ ἐν Δελφοῖς θεοῦ Ὀρέστης, ὁ μόνος τῆς Κλυται-μήστρας υἱός, ἀναγκάζεται τιμωρίας ἕνεκα μητροκτόνος[2] γίγνεσθαι. Ἐν δὲ Μυκήναις πρῶτον μὲν ὁ Ὀρέστης μόνος μόνῳ τῷ Αἰγίσθῳ μάχεται καὶ ἀπολύει τὴν χώραν τυράννου. Ἔπειτα δὲ ὁ υἱὸς αὐτὸς φονεύει τὴν ἰδίαν μητέρα[3] καίπερ φόβῳ φεύγειν βουλομένην· πείθεται γὰρ τῷ θείῳ λόγῳ.

Ὅμως αἱ Ἐρινύες, αἰσχραὶ θεαί, πανταχοῦ τὸν Ὀρέστην διώκουσιν. Πολὺν δὴ χρόνον τῷ διωκομένῳ οὐκ ἔξεστιν ἐκ-φεύγειν[!], τέλος δ᾽ ἐν Ἀθήναις αὐτῆς ὑπ᾽ Ἀθηνᾶς τῆς θεᾶς καθαίρεται.

Καὶ πολλοὶ τῶν νῦν ποιητῶν τοὺς αὐτοὺς τῷ Αἰσχύλῳ μύθους εἰσ-φέρουσιν[!] εἰς θέατρον – ἀλλ᾽ οὐ τῷ αὐτῷ τρόπῳ καὶ οἱ παλαιοί.

[1] παύομαι: ich höre auf, ende

[2] ὁ μητρο-κτόνος: der Muttermörder

[3] μητέρα: *Akk. zu* ἡ μήτηρ: die Mutter

1. Z. 3–11: Gib aus dem zweiten und dritten Abschnitt die Konnektoren (vgl. M 15 B) und Wendungen an, die den Ablauf örtlich und zeitlich strukturieren; nenne aus jedem Zeitabschnitt Subjekt und Prädikat und erschließe so den Verlauf der Handlung.

2. **a)** Stelle aus dem Text alle Wendungen zusammen, die Formen von αὐτός, -ή, -ό oder μόνος, -η, -ον enthalten; erkläre die jeweilige Verwendungsweise und nenne die entsprechende deutsche Bedeutung.
   b) Erläutere die Verwendung des Kasus bei τῷ Αἰσχύλῳ (Z. 12).

3. Belege anhand der Verbformen, dass Orestes in seinen Handlungen kaum Gestaltungsspielraum hat, sondern von Gottheiten gelenkt wird.

4. Weise der Abbildung die entsprechende Textstelle zu.

5. Erörtere den inneren Konflikt, den Orestes vor seiner Entscheidung durchlebt.

William Adolphe Bouguereau (1825–1905): Die Reue des Orestes. ▶

Epochenüberblick II

MYTHISCHE VORZEIT	MINOISCHE ZEIT	MYKENISCHE ZEIT	ARCHAIK	KLASSIK	HELLENISMUS

1800 · 1600 · 1400 · 1200 · 1000 · 800 · 600 · 400 · 200

K

Die mykenische Zeit (ca. 1600–1200)

Zwischen 1600 und 1200 v. Chr. übte Mykene dank seiner geografischen Lage die **Kontrolle über weite Teile der Peloponnes** aus. Große, reich ausgestattete Königsgräber, goldene Totenmasken, goldene Gefäße und Goldkronen bestätigen den außerordentlichen Reichtum der Herren von Mykene. Wer waren diese Menschen, die eine **Hochkultur** entwickelten, die bereits eine **Silbenschrift** kannte?

▲ *Die sog. Maske des Agamemnon.*

Agamemnon (vgl. 13–15 T), der „Herr der Männer", wie ihn Homer nennt, ist der Name des Königs, der eng mit der großen Zeit Mykenes verbunden ist. Der deutsche Kaufmann und begeisterte Archäologe **Heinrich Schliemann** begann 1876 seine Ausgrabungen in Mykene. Zuvor hatte er sich 1870 auf die Suche nach dem verschwundenen Troja gemacht. Er hatte Homers *Ilias* und *Odyssee* gelesen und war sich sicher, dass es den **Trojanischen Krieg** (vgl. 13 I) wirklich gegeben hat. Troja lag im Nordwesten der Türkei am Eingang der Dardanellen. Die Archäologen fanden viele Schichten Trojas, das immer wieder durch Brand oder Krieg zerstört wurde. Schliemann war überzeugt, das Troja Homers entdeckt zu haben. Der archäologische Fund beflügelte ihn und so war er entschlossen, auch das homerische Mykene auszugraben; dieses Mal half ihm der Reisebericht des Schriftstellers Pausanias. Und auch hier hatte er Erfolg: Seine spektakulären Entdeckungen der Königsgräber Mykenes veranlassten ihn schnell, den einzelnen Gräbern die homerischen Namen zu geben (z. B. „Grab des Agamemnon").

Was bleibt **historisch** gesichert? Die *Ilias* und die *Odyssee* stammen aus dem 8. und 7. Jahrhundert v. Chr.; die große Zeit Mykenes und damit auch die Agamemnons lag viele Jahrhunderte zurück. Auch für Homer muss sie eine sagenhafte Zeit gewesen sein; die Geschichten vom Trojanischen Krieg, den Helden und ihrem Schicksal wurden mündlich überliefert und erhielten angesichts der gewaltigen Überreste Mykenes neues Leben. Denn schon um ca. 1200 v. Chr. war die mykenische Kultur untergegangen. Die genauen Ursachen hierfür bleiben ebenso unklar wie die Gründe, die zum Niedergang der minoischen Kultur (vgl. S. 39), die enge Verbindungen zu Mykene gehabt hatte, führten.

Es beginnen die sogenannten **dunklen Jahrhunderte**, in der auch die Kulturtechnik des Schreibens verloren ging; erst um die Mitte des 8. Jahrhunderts v. Chr. entstand eine neue Alphabetschrift, die die Griechen von den Phoinikiern übernahmen und anpassten.

Das Löwentor in Mykene. ▶

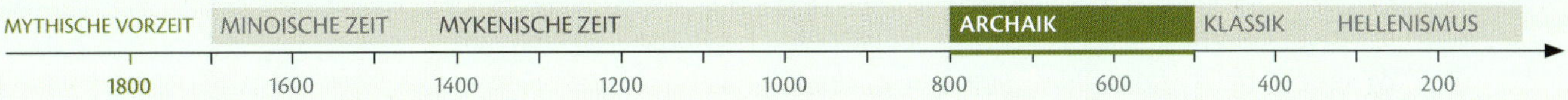

K

Die Archaik (ca. 800–500)

Nach den sogenannten dunklen Jahrhunderten brachte vor allem eine kulturelle Errungenschaft wieder Licht ins Dunkel: die Entwicklung der griechischen **Schrift**.

Mit den beiden homerischen Epen, der *Ilias* und der *Odyssee*, entstanden die ersten literarischen Werke des abendländischen Kulturkreises. Und auch wenn deren Handlung in der mykenischen Zeit angesiedelt ist, haben hier grundlegende **Werte** der archaischen Gesellschaft Einzug erhalten (wie z. B. das Streben nach öffentlicher Anerkennung und Ehre (τιμή) sowie nach bleibendem Ruhm (vgl. 10 I)).

In den griechischen Stadtstaaten (**Poleis**) waren zunächst der Adel und die aristokratische Herrschaftsform maßgebend. Nach und nach bildeten sich nun aber auch andere **Staatsformen** wie die Tyrannis (z. B. Periander in Korinth, vgl. 32 T), während wiederum in anderen Städten (z. B. Athen) erste Ansätze, die später zur Demokratie führten, erkennbar wurden. Oft waren diese politischen Umschichtungen auch mit großen sozialen Unruhen verbunden.

In dieser Zeit verließen einige Griechen ihre Poleis. Gründe dafür waren ein großes Bevölkerungswachstum und damit verbundene Nahrungsverknappungen – manchmal jedoch auch reine Abenteuerlust. Dadurch entstanden im gesamten Mittel- und Schwarzmeerraum griechische **Kolonien**. Dementsprechend haben viele heute noch existierende Städte außerhalb Griechenlands wie Marseille (Südfrankreich), Neapel (Italien) oder Odessa (Ukraine) griechischen Ursprung.

So erblühte die **Kultur** nicht nur in den alten Poleis wieder, sondern auch in zahlreichen außergriechischen Kolonien. Neben Dichtungen wie den homerischen Epen oder der Lyrik (z. B. Ibykos, vgl. 34 T, Sappho, Alkaios und Archilochos, vgl. 66–68 T) entstand gegen Ende der archaischen Zeit auch die erste Prosaliteratur.

Philosophen wie Thales von Milet versuchten, die Welt nicht mehr mithilfe von Mythen oder Göttern, sondern rational zu erklären (vgl. 53 T). Dennoch waren die griechischen Poleis weiterhin sehr religiös geprägt und die von Homer vermittelte Götterwelt besaß im gesamten griechischen Raum Geltung. Und auch wenn die vielen Stadtstaaten weiterhin selbstbestimmt (**autonom**) blieben und es kein wirkliches Nationalgefühl gab, hatten die gemeinsame Götterwelt sowie **religiöse Orte und panhellenische Feste** (z. B. die Olympischen Spiele, vgl. 26–31 T, oder das Apollonheiligtum in Delphi, vgl. 40–42 T) eine große gemeinschaftsstiftende Wirkung. Ein Athener sah sich zwar weiterhin in erster Linie als Athener und ein Spartaner als Spartaner; jedoch entwickelten die Bewohner der griechischen Städte darüber hinaus ein **Gemeinschaftsbewusstsein** und empfanden eine Zugehörigkeit zum griechischen Kulturkreis.

Ü **1** Wähle jeweils das Wort aus, das grammatisch nicht in die Reihe passt; begründe.

a) τιμαί ◈ θύεται ◈ ἀρεταί ◈ τέχναι

b) εἰμί ◈ εἰσίν ◈ ἐστέ ◈ ἐσμέν

c) αἰσθανόμεθα ◈ ὀργίζομαι ◈ μέμφεσθε ◈ ἐπαγγέλλονται

d) φράζετε ◈ γίγνεσθε ◈ δέχεται ◈ καθίζῃ

2 Übersetze. Brauchst du bei der Auflösung der Partizipialkonstruktionen Hilfe? Dann wähle die untere Variante.

a) Ὁ Προμηθεὺς τῶν ἀνθρώπων πόνους ἀμύνειν[1] βουλόμενος πολλὰς τέχνας διδάσκει.

[1] ἀμύνω (*m. Gen.*): ... von wem?

a') Ὁ Προμηθεὺς τῶν ἀνθρώπων πόνους ἀμύνειν[1] βούλεται. Διὸ πολλὰς τέχνας διδάσκει.
Ὁ Προμηθεὺς (τῶν ἀνθρώπων πόνους ἀμύνειν[1] βουλόμενος) πολλὰς τέχνας διδάσκει.

b) Τὸν Προμηθέα (Akk.) σωτηρίαν ἐπαγγελλόμενον οἱ μὲν ἄνθρωποι θαυμάζουσιν.

b') Ὁ Προμηθεὺς σωτηρίαν ἐπαγγέλλεται. Διὸ οἱ ἄνθρωποι τὸν Προμηθέα (Akk.) θαυμάζουσιν.
Τὸν Προμηθέα (σωτηρίαν ἐπαγγελλόμενον) οἱ ἄνθρωποι θαυμάζουσιν.

c) Ὁ δὲ Ζεὺς τὰς τέχνας αἰσθανόμενος ὀργίζεται.

c') Ὁ Ζεὺς τὰς τέχνας αἰσθάνεται. Αὐτίκα (sofort) ὀργίζεται.
Ὁ Ζεὺς (τὰς τέχνας αἰσθανόμενος) ὀργίζεται.

d) Τὸν ὑπὸ τοῦ τῶν θεῶν κυρίου κολαζόμενον Προμηθέα (Akk.) αἰετὸς (Adler) ὑβρίζει.

d') Ὁ Προμηθεὺς ὑπὸ τοῦ τῶν θεῶν κυρίου κολάζεται· αἰετὸς (Adler) τὸν Προμηθέα (Akk.) ὑβρίζει.
Τὸν (ὑπὸ τοῦ τῶν θεῶν κυρίου κολαζόμενον) Προμηθέα αἰετὸς ὑβρίζει.

e) Ὁ δὲ Προμηθεὺς καίπερ ὑβριζόμενος τὰ δεινὰ κακὰ ὑπομένει.

e') Ὁ Προμηθεὺς ὑβρίζεται. Ὅμως τὰ δεινὰ κακὰ ὑπομένει.
Ὁ Προμηθεὺς (καίπερ ὑβριζόμενος) τὰ δεινὰ κακὰ ὑπομένει.

3 Bilde aus den Wortbestandteilen die umschriebenen Fremdwörter. Gib auch jeweils die beiden zugrunde liegenden griechischen Wörter an.

Wissenschaft von der Verschlüsselung von Informationen ◈ Herzvergrößerung ◈ höhere technische Lehranstalt ◈ jemand, der sich sein Wissen durch Selbststudium angeeignet hat ◈ Verehrung vieler Götter ◈ wissenschaftliche Darstellung über ein einzelnes Thema

auto ◈ didakt ◈ grafie ◈ grafie ◈ kardio ◈ krypto ◈ megalie ◈ mono ◈ poly ◈ poly ◈ technikum ◈ theismus

T Griechenland im 19. Jahrhundert

Im Jahr 1453 kommt das Gebiet des heutigen Griechenland unter türkische Herrschaft. Obwohl die Türken ihre Macht relativ milde ausüben, empfinden die Griechen dies als Fremdherrschaft. Viele ziehen sich im gebirgigen Griechenland in die Berge zurück und leben als freiheitsliebende „Räuber“, sogenannte Klephten. 1821 bricht dann der Aufstand der Klephten auf der Peloponnes los.

Πολὺν χρόνον οἱ Ἕλληνες (Nom.) ὑπὸ τῶν Τούρκων ἄρχονται. Πολλοὶ δὲ Ἕλληνες οἰόμενοι δοῦλοι εἶναι βούλονται τὴν τῶν Τούρκων ἀρχὴν[1] λύειν. Οὕτως Ἕλληνες οὐ μόνον κλέπτουσιν, ἀλλὰ καὶ μάχονται ἐπὶ τὴν τῶν Τούρκων ἀδικίαν.

Πρῶτον μὲν οἱ Ἕλληνες τῇ νίκῃ χαίρουσιν, ἔπειτα δὲ πολλοὶ Ἕλληνες μόνοι μαχόμενοι ἀποθνῄσκουσιν. Ἡ γὰρ τῶν Τούρκων ὀργιζομένων τιμωρία δεινή ἐστιν.

Τῆς τῶν Ἑλλήνων σωτηρίας ἕνεκα Εὐρωπαῖαι χῶραι – λέγω Βρεττανίαν καὶ Γαλλίαν καὶ Ῥωσίαν – πέμπουσιν πολλὰ πλοῖα[2]. Μετὰ τὴν τῶν Εὐρωπαίων νίκην αἱ χῶραι βουλεύονται Ὄθωνα[3] – ἐκ τῆς τῶν Βαυαρικῶν κυρίων γενεᾶς ἐστιν – εἰς τὴν Ἑλλάδα[4] πέμπειν. Ὁ δὲ Ὄθων[3] πειθόμενος σπεύδει ἐκεῖσε[5] ἐπὶ Βρεττανικοῦ πλοίου[2]. Πολλοὶ Ἕλληνες τὸν Ὄθωνα[3] δέχονται ἐν τῇ Ναυπλίᾳ εὐχόμενοι τῷ νέῳ[6] κυρίῳ σωτηρίαν. Τὸν δὲ Ὄθωνα[3] καίπερ εὖ ἄρχειν βουλόμενον τέλος ἐκ τῆς Ἑλλάδος (Gen.) φεύγειν χρή.

[1] ἡ ἀρχή: der Anfang; die Herrschaft, das Reich

[2] τὸ πλοῖον: das Schiff

[3] Ὄθων (*Akk.* Ὄθωνα): Otto (*bayerischer Prinz*)

[4] Ἑλλάδα: *Akk. zu* Ἑλλάς: Griechenland

[5] ἐκεῖ-σε: dorthin

[6] νέος: neu; jung

1. Z. 1–7: Stelle aus den ersten beiden Abschnitten alle Wörter und Wendungen zusammen, die zu den Sachfeldern „Unterdrückung“ und „Widerstand“ gehören.
2. Gib für jeden Satz das Subjekt an; belege den mehrmaligen Wechsel des Handlungsträgers im Verlauf des Textes.
3. Erkläre, dass das Partizip βουλόμενον (Z. 14) eindeutig adverbial verwendet wird.
4. Vergleiche die im Text verwendeten Eigennamen in der (alt)griechischen und deutschen Sprache hinsichtlich Schreibung, Aussprache und Wortakzent.
5. Weise der Abbildung die entsprechende Textstelle zu; beschreibe, welche Geräusche der Künstler durch das Gemälde wahrnehmbar machen wollte.

▼ *Peter von Hess (1792–1871): Einzug König Ottos von Griechenland in Nauplia.*

ΛΑΚΩΝΙΚΗ – ΜΕΣΣΗΝΙΑ

LAKONIEN – MESSENIEN

Das über 2 400 m hohe Taygetosgebirge trennt die beiden Landschaften Lakonien und Messenien, die den Südteil der Peloponnes bilden **1**. Heute werden die fruchtbaren Landschaften Messeniens und Lakoniens vor allem landwirtschaftlich genutzt. Kalamata, bekannt für seine fruchtigen Oliven **2**, bildet das wirtschaftliche Zentrum Messeniens; Sparta, einst die mächtige Hauptstadt der Lakedaimonier, ist heute eine Kleinstadt, die mit ca. 20 000 Einwohnern und einem schachbrettartigen Straßenverlauf nur wenige Touristen anzieht.

5

6

7

Homers *Ilias* und *Odyssee* geben uns Kunde von politisch bedeutenden Orten aus mykenischer Zeit: Schon im vergangenen Jahrhundert fanden die Archäologen etwa 12 Kilometer nördlich der heutigen messenischen Küstenstadt Pylos einen Palast, dem sie den Namen „Palast des Nestor“ gaben 3.

Nach Homer war Nestor König des „sandigen Pylos“ und ein weiser Ratgeber in schwierigen Situationen 4.

Zu den großen Heerführern im Trojanischen Krieg gehörte nach Homer neben Agamemnon, dem König von Mykene, auch Menelaos, sein Bruder. Menelaos war König von Sparta und verheiratet mit der schönen Helena, die vom trojanischen Prinzen Paris geraubt wurde und so den Anlass für den Ausbruch des Krieges bot 5.

Erst vor wenigen Jahren hat man in der Nähe Spartas eine Palastanlage aus mykenischer Zeit ausgegraben – vielleicht den Palast des Menelaos?

Sparta, die Hauptstadt Lakoniens, entwickelte in den folgenden Jahrhunderten sein eigenes Gesellschaftsmodell, das ihm lange Zeit militärische Stärke brachte. Wenn wir heute noch von „spartanisch“ sprechen, so verstehen wir darunter schlicht, einfach und streng geregelt. Nach der Zeit der Perserkriege (unter König Leonidas 6) und des Peloponnesischen Krieges im 5. Jahrhundert v. Chr. verlor Sparta nach und nach seine politische Bedeutung. Verlassene Ruinen 7 sind stumme Zeugen von einstiger Macht und ihrem Niedergang.

E

1. Αἱ μὲν Ἐρινύες τὸν Ὀρέστην πολὺν χρόνον ἐδίωκον, ὁ δ᾽ ἔφευγεν.
2. Τέλος δὲ ὁ Ὀρέστης ἐν Ἀθήναις· „Σὺν Ἠλέκτρᾳ ἀεὶ τοὺς θεοὺς ἐθεράπευον. Πολλάκις ταύρους ἐθύομεν.
3. Διὰ τί ἠναγκάζετε ἐμὲ (mich) τιμωρίαν παρασκευάζειν;
4. Ὦ Ἀθηνᾶ, ἀεὶ ἐφρόντιζες ἐμοῦ (mich, Gen.) καὶ ηὔφραινες ἐμέ (mich), ὅτι πολλάκις ἤμυνες κακά.
5. Οὐχ ὕβριζον, ἀεὶ τοὺς θεοὺς ἱκέτευον. Σῷζε ἐμέ (mich).“
6. Ἡ δ᾽ Ἀθηνᾶ τὸν φόβον ἔλυε καὶ τὸν Ὀρέστην ἔπειθεν· „Ἐθέλω σὲ σῴζειν.“

Ü

1 Bilde die entsprechende Form des Imperfekts und übersetze anschließend.
μνημονεύουσιν ◦ φράζω ◦ διώκεις ◦ φεύγομεν ◦ σπεύδετε ◦ ταράττει

2 Wähle die Imperfektformen aus und übersetze. Erkläre doppeldeutige Formen.
κίνδυνον ◦ ἐκινδύνευον ◦ ἐπίκουρον ◦ ἱκετεύει ◦ ἱκέτευε ◦ ἱκέτευεν ◦ ἱκέτευον ◦ ὕβριζεν ◦ ὑβρίζετε ◦ ἐθέλει ◦ ἔθελεν ◦ ἤθελεν ◦ ἤδη ◦ ᾖδεν ◦ ἥκεν ◦ ἥκει ◦ ἦγεν ◦ ἦγον ◦ ἦρχον ◦ ἥλιον

3 Übersetze und erkläre, welchen Aspekt das Imperfekt jeweils zum Ausdruck bringt.
a) Ὁ ξένος τὸν φίλον πολὺν χρόνον ἔπειθεν, ἀλλ᾽ οὐ πείθει.
b) Ὁ νεανίας διὰ τῆς οἰκίας ἔσπευδεν· ἐξαπίνης μεγάλην βοὴν (Schrei) ἀκούει.
c) Ἡ τῶν Ἀθηναίων παιδεία μάλιστα (besonders) πρὸς τὰς καλὰς τέχνας καὶ τὴν σοφίαν! ἔβλεπεν.
d) Οἱ Σπαρτιᾶται τοὺς πολεμίους ἀεὶ βίᾳ ἤμυνον.

I

Sparta – ein Leben für den Krieg

Zur Blütezeit Spartas hatten unter den etwa 50 000 Lakedaimoniern (Sklaven nicht gezählt) allein die etwa 8 000 **Spartiaten** alle Rechte als Vollbürger. Sie waren einerseits unter sich gleich, andererseits hatten sie sich einer **strengen, klar reglementierten Erziehung und Ausbildung** zu unterwerfen. Das spartanische Modell fand bereits in der Antike begeisterte Bewunderer und ebenso entschiedene Gegner: **Aristoteles** etwa kritisierte die einseitige Ausrichtung auf das Militärische. Seiner Meinung nach führe sie zwar zu Erfolgen im Krieg, versage jedoch dann, wenn es um den Aufbau eines Staates in Friedenszeiten geht.

Edgar Degas (1834–1917): Spartanische Mädchen fordern Jungen zum Wettkampf. ▶

T

Erziehungsgrundsätze in Sparta – ein Vorbild?

Ἡ ἐν Σπάρτῃ παιδεία ἔβλεπε πρὸς μόνην τὴν ἐν πολέμῳ ἀνδρείαν καὶ τὴν ἀλκήν. Οἱ Σπαρτιᾶται, ὡς Πλούταρχος ἔλεγεν, ἔκρινον ἤδη τὰ νεογνὰ[1] τέκνα παλαιῷ νόμῳ πειθόμενοι· τὰ μὲν γὰρ καλὰ καὶ ἰσχυρὰ μόνα ἔτρεφον, τὰ δὲ αἰσχρὰ καὶ ἄρρωστα[2] ἄνευ ἐλέου εἰς Ταϋγέτου βάραθρον[3] ἔρριπτον.

Τῆς τῶν υἱῶν παιδείας οὐκ ἐφρόντιζον οἱ πατέρες[4], ἀλλ' οἱ λεγόμενοι παιδονόμοι[5]. Ἐπαίδευον καὶ ἐγύμναζον τοὺς νέους εἰς τὸ σφόδρα πείθεσθαι· διὸ οἱ νέοι ἤθελον πόνους σιγῇ ὑπομένειν.

Οὕτως οἱ τῶν Σπαρτιατῶν ὁπλῖται οὐ μόνον ὑπὲρ τῆς κοινῆς σωτηρίας καὶ ἐλευθερίας μαχόμενοι ἄνευ φόβου ἤμυνον τοὺς πολεμίους, ἀλλὰ καὶ βίᾳ καὶ αἰσχροῖς πολέμοις τοὺς ὁμόρους[6] ἠνάγκαζον δούλους εἶναι.

[1] νεο-γν-ός: neugeboren
[2] ἄ-ρρωστος: krank, schwächlich
[3] τὸ βάραθρον: die Schlucht
[4] οἱ πατέρες: die Väter
[5] ὁ παιδο-νόμος: der (staatliche) Erziehungsbeauftragte
[6] ὁ ὅμ-ορος: der Grenznachbar

1. Gib aus dem Text alle Imperfektformen an; begründe mit Blick auf die Überschrift, dass das Imperfekt für diese Textsorte gut geeignet ist. (vgl. M 19 B)

2. Der Text schildert den Werdegang männlicher Spartiaten von der Geburt über die Jugendzeit (vgl. Abbildung) bis zum Erwachsenenalter. Nenne aus dem Text die griechischen Substantive für diese drei Lebensabschnitte; paraphrasiere die Aussagen über die jeweiligen Lebensphasen.

3. Stelle aus dem Text alle Verben und Wendungen zusammen, die zum Wortfeld „Drill und militärische Ausbildung“ gehören. (vgl. M 10 A)

4. Informiere dich über die gesellschaftliche Gruppe der Spartiaten und ihr dreistufiges Erziehungsmodell (ἡ ἀγωγή), das männliche Nachkommen durchlaufen mussten. Der Text und die Abbildung geben erste Hinweise. MK

5. Vergleiche die über den QR-Code verlinkten Texte mit der spartanischen Erziehung; diskutiert anschließend diesen Erziehungsstil. MK

37001-03

E

Ein Jugendlicher erzählt von seinem Griechischunterricht:

1. „Οἱ Σπαρτιᾶται ἐγυμνάζοντο καὶ πολλοὺς πόνους φέρειν εἰθίζοντο.
2. Πολλάκις ἐδιδασκόμεθα, ὅτι οἱ τῶν Σπαρτιατῶν ὁπλῖται ὑπὲρ τῆς ἐλευθερίας ἐμάχοντο.
3. Πολὺν χρόνον τῇ τῶν Σπαρτιατῶν παιδείᾳ ἐταραττόμην, ἀλλὰ νῦν γιγνώσκω, ὅτι οἱ Σπαρτιᾶται εἶχον πολλοὺς καὶ παλαιοὺς νόμους.
4. Ἀεὶ τοῖς παλαιοῖς νόμοις ὑπήκουον.
5. Διὸ ἐν πολέμῳ οἱ νεανίαι συνελέγοντο καὶ εἰς τὸ μάχεσθαι παρεσκευάζοντο· κοινοὶ ἐπὶ τοὺς πολεμίους ἐστρατεύοντο."

Ü

1 Weise den Verbanfängen die geforderten Ausgänge zu. Übersetze anschließend.

-ετο -εσθε -όμεθα -όμην -οντο -ου

ἐτρεφ- (1. Pers. Pl.) • ἐγυμνάζ- (2. Pers. Sg./Pl.) • ἐδιώκ- (3. Pers. Pl.) • ηὐχ- (1. Pers. Sg./Pl.) • ἐπείθ- (2. Pers. Pl.) • ὠργίζ- (3. Pers. Sg./Pl.)

2 Stelle die Wortelemente zu sinnvollen Imperfektformen zusammen. Wende hierbei deine Kenntnisse zur Augmentbildung bei Komposita an und nimm die nötigen Veränderungen vor.

Präfix	Verbalstamm		Ausgang		
δι(α)- παρ(α)- συν- ὑπ(ο)-	αγ- ακου- βουλευ- εχ-	λεγ- οπτευ- σκευαζ- φθειρ-	-εν -ες -εσθε -ετε	-ετο -όμεθα -ομεν -όμην	-ον -οντο -ου

3 Untersuche die Stellung des Adjektivs πολλοί und übersetze entsprechend.

a) Οἱ ξένοι συνελέγοντο πολλοὶ πρὸ τοῦ ναοῦ.
b) Πολλοὶ ξένοι συνελέγοντο πρὸ τοῦ ναοῦ.
c) Οἱ πολλοὶ τῶν ξένων συνελέγοντο πρὸ τοῦ ναοῦ.

4 Übersetze. Beachte dabei, dass das Partizip Präsens keine „absolute Zeitstufe", sondern die relative Gleichzeitigkeit zum übergeordneten Satz bezeichnet.

a) Ἐν Σπάρτῃ αἱ κόραι πρὸς ἀλλήλας καὶ πρὸς νεανίας ἀγωνιζόμεναι ἐγυμνάζοντο.
b) Αἱ κόραι ἰσχυραὶ γιγνόμεναι ὑπὸ τῶν νεανιῶν ἐθαυμάζοντο.

I

Die Stellung der Frau in der spartanischen Gesellschaft

In Sparta war das Leben der Frauen ebenso wie das der Männer klar durch die Polis geregelt, die ihnen bis in den persönlichsten Bereich hinein Vorschriften machte. Auch die frei geborenen Frauen Spartas hatten der Polis-Gemeinschaft zu dienen und für guten **Nachwuchs** zu sorgen. Dennoch genossen sie **Möglichkeiten**, die Frauen in anderen Poleis nicht hatten: Sie erhielten eine staatliche Erziehung, die der sportlich-militärischen der Männer glich, hinzu kamen Gesang und Tanz.

T

Mädchenerziehung in Sparta

Während die Frauen aus anderen Poleis fest an das Haus und die dortigen Tätigkeiten gebunden waren, erhielten spartanische Mädchen eine andere Erziehung.

Ἐν Σπάρτῃ δοῦλαι[!] μὲν τῶν οἴκων ἐκήδοντο, αἱ δὲ ἐλεύθεραι ἐπαιδεύοντο πρὸς τὸ τέκνα τίκτειν.

Διὸ οὐ μόνον οἱ νέοι γυμνοὶ εἶχον μεγίστας πόνων μελέτας[1], ἀλλὰ τῷ αὐτῷ τρόπῳ καὶ αἱ κόραι δρόμῳ καὶ ῥώμῃ ἢ πρὸς ἀλλήλας ἢ πρὸς νεανίας ἠγωνίζοντο· οἱ γὰρ Σπαρτιᾶται ἐβούλοντο ἀμφοτέρους εἶναι ἰσχυρούς. Οὕτως δὴ ᾤοντο καὶ τὰ ἔκγονα[2] γίγνεσθαι ἰσχυρά. Καὶ διὰ τὴν ῥώμην αἱ γυναῖκες[3] ἄνευ φόβου ὑπέμενον τοὺς τόκους[4].

Ἔτι δὲ αἱ κόραι οὐ μόνον ἐν γυμνασίοις γυμναὶ γυμνάζεσθαι εἰθίζοντο, ἀλλὰ καὶ ἐν ἱεροῖς ᾖδον ἢ ἐχόρευον[5] γυμναί· οὕτω καὶ προετρέποντο οἱ νεανίαι ἐπὶ γάμον.

[1] μελέτη πόνων: anstrengende Übung

[2] τὸ ἔκ-γονον: das Junge

[3] αἱ γυναῖκες: die Frauen

[4] ὁ τόκος: die Geburt

[5] χορεύω: *vgl.* ὁ χορός

1. Übersetze folgende Sätze: Οἱ Σπαρτιᾶται τὰς κόρας ἐλευθέρας ἐπαίδευον. – Αἱ ἐλεύθεραι κόραι τέκνα τίκτουσιν. – Οἱ Σπαρτιᾶται τὰς ἐλευθέρας κόρας ἐπαίδευον πρὸς τὸ τέκνα τίκτειν. (vgl. Z. 1 f.)

2. Körperliche Anstrengungen unbekleidet auf sich zu nehmen, härtet zusätzlich gegen Sonne, Wind und Regen ab. Erschließe aus dem letzten Abschnitt (Z. 8–10), dass die Nacktheit der Frauen eine weitere Aufgabe erfüllen sollte.

3. Erkläre die jeweilige Regel für die Bildung des Augments bei den Verbformen ἐκήδοντο (Z. 1), εἶχον (Z. 3), ἠγωνίζοντο (Z. 5) und ὑπέμενον (Z. 7).

4. Untersuche die Wendung ἐν γυμν-ασίοις γυμν-αὶ γυμν-άζεσθαι (Z. 8) sprachlich und beschreibe die Wirkung, die durch betontes Vorlesen erzielt wird; belege außerdem, dass eine etymologisch korrekte Übersetzung ins Deutsche unmöglich ist.

5. Vergleiche die beiden abgebildeten Mädchendarstellungen und begründe auf Grundlage des Textes, welche dem spartanischen Ideal entspricht.

MK 6. Untersuche den Bedeutungswandel von γυμνάσιον (Z. 8) zu der heutigen Schulform „Gymnasium".

Zwei griechische Mädchen (links: Bronzestatuette, um 500 v. Chr.; rechts: Kore aus Marmor, um 530 v. Chr.). ▶

E

1. Αἱ τῶν Λακεδαιμονίων κόραι ἠγωνίζοντο δρόμῳ καὶ ῥώμῃ· διὸ αἱ ἐκεῖ ἦσαν ἰσχυραί.
2. Ταῖς τότε τὸ μέγιστον ἔργον ἦν τέκνα τίκτειν.
3. Ἐπαιδεύοντο δ' αἱ ἐν Ἀθήναις οὐ τῷ αὐτῷ τρόπῳ· οὐ γὰρ ἐθαύμαζον οἱ Ἀθηναῖοι τὰ τῶν Λακεδαιμονίων.

Eine spartanische Frau zu ihren Freundinnen über ihre Jugend:

4. „Ἐγὼ μὲν ἀγαθὴ ἦν τῷ δρόμῳ· ὑμεῖς δ' ἀγαθαὶ ἦτε τῇ ῥώμῃ.
5. Σὺ δέ, ὦ Ἀνθέα, ἦσθα ἰσχυρὰ καὶ πολλάκις ηὔφραινες ἡμᾶς, ὅτι νίκας λαμπρὰς παρεσκεύαζες ἡμῖν.
6. Διὸ οἱ Λακεδαιμόνιοί σοι μὲν πολλὰ δῶρα παρεῖχον, μνημονεύουσι δέ σου καὶ νῦν· ηὔφραινες γὰρ καὶ αὐτούς."

Ü

1 Wende deine Kenntnisse zum Imperfekt von εἶναι an und gib die gesuchten Endungen an. Die Lösung nennt eine grundlegende Bedingung für den Erfolg der Spartiaten.

2. Pers. Sg.: ἦ _5_ _1_ _8_ • 1. Pers. Pl.: ἦ _?_ _7_ _2_ •
3. Pers. Sg.: ἦ _6_ • 3. Pers. Pl.: ἦ _10_ _3_ _9_ •
2. Pers. Pl.: ἦ _4_ _7_

Ὁ _1_ ά _2_ _3_ _4_ ο _5_ τοῖς _6_ _7_ _8_ _9_ ί _8_ ι _10_ φόβον οὐ παρεῖχεν.

2 In der Schlacht bei den Thermopylen (αἱ Θερμοπύλαι, -ῶν) bewiesen die Spartiaten ihre Tapferkeit (Informationen dazu unter dem QR-Code). Übersetze. Achte besonders bei der Wiedergabe der farbig hervorgehobenen Ausdrücke auf gutes Deutsch.

a) Ἐν τοῖς Θερμοπύλαις οἱ σὺν Λεωνίδᾳ πολὺν δὴ χρόνον πολεμίοις ἰσχυροῖς σφόδρα ἐμάχοντο ὑπὲρ τῆς ἐλευθερίας.
b) Διὸ οἱ τότε τὰ ἐκεῖ / τὴν ἀρετὴν τὴν τῶν ἐκεῖ ἐθαύμαζον.
c) Καὶ οἱ νῦν τὰ τῶν Σπαρτιατῶν μνημονεύουσιν.
d) Τὸ Σιμωνίδου (Gen. zu Σιμωνίδης) τοῦ ποιητοῦ λαμπρόν ἐστιν.

Der QR-Code führt dich auch zu Simonides' berühmtem Epigramm.

37001-04

3 Singular sucht Plural und umgekehrt. Weise jeweils den anderen Numerus dem in Kasus und Person entsprechenden Pronomen zu. Übersetze anschließend den gesamten Ausdruck mit beiden Pronomen.

αὐτόν, ἐμοῦ / μου, ἡμᾶς, ἡμῖν, ὑμᾶς, ὑμῖν, σοι

γυμνάζω σε • κήδεσθε ἡμῶν • διελεγόμεθα ὑμῖν • μάχομαί σοι • ἐδέχετό με • μεταπέμπονται αὐτούς • πείθου ἐμοί

4 Übersetze. Achte dabei vor allem auf die Verwendungsweise von αὐτός.

a) Οἱ Σπαρτιᾶται τὸν βίον ἀεὶ τῷ αὐτῷ τρόπῳ διῆγον.
b) Οἱ Σπαρτιᾶται αὐτοὶ εἰς τὰ τέκνα ἔβλεπον.
c) Καὶ ἄνευ ἐλέου αὐτὰ ἔκρινον.

T

Todesmut

480 zieht Xerxes mit einem riesigen Heer gegen Griechenland. Zunächst trifft der persische Großkönig kaum auf Widerstand. Erst an den Thermopylen erfährt er durch einen seiner Späher, dass sich ein kleines Heer unter spartanischer Führung entgegenstellen will und nicht an Flucht denkt. Da wendet sich Xerxes an den ehemaligen Spartanerkönig Demaratos, der ihn als Berater begleitet.

Λαμπρὸν ἦν τὸ τοῦ Δημαράτου· „Ὦ Ξέρξη, ἐγὼ μὲν ἔφραζόν σοι καὶ πρότερον τὴν ἀρετὴν τὴν τῶν Λακεδαιμονίων, σὺ δ’ ἕτοιμος οὐκ ἦσθα δέχεσθαι τὸν λόγον. Ἀλλ’ ἄκουε τὰ νῦν ὑπ’ ἐμοῦ λεγόμενα καὶ μάνθανε τὰ ἐν τῷ στρατοπέδῳ. Ἐθέλουσι γὰρ οἱ ἐκεῖ ἐλευθερίας ἕνεκα μάχεσθαι τῷ στρατῷ σου. Οὔθ’ ὁ τῶν στρατιωτῶν ἀριθμὸς οὔθ’ ὁ θάνατος φόβον παρέχουσιν αὐτοῖς. Κοσμοῦσι[1] δὲ τὰς κεφαλὰς διὰ τὸ τῇ ψυχῇ κινδυνεύειν. Μένουσιν ὑμᾶς ἐν τῷ αὐτῷ τόπῳ καὶ οὐκ εἴκουσιν. Ἡ δὲ μάχη ἐστὶν ὑμῖν οὐ μόνον περὶ τῆς αὐτίκα νίκης, ἀλλὰ περὶ τῶν τῆς Ἑλλάδος[2].“

Ὁ Δημάρατος, ὁ Ἀρίστωνος[3], ἔλεγε μὲν οὕτως, αὖθις δ’ οὐκ ἐξῆν αὐτῷ πείθειν τὸν τύραννον καὶ τοὺς μετ’ αὐτοῦ.

[1] κοσμοῦσι: sie schmücken

[2] τῆς Ἑλλάδος: *Gen. zu* ἡ Ἑλλάς: Griechenland

[3] Ἀρίστωνος: *Gen. zu* ὁ Ἀρίστων: Ariston

1. Demaratos tritt als Ratgeber auf.
   a) Belege dies, indem du alle Verben und Wendungen zusammenstellst, die zum Wortfeld „Beratung“ gehören. (vgl. M 10 A)
   b) Weise anhand zweier Textstellen nach, dass er den persischen Großkönig Xerxes und sein Heer nicht zum ersten Mal vor den Lakedaimoniern warnt.

2. Der Historiker Leonhard Burckhardt erklärt den militärischen Ruhm der Lakedaimonier so: „Die Werte, die für den Erfolg […] ausschlaggebend waren – so etwa Standhaftigkeit […] oder die Überwindung von Furcht –, wurden in Sparta besonders hochgehalten.“ – Arbeite aus dem Text heraus, dass die lakedaimonischen Kämpfer über beide genannten Charakterstärken verfügen.

3. Für die Lakedaimonier ist ἐλευθερία (Z. 4) ein wichtiges Motiv. Wähle aus den angegebenen Bedeutungen die in diesem Kontext passende(n) aus; begründe deine Entscheidung: Selbstständigkeit – Freiheit – Eigenständigkeit – Ungebundenheit – Selbstbestimmung – Unabhängigkeit – Autonomie

4. Informiere dich online über die heutigen Denkmäler an den Thermopylen (vgl. Ü 2 d); stelle auch Übersetzungen und Nachdichtungen des Epigramms zusammen. MK

◀ *Spartanischer Hoplit (um 500 v. Chr.). Rekonstruktion von Peter Connolly.*

E

1. Δημάρατος· „Οἱ Λακεδαιμόνιοι φροντίζουσιν οὐχ ἑαυτῶν, ἀλλὰ μόνον τῆς ἐλευθερίας.
2. Οὐ βλέπουσιν οὔτ' εἰς αὑτοὺς οὔτ' εἰς τὸν θάνατον, ἀλλὰ μόνον εἰς τὴν ἀρετήν· αὐτοῖς γὰρ αἰσχρὸν φεύγειν.
3. Σὺ οὖν κήδου σεαυτοῦ· παρασκεύαζε καὶ σαυτὸν καὶ τοὺς στρατιώτας πρὸς μάχην δεινήν.
4. Ἀνάγκη ὑμᾶς ὑμῶν αὐτῶν ἕνεκα μὴ μόνον βλέπειν εἰς τὸν τῶν στρατιωτῶν ἀριθμόν.
5. Οἱ γὰρ Λακεδαιμόνιοι ἕτοιμοι μέν εἰσι σὲ καὶ τὸν σὸν στρατὸν (τὸν στρατόν σου) ἀμύνειν.
6. Ἕτοιμοι δ' οὐκ εἰσι τῇ ὑμετέρᾳ ῥώμῃ εἴκειν, ἀλλ' ἐθέλουσι τὴν ἑαυτῶν χώραν σῴζειν.
7. Διὸ τοῖς Λακεδαιμονίοις ἀνάγκη ἀεὶ καλοῖς καὶ ἀγαθοῖς (καλοὺς καὶ ἀγαθοὺς) εἶναι."

Ü

1 Übersetze und achte dabei besonders auf die Verwendung der Pronomen.

a) Ὀργίζομαι ἐμαυτῷ / αὐτῷ / σοι.

b) Θαυμάζει αὑτόν / αὐτόν / τὸ αὐτὸ τοῖς ἄλλοις ἀνθρώποις.

2 Erläutere jeweils die Ellipse von ἐστί(ν) bzw. εἰσί(ν) und übersetze anschließend.

a) Ἀνάγκη φροντίζειν τοῦ ἀγαθὰ πράττειν.

b) Καλοὶ οἱ ἄνθρωποι ἄλλους σῴζειν βουλόμενοι.

c) Ἀεὶ καλὸν τὰ ἀγαθὰ καὶ τὰ δίκαια πράττειν.

3 Alternative gesucht! Gib jeweils die in der Tabelle fehlende Möglichkeit an, ein Besitzverhältnis der 1. bzw. 2. Person auszudrücken.

Possessivpronomen	Personalpronomen, nachgestellt im Gen.
τὰ ἡμέτερα τέκνα	τὰ τέκνα ...
αἱ ... ἐπιστολαί	αἱ ἐπιστολαί σου
ἡ ὑμετέρα οἰκία	ἡ οἰκία ...
οἱ ... ἐναντίοι	οἱ ἐναντίοι μου

4 Wähle jeweils das Pronomen aus, das nicht in die Reihe passt; begründe.

a) αὐτόν • αὐτῆς • αὑτῆς • αὐτοῦ • ἑαυτήν

b) ἐμός • σόν • ἡμετέροις • ἐμαυτῆς • ὑμετέρας

c) σῷ • σοι • σου • αὐτῷ • αὑτοῦ

I

Lykurgos, der Vater der spartanischen Verfassung

Damit Staaten funktionieren können, brauchen sie Organisation und verbindliches Recht. Lykurgos soll um etwa 800 v. Chr. Sparta eine **Verfassung** gegeben haben, nach der an der Spitze des Staates **zwei Könige** standen. Ferner richtete er die **Gerusia**, einen Rat aus 28 Ältesten, sowie die **Volksversammlung** (Apella) ein, deren Befugnisse aber sehr eingeschränkt waren. Heutige Historiker betonen, dass Lykurgos eine mythische Person sei, mit der der außergewöhnliche Staatsaufbau Spartas begründet werden sollte.

T

Spartanisch leben, lakonisch reden

„Lykurgos“, schreibt sein Biograf Plutarch, „erzog die Knaben durch viel Stillschweigen dazu, in ihren Antworten eine Sache möglichst knapp und treffend auf den Punkt zu bringen.“ So spricht man bis heute von „lakonischer (= lakedaimonischer) Redeweise“. Drei Beispiele:

Λακεδαιμόνιος πρὸς Λυκοῦργον· „Διὰ τί ἐν τῇ ἡμετέρᾳ χώρᾳ οὐ κατασκευάζεις δημοκρατίαν;“ Ἀστεῖον[1] τὸ τοῦ Λυκούργου· „Σὺ πρῶτος ἐν τῇ σαυτοῦ οἰκίᾳ κατασκεύαζε δημοκρατίαν.“

Λακεδαιμόνιος ἔμπορος εἰς Ἀσίαν πρὸς Ἀγησιλάου ξένους πορεύεσθαι βουλόμενος λέγει αὐτῷ· „Γράφε, ἱκετεύω, ὦ βασιλεῦ[2], πρὸς τοὺς σοὺς ξένους καὶ πρόσταττε αὐτοῖς εἰς ἐμὲ δικαίοις εἶναι.“ Ἀγησίλαος· „Οἱ ἐμοὶ ξένοι τὰ δίκαια πράττουσι δι’ ἑαυτοὺς καίπερ οὐ δεχόμενοι ἐπιστολήν μου.“

Λάκαινα[!] μετὰ μάχην ἀκούει περὶ τοῦ γενναίου θανάτου τοῦ ἑτέρου υἱοῦ καὶ λέγει· „Ἐμὸς γὰρ ἦν.“ Περὶ δὲ τοῦ ἑτέρου πυνθάνεται, ὅτι δειλίᾳ[3] σῴζεται, καὶ λέγει· „Οὐ γὰρ ἦν ἐμός.“

[1] ἀστεῖος: witzig

[2] ὦ βασιλεῦ (*Vok.*): (mein) König!

[3] ἡ δειλία: die Feigheit

1. Gib alle Textstellen an, bei denen in lakonischer Art auf ἐστί(ν) oder redeeinleitende Verben verzichtet wird.
2. Die lakonische Kürze entsteht auch durch das Spiel mit Pronomen. Belege für den ersten und zweiten Dialog (Z. 1–8), dass je ein possessiv verwendetes Pronomen aus der Antwort eines aus der Gesprächseröffnung aufgreift.
3. Stelle für jede der drei Szenen die Wörter und Wendungen zusammen, die sich wörtlich oder sinngleich wiederholen.
4. Ein Wörterbuch erklärt ‚lakonisch‘ als „kurz, einfach und ohne Erläuterung“. Überprüfe auf Grundlage der drei Beispiele, ob diese Definition alle Aspekte berücksichtigt.
5. MK Im United States Capitol in Washington schmücken Plaketten von 23 (teils mythischen) Gesetzgebern aus aller Welt und aus allen geschichtlichen Epochen das Repräsentantenhaus, darunter auch Lykurgos (vgl. Abbildung) und Solon. Informiere dich, welche politischen Standpunkte der fiktiven Person Lykurgos und dem historischen Solon zugeschrieben werden; präsentiere deine Ergebnisse.

Plakette von Lykurgos im United States Capitol, Washington, D. C. ▶

E

1. Λακεδαιμόνιος μὲν τῷ Λυκούργῳ συνεβούλευσε τὴν μον-αρχίαν! λῦσαι· „Διὰ τί ἐν τῇ ἡμετέρᾳ χώρᾳ οὐ κατασκευάζεις δημοκρατίαν;“
2. Ὁ δὲ Λυκοῦργος τὴν τοῦ Λακεδαιμονίου οἰκίαν ἐμνημόνευσε καὶ οἱ τοῦ Λυκούργου λόγοι ἔπαυσαν τὸν ψόγον (Tadel, Kritik).
3. Ὁ γὰρ Λυκοῦργος τῷ Λακεδαιμονίῳ παρεκελεύσατο πρῶτον δημοκρατίαν κατασκευάζειν ἐν τῇ ἑαυτοῦ οἰκίᾳ.
4. Ὁ οὖν Λακεδαιμόνιος ὀλίγον χρόνον βουλευσάμενος οὐχ ὑπήκουσε τοῖς τοῦ Λυκούργου λόγοις.

Ü

1 Gib die jeweils gesuchte Aoristform an.
κινδυνεύω → 3. Pers. Pl. Ind. Aor. Akt. → Sg. → 2. Pers. → Pl. → 1. Pers. → Sg. → Inf.

2 Arbeite beim Übersetzen den jeweiligen Aspekt der Verbalhandlung aus dem Kontext heraus.

a) Ἐν Τροίᾳ Ἀγαμέμνων οὔποτε (nie) κακὰ ἐκ τῆς Κλυταιμήστρας ὑπώπτευεν, καὶ ἐν ταῖς τῆς οἰκίας θύραις οὐχ ὑπώπτευσε κακόν. Ἀλλ’ ἐν τῇ οἰκίᾳ ἡ Κλυταιμήστρα αὐτὸν φιλτέροις (φίλτερος: allzu lieb, freundlich) λόγοις ἐδέχετο· τότε ἐξαπίνης κακὸν ὑπώπτευσεν.

b) Εὐρυσθεὺς τὸν Ἡρακλέα (Akk.) ἐκέλευσε τὸ θηρίον μὴ φονεῦσαι. – Πυθαγόρας ὁ φιλόσοφος ἐκέλευε θηρία μὴ φονεύειν.

c) Οἱ μὲν πολλοὶ τῶν Σπαρτιατῶν οὔποτε (nie) ἐδάκρυον (δακρύω: ich weine). Παυσανίας δ’ ἐδάκρυσεν, ὅτι οἱ Σπαρτιᾶται τὸν νεογνὸν (neugeborenen) ἀδελφὸν ἐφόνευσαν.

3 Gib die jeweils gesuchte Aoristform an.
βουλεύομαι → 2. Pers. Sg. Ind. Aor. Med. → Pl. → 1. Pers. → Sg. → 3. Pers. → Pl. → Part. Sg. m. → Inf.

4 Ordne die grammatischen Begriffe den griechischen Formen zu.

1. Imperfekt	a) παρακελεύσασθαι
2. Indikativ	b) παρακελευσάμεναι
3. Infinitiv	c) παρεκελεύεσθε
4. Partizip	d) παρεκελεύσασθε

I

Die Dioskuren

Zeus verführte in Gestalt eines Schwans Leda, die mit dem König Tyndareos von Sparta vermählt war. Leda hatte vier Kinder: Helena, Klytaimestra, Kastor und Polydeukes; über deren jeweiligen Vater gab es verschiedenste Überlieferungen. **Kastor und Polydeukes**, auch bekannt unter den lateinischen Namen **Castor und Pollux**, waren Zwillinge und wurden Dioskuren, also Söhne des Zeus, genannt. Besondere Verehrung genossen sie in Sparta, aber auch später in Rom, wo ihre Statuen auf der Treppe zum Kapitol (vgl. Abbildung) stehen. Auch einem Sternbild gaben sie ihren Namen.

T

Die Dioskuren – Helfer in der Not

Οἱ Λακεδαιμόνιοι ἀεὶ ἐμνημόνευον τῶν προγόνων τῶν ἀνδρείων. Καὶ δὴ καὶ ἐμνημόνευσαν τοῦ Πολυδεύκους[1] καὶ τοῦ Κάστορος[2]. Ἐθεράπευσαν δὲ καὶ ἱκέτευσαν τοὺς λεγομένους Διοσκούρους, ὅτι ἐπίκουροι δυνατοὶ ἦσαν ἀπέλυόν τε τοὺς ἀνθρώπους παντοίων κινδύνων.

Καὶ Ἑλένην, τὴν καλὴν ἀδελφήν[!], ἀπέλυσάν ποτε ἐκ κινδύνου. Θησεὺς γάρ, ὥσπερ ἠκούσαμεν, ἐπεβούλευσε τῇ κόρῃ διὰ τὸ ἐπιθυμῆσαι[3] αὐτῆς, ὅτε ὠρχήσατο[4] ἐν τῷ τῆς Ἀρτέμιδος[5] ναῷ, καὶ ἐβουλεύσατο ἀπάγειν αὐτὴν βίᾳ. Τότε οὖν ὁ Πολυδεύκης τε καὶ ὁ Κάστωρ βουλευσάμενοι ἐστράτευσαν εἰς τὴν Ἀττικὴν καὶ μαχόμενοι τοῖς ἐναντίοις ἔπαυσαν τὴν ἀδικίαν.

Φανερὸν δὴ ὕστερον μὴ μόνον τοὺς Λακεδαιμονίους, ἀλλὰ καὶ τοὺς λοιποὺς Ἕλληνας[6] μνημονεῦσαι τῆς τῶν Διοσκούρων ῥώμης. Καὶ παρεκελεύσαντο ἀλλήλοις πιστεῦσαι τῇ ἐπικουρίᾳ[!] αὐτῶν.

[1] τοῦ Πολυδεύκους: *Gen. zu* ὁ Πολυδεύκης
[2] τοῦ Κάστορος: *Gen. zu* ὁ Κάστωρ
[3] ἐπι-θυμῆσαι → ἐπεθύμησα (*m. Gen.*): ich begehrte, bekam ein Verlangen (nach)
[4] ὠρχήσατο → ὠρχησάμην: ich tanzte
[5] τῆς Ἀρτέμιδος: *Gen. zu* ἡ Ἄρτεμις
[6] τοὺς Ἕλληνας: *Akk. zu* οἱ Ἕλληνες

1 Untersuche, welcher der folgenden Sätze den ersten Abschnitt (Z. 1–5) inhaltlich korrekt wiedergibt.

1) Die Vorfahren der tapferen Lakedaimonier, der sogenannten Dioskuren, waren wie Polydeukes und Kastor mächtige Helfer, die verehrt und angefleht wurden, damit sie die Menschen aus verschiedenen Gefahren befreiten.

2) Die Lakedaimonier vergaßen ihre tapferen Vorfahren nie, sodass sie auch ihre mächtigen Helfer namens Polydeukes und Kastor, die sogenannten Dioskuren, in Verehrung anflehten, weil diese die Menschen aus vielfältigen Gefahren befreiten.

3) Die tapferen Vorfahren der Lakedaimonier erwähnten immer auch Polydeukes und Kastor, wenn sie die übrigen Dioskuren verehrten und anflehten, damit diese mächtigen Helfer die Menschen aus verschiedenen Gefahren befreiten.

2 Du findest die Verben μνημονεύω (Z. 1/2) und ἀπολύω (Z. 4/6) jeweils sowohl als Imperfekt- als auch als Aoristform im Text. Erkläre den jeweiligen Gebrauch des Tempus und arbeite den Aspekt heraus.

3 Weise aus dem Text je einen Konnektor (vgl. M 15 B) den folgenden Kategorien zu: Zeitangabe – Begründung – Hervorhebung – Anknüpfung

4 Informiere dich über die merkwürdige Kopfform der Dioskuren und referiere über deine Ergebnisse. MK

◄ *Die Statuen der Dioskuren auf dem Kapitol in Rom.*

E

1. Ὁ Θησεὺς ἔσπευσεν ἁρπάσαι τὴν Ἑλένην.
2. Βίᾳ οὖν ἐκόμισε τὴν κόρην εἰς τὴν Ἀττικήν.
3. Οἱ δὲ Διόσκουροι ἔσωσαν τὴν ἀδελφήν!.
4. Πρῶτον μὲν ἔφρασαν τοῖς Ἀθηναίοις· „Ἀπολύσατε τὴν Ἑλένην.
5. Ὁ γὰρ Θησεὺς ἔκλεψε τὴν Ἑλένην καὶ οὐκ ἔκρυψε τὴν ἀδικίαν· ὁ γὰρ Τυνδάρεος ἔθρεψεν αὐτὴν ἐν τῇ ἡμετέρᾳ χώρᾳ."
6. Μεμψάμενοι δὲ τὴν ἀδικίαν ἔβλαψαν τοὺς ἐναντίους.
7. Καὶ μαχόμενοι προέτρεψαν αὐτοὺς τὴν Ἑλένην ἀπολῦσαι.

Ü

1 Ordne die Präsensformen den entsprechenden Aoristformen zu. Beschreibe die Veränderungen, die jeweils stattgefunden haben.

a) κολάζω	**b)** κομίζει	Α. ἐγυμνάσαντο	Β. ἐκόλασα
c) ἀγωνίζεται	**d)** φράζετε (2 x)	Γ. ὕβρισαν	Δ. ἠγωνίσατο
e) γυμνάζονται	**f)** φρόντιζε	Ε. ἐκόμισεν	Ζ. κάθισαι
g) καθίζου	**h)** ὑβρίζουσιν	Η. ἐφράσατε	Θ. φρόντισον
		Ι. φράσατε	

2 Wähle die Form aus, die „er glaubte" (Aor.) bedeutet.
ἐνόμισαν ◦ νόμιζε ◦ ἐνόμισε ◦ ἐνόμιζε ◦ ἐνομίζετο ◦ νομίζειν ◦ νομίσαι

3 Ordne die grammatischen Fachbegriffe den Formen zu.

1. Imperfekt	2. Indikativ	3. Infinitiv	4. Imperativ
Α. ἐλογίσασθε	Β. λογίσασθε	Γ. ἐλογίζεσθε	Δ. λογίσασθαι

4 Gib die Veränderungen an, die jeweils vorgenommen werden müssen, um eine korrekte Aoristform zu erhalten. Erkläre die Fehler der vorliegenden Formen.
ὀνόμασεν ◦ ἐλογίσετο ◦ ἔθρεπα ◦ ἠσπάσασθαι ◦ μεμψάμεθα ◦ ἐκρύψομεν ◦ ἔβλεπας ◦ ἔπεμψον ◦ ἐκλέψαι

I

Die schöne Helena

Helena, Tochter des Zeus und der Leda, galt als die schönste Frau der griechischen Welt. So gab es **zahlreiche Bewerber**, die sie zur Frau nehmen wollten, darunter mächtige Könige. Ihr irdischer Vater Tyndareos befürchtete, dass es Streit geben könnte, wenn einer dieser Könige sie zur Frau bekäme und die anderen abgewiesen würden. Daher ließ er alle Bewerber schwören, dass sie die Ehe schützen würden, gleichgültig wen sie heiratete. **Menelaos**, König von Sparta, war am Ende der Auserwählte und schon bald nach der Hochzeit mussten die Helden ihr Versprechen einlösen.

T

Der Raub der Helena?

Ἑλένη, ὥσπερ ἐνόμισαν οἱ παλαιοί, Διὸς[1] μὲν κόρη ἦν, ἔθρεψε δ' αὐτὴν Τυνδάρεος ἐν Σπάρτῃ. Καὶ Μενέλαον, τὸν λαμπρὸν καὶ ἰσχυρὸν τοῦ Ἀτρέως[2] υἱόν, ὥρισεν αὐτῇ γαμέτην[3].

Ὕστερον μέντοι, ἐπεὶ Πάρις ὁ Πριάμου, ὃν[4] Ὅμηρος ὠνόμασεν Ἀλέξανδρον, ἧκεν εἰς Σπάρτην σὺν στόλῳ μεγάλῳ, ἠσπάσατο ἡ Ἑλένη τὸν καλὸν ξένον ἐν τοῖς οἴκοις καὶ οὐκέτι ἔβλεψε πρὸς τὸν γάμον.

Ὁ δ' Ἀλέξανδρος τὴν Ἑλένην οὐχ ἥρπασεν, ἀλλ' ἐκόμισεν αὐτὴν ἑκοῦσαν[5] ἐκ Σπάρτης. Οὐδ' ἐλογίσαντο οὔτε τοὺς δεινοὺς τῶν θεῶν χρησμοὺς οὔτε τὸν αἰσχρὸν ὄλεθρον.

Νηρεὺς γὰρ αὐτοῖς πορευομένοις ἐμαντεύσατο· „Ὦ Ἀλέξανδρε, ἄκουσόν μου· κελεύω σε μὴ ἀτιμάσαι τοὺς ἱεροὺς τῆς φιλο-ξενίας[!] νόμους. Καὶ παρακελεύομαι ὑμῖν μὴ βλάψαι τὸν τοῦ Μενελάου οἶκον μηδ' ἀφανίσαι τὸν τοῦ Πριάμου. Ἀλλὰ παύσατε τὴν ἀδικίαν καὶ πείσασθέ μοι."

[1] Διός: *Gen. zu* Ζεύς
[2] τοῦ Ἀτρέως: *Gen. zu* ὁ Ἀτρεύς
[3] ὁ γαμέτης, -ου: der Ehemann
[4] ὅν (*Relativpron.*): welchen, den
[5] ἑκοῦσαν: freiwillig, mit ihrem Willen

1 **a)** Z. 1–10a: Bestimme alle Aoristformen und nenne jeweils das zugrunde liegende Verb in der Lernform; gib außerdem das jeweilige Subjekt an.
b) Z. 10b–14: Stelle auch die Aoristformen zusammen, die kein Augment tragen, und bestimme sie ebenfalls; nenne wiederum die Lernform des zugrunde liegenden Verbs.

2 Arbeite aus dem Text heraus, ob Helena sich Paris ohne Widerstand anschließt.

3 ἐν Σπάρτῃ (Z. 2) – εἰς Σπάρτην (Z. 5) – ἐκ Σπάρτης (Z. 8)
Erschließe den Zusammenhang zwischen der W-Frage, die durch den Präpositionalausdruck beantwortet wird, und dem Kasus, der im Griechischen verwendet wird.

MK **4** Menelaos wird im Text als λαμπρός und ἰσχυρός (Z. 2) beschrieben. Ergänze diese Charakterisierung mithilfe der Abbildung und eines mythologischen Lexikons.

Wilhelm Tischbein (1751–1829): Helena und Menelaos bei ihrem Wiedersehen. ▸

E

1. Ὁ Νηρεὺς ἤρξατο τῶν λόγων καὶ ἔλεξεν·
2. „Ὦ Ἀλέξανδρε, κελεύω σε μὴ ταράξαι τὸν τοῦ Μενελάου οἶκον.
3. Ὁ μὲν Μενέλαός σε ἐν Σπάρτῃ ἐδέξατο ὥσπερ φίλον.
4. Ὁ γὰρ Μενέλαος τοὺς Τρῶας (Trojaner) φίλους ἐνόμιζεν.
5. Σὲ δ' ἔχει κακὴ νόσος.
6. Νῦν μὲν ἡ ἀπὸ τῆς Σπάρτης πρὸς τὴν Τροίαν ὁδός ἐστιν ἄνευ κινδύνων καὶ πόνων, κομιεῖς (Futur zu κομίζεις) δ' ὄλεθρον τοῖς ἐκεῖ ἀνθρώποις."

Ü

1 Nenne die fehlenden Aoristformen (Indikativ, Imperativ, Infinitiv).

a) ἐτάραξα, ἐταράξαμεν, ἐταράξατε, ταράξατε, ἐτάραξεν

b) ἐφυλάξατο, ἐφυλάξαντο, ἐφυλαξάμην, ἐφυλάξασθε, φύλαξαι

2 Präsens, Imperfekt oder Aorist? Stelle die Formen geordnet nach Tempus zusammen und übersetze sie.

δίωκε • ἐδίωκε • ἐδίωξε • δίωξον • ἐδίωκον • διώκομεν • διῶξαι
δεξάμεναι • δέξαι • δέξασθαι • δέχεσθαι • δέχεσθε • ἐδέχεσθε • ἐδέξασθε

3 a) Bilde zu den eingeklammerten Ausdrücken jeweils den erforderlichen Kasus.

Παρθένοι ἀπὸ (Νάξος ἡ νῆσος) εἰς (ἡ ἤπειρος) σπεύδουσιν.
(Ὁδός) πορεύονται.
Διὸ ἐμπίπτουσιν εἰς (νόσος).

b) Weise nun den eingefügten Ausdrücken ein passendes Adjektiv zu und übersetze.

ἀνδρείας • δεινήν • κακήν • καλήν • καλῆς • μακράν • μεγάλην

4 Analysiere die Sätze hinsichtlich der Verwendung des doppelten Akkusativs bzw. Nominativs und übersetze.

a) Ὀδυσσεὺς ἑαυτὸν παρεῖχεν ποικίλον.

b) Οἱ γὰρ ἐν Τροίᾳ τὸν ἔρημον ἵππον ἐνόμισαν δῶρον Ἀθηνᾶς (für Athene).

c) Ὕστερον δὲ ὁ Ὀδυσσεὺς παρὰ (bei) Πολυφήμῳ αὑτὸν ὠνόμασεν οὐδένα (niemand, *Akk.*).

d) Καὶ νῦν ὁ Ὀδυσσεὺς λέγεται σοφός.

I

Lapithen und Kentauren

Die Lapithen, ein Volk in Thessalien (heute Mittelgriechenland), genossen den Ruf, kultiviert und von edler Gesinnung zu sein. Ganz anders die Kentauren: Sie waren Mischwesen mit dem Kopf, dem Rumpf und den Armen eines Mannes und dem Körper und den Beinen eines Pferdes. Sie galten als unbeherrscht, trunksüchtig und lüstern. Es verwundert daher nicht, dass Lapithen und Kentauren miteinander verfeindet waren. Ein Zusammentreffen dieser beiden Völker konnte daher nicht gut gehen, wie auch der Lektionstext erzählt.

T

Als Gast auf einer Skandalhochzeit

Nestor, der hochbetagte Herrscher von Pylos in Messenien, war mit seiner Altersweisheit ein geschätzter Berater vor Troja. Als dort Agamemnon und Achilleus in einen Streit gerieten, sollte er als Schlichter vermitteln. Mit einer Episode aus seiner Jugend betonte er, wie durchsetzungsstark er schon immer war.

„Πρὸ πολλοῦ, ὅτε νέος ἦν, ἔθρεψάν τε καὶ ἐπαίδευσάν με οἰκεῖοι ἐν Γερηνίᾳ. Ἀλλ' ἐπεὶ Ἡρακλῆς τοὺς ἀδελφούς μου ἐφόνευσεν, ἐγὼ ἐν Πύλῳ ἐβασίλευσα.

Τότε δὴ Πειρίθοος, ὁ τῶν Λαπιθῶν δεσπότης, πρὸς τοὺς ἑαυτοῦ γάμους ἑταίρους ἐξ ὅλης τῆς ἠπείρου καὶ σχεδὸν ἀφ' ἑκάστης νήσου συνέλεξε καὶ δὴ καὶ τοὺς ἐχθροὺς Κενταύρους ἐδέξατο· ἐνόμιζεν γὰρ αὐτοὺς φίλους. Καὶ ἐγὼ ἐκ Πύλου μακρὰν ὁδὸν ἧκον.

Ἀλλ' οἱ Κένταυροι ἐχθροὶ ἦσάν τε καὶ τοὺς γάμους ἐτάραξαν· ἀεὶ γὰρ οἴνου γευόμενοι[1] εἰς δεινὴν μέθης[2] νόσον ἐμπίπτουσιν. Τότε γοῦν τήν τε νύμφην[3] ἥρπαζον καὶ τὰς ἄλλας παρθένους ὑβρίσαι ἤρξαντο. Γίγνεται μεγάλη μάχη.

Τέλος δὲ σὺν ἄλλοις ἐγὼ τοὺς κακούργους ἐκ τῆς οἰκίας ἀπήλλαξα."

[1] γεύομαι *(m. Gen.)*: ich koste (von)
[2] ἡ μέθη: der Rausch, die Trunkenheit
[3] ἡ νύμφη: die Braut

1. ἐξ ὅλης τῆς ἠπείρου (Z. 5), ἀφ' ἑκάστης νήσου (Z. 5), ... – Vervollständige die Auflistung, indem du alle Wendungen mit Feminina der o-Deklination zusammenstellst.
2. Bestimme das Tempus von ἐφόνευσεν (Z. 2), ἐβασίλευσα (Z. 3), ἐνόμιζεν (Z. 6) und ἥρπαζον (Z. 10); arbeite aus dem Kontext heraus, welcher Aspekt jeweils vorliegt.
3. Z. 4–7: Erstelle die Gästeliste für Peirithoos' Hochzeit. Gib dazu aus dem Text die Namen und möglichst auch die Herkunft der geladenen mythischen Figuren an.
4. Wie der Einführungstext andeutet, ist Nestor von sich überzeugt. Weise nach, dass er im Text mehrmals ein Personalpronomen für sich selbst benutzt, obwohl dies grammatisch gar nicht nötig wäre.
5. MK Die sogenannte Kentauromachie (ἡ Κενταυρο-μαχία), der mythische Kampf zwischen Lapithen und Kentauren, ist auch in der antiken Kunst ein häufiges Thema. Recherchiere dazu online in einer Bilderdatenbank; erschließe, wofür sich solche Massenszenen – außer Vasen (vgl. Abbildung) – als gestalterisches Element noch eignen.

◄ *Der Kampf der Kentauren mit den Lapithen. Rotfiguriger Krater, um 450 v. Chr.*

Wiederhole selbstständig:

Alle bearbeiten die Übungen zu den Tempora 1a und 2a. Wer schnell fertig ist, setzt die Übungen mit 1b und/oder 2b fort. Übung 3 ist verbindlich, von den Übungen zu den Pronomen 4 und 5 ist eine verbindlich. Wer diese Übungen schnell gelöst hat, beschäftigt sich mit Übung 6 (Neugriechisch) und/oder 7 (Fremdwörter).

Ü

1 Gib die fehlenden Buchstaben an, sodass zum Präsens die entsprechende Form im Imperfekt entsteht. Übersetze die neu gebildete Form.

a) ἔχω → ? ? χον • εἰσίν → ἦ ? ? ν • ὑποπτεύετε → ? ? ? πτεύετε • διάγομεν → δι? γομεν • γίγνονται → ? γίγν? ? ? ? • συμβουλεύει → συ? ? βούλευ? ?

b) ἀγωνίζεται → ? γωνίζετ ? • ἐστίν → ἦ ? • βουλευόμεθα → ? βουλευ? με? ?

37001-20

2 Ordne die Formen tabellarisch nach vokalisch auslautenden, P-, T- und K-Stämmen. Nenne die Lernform (1. Pers. Sg. Präs. Akt. bzw. Med.) und übersetze.

a) ἐπράξαμεν • ἐγράψατε • ἔκλεψαν • ὑποπτεῦσαι • ὥρισας • λογίσασθαι • ἐδίδαξεν

b) ἐνόμισεν • ἐθρέψαμεν • ἐπιβουλεῦσαι • ἔκρυψεν • πεῖσον • προσέταξας • ἐδέξασθε

3 Weise die Formen den Sätzen zu und übersetze. Achte insbesondere auf das Zeitverhältnis.

βουλευσάμενοι βουλεύσασθαι ἐβουλεύσατο	Ἐπεὶ Θησεὺς Ἑλένην ἔβλεψεν, ● ἁρπάσαι τὴν καλὴν παρθένον. Καλὸν ἦν τοὺς λεγομένους Διοσκούρους ● τὴν ἀδελφὴν! σῶσαι. ● πρὸς τὴν ἀδελφὴν! ἔσπευσαν.

4 Ordne je zwei griechische Wörter den grammatischen Fachbegriffen zu.

A: Possessivpronomen		B: Personalpronomen		C: Reflexivpronomen	
1. αὐτῆς	2. ἐμάς	3. ἑαυτάς	4. ἡμᾶς	5. αὐτάς	6. ἡμετέρας

5 Erkläre den Unterschied, der sich durch die Wahl des Pronomens ergibt.
Τὸν πολέμιον αὐτοῦ φονεύει. Τὸν αὐτοῦ πολέμιον φονεύει.

6 Deine Kenntnisse zu den Pronomen kannst du bei jedem Griechenlandaufenthalt, z. B. immer wenn du jemanden kennenlernst, gut anwenden (Akk. + λένε: man nennt jemanden …, jemand heißt …). Erschließe den Inhalt des folgenden Dialogs und übt ähnliche Dialoge in der Klasse. Die neugriechischen Ausspracheregeln findest du unter dem QR-Code.

37001-14

„Με λένε Κώστα. Πώς (wie) σε λένε;“
„Με λένε Μαρία. Και το φίλο μου λένε Μάρτιν. Εμείς (altgr. ἡμεῖς) είμαστε (1. Pers. Pl.) από τη Γερμανία. Πώς (wie) τη φίλη σου λένε;“

7 Erschließe die griechischen Wurzeln der folgenden Fremdwörter und erkläre so ihre Bedeutung.
Epistel • heteronom • Horizont • Polynesien • Makrobiose • Demokratie • Methode • Topografie • Psychiater

MYTHISCHE VORZEIT | MINOISCHE ZEIT | MYKENISCHE ZEIT | ARCHAIK | KLASSIK | HELLENISMUS

1800 1600 1400 1200 1000 800 600 400 200

Trojanischer Sagenkreis — Homer

T Telemachos bei Menelaos und Helena in Sparta

Nach dem Fall Trojas ist Odysseus schon seit Jahren verschwunden. Die Freier seiner vermeintlichen Witwe Penelope werden immer ungeduldiger und verprassen den Besitz des Odysseus. Um etwas über dessen Verbleib herauszufinden, fährt sein Sohn Telemachos daraufhin zu ehemaligen Mitkämpfern seines Vaters; so kommt er auch nach Sparta zu Menelaos und dessen Frau Helena.

Τηλέμαχος πρῶτον μὲν τὰς λαμπρὰς Μενελάου οἰκίας ἐθαύμαζεν, ἔπειτα δὲ δοῦλαι ἔλουσαν[1] αὐτόν, τέλος δὲ ὁ κύριος δούλοις προσέταξε πολὺν σῖτον καὶ οἶνον παλαιὸν φέρειν.

Μενέλαος· „Καθίζου, ὦ ξένε γενναῖε, καὶ γεύου[2] τοῦ σίτου."

Während des Mahls erkennen Menelaos und Helena Telemachos aufgrund seiner Ähnlichkeit mit dem Vater und seiner Reaktionen, wenn das Gespräch auf diesen kommt.

Μενέλαος· „Διὰ τί, ὦ Τηλέμαχε, δεῦρο ἥκεις; Παρακελεύομαί σοι λέγειν ἄνευ φόβου, τί βούλει."

Τηλέμαχος· „Ἆρα γιγνώσκεις, ὦ Μενέλαε, ποῦ ἐστιν ὁ Ὀδυσσεύς; Πολὺν γὰρ ἤδη χρόνον ἀτιμάζόμεθά τε καὶ ὑβριζόμεθα ὑπὸ τῶν Πηνελόπης μνηστήρων[3]."

Μενέλαος· „Πολλοῖς φανερόν, ὅτι ὁ Ὀδυσσεὺς δεινοὺς πόνους ἔφερε μαχόμενος τοῖς πολεμίοις. Ἔτι δὲ τῇ θαυμαστῇ τέχνῃ ἵππου ξεστοῦ[4] αἴτιος[5] ἦν τῆς ἡμετέρας νίκης. Ἀλλὰ νῦν δή, ὡς ἤκουσα αὐτός, τῷ φίλῳ ὑπὸ νύμφης[!] ἀνάγκῃ ἐχομένῳ οὐκ ἔξεστι λαμβάνειν τὴν εἰς Ἰθάκην ὁδὸν καίπερ πορεύεσθαι βουλομένῳ."

[1] ἡ δούλη: *f. zu* ὁ δοῦλος; λούω: ich bade (jdn.)

[2] γεύομαι *(m. Gen.)*: ich koste, esse (von)

[3] τῶν μνηστήρων *(Gen. Pl.)*: der Freier

[4] ξεστός: aus geglättetem Holz, hölzern

[5] αἴτιος *(m. Gen.)*: verantwortlich für

1 Z. 1–3: Nenne die drei Konnektoren (vgl. M 15 B), die diesen langen Satz zeitlich gliedern; gib für jeden Teilsatz Subjekt und Prädikat an.

2 Paraphrasiere die hilflose Situation des Odysseus, wie Menelaos sie im letzten Satz darstellt (Z. 12 ff.). Begründe, dass diese ausweglose Lage auch sprachlich zum Ausdruck gebracht wird.

3 Erläutere die Verwendungsweise der Akkusative πολὺν σῖτον ... φέρειν (Z. 3) und πολὺν ... χρόνον ἀτιμαζόμεθα (Z. 8).

4 Nenne die fehlende Verbform bei φανερόν ... (Z. 10) sowie den Fachbegriff für eine solche Auslassung.

MK **5** Z. 13: Die Abbildung zeigt die Nymphe Kalypso, bei der sich Odysseus aufhält. Recherchiere ihre Abstammung und ihren Wohnort mithilfe eines mythologischen Lexikons; präsentiere deine Ergebnisse.

ΑΡΚΑΔΙΑ
ARKADIEN

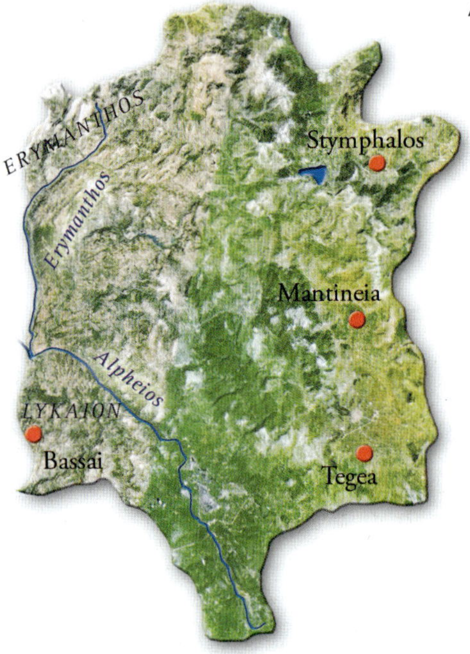

Arkadien **1** liegt in der Mitte der Peloponnes und hat keinen Zugang zum Meer. Das wilde Gebirgsland, dessen Berge teilweise über 2 000 Meter hoch sind, ist auch heute noch mit knapp 20 Einwohnern je Quadratkilometer dünn besiedelt. In hellenistischer und römischer Zeit wurde Arkadien vor allem in der Dichtung als Ort idyllischen Landlebens beschrieben. Diese Vorstellung entsprang eher der Sehnsucht der Stadtbevölkerung nach einem vermeintlich ruhigen Leben in Abgeschiedenheit als der harten Lebenswirklichkeit der Hirten, deren Gott Pan **2** in dieser rauen Gegend seine Heimat hat. Arkadien wurde zur Dichterlandschaft schlechthin und auch für Goethe, der nie dort war, ist wahres Glück nur dann erreicht, wenn er sich „arkadisch frei" fühlt.

5

6

7

In der Antike muss den Menschen Arkadien als unzugänglich und oft lebensfeindlich erschienen sein 3: Dies spiegelt sich auch in den Taten wider, die Herakles dort zu vollbringen hatte. So hat er auf Befehl des Eurystheus den Eber von Erymanthos, der den Westen Arkadiens in Angst und Schrecken versetzte, gefangen und zu seinem Auftraggeber gebracht 4. Die Vögel von Stymphalos 5 im Osten Arkadiens konnten ihre Federn wie Pfeile auf die Menschen abschießen. Herakles erlegte sie und befreite die Gegend von ihren Angriffen auf Mensch und Vieh. Albrecht Dürer hat um 1500 in einem Gemälde Herakles bei der Erledigung dieser Aufgabe dargestellt, die ihm ebenfalls Eurystheus aufgetragen hatte 6.

Ein Wahrzeichen Arkadiens steht mitten in den hohen Bergen bei Bassai: der sehr gut erhaltene Tempel des Apollon Epikourios (des „Helfers") 7, der die Bewohner der Gegend vor der Pest bewahrt haben soll. Hierfür haben sie ihm diesen Tempel zwischen 430 und 420 v. Chr. errichtet. Sein Baumeister Iktinos soll auch einer der Architekten des Parthenontempels auf der Akropolis von Athen gewesen sein.

E

1. Ὁ Νέστωρ· „Ἐγὼ πρὸς τοὺς τοῦ Πειριθόου γάμους ἦλθον. Καὶ οἱ ἐχθροὶ Κένταυροι ἦλθον.
2. Ἀλλ' οἱ Κένταυροι εἰς δεινὴν μέθης (Rausch) νόσον ἐνέπεσον.
3. Ὀργὴ ἐμὲ καὶ τοὺς ἄλλους ξένους ἔλαβεν, ἐπεὶ τὰ κακὰ ἔργα αὐτῶν εἴδομεν.
4. Ἐπεὶ ταῦτα εἴδομεν, ἀπηλλάξαμεν τούτους τοὺς κακούργους ἐκ τῆς οἰκίας· ἐκεῖνοι δ' ἔφυγον.

Ü

1 Gib den Aorist an.

φεύγειν • λαμβάνετε (2) • ἀποθνῄσκει • πίπτεις

2 Analysiere die Formen (Augment, Stock, Endung) und übersetze.
a) φυγεῖν, φεύγειν, φεύγει, φεῦγε, ἔφευγε, ἔφυγε, φύγε, φύγετε, ἐφύγετε, ἐφεύγετε
b) εὑρέ, ηὗρε, ἦλθε, ἐλθέ, εἶδε, ἰδέ

3 Ordne die Formen von οὗτος und ἐκεῖνος den Ausdrücken (rechts) zu. Achte hierbei auf die Stellung der Pronomen.

τὸ θέατρον • τὰ δένδρα • ἡ παιδεία • τὴν ὁδόν • τὸν χρησμόν • οἱ ποιηταί

a) αὕτη, οὗτοι, ταῦτα, ταύτην, τοῦτο, τοῦτον
b) ἐκεῖνα, ἐκείνη, ἐκείνην, ἐκεῖνο, ἐκεῖνοι, ἐκεῖνον

4 Übersetze.
a) Διαλέγομαι τούτῳ τῷ νέῳ / ἐκείνῳ τῷ νέῳ / ἑκάστῳ νέῳ / τῷ νέῳ αὐτῷ / τῷ αὐτῷ νέῳ / αὐτῷ.
b) Ἀσπάζονται ἐκείνας τὰς κόρας / τὰς αὐτὰς κόρας / ταύτας τὰς κόρας / αὐτάς.
c) Ἄρχει ταύτης τῆς νήσου / ἐννέα νήσων / ἐκείνης τῆς νήσου / ἑκάστης νήσου.

I

Herakles

Zeus verliebte sich in die schöne Alkmene und zeugte mit ihr Herakles (lateinisch *Hercules*), der bereits als kleines Kind enorme **Kräfte** entwickelte. Als Hera ihm im Alter von acht Monaten aus Eifersucht zwei Schlangen schickte, erwürgte er sie kurzerhand. Seine Körperstärke stellte er später unter Beweis, als er die **zwölf Aufgaben** erledigte, die ihm **Eurystheus**, der Herrscher von Tiryns und Mykene, auferlegte. Eurystheus hatte gehofft, dass Herakles, der ihm den Thron von Mykene streitig machte, bei einer dieser unlösbar scheinenden Aufgaben umkomme. Doch der Held überstand sie alle.

Herakles und der erymanthische Eber. Schwarzfigurige Vase, um 520 v. Chr. ▶

T

Eberjagd mit Hindernissen

Herakles hatte nach der Bezwingung des Löwen von Nemea als zweite Aufgabe die Hydra von Lerna besiegt (9 T) und als dritte Aufgabe seinem Herrn Eurystheus eine der Artemis heilige Hirschkuh mit goldenem Geweih lebend aus Arkadien gebracht.

Μετὰ ταῦτα Ἡρακλῆς ἦλθεν ἐπ' ἄλλον ἆθλον· Εὐρυσθεὺς γάρ, ὁ Μυκηνῶν δεσπότης, αὐτῷ προσέταξεν· „Λαβὲ τὸν Ἐρυμάνθιον κάπρον[1] καὶ κόμισον αὐτὸν ζῳὸν[2] εἰς τὰς Μυκήνας."

Ὁ οὖν Ἡρακλῆς τούτοις τοῖς λόγοις πειθόμενος δεινὸν κίνδυνον ἐκινδύνευσεν· Κένταυροι γὰρ αὐτὸν δι' Ἀρκαδίας πορευόμενον ὕβριζον, ἀλλὰ τούτων οἱ πολλοὶ τοῖς τε ἐκείνου τόξοις καὶ τῷ τῆς Λερναίας ὕδρας φαρμάκῳ ἔπεσον καὶ ἀπέθανον.

Τὸν δὲ κάπρον[1] ἐκεῖνος μετὰ πολὺν χρόνον ηὗρε καὶ εἰς χιόνα[3] ἐδίωξε πολλήν. Αὕτη δὴ ἦν μηχανὴ θαυμαστή· τὸ μὲν γὰρ θηρίον φυγεῖν ἐκωλύετο, ὁ δὲ Ἡρακλῆς δυνατὸς ἦν σφίγξαι[4] αὐτὸ καὶ ἐπὶ τοὺς ὤμους λαβεῖν.

Ὁ δ' Εὐρυσθεὺς ἐπεὶ τὸν κάπρον[1] εἶδεν, ἔφυγεν ὑπὸ[5] φόβου εἰς μέγαν πίθον[6].

[1] ὁ κάπρος: der Eber
[2] ζῳός: lebend(ig)
[3] χιόνα: *Akk. zu* (ἡ) χιών: (der) Schnee
[4] σφίγγω: ich verschnüre
[5] ὑπό (*m. Gen.*): (*hier:*) aus, vor
[6] ὁ πίθος: das Vorratsgefäß

1. Stelle aus dem Text alle Aoristformen zusammen und ordne sie in einer Tabelle nach starkem und schwachem Aorist.

2. Gib alle Textstellen an, an denen ein Pronomen anstelle des Namens Herakles steht; bestimme jeweils auch die Art des Pronomens.

3. Der Text gliedert sich in vier Abschnitte:
   I (Z. 1–3) – II (Z. 4–7) – III (Z. 8–11) – IV (Z. 12–13)
   Gib den Inhalt jedes Abschnitts in einem Satz wieder.

4. Als Figura etymologica wird ein sprachliches Gestaltungsmittel bezeichnet, bei dem ein Substantiv mit einem Verb desselben Wortstamms verbunden wird. Gib die entsprechende Stelle im Text an; belege, dass hier keine wörtliche Übersetzung möglich ist.

MK 5. Z. 9b–13: Vergleiche die Abbildung mit dem Text.

Unter dem QR-Code findest du einen Lösungsvorschlag für das Computerspiel ‚Assassins Creed – Odyssey'. Es geht um eine Quest, in der man den erymanthischen Eber besiegen muss. Vergleiche die Beschreibung mit den Informationen aus T.

37001-05

E

1. Ὁ Ἡρακλῆς ἐπεὶ Μυκήνας ἔλιπεν, εἰς Ἀρκαδίαν ἦλθεν.
2. Ἐκεῖ τὸν κάπρον (Eber) ηὗρε καὶ εἰς Μυκήνας ἤγαγεν.
3. Εἶπε δὲ πρὸς τὸν Εὐρυσθέα (Akk.) τάδε· „Ἤγαγον τόνδε τὸν κάπρον (Eber) πρὸς σέ.
4. Ἀλλ᾽ ᾐσθόμην, ὅτι σὺ φοβερὸς (furchtsam) ἐγένου, ἐπεὶ τὸν κάπρον (Eber) εἶδες.“
5. Ὁ γὰρ Εὐρυσθεὺς φοβερὸς γενόμενος εἰς μέγαν πίθον (Vorratsgefäß) ἔφυγεν.

Ü

1 Analysiere die Formen (Augment, Stock, Ausgang) und übersetze.

a) μαθεῖν, μανθάνειν, μανθάνει, μάνθανε, ἔμαθε, μάθε
b) εἰπεῖν, εἶπε, εἰπέ, εἶδε, ἰδεῖν, ἰδέ, ἴδετε, εἴδετε
c) ἦγον, ἤγαγον, ἠγάγομεν, ἠγάγετε, ἤγετε, ἄγετε, ἄγε, ἦγε

2 Gib zu den Formen von οὗτος die entsprechenden von ὅδε an.

τοῦτον • τοῦτο • ταῦτα • ταύτης • αὗται • τούτων

3 Ordne die Präsens- und Aoristformen einander zu. Beschreibe die Veränderungen, die jeweils stattgefunden haben.

a) γίγνεται	**b)** γίγνεσθαι	Α. ἐγένεσθε	Β. γένεσθε
c) γίγνεσθε (2 x)	**d)** γίγνου	Γ. γενέσθαι	Δ. ἐγένετο
e) γίγνῃ		Ε. ἐγένου	Ζ. γενοῦ

4 Präsens, Imperfekt oder Aorist? Stelle die Formen geordnet nach Tempus zusammen.

αἰσθάνου • αἰσθοῦ • αἰσθομένου • αἰσθανόμεναι • αἰσθάνεται • αἴσθεσθε • αἰσθάνεσθε • αἰσθάνεσθαι • αἰσθέσθαι • ᾔσθεσθε • ᾐσθάνετο • ᾔσθετο • ᾔσθοντο

I

Die negativen Seiten des großen Helden

Nicht immer setzte der bärenstarke Herakles seine Kraft zu guten Taten ein: So erschlug er aus **Jähzorn** seinen Musiklehrer mit der Leier, als dieser ihn kritisierte. Als ihn Hera aus Rachsucht wahnsinnig machte, tötete er seine Frau und seine Kinder. Verzweifelt über die eigene Tat befragte er das Orakel von Delphi, wie er von der Schuld dieses **Mordes** wieder befreit werden könnte. Das Orakel schickte ihn zu Eurystheus, damit dieser ihm zwölf Aufgaben auferlegte, die er zur Sühne vollbringen musste.

Der nebenstehende QR-Code führt dich zu weiteren Informationen.

37001-06

T

Lässt sich die Erfüllung eines Orakelspruchs verhindern?

Aleos, König im arkadischen Tegea, erhält den Orakelspruch, seine Söhne und damit der Fortbestand der Dynastie seien durch den künftigen Sohn seiner Tochter Auge bedroht.

Ἄλεος, ἐπεὶ τὸν χρησμὸν ἔμαθεν, ἠνάγκαζεν Αὔγην Ἀθηνᾶς ἱέρειαν[1] εἶναι καὶ παρθένον.

Ἡ δ’ Αὔγη ἱμάτιά ποτε ἔπλυνεν[2] ἐν κρήνῃ. Ἐκεῖ δὴ Ἡρακλῆς μεθύων[3] κατέλαβεν αὐτὴν καὶ ἐβιάσατο. Ἡ δὲ υἱὸν ἔτεκε καὶ ἐν τῷ ναῷ ἔκρυψεν.

Ὅτε ἡ θεὰ διὰ ταύτην τὴν ἀδικίαν ὀργιζομένη τοῖς Τεγεάταις νόσον ἔπεμψε δεινήν, ὁ Ἄλεος ἐν τῷ ἱερῷ εὐχόμενος εἶπε τάδε· „Διὰ τί διαφθείρειν βούλει, ὦ θεά, τήνδε τὴν χώραν; Γενοῦ ἐπίκουρος τοῖσδε τοῖς Τεγεάταις. Ἦ μὴν ὀργῇ ἤδη ἔλιπες τόδε τὸ ἱερόν;“

Μετὰ ταῦτα θαυμαστῆς φωνῆς αἰσθόμενος τὸ παιδίον ηὗρε καὶ τὰ γενόμενα ἔμαθεν. Τὴν μὲν οὖν κόρην εἰς δουλείαν ἀπ-αγαγεῖν!, τὸ δὲ παιδίον ἐκθεῖναι[4] ἐκέλευσεν.

[1] ἡ ἱέρεια: die Priesterin

[2] πλύνω: ich spüle, reinige

[3] μεθύων: betrunken

[4] ἐκ-θεῖναι *(Inf. Aor.)*: (ein Kind) aus(zu)setzen

1 **a)** Gib aus dem Text alle finiten Verbformen an, die im starken Aorist stehen; nenne auch das zugehörige Subjekt.
b) Z. 10–12: Gib aus dem letzten Abschnitt auch alle infiniten Verbformen (Infinitive, Partizipien) im starken Aorist an.

2 Der Text gliedert sich in vier Abschnitte:
I (Z. 1–2) – II (Z. 3–5) – III (Z. 6–9) – IV (Z. 10–12)
Gib den Inhalt jedes Abschnitts in Form einer nominalisierten Überschrift wieder.

3 Z. 7b–9: Erkläre die Wirkung des Demonstrativpronomens ὅδε, ἥδε, τόδε in der wörtlichen Rede; weise dem Pronomen eine passende Handbewegung zu.

MK **4** Recherchiere die Aufgaben und die gesellschaftliche Stellung einer Priesterin (ἡ ἱέρεια, Z. 1) und präsentiere deine Ergebnisse. Der Text und die Abbildung geben erste Hinweise.

Priesterin. Ausschnitt aus einem Holzstich nach einem Gemälde von Vicente Palmaroli y González (1834–1896). ▶

E

1. Ὁ Ἄλεος ἠνάγκασε τὴν Αὔγην ἱέρειαν εἶναι καὶ παρθένον.
2. Ὅτε ἡ θεὰ τοῖς Τεγεάταις νόσον ἔπεμψε δεινήν, ὁ Ἄλεος εὐχόμενος εἶπε τάδε· „Διὰ τί διαφθείρειν βούλει, ὦ θεά, τήνδε τὴν γῆν;“
3. Ὁ Ἄλεος τῆς ἀληθείας αἰσθόμενος ἐν νῷ εἶχε τὴν κόρην καὶ τὸ παιδίον ἀφανίσαι.
4. Ἀλλ’ οὔτε ἡ κόρη οὔτε τὸ παιδίον ἀποθανεῖν λέγονται.

Ü

1 Bestimme folgende Wörter und nenne die zugrunde liegende Lernform.

a) δόξαι, διῶξαι, δεξάμεναι, ἆρξαι

b) δόξας, νεανίας (2 x), ἐκώλυσας, ἱερείας (2 x), μηχανάς

c) δόξῃ, γῇ, βιάζῃ, λείπῃ

2 Wähle die richtigen Übersetzungen aus. Erkläre jeweils den Fehler der falschen Übersetzungen.

Ἡ Κλυταιμήστρα αἰσχρὰ βουλευσαμένη
οὐ τυχεῖν οὔτε καλῆς δόξας οὔτε τιμῆς λέγεται.

a) Es wird gesagt, dass Klytaimestra, obwohl sie schändliche Pläne beschlossen hatte, sowohl Ruhm als auch Ehre erhalten hat.

b) Klytaimestra behauptet, dass sie weder Ruhm noch Ehre erhalten hat, weil sie Schändliches beschlossen hatte.

c) Klytaimestra soll, weil sie schändliche Taten beschlossen hatte, keinen guten Ruf und keine Ehre erlangt haben.

d) Man sagt, dass Klytaimestra weder Ruhm noch Ehre erhalten hat, da sie schändliche Dinge beschlossen hatte.

3 Übersetze. Achte hierbei auf gutes Deutsch.

a) Ὁ Ἑρμῆς ὑπὸ τῶν παλαιῶν ἄγγελος τῶν θεῶν εἶναι ἐνομίζετο.

b) Καὶ τοὺς ἀνθρώπους μετὰ τὸν θάνατον ὑπὸ (unter, *m. Akk.*) τὴν γῆν ἀγαγεῖν ἐλέγετο.

I

Die Macht des Schicksals

Hinter vielen Erzählungen der griechischen Mythologie verbirgt sich die Frage der Menschen, ob sie dem **Schicksal**, das die Götter für sie beschlossen haben, entgehen können. Um zunächst herauszufinden, was für sie vorbestimmt ist, wenden sie sich an ein **Orakel**, meist das Orakel von Delphi. Sagt das Orakel eine schlimme Zukunft voraus, so treffen sie alle erdenklichen Gegenmaßnahmen bis dahin, dass sie ihre eigenen Kinder in der Wildnis aussetzen, um die Prophezeiung zu verhindern – doch ihrem Schicksal entgehen sie nicht.

MK *Unter dem QR-Code findest du ein Bild von Ödipus, dem es ebenso erging. Recherchiere den Mythos des Ödipus und präsentiere deine Ergebnisse unter Berücksichtigung der Abbildung.*

37001-07

T

Das Ende einer unfreiwilligen Reise

Der Mann, der die Prinzessin und Athenapriesterin Auge in die Sklaverei verkaufen sollte, schloss sie in eine Kiste ein. Diese ließ er von Nauplia in der Argolis aus aufs Meer hinaustreiben.

Αὔγη, ἡ πρότερον Ἀθηνᾶς ἱέρεια, μετὰ μακρὸν ἀνὰ θάλατταν πλοῦν καὶ πολλὴν κατὰ γῆν ὁδὸν εἰς Τευθρανίαν ἐλθεῖν λέγεται. Ἐκεῖ Τεύθρας, ὁ τῆς χώρας δεσπότης, αὐτὴν ἀντὶ θυγατρὸς[1] ἐδέξατο. Περὶ τῆς τοῦ υἱοῦ μοίρας λέγεται τάδε·

Τοῦτον πρῶτον μὲν ἔλαφος[2] ἐθήλασεν[3], ἔπειτα δὲ αἰπόλοι[4] ἔθρεψαν καὶ ὠνόμασαν Τήλεφον. Ὁ δὲ ὕστερον τοὺς Ἀλέου υἱοὺς ἐφόνευσεν ὑβριζόμενος ὑπ' ἐκείνων. Μετὰ τοῦτο τὴν περὶ τῆς ἑαυτοῦ γενεᾶς ἀλήθειαν μαθεῖν βουλόμενος καὶ χρησμὸν δεξάμενος εἰς Τευθρανίαν ἦλθεν. Ἐνταῦθα δὴ πολεμίους ἐκ τῆς χώρας ἐξέβαλε καὶ δόξης ἔτυχεν οὕτω λαμπρᾶς, ὥστε Τεύθρας χαριζόμενος αὐτῷ τὴν Αὔγην πρὸς γάμον ἐκδοῦναι[5] ἐν νῷ εἶχεν.

[1] θυγατρός: *Gen. zu* (ἡ) θυγάτηρ: (die) Tochter
[2] ἡ ἔλαφος: die Hirschkuh
[3] θηλάζω: ich säuge
[4] ὁ αἰ-πόλος: der Ziegenhirte
[5] ἐκ-δοῦναι (*Inf. Aor.*): (zu) geben

Damit ist die Geschichte von Mutter und Sohn an einem Höhepunkt angelangt (und erinnert an die Ödipussage).

MK Informiere dich über das weitere Schicksal des Telephos (z. B. in einem Sagenbuch).

1. Übersetze folgende Sätze: Αὔγη εἰς Τευθρανίαν ἦλθεν. – Αὔγη εἰς Τευθρανίαν ἐλθεῖν λέγεται. – Αὔγη, ἡ πρότερον Ἀθηνᾶς ἱέρεια, εἰς Τευθρανίαν ἐλθεῖν λέγεται (vgl. Z. 1 f.).

2. Weise nach, dass die beschwerliche „Reise" der Auge auch durch den Satzbau μετὰ μακρὸν ... εἰς Τευθρανίαν ἐλθεῖν (Z. 1 f.) deutlich wird.

3. Beschreibe den grammatischen Unterschied in der Verwendung von λέγεται in den Sätzen Αὔγη ... εἰς Τευθρανίαν ἐλθεῖν λέγεται (Z. 1 f.) und Περὶ τῆς τοῦ υἱοῦ μοίρας λέγεται τάδε (Z. 4).

4. Z. 5–11: Gib die Konnektoren (vgl. M 15 B) an, die den Ablauf strukturieren; nenne für jeden (Teil-)Satz Subjekt und Prädikat und erschließe so den Verlauf der Handlung.

5. Weise der Abbildung die entsprechende Textstelle zu.

6. Gib mindestens zwei weitere Beispiele aus dem antiken Kulturkreis für ausgesetzte Kinder an; begründe, warum es sich immer um männliche Nachkommen handelt. MK

◀ *Telephos wird von einer Hirschkuh gesäugt. Ausschnitt aus einem Fresko in Herculaneum, um 70 n. Chr.*

Wiederhole selbstständig:

Übung 1 und 2a sind für alle verpflichtend. Kommst du zügig voran und hast keine Schwierigkeiten, dann bearbeite Übung 2b und die Neugriechisch-Übung.

Ü **1** Nenne zu den Formen zunächst den Aoriststamm, dann den Präsensstamm (soweit möglich); übersetze die vorliegenden Formen.
ἀγάγετε • αἰσθοῦ • ἀπέθανεν • γενέσθαι • ἐβάλετε • εἶπες • ἔλαβον • ἐλίπομεν • ἐμάθετε • ἐπάθομεν • ἔτεκεν • ἔφυγον • ἦλθες • ηὗρον • πεσεῖν • τύχε

2 Deutsch-griechischer Mix. Ordne die griechischen Wörter sinnvoll den Sätzen zu.

Die dritte Aufgabe des Herakles: Die kerynitische Hirschkuh

a) Herakles 1 nach der Beseitigung der Hydra bei den Menschen, Eurystheus aber 2: „In Arkadien 3 schon viele Tiere von der kerynitischen Hirschkuh. Und Felder verwüstet das Untier nebenbei. Den Menschen ist die Hirschkuh also 4, der Artemis, 5, allerdings 6 besonders lieb sein. Wenn du Artemis nicht verärgern willst, 7 dir selbst: 8 mir 9 Hirschkuh lebendig!"

1–9: ἀπέθανον • δόξης λαμπρᾶς ἔτυχε • εἶπε τάδε • ἐκείνην • ἐχθρά • κόμισον • λέγεται • τῇ παρθένῳ • χάρισαι

b) Herakles 10 auch selbst, sie lebendig 11. Er hätte sie nämlich sowieso nicht 12 können, da sie schneller als jeder Pfeil lief. In Arkadien angekommen, 13, dass er eine zermürbende Aufgabe vor sich hatte: Denn obwohl er wochenlang 14, hatte er die Hirschkuh lange Zeit noch nicht einmal aus der Ferne 15 können. Nur hie und da 16 er ihre Spuren oder 17, dass Vieh von ihr gerissen worden war. Die Lage erschien ihm so aussichtslos, 18 er in argen Trübsinn 19 und schon die Gegend 20 wollte, als ihm plötzlich 21 einfiel.

10–21: ἔμαθεν • ἐνέπεσε • ἐν νῷ εἶχε • ἥδε ἡ μηχανή • ᾔσθετο • ηὗρε • ἰδεῖν • κατὰ τὴν γῆν ἦλθε • λαβεῖν • λιπεῖν • τόξοις βαλεῖν • ὥστε

MK Recherchiere, wie es Herakles letztendlich gelingt, die Hirschkuh zu fangen.

3 Höre dir zusammen mit deinem Nachbarn den neugriechischen Dialog zwischen zwei Studierenden an (QR-Code). Versucht nun, ihn mit verteilten Rollen richtig zu lesen, und übersetzt anschließend.

A: Τι έμαθες στο σχολείο;
B: Έμαθα παραδείγματος χάριν (zum Beispiel) μαθηματικά, φυσική, ιστορία, γερμανικά, λατινικά, αγγλικά και ελληνικά.
A: Εγώ δεν (nicht) έμαθα λατινικά και ελληνικά, αλλά γαλλικά και χημεία.
B: Και τι σπουδάζεις (du studierst) τώρα (jetzt);
A: Σπουδάζω νομική. Και εσύ; B: Σπουδάζω ιατρική.

37001-08

T

Die Rettung des Spartanerkönigs Theopompos durch seine Frau Cheilonis

Χειλωνὶς μὲν ἔμαθεν, ὅτι Θεόπομπος αἰχμάλωτος[1] γενόμενος ὑπὸ τῶν Ἀρκάδων (Gen.) ἐν δεσμοῖς εἴχετο. Αὐτὸν δὲ σῶσαι βουλομένη ἐπὶ τοὺς πολεμίους ἐλθεῖν ἐβουλεύσατο. Μετὰ δὲ πολλῶν δακρύων καὶ ποικίλων λόγων τούτους ἔπεισεν, ὡς αὐτῇ ἐξῆν Θεόπομπον ἰδεῖν.

Χειλωνὶς πρὸς τὸν Θεόπομπον τάδε εἰπεῖν λέγεται· „Ἄκουσον τὴν ἐμὴν τέχνην – ἐν νῷ γὰρ ἔχω ἀπ-αγαγεῖν[!] σε ἐκ ταύτης τῆς δουλείας εἰς ἐλευθερίαν· Σὺ μὲν τὸ ἐμὸν ἱμάτιον λαβέ, ἐγὼ δὲ ὑπὸ τοῦ σοῦ ἱματίου κρυψαμένη ἐνταῦθα μενῶ[2]. Νῦν δὴ φύγε ἐκ τοῦ δεσμωτηρίου[3].“

Οὕτως Θεόπομπος τῆς ἐλευθερίας ἔτυχεν. Αὐτίκα δ’ ἱέρειαν τῶν Ἀρκάδων ἥρπασεν, σὺν αὐτῇ πάλιν εἰς τὸ δεσμωτήριον[3] ἦλθεν, τοῖς πολεμίοις παρεκελεύσατο ἀντὶ τῆς ἱερείας τὴν βασίλειαν[4] ἀλλάξαι[5].

Οἱ δ’ Ἀρκάδες αὐτὴν τούτῳ τῷ τρόπῳ ἀπολῦσαι ἀναγκαζόμενοι τὴν μὲν βασίλειαν[4] ἀπ-έπεμψαν[!], τὴν δ’ ἱέρειαν ἔλαβον.

Καὶ νῦν ἔτι Χειλωνὶς μεγάλην φέρεται δόξαν ἀνδρείας τε καὶ σοφίας ἕνεκα.

[1] ὁ αἰχμ-άλωτος: der Kriegsgefangene

[2] μενῶ: ich werde bleiben

[3] τὸ δεσμω-τήριον: das Gefängnis

[4] ἡ βασίλεια: die Königin

[5] ἀλλάττω ἀντί *(m. Gen.)*: ich tausche (ein) gegen

1. Nenne die Handlungsträger der fünf Absätze, indem du das jeweils erste Subjekt angibst.

2. Wähle die richtigen Übersetzungen des Satzes Χειλωνὶς ... τάδε εἰπεῖν λέγεται (Z. 5) aus; erläutere, in welchen Punkten die anderen fehlerhaft sind.
   Cheilonis wurde gesagt, Folgendes zu Theopompos zu sagen. – Es wird gesagt, dass Cheilonis Folgendes ... gesagt habe. – Man wird gesagt, dass Cheilonis Folgendes ... gesagt habe. – Cheilonis soll Folgendes ... sagen. – Cheilonis soll Folgendes ... gesagt haben.

3. Z. 5–9: Stelle alle Imperative zusammen und übersetze sie; erkläre auch ihre grammatisch unterschiedliche Bildung.

4. Z. 10–14: Belege, dass das Erzähltempo durch sprachliche Mittel gesteigert wird.

5. Die Geschichte um Theopompos ist nicht der einzige Fall von Cross-Dressing in der griechischen Antike. Recherchiere, aus welchen Gründen auch Helden wie Herakles (vgl. Abbildung) und Achilleus zeitweise die Kleider wechselten; präsentiere deine Ergebnisse. MK

ΗΛΙΣ

ELIS

Elis liegt im Nordwesten der Halbinsel Peloponnes und ist den Bergens Arkadiens vorgelagert. Die fruchtbaren Ebenen werden heute intensiv landwirtschaftlich genutzt. Wasser ist durch die beiden Flüsse Peneios und Alpheios, die in das Ionische Meer fließen, genügend vorhanden. Bei Touristen beliebt sind die weiten Sandstrände an der Westküste (1).

Schon in der Antike zogen die zugänglichen Ebenen die Menschen an: Bereits in mykenischer Zeit waren sie besiedelt (ca. 1600–1100 v. Chr.) und vermutlich hatten die Phoinikier an der Küste Handelsplätze gegründet. Ab dem 8. Jahrhundert v. Chr. waren die Eleier die unumschränkten Herren über Elis.

5

6

7

Im Südosten geht die Ebene in ein liebliches Hügelland über, durch das der Alpheios fließt (2). Am Zusammenfluss mit dem Kladeos liegt Olympia mit seinem heiligen Hain, der Weltgeschichte gemacht hat (3).

Alle vier Jahre versammelten sich hier Sportler und Zuschauer aus allen Richtungen des griechisch bewohnten Mittelmeerraumes zu panhellenischen Spielen, um mit ihnen den Göttervater Zeus zu ehren. Älter als der Zeustempel ist allerdings der seiner Gattin Hera, der um 600 v. Chr. errichtet wurde und somit einer der ältesten dorischen Tempel ist.

Um 460 v. Chr. wurde der große Zeustempel (4) errichtet, dessen Ruinen auch heute noch seine Monumentalität erahnen lassen. Die Archäologen haben wenige Teile des Tempels wieder aufgerichtet, sodass man einen Eindruck von der einstigen Größe des Tempels erhalten kann (5).

Die durch ein Erdbeben wie dahingeworfen scheinenden Säulentrommeln haben ein Gewicht von mehreren Tonnen. In diesem Tempel befand sich die berühmte Statue des Zeus, die Phidias geschaffen hat und die in der Antike als eines der sieben Weltwunder galt.

Man kann die Bedeutung Olympias in der Antike nicht hoch genug einschätzen: Hier trafen sich die Griechen aus ihren Poleis, die oft im Streit oder gar Krieg miteinander lagen, um sich gemeinsam im Sport zu messen (6) (7), und so hatten diese Spiele – wie heute noch – immer auch eine politische Dimension.

E

1. Ὁ Τήλεφος τὴν περὶ τῆς ἑαυτοῦ γενεᾶς ἀλήθειαν μαθεῖν ἐβούλετο·
2. „Τίς ἔτεκέν με; Τίνος υἱός εἰμι; Οὐ γιγνώσκω, τίνι τρόπῳ δεῦρο ἦλθον.
3. Τίνες καὶ ἐν τίνι χώρᾳ εἰσὶ πρόγονοί μου;
4. Αἰπόλοι (Ziegenhirten) τινὲς ἔθρεψάν με ἐν χώρᾳ τινί – οὐδὲ μὴν ἐν τῇ ἐμῇ χώρᾳ.
5. Χρή με τρόπῳ τινὶ ἐπίκουρόν τινα εὑρεῖν."

Ü

1 Übersetze und antworte auf Griechisch. Achte hierbei auf den richtigen Kasus. Die nummerierten Buchstaben ergeben ein Lösungswort: Gesucht wird eine Episode aus Auges abenteuerlichem Leben.

37001-21

a) Τίνα ἠνάγκασεν Ἄλεος ἱέρειαν Ἀθηνᾶς εἶναι; ? 4 γ ? ?
b) Τίς τὴν Αὔγην ἐβιάσατο ἐν κρήνῃ; ? ? ? ? ? ? 5
c) Τί ὁ Ἄλεος ηὗρεν ἐν τῷ τῆς Ἀθηνᾶς ναῷ; 1 ? ι ? ί ? ?
d) Τίνος κόρη ἡ Αὔγη ἦν; ? 2 ? ? ?
e) Τίνα δεινὸν πόνον ἡ Ἀθηνᾶ ἔπεμψε τοῖς Τεγεάταις; ? ? ? 3 ?

?	?	?	?	?
1	2	3	4	5

2 Formenstaffel. Bilde die gesuchten Formen.

a) ποιητής τις → Pl. → Dat. → Sg. → Akk. → Pl. → Gen. → Sg.
b) κακόν τι → Pl. → Akk. → Sg. → Gen. → Pl. → Dat. → Sg.

3 Stelle unter Berücksichtigung der KNG-Kongruenz je ein Indefinitpronomen und ein Substantiv zusammen. Übersetze anschließend.

ἔμπορός – ἐπιστολαί – ἱμάτιόν – χώρας – ἑταίρου – ὁδῷ – γῆν	τι – τινα – τινάς – τινες – τινι – τινός – τις

4 Weise die Interrogativ- und Indefinitpronomen den Sätzen zu und übersetze.

τινες • τινὸς • Τίνων • τις • Τίς

a) Ἐν Ἀθήναις Φειδίας ● διῆγεν. b) ● οὗτος ὁ Φειδίας ἦν;
c) Ὁ Φειδίας υἱὸς Χαρμίδου (*Gen. zu* Χαρμίδης) ● ἦν.
d) ● θεῶν εἴδωλα ὁ Φειδίας ἠργάζετο;
e) Ἐθαύμαζόν ● αὐτὸν τῆς τέχνης ἕνεκα.

I

Phidias

Viel wissen wir nicht über das Leben des großen **Bildhauers** Phidias (griechisch: Φειδίας, ca. 500–430 v. Chr.), der die griechische Kunst des 5. Jahrhunderts v. Chr. entscheidend prägte. Auch keines seiner Werke ist im Original erhalten. Wir haben allerdings viele Kopien, und Pausanias, der im 2. Jahrhundert n. Chr. lebte, beschrieb z. B. das **Kultbild des Zeus** (vgl. Abbildung) in Olympia ausführlich. Es zählt zu den sieben Weltwundern und belegt die außerordentlichen Fähigkeiten, die Phidias besaß.

T

Phidias – ein Genie!

In Olympia werden wir Zeugen eines Gesprächs zwischen einem Fremdenführer und einem kunstinteressierten Besucher.

Ξένος τις Ἀθηναῖος· Πόσα εἴδωλα ἔστιν ἐν τῷδε τῷ ἱερῷ;

Περιηγητής[1]**·** Πολλὰ μέν, τὸ δὲ μέγιστον ἔστιν ἐν τῷ τοῦ Διὸς ναῷ.

Ξένος· Ποῖόν ἐστιν ἐκεῖνο τὸ εἴδωλον; Τίς ἠργάσατο αὐτό; Πότε ἐγένετο; Διὰ τί θαυμάζεται;

Περιηγητής[1]**·** Φειδίας τις δημιουργός ἐστι τούτου τοῦ σεμνοῦ εἰδώλου. Πάλαι δ' ἔπλασε τὸν ἐν θρόνῳ καθήμενον Δία τοσοῦτον μέν, ὥστε σχεδὸν ψαύει τῆς στέγης[2], τοσαύτῃ δὲ τέχνῃ, ὥστε τῶν σκεπτομένων τινὲς οἴονται αὐτὸν ζῳὸν[3] εἶναι καί ...

Ξένος· Ἐπίσχου[4]. Ἆρα λέγεις Φειδίαν τινὰ Ἀθηναῖον; Γιγνώσκω γὰρ αὐτόν. Ἠργάσατο καὶ τὸ τῆς Ἀθηνᾶς Παρθένου εἴδωλον, οὐκ ἐν χωρίῳ τινὶ ἀγνώστῳ[5], ἀλλ' ἐν τῇ Ἀκροπόλει[!].

Περιηγητής[1]**·** Τίνος ἄξιός ἐστιν οὗτος ὁ δημιουργὸς τοιαῦτα ἐργασάμενος; Τίνι τρόπῳ ἢ τίσιν λόγοις ἐγκωμιάζεται;

Ξένος· Πῶς λέγεις; Ἆρ' οὐκ ἤκουσας, τί ὁ Φειδίας ἔπαθεν ὑπ' Ἀθηναίων τινῶν;

[1] ὁ περι-ηγητής, -οῦ: der Fremdenführer
[2] ψαύω τῆς στέγης: ich berühre die Decke
[3] ζῳός: lebendig
[4] ἐπί-σχου: halt! stopp!
[5] ἄ-γνωστος: unbekannt

1. Stelle aus dem Text alle Interrogativpronomen zusammen; erschließe, ob sie jeweils adjektivisch oder substantivisch verwendet werden.

2. Gib für das Indefinitpronomen τις, τι jeweils passende Übersetzungen an: Φειδίας τις (Z. 6) – τῶν σκεπτομένων τινές (Z. 9 f.) – Φειδίαν τινὰ Ἀθηναῖον (Z. 11) – ἐν χωρίῳ τινὶ ἀγνώστῳ (Z. 13) – ὑπ' Ἀθηναίων τινῶν (Z. 17 f.)

3. Z. 1–10: Untersuche, ob der Fremdenführer alle Fragen des Besuchers beantwortet.

4. In einem Dialog mit kurzen Redebeiträgen wie hier können Personalpronomen häufige Wiederholungen vermeiden. Nenne jeweils die Substantive bzw. Eigennamen, die ersetzt werden: Τίς ἠργάσατο αὐτό; (Z. 4 f.) – αὐτὸν ζῳὸν εἶναι (Z. 10) – Γιγνώσκω γὰρ αὐτόν. (Z. 12)

MK 5. Die Aussage des Fremdenführers über die Größe der Zeusstatue bleibt ungenau (σχεδὸν ψαύει τῆς στέγης, Z. 8 f.; vgl. Abbildung). Nutze eine Online-Enzyklopädie zur Recherche der wissenschaftlich berechneten Größe und der verwendeten Materialien sowie über Phidias' Lebensende; präsentiere deine Ergebnisse.

E

1. Ξένος· „Τίς ἐστιν οὗτος ὁ δημιουργός, ὃς ἠργάσατο τὸ τοῦ Διὸς εἴδωλον;“
2. Περιηγητής (Fremdenführer)· „Φειδίας ἠργάσατο αὐτό· οὗτος δ’ ἠργάσατο καὶ ἄλλα εἴδωλα, ἃ θαυμάζεται ὑπὸ τῶν σκεπτομένων.“
3. Ξένος· „Ἆρ’ οὐχ ὁ Φειδίας ἔπλασε τὴν Ἀθηνᾶν Παρθένον, ἣν πολλοὶ θαυμάζουσιν;
4. Ὅστις γὰρ πορεύεται Ἀθήναζε (nach Athen), χαίρει τοῖς εἰδώλοις, ἅτινα ἐκεῖ ἐστιν.
5. Οἷστισιν ἔξεστι ταῦτα θαυμάζειν, ἐγκωμιάζουσι τὸν δημιουργὸν τῆς τέχνης ἕνεκα, ᾗ τὰ εἴδωλα ἔπλασεν.“

Ü

1 **a)** Nenne zum Artikel das entsprechende Relativpronomen. Beachte die KNG-Kongruenz.
ὁ ◉ τό ◉ τά ◉ αἱ ◉ τούς ◉ τῶν ◉ τῷ ◉ τῇ ◉ ἡ

b) Ordne den Relativpronomen (im Sg.) die in Kasus und Genus entsprechenden Pluralformen zu.
ἅ ◉ αἷς ◉ ἅς ◉ ᾗ ◉ ἥν ◉ ὅ ◉ οἵ ◉ ὅν ◉ οἷς ◉ ὅς ◉ οὗ ◉ οὕς ◉ ᾧ ◉ ὧν

c) Gib die fehlenden Genera in der in Kasus und Numerus entsprechenden Form an.
ὅν ◉ αἵ ◉ ἅς ◉ ἧς ◉ οἷς ◉ ᾧ

2 Wähle das grammatisch korrekte und inhaltlich sinnvolle Relativpronomen aus. Übersetze.

a) Οἱ τότε ἄνθρωποι τὰ εἴδωλα, οἳ / ὃς / ὧν δημιουργὸς ἦν Φειδίας, ἐθαύμαζον.

b) Ὁ Φειδίας, ὃ / ὃς / ἧς τὸ τῆς Ἀθηνᾶς εἴδωλον τὸ ἐν τῇ Ἀκροπόλει! ἠργάσατο, καὶ τὸν ἐν Ὀλυμπίᾳ Δία ἔπλασεν.

c) Οἱ ἄνθρωποι, οἳ / ὃν / οἷς τὸν Δία τοῖς ὀφθαλμοῖς ἐσκέψαντο, ἐνεκωμίασαν τὴν τοῦ Φειδίου τέχνην.

3 **a)** Bilde aus Relativ- und Indefinitpronomen verallgemeinernde Relativpronomen.

αἵ	ἅς	οὕς	ὧν	τινας	τινας	τινες	τινων

b) Ordne die in a) gebildeten verallgemeinernden Relativpronomen den Sätzen zu und übersetze.
Ζεὺς πολλάκις κορῶν τινων ὀρέγεται. Διὸ Ἥρα ὀργιζομένη μέμφεται αὐτόν·
Φεῦγε τὰς κόρας, ● ἀεὶ ὀρέγῃ.
Φεῦγε τὰς κόρας, ● ἀεὶ ἔχειν βούλει.
Φεῦγε τὰς κόρας, ● τοὺς ὀφθαλμούς σου καταγοητεύουσιν (sie verzaubern).
Χρή σε μὴ μόνον τὸν ἡμέτερον γάμον, ἀλλὰ καὶ τοὺς γάμους, ● οἱ ἄνθρωποι ἔλαβον, σῴζειν.

T

Das Zeusheiligtum in Olympia und die Olympischen Spiele

Ἐν τῷδε τῷ τόπῳ, ὅς ἱερός ἐστι Διός, διὰ[1] πέμπτου ἐνιαυτοῦ ἄγεται μεγάλη ἑορτή, ἐν ᾗ οἱ νεανίαι ἀγωνιζόμενοι θεραπεύουσι τὸν Δία. Πρὸ δὲ τῶν ἄθλων ἄγγελοί τινες καθ' ὅλην τὴν χώραν πορευόμενοι κηρύττουσιν εἰρήνην, ἣν ἐκεχειρίαν[2] λέγουσιν. Ἔπειτα δ' ἀθροίζονται ἐνθάδε, οἵτινες ἐθέλουσι σπουδάζειν περὶ νίκης καὶ ὀρέγονται δόξης· ἀλλὰ βαρβάροις τε καὶ ἀνδραπόδοις οὐκ ἔξεστι παραγίγνεσθαι τοῖς ἄθλοις, ὧν τὴν εὐδοξίαν[3] φυλάττειν χρή.

Καὶ ἔρχονται πολλοὶ εἰς τόδε τὸ στάδιον, ἐν ᾧ οἱ ἀθληταὶ[!] ἀγωνίζονται πολλῇ σπουδῇ. Ὅστις δὲ κράτιστός ἐστι καὶ περιγίγνεται τῶν ἄλλων, ἐν μεγάλῃ τιμῇ ἐστι καὶ θαυμάζεται ὑπὸ τῶν πολιτῶν. Μακάριος, ᾧτινι νίκην παρέχει ὁ Ζεύς.

[1] διά (*m. Gen.*): (*hier:*) in jedem

[2] ἡ ἐκε-χειρία: der Waffenstillstand

[3] ἡ εὐ-δοξία: der gute Ruf

1 **a)** Gib aus dem Text alle Relativpronomen mit ihrem jeweiligen Beziehungswort aus dem übergeordneten Satz an.
b) Erkläre, warum das Relativpronomen meist einen anderen Kasus als sein Beziehungswort hat.

2 **a)** Stelle aus dem Text alle im Plural stehenden Substantive zusammen, die zum Wortfeld „Personengruppe“ gehören. (vgl. **M** 10 A)
b) Eine davon wird auch indirekt genannt (Z. 5 f.). Erkläre diese Umschreibung.

3 Z. 8–11: Arbeite heraus, durch welche sprachlichen Mittel der letzte Abschnitt einen allgemeingültigen Charakter erhält.

MK **4** Untersuche, welche olympischen Symbole und Traditionen (Ringe, Feuer, Hymne, Eid, Friede) auf einen antiken Ursprung zurückzuführen sind. Der Text und die Abbildung geben dazu erste Hinweise.

◀ *Entzünden der olympischen Flamme in Olympia für die Sommerspiele 2020 bzw. 2021 in Tokio (Japan).*

E

Ein Athlet überlegt vor den Wettkämpfen:

1. „Σπεύσω περὶ τῆς νίκης τε καὶ τιμῆς, ἀλλὰ καὶ οἱ ἄλλοι ἀθληταὶ[!] οὐκ εἴξουσιν.
2. Πρῶτον μὲν κοινοὶ θύσομεν πρὸ τῶν ἄθλων καὶ ἱκετεύσομεν τοὺς θεούς.
3. Ἔπειτα δὲ ἄρξομεν τῶν ἄθλων, οἱ δ᾿ οἰκεῖοι προτρέψουσιν ἡμᾶς.
4. Ἐλπίζω τὴν νίκην ἐμοὶ ἔσεσθαι.
5. Λαμπρὸς γὰρ ἔσομαι καὶ οἱ πολῖται ἀσπάσονταί με πολλοῖς δώροις.

Ü

1 σ, ξ oder ψ? Bilde Formen im Futur. Wende hierzu deine Kenntnisse zur Bildung des schwachen Aorists an und weise den Formen den korrekten Buchstaben zu. Übersetze dann.

a) ἐγκωμιά?ουσιν • σπουδά?ομεν • κηρύ?ω • κωλύ?ει • λεί?εις • ἀπαλλά?ετε • κλέ?ει • ὀνομά?ομεν • θρέ?ουσιν

b) βιά?εσθε • δέ?ονται • διαλε?όμεθα • ἐργά?ῃ • ἀθροί?εσθε • σκέ?ομαι • ἄρ?ονται • μαντεύ?εται • μεταπεμ?όμεθα

2 Übersetze und begründe jeweils deine Wahl für eine bestimmte Bedeutung von γε.

a) Αἰσχρόν γε φίλους βλάπτειν.

b) Σύ γε πεῖσαί με βούλει, ἀλλ᾿ ἔγωγε οὐ πείθομαι.

c) Τά γε παιδία οἱ πολέμιοι οὐκ ἐφόνευσαν καίπερ σφόδρα ὀργιζόμενοι.

3 Gib jeweils die Futurform von εἶναι an, die einen grammatisch korrekten und inhaltlich sinnvollen Satz entstehen lässt. Übersetze anschließend.

a) Πατὴρ (Vater) πρὸς τὸν υἱόν· „Σύ γε ἰσχυρὸς ● γυμνασάμενος."

b) Υἱός· „Καὶ ἐγὼ μακάριος ● τῶν ἄλλων ἀθλητῶν[!] περιγενόμενος."

c) Ὁ πατὴρ (Vater) πρὸς φίλους τινάς· „Ἐλπίζω τὸν υἱόν μου ἰσχυρὸν ●. Λαμπρὸς γὰρ ● τῶν ἄλλων ἀθλητῶν[!] περιγενόμενος."
Οἱ φίλοι· „Καὶ ἡμεῖς μὲν μακάριοι ●, εἰ (wenn) ὁ υἱός σου κράτιστος ●. Οἱ δὲ ἄλλοι νεανίαι φθονεροὶ (neidisch) ●."

4 Arbeite aus dem Wortgitter möglichst viele (max. 16) Futurformen heraus. (Suchrichtungen: → ↓ ↑ ←)

	a	b	c	d	e	f	g	h	i	j
1	β	λ	ά	ψ	ο	μ	ε	ν	α	ρ
2	α	ς	ι	ε	σ	ύ	ε	λ	ε	κ
3	σ	ι	ρ	ἔ	θ	ρ	έ	ψ	ω	ρ
4	ι	θ	ω	σ	ά	μ	ο	ν	ὀ	ύ
5	λ	ύ	σ	ο	υ	σ	ι	ν	ῃ	ψ
6	ε	σ	ώ	ν	ῥ	ί	ψ	ω	ξ	ε
7	ύ	ε	σ	τ	ἔ	σ	ῃ	σ	ὕ	ι
8	σ	τ	ρ	α	τ	ε	ύ	σ	ε	ι
9	ε	ε	σ	ι	α	μ	ο	ξ	ρ	ἅ
10	ι	κ	α	τ	ε	ρ	γ	ά	σ	ῃ

I

Pelops

Pelops war Sohn des Tantalos, der bei den Göttern in hohem Ansehen stand, bis er sie einmal auf die Probe stellte: Er zerstückelte seinen Sohn Pelops und setzte ihn den Göttern zum Mahl vor. Diese bemerkten den Betrug, und Tantalos musste in der Unterwelt zur Strafe große Qualen erdulden. Nur Demeter aß, weil sie in Trauer war, gedankenverloren eine Schulter. Zeus ersetzte sie durch eine aus Elfenbein.

37001-22

T

Pelops und Oinomaos

Ein alter Mythos bringt den Ursprung der Wagenrennen bei den Olympischen Spielen mit Oinomaos, dem Herrscher von Elis, einem Sohn des Ares, in Verbindung. Oinomaos hatte eine Tocher namens Hippodameia, die von vielen adligen jungen Männern umworben wurde – so auch von Pelops.

Πάλαι Οἰνομάῳ ἦν καλὴ κόρη, ἣ ὠνομάζετο Ἱπποδάμεια. Ἐπεί γ᾽ ὁ Οἰνόμαος μαντευόμενος ἐπύθετο, ὅτι ὁ γαμβρὸς[1] φονεύσει αὐτόν, φόβος ἐπῆλθεν αὐτῷ. Ἔδει οὖν αὐτῷ σοφῆς βουλῆς. Διὸ ἐκήρυξεν· „Δεῖ τὸν νεανίαν, ὅστις μέλλει ἔσεσθαί μοι γαμβρός[1], περιγενέσθαι μου ἱπποδρομίᾳ[2].“ Ἤλπιζε γὰρ ὧδε ἀποτρέψειν τὴν συμφοράν, ἐπειδὴ ἐν τῷ δρόμῳ κατηργάζετο τοὺς νεανίας.

Πέλοψ δ᾽ ὁ Ταντάλου ἐβουλεύσατο τάδε· „Περιγενόμενος τοῦ Οἰνομάου ἄξομαι οἴκαδε τὴν Ἱπποδάμειαν, ἧς μάλα μέλει μοι, καὶ ἔσομαι κύριος τῆσδε τῆς χώρας. Ἔγωγε δώροις πείσω Μυρτίλον, τὸν τοῦ Οἰνομάου ἡνίοχον[3], ἐπίκουρόν μοι ἔσεσθαι.“ Καὶ μὴν ἐν τῷ ἄθλῳ ὁ Οἰνόμαος μηχανῇ τοῦ Μυρτίλου ἔπεσεν ἐκ τοῦ δίφρου[4]. Ὁ δὲ Πέλοψ κατεργασάμενος αὐτὸν ἔλαβε τήν τε κόρην καὶ τὴν βασιλείαν.

[1] ὁ γαμβρός: der Schwiegersohn
[2] ἡ ἱππο-δρομία: das Wagenrennen
[3] ὁ ἡνί-οχος: der Wagenlenker
[4] ὁ δίφρος: der Wagenkorb

1 a) Nenne und bestimme alle Futurformen im Text; gib auch das jeweils zugrunde liegende Verb in der Lernform an.
b) Erkläre anhand des Teilsatzes Ἤλπιζε γὰρ ὧδε ἀποτρέψειν τὴν συμφοράν (Z. 5), dass das Futur im Deutschen nicht immer ausgedrückt werden muss.

2 Weise nach, dass der zusammenfassende Satz Ὁ δὲ Πέλοψ … ἔλαβε τήν τε κόρην καὶ τὴν βασιλείαν (Z. 12 f.) zwei Gesichtspunkte aus Pelops' Monolog (Z. 7–10) aufgreift.

3 Das Verb κατεργάζομαι wird im Text zweimal verwendet (Z. 6 und 12). Gib für beide Stellen Subjekt und Objekt an und belege so die ironische Wirkung.

4 Der Umgang mit Pferden spielt in diesem Mythos eine wichtige Rolle. Erschließe mithilfe eines (Online-)Wörterbuchs den sprechenden Namen Ἱππο-δάμεια. MK

5 Erläutere, mit welchen Mitteln der Künstler der abgebildeten Amphore den Eindruck von Geschwindigkeit und Dynamik erreicht.

◄ *Pelops und Hippodameia. Rotfigurige Amphore, um 410 v. Chr.*

E

1. Ὁ Οἰνόμαος ὁ τῆς Ἱπποδαμείας πατὴρ ἐκέλευσεν·
2. „Δεῖ τὸν τῆς Ἱπποδαμείας ἄνδρα τοῦ πατρὸς περιγενέσθαι ἱπποδρομίᾳ (Wagenrennen)."
3. Ὁ δ' Οἰνόμαος πολλοῖς ἀνδράσι παρεσκεύαζε θάνατον κακόν.
4. Ὅ γε Πέλοψ καὶ ὁ Μυρτίλος ἐπεβούλευσαν τῷ τῆς Ἱπποδαμείας πατρί.
5. Οὗτοι οἱ ἄνδρες ἐφόνευσαν τὸν τῆς παιδὸς πατέρα.
6. Ὁ δὲ Πέλοψ οὐκ ἐφρόντισε τοῦ ὀνόματος· χάριν γὰρ οὐκ εἶχε τῷ Μυρτίλῳ, ἀλλ' ἠφάνισεν αὐτὸν ἄνευ μαρτύρων.
7. Μόνος οὖν ἔχαιρε τῇ τε γυναικὶ καὶ τῇ βασιλείᾳ.

Ü

1 Wähle jeweils das Wort aus, das in grammatischer Hinsicht nicht in die Reihe passt. Begründe deine Entscheidung.

a) ῥήτορα • μητέρα • δημιουργόν • συμφορά
b) χειρός • πατράσιν • ἀνδρί • μάρτυρα
c) τόπος • μάρτυρος • μητρός • ἁλός
d) παισίν • γυναιξίν • ὀνόμασιν • ἐλπίζουσιν
e) ἔπειτα • τέκνα • ὀνόματα • παιδία

2 Nenne zu jeder Form die Lernform und gib den Wortstamm an. Wähle anschließend zwei Kategorien aus, innerhalb derer du die Formen ordnest: *1. Kasus 2. Numerus 3. Genus*

παῖδας • ἁλός • ῥήτορσιν • γυναῖκες • μάρτυσιν • χείρ • ὀνομάτων • χάριτι • χεῖρας • ἄνδρα • ῥήτορες • ὀνόματος • χάρις

3 Weise den Präpositionen je zwei Substantive zu. Übersetze die neu gebildeten Ausdrücke.

σὺν • ἄνευ • πρὸς	πατρί • μητρός • ἄνδρα • μάρτυρος • γυναικί • παῖδα

4 Ordne folgenden Satz in seinen inhaltlichen Zusammenhang ein:
Πάτερ ἡμῶν ὁ ἐν τοῖς οὐρανοῖς.

I

Die sprichwörtliche Rede vom Augiasstall

Wenn heute ein Politiker davon spricht, dass man einen regelrechten „Augiasstall" ausmisten müsse, so meint er damit, dass man gründlich mit den herrschenden Zuständen aufräumen sollte. Darunter zu verstehen sind dabei meist die ungelösten Probleme, die die Vorgängerregierung angeblich hinterlassen hat, oder ganz allgemein gesellschaftliche Missstände, die sich eingeschlichen haben. Auch Herakles muss im Text einen „Augiasstall" ausmisten, dies aber im ganz wörtlichen Sinn.

T

Herakles und die Ställe des Augias

Ein Reisender berichtet, dass die Olympischen Spiele von Herakles gestiftet wurden, der von König Eurystheus nach Elis zu König Augias geschickt worden war.

Ἤκουσα ῥήτορός τινος τάδε· Τίς τοιαῦτα ἔργα ὑπέμενεν, οἷα Ἡρακλῆς; Χρῆν αὐτόν ποτε καθαίρειν τοὺς τοῦ Αὐγείου σταθμούς[1]. Ὁ δὲ τὸν τοῦ Διὸς παῖδα ἠνάγκασεν ἐκ-κομίζειν[!] ὅλην τὴν κόπρον[2] μόναις ταῖς χερσίν.

Τῷ δ᾽ Αὐγείᾳ, ὃς εἶχε μεγάλα βουκόλια[3], πατέρα εἶναι τὸν Ἥλιον λέγουσι καὶ μητέρα Ναυπιαδάμην. Ἐκ δὲ τῆς γυναικὸς ἐγένετο αὐτῷ παῖς Φυλεὺς ὄνομα.

Ἐπεὶ δ᾽ ὁ Αὐγείας χάριν ὑπέσχετο ἐπὶ τοῦ παιδὸς μάρτυρος, ὁ Ἡρακλῆς ἐξέτρεψε[4] τὸν Ἀλφειὸν ποταμὸν διὰ τῶν σταθμῶν[1] καὶ οὕτως κατηργάσατο τὸ ἔργον. Ὡς δ᾽ ὁ Αὐγείας μισθὸν οὐ παρεῖχεν, συνέλεξεν ὁ Ἡρακλῆς ἄνδρας τινὰς καὶ ἔπαυσε τὴν τοῦ Αὐγείου βασιλείαν πολέμῳ. Τότε δὴ ἔθυσε Διὶ τῷ πατρὶ καὶ ἤγαγε τὰ πρῶτα Ὀλύμπια.

[1] ὁ σταθμός: der Stall
[2] ἡ κόπρος: der Mist
[3] τὸ βου-κόλιον: die Rinderherde
[4] ἐκ-τρέπω: ich leite ab

Der QR-Code führt dich zu einer Passage aus Friedrich Dürrenmatts Theaterstück „Herkules und der Stall des Augias". Spielt mit verteilten Rollen die Szene in der Klasse nach.

37001-09

1. Ordne die Angaben der Verwandtschaftsverhältnisse jeweils Herakles oder Augias zu: τὸν τοῦ Διὸς παῖδα (Z. 4) – πατέρα … τὸν Ἥλιον … καὶ μητέρα Ναυπιαδάμην (Z. 6 f.) – παῖς Φυλεὺς ὄνομα (Z. 8) – Διὶ τῷ πατρί (Z. 13)

2. Unterscheide ὁ (Z. 3), ὅς (Z. 6) und ὡς (Z. 11) anhand der Bedeutung und der grammatischen Funktion.

3. Der Text nennt zu λέγουσι (Z. 7) kein Substantiv als Subjekt. Erschließe eine inhaltlich passende Personengruppe.

4. Die Bedeutung des zusammengesetzten Verbs ἐκ-κομίζω (Z. 4) kannst du selbst erschließen. Bilde die Komposita mit ἐκ/ἐξ auch zu ἐργάζομαι (Z. 11) und ἄγω (Z. 13) und nenne passende deutsche Bedeutungen.

MK 5. Gibraltar prägte zwölf verschiedene 2-Pfund-Münzen, deren Rückseiten je eine Aufgabe des Herakles zeigen (vgl. Abbildung). Weise die Verbindung zwischen Herakles und Gibraltar nach. Informiere dich auch über die zwölf Aufgaben des Herakles und präsentiere deine Ergebnisse.

E

1. Ὁ Ἡρακλῆς συνέλεξεν Ἕλληνάς τινας καὶ ἐστράτευσεν ἐπὶ τὸν Αὐγείαν.
2. Ὁ δ' Ἡρακλῆς, ὃς ἡγεμὼν τούτων τῶν Ἑλλήνων ἦν, ἔπαυσε τὴν τοῦ Αὐγείου βασιλείαν σὺν τούτοις τοῖς Ἕλλησιν.
3. Ὁ Αὐγείας οὐκ ἦν ἀνὴρ σώφρων, ἔβλαψε δὲ τὸν Ἡρακλέα (Akk.), ἄνδρα ἀμείνονα.
4. Ἐβουλεύσατο γὰρ ἄφρονί τε καὶ ἀνοσίῳ νῷ μὴ παρέχειν τὸν μισθὸν τῷ Ἡρακλεῖ (Dat.).

Ü

1 Schau genau hin und übersetze.

a) τέκτων ◦ τέκνον ◦ τεχνῶν ◦ ἔτεκον ◦ τέκτονα ◦ τέκνα ◦ τίκτουσιν ◦ τέκτοσιν

b) ἀγῶνες ◦ ἄγομεν ◦ ἀγωνίζῃ ◦ ἀγῶνι ◦ ἀγρούς ◦ ἄγονται ◦ ἄγουσιν ◦ ἀγῶσιν

2 Ordne die Adjektive unter Berücksichtigung der KNG-Kongruenz den Substantiven zu.

A. ἀμείνονες	B. ἀμείνων	C. ἄφρονας	D. ἀφρόνων	E. σώφρονι	F. σώφροσιν
1. βαρβάρους	2. βουλαί	3. ἑταίρων	4. ἱερείᾳ	5. κυρίοις	6. ῥήτωρ

3 Du kannst mithilfe des α privativum sehr viele unbekannte Wörter erschließen:

a) Was bedeuten folgende Substantive?
ἀ-βουλία ◦ ἀν-αρχία ◦ ἀν-ελευθερία ◦ ἀ-τιμία ◦ ἀ-τυχία

b) Was bedeuten folgende Adjektive?
ἄ-γαμος ◦ ἄ-δηλος ◦ ἄ-δικος ◦ ἀ-δύνατος ◦ ἀ-θάνατος ◦ ἀ-θαύμαστος ◦ ἄ-θεος ◦ ἀ-κίνδυνος ◦ ἀ-κόλαστος ◦ ἀ-μήχανος ◦ ἀν-άδελφος ◦ ἄν-ανδρος ◦ ἀν-άξιος ◦ ἀν-ίερος ◦ ἀ-νίκητος ◦ ἄ-νομος ◦ ἄ-νοσος ◦ ἄ-νους ◦ ἀ-παίδευτος ◦ ἄ-φωνος

4

1. Ἡρακλῆς μετὰ τὸν ἐν Ὀλυμπίᾳ πόνον εἰς τὴν Κρήτην ἦλθε βουλόμενος ταῦρόν τινα λαβεῖν.
2. Μίνως γὰρ ταῦρόν τινα καλὸν καίπερ τῷ Ποσειδῶνι θύσειν ἐπαγγελλόμενος εἰς τὴν ἑαυτοῦ ἀγέλην (Herde) ἐδέξατο.
3. Ὁ Ποσειδῶν τῷ τῶν Κρητῶν ἡγεμόνι ὀργιζόμενος προέτρεψε τὸν κακὸν γενόμενον ταῦρον τοὺς τῆς νήσου ἀγροὺς διαφθείρειν.
4. Ὁ δ' Ἡρακλῆς τοῦ ταύρου περιγενόμενος ἐκόμισεν αὐτὸν εἰς Μυκήνας.

a) Ordne folgende Schlagwörter in ihren mythologischen Kontext ein.
Ἡρακλῆς – ὁ ἐν Ὀλυμπίᾳ πόνος – Μίνως – Ποσειδῶν – ταῦρος – Μυκῆναι

b) Stelle folgende Formen geordnet nach Tempora zusammen. Unterscheide hierbei zwischen starkem und schwachem Aorist. Gib auch die zugrunde liegende Lernform an und übersetze.
ἦλθεν – βουλόμενος – λαβεῖν – θύσειν – ἐπαγγελλόμενος – ἐδέξατο – ὀργιζόμενος – προέτρεψε – γενόμενον – διαφθείρειν – περιγενόμενος – ἐκόμισεν

c) Übersetze. Hilfe zur Analyse und Übersetzung von Partizipialkonstruktionen: vgl. 13 A und B.

T

Kein Zutritt für Frauen!

Interessierten Besuchern berichten die Fremdenführer in Olympia, dass längst nicht alle Griechen die Sportwettkämpfe verfolgen dürfen. Die Besucher erzählen.

Τῶν ἡγεμόνων πυνθανόμεθα τάδε·
Ὅτε τὰ Ὀλύμπια ἄγεται, ἀθροίζονται πολλοὶ Ἕλληνες βουλόμενοι σκέπτεσθαι τοὺς ἀθλητάς[!]. Ἔστι δὲ μὴ μόνον χαίρειν γυμνικοῖς[1] καὶ ἱππικοῖς[!] ἀγῶσιν, ἀλλὰ καὶ ἀκούειν ῥητόρων καὶ κηρύκων νίκης ὀρεγομένων. Ἐν δὲ τῇ λεγομένῃ Ἄλτει[2] ἔξεστι ναοὺς θαυμάζειν, οὓς ἠργάσαντο οἱ ἄριστοι τέκτονες. Ἀλλὰ νόμος ἐστὶν εἴργειν γυναῖκας τοῦ σταδίου, οὗ οἱ ἀθληταὶ[!] γυμνοὶ κάμνουσιν ἀγωνιζόμενοι.

Λέγεται δὲ γυνή ποτε παραγενέσθαι τοῖς ὁσίοις ἀγῶσι μετὰ τῶν ἀνδρῶν. Οἱ δ' Ἑλλανοδίκαι[3], ἐπεὶ εἶδον αὐτήν, ἔψεξαν· „Ἄφρων εἶ καὶ ἀνόσιος παραγενομένη ἐνθάδε. Ἄμεινόν ἐστιν ἀπολιπεῖν σε τὸ στάδιον." Ἡ δ' ἀποκρινομένη εἶπεν· „Οὐκ, ἀλλὰ σώφρων εἰμὶ καὶ δίκῃ παραγίγνομαι, ὡς καὶ πατέρα καὶ ἀδελφοὺς Ὀλυμπιο-νίκας[!] ἔχω καὶ νῦν παῖδα ἐπὶ τὰ Ὀλύμπια ἄγω."

[1] γυμνικός: sportlich, Sport-

[2] Ἄλτει: *Dat. Sg. zu* ἡ Ἄλτις *(der dem Zeus geweihte Hain in Olympia)*

[3] οἱ Ἑλλανο-δίκαι: *Bezeichnung für die Kampfrichter bei den Olympischen Spielen*

1. Stelle aus dem Text alle Partizipien zusammen und erkläre ihre jeweilige Verwendungsweise (attributiv bzw. substantiviert oder adverbial).

2. Analysiere, welche Wörter mit α privativum gebildet sind, und gib ihre Bedeutung an:
   ἀκούειν (Z. 4) – ἀγωνιζόμενοι (Z. 7) – ἄφρων (Z. 9) – ἀνόσιος (Z. 10) – ἄμεινον (Z. 10)

3. Belege am Text, dass die Olympischen Spiele einerseits schon in der Antike ein gesellschaftliches Großereignis waren (vgl. Abbildung) und dass andererseits Frauen bei den sportlichen Wettkämpfen damals nicht zugelassen waren.

MK 4. Gib an, welche legalen Möglichkeiten Frauen zur Teilnahme an den Spielen hatten.

5. Informiere dich auf der Kulturseite „Die Olympischen Spiele" (S. 104 f.), welche Heiligtümer es in Olympia gab.

Zuschauer im Stadion. Vasenbild, um 580 v. Chr. ▶

E

Ein aufgebrachter Mann beschwert sich, dass die anwesende Frau (30 T) nicht bestraft wurde.

1. „Σὺ ἄρχων εἶ. Λέγε οὖν μοι· Διὰ τί ὑμεῖς οἱ ἄρχοντες ἐβουλεύσασθε ταύτην τὴν γυναῖκα μὴ εἴργειν τοῦ σταδίου;
2. Ἀνήρ εἰμι καὶ ἑκὼν παραγίγνομαι τούτοις τοῖς ἀγῶσιν, καὶ ἄλλοι ἄνδρες ἑκόντες παραγίγνονται αὐτοῖς. Ἄκοντες βλέπομεν ταύτην τὴν γυναῖκα.
3. Ἡ βουλὴ ὑμῶν καταγέλαστος καὶ ἀνόητός ἐστιν.
4. Χαίρουσι γὰρ οἱ πολλοὶ τῶν ἀνδρῶν ἀγῶσιν ἄνευ γυναικῶν.
5. Οἱ δ᾽ ἐν Ὀλυμπίᾳ ἀγῶνές εἰσι μέγιστοι τῶν ἐν τῇ Ἑλλάδι ἀγώνων.“

Ü

1 Unterscheide.

a) ἄρχοντι ⁕ ἄρχετε ⁕ ἄρχεται ⁕ ἄρχοντες ⁕ ἄρχονται ⁕ ἄρχουσιν ⁕ ἄρχουσιν ⁕ ἄρχομεν

b) ἀκούσας ⁕ ἤκουσα ⁕ ἀκούετε ⁕ ἄκοντες ⁕ ἄκουσα ⁕ ἄκουσαι ⁕ ἀκοῦσαι ⁕ ἆκον

2 Bilde die Form von ἑκών oder ἄκων (je nach deiner Meinung), die in KNG-Kongruenz zur Form von παῖς bzw. τέκνον steht.

Ὁ παῖς ● μανθάνει. – Τὰ τέκνα ● μανθάνει. – Αἱ παῖδες ● μανθάνουσιν. – Οἱ παῖδες ● μανθάνουσιν. – Ἡ παῖς ● μανθάνει. – Νομίζω τὸν παῖδα ● μανθάνειν. – Νομίζω τὴν παῖδα ● μανθάνειν. – Νομίζω τοὺς παῖδας ● μανθάνειν. – Νομίζω τὸ τέκνον ● μανθάνειν. – Νομίζω τὰς παῖδας ● μανθάνειν. – Νομίζω τὰ τέκνα ● μανθάνειν.

3 Stelle sinnvolle Sätze zusammen. Bemühe dich bei der anschließenden Übersetzung um eine elegante Wiedergabe des Genitivs.

Ζεύς ἐστιν	Κλεόβιος (Gen.) καὶ Βίτωνος ῥώμῃ;
Ὀλίγοι τῶν ἀθλητῶν!	ὥστε τὰ ἑαυτοῦ παιδία ἐφονεύσεν.
Τίνες τῶν νεανιῶν περιεγένοντο	μέγιστος τῶν θεῶν.
Ἡρακλῆς εἰς τοσοῦτο ὀργῆς ἦλθεν,	τῆς ἐν Ὀλυμπίᾳ νίκης ἔτυχον.

4 Arbeite aus dem Text zunächst alle Adjektive mit ihrem Beziehungswort heraus und bestimme sie nach Kasus, Numerus und Genus. Übersetze anschließend.

Ὁ Ξενοφάνης τὰς ἀνοήτους καὶ καταγελάστους τιμὰς τὰς τῶν ἀθλητῶν! μεμφόμενος γράφει· „Αἱ μὲν νίκαι οὐ βέβαιοί εἰσιν, τῇ δὲ σοφίᾳ ἡ πολιτεία βέβαιος γίγνεται. Ταῖς γὰρ φρονίμοις διανοίαις ὁ τῶν πολιτῶν κόσμος σῴζεται.“

I

Philosophen hinterfragen alles

„**Warum** eigentlich?“ – Eine Frage, die **Xenophanes** (Dichter und Philosoph des 6./5. Jh.s v. Chr.) im Text stellt, und die Philosophen aller Zeiten den Menschen wie einen Spiegel vorhielten und vorhalten. Auch **Diogenes** (4. Jh. v. Chr.) kann den Trubel um einen Sportler, den seine Fans jubelnd aus dem Stadion tragen, nicht verstehen: Bloß weil er ein wenig schneller gelaufen ist als alle anderen, soll man ihn derart ehren, wo er doch dadurch kein bisschen klüger und verständiger geworden ist?

T

Wie viel ist ein sportlicher Sieg wert?

Ἐν ἐλεγείῳ[1] τινὶ Ξενοφάνης, φιλόσοφός τε καὶ ποιητής τις, ἐμέμψατο τοὺς τότε ἀνθρώπους, γέροντάς τε καὶ νέους, τοῖσδε τοῖς λόγοις·

„Διὰ τί ἀθλητάς[!], οἳ νίκην ἔφερον ἀγωνιζόμενοι, σέβεσθε ὥσπερ θεούς; Οὐκ ἄκοντες γὰρ παρέχετε αὐτοῖς τὰς μεγίστας τῶν τιμῶν· δέχεσθε αὐτοὺς ὥσπερ ἄρχοντας ὑμῶν αὐτῶν, λαμβάνουσιν οὐ μόνον στεφάνους, ἀλλὰ καὶ δῶρα ποικίλα, ἔτι δὲ χρυσόν τε καὶ ἀργύριον. Ἐνίοτε τυγχάνουσι καὶ προεδριῶν[2]. Ἐν τούτῳ δὲ ἀνόητοί τε καὶ καταγέλαστοί ἐστε καὶ ἐπαίνου οὐκ ἄξιοι· ἡ γὰρ πολιτεία οὐ βέβαιος ἔσται οὔτε ταῖς τῶν ἀθλητῶν[!] νίκαις οὔτε τῇ δόξῃ αὐτῶν, ἀλλὰ μᾶλλον τῇ τῶν σοφῶν ἐπιστήμῃ καὶ ταῖς τῶν φρονίμων διανοίαις. Ἡ δὴ ἐμὴ σοφία περιγίγνεται τῆς ῥώμης τῆς τῶν κρατίστων τῶν ἀθλητῶν[!].“

[1] τὸ ἐλεγεῖον: die Elegie, das Gedicht

[2] ἡ προ-εδρία: der Ehrensitz (*z. B. im Theater*)

◄ *Auszug aus dem Comic ‚Asterix bei den Olympischen Spielen' (auf Neugriechisch).*

1. Übersetze und vergleiche folgende Sätze: Ἑκόντες παρέχετε τοῖς ἀθληταῖς τὰς τιμάς. – Οὐκ ἄκοντες παρέχετε αὐτοῖς τὰς τιμάς (vgl. Z. 4).
2. Paraphrasiere Xenophanes' Behauptung ἡ γὰρ πολιτεία … ταῖς τῶν φρονίμων διανοίαις (Z. 8–11).
3. Belege die grammatisch verschiedenen Verwendungsweisen der Genitive bei ταῖς τῶν ἀθλητῶν νίκαις (Z. 9), τὰς μεγίστας τῶν τιμῶν (Z. 4) und ἐπαίνου οὐκ ἄξιοι (Z. 8).
4. Gib die Wendungen an, mit denen Xenophanes seine Mitbürger unsachlich kritisiert.
5. Diskutiert, ob Xenophanes' Vorwürfe auch auf heutige Sportler:innen zutreffen.
6. Begründe, dass Sport für eine demokratische und tolerante Gesellschaft durchaus wichtige Beiträge leisten kann; beziehe dabei deine eigenen Erfahrungen, die Abbildung (QR-Code) und gegebenenfalls den Text mit ein.

37001-10

K Die Olympischen Spiele

Einmal im Leben mit dem Siegerkranz als Olympionike (= Sieger in einem olympischen Wettkampf) nach Hause zurückzukehren, das war das höchste Ziel, das ein griechischer Sportler erreichen konnte. Ganze Listen von Siegern bei den Olympischen Spielen sind erhalten und bezeugen deren großes Ansehen. Der zweite oder dritte Platz zählte nicht, nur dem Sieger winkten höchste Anerkennung in der Heimat sowie Geldprämien, Geschenke und außergewöhnliche Ehrenrechte.

Zu Ehren des Göttervaters Zeus maßen sich auch verfeindete Städte in den Wettkämpfen; während der Spiele ruhten die Waffen, es herrschte der „olympische Friede“. Wie heute leisteten die Wettkämpfer den olympischen Eid, mit dem sie sich zur Fairness verpflichteten. In der Antike wurde das olympische Feuer am ersten Tag der Spiele entzündet; heute wird das Feuer von Olympia aus von Läufern zum Austragungsort getragen.

Die Sportler kämpften nackt um Sieg und Ehre. Nur unverheiratete Frauen durften als Zuschauerinnen dabei sein. Die Frauen hatten ihre eigenen Spiele, die Heraia, die zu Ehren der Zeusgattin Hera stattfanden. Auch in der Moderne war die Teilnahme von Frauen bei den Olympischen Spielen nicht selbstverständlich. Die ersten Olympischen Spiele der Neuzeit (1896 in Athen) waren nur Männern vorbehalten. Erst bei den zweiten wurden Frauen zu Wettkämpfen zugelassen, zunächst jedoch nur in Golf und Tennis. Und bis in das Jahr 2012 mussten die Frauen warten, als in London alle Sportarten von Männern und Frauen ausgeübt wurden.

Wie heute fanden die Olympischen Spiele alle vier Jahre statt. In der Antike hat man die Jahre nach Olympiaden (= Zeitraum von vier Jahren) gezählt. Für 776 v. Chr. sind die ersten Olympischen Spiele überliefert und so bedeutete z. B. im dritten Jahr der dritten Olympiade nach heutiger Zeitrechnung das Jahr 766 v. Chr.

393 n. Chr. verbot der christliche römische Kaiser Theodosius die Olympischen Spiele, da sie als heidnisch galten. Baron Pierre de Coubertin (1863 – 1937) ist es zu verdanken, dass sie 1896 zum ersten Mal wieder stattfanden.

1 Gymnasion (Trainingsort)
2 Palaistra
3 Werkstatt des Phidias
4 Leonidaion (Gästehaus)
5 Prytaneion (Amtsgebäude der Aufseher)
6 Begrenzungsmauer zur Altis (heiliger Bezirk)
7 Heratempel
8 Grabhügel des Pelops
9 Aschenaltar des Zeus
10 Zeustempel
11 Buleuterion (Rathaus)
12 Stoa
13 Schatzhäuser
14 Stadion
15 Hippodrom

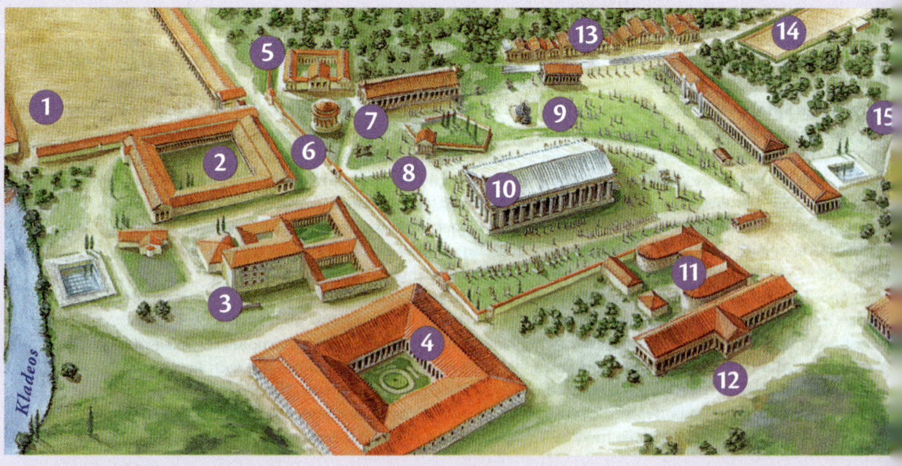

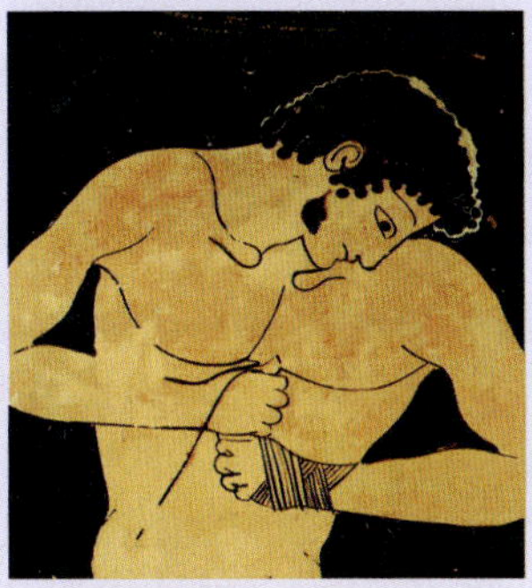

Der Ablauf der Spiele

1. Tag:
- Versammlung der Festgemeinde in der Altis, Eröffnung und Reinigungszeremonie, dabei Ausschluss von Frauen und Verbrechern
- Eidesleistung der Athleten vor der Statue des Zeus im Buleuterion
- Wettkampf der Herolde und Trompeter
- Kampfspiele der Knaben (Wettlauf, Ringen, Faustkampf)

2. Tag:
- Hippische Agone (Wagenrennen und Reiten)
- Fünfkampf (Diskuswurf, Weitsprung, Speerwurf, Laufen, Ringen)
- Totenopfer für Pelops

3. Tag:
- Großes Zeusopfer (100 Stiere) am Aschenaltar des Zeus, Privatopfer an weiteren Zeusaltären
- Leichtathletik: Langlauf, Stadionlauf (192,28 m), Doppellauf (384,56 m)
- Kultisches Festmahl im Prytaneion

4. Tag:
- Schwerathletik: Ringen, Faustkampf, Pankration (Kombination aus Ringen und Faustkampf), Waffenlauf

5. Tag:
- Siegerehrung vor dem Zeustempel mit einem Kranz vom Ölbaum (später Palmzweig)
- Dankopfer der Sieger
- Festmahl

1 Beschreibe die dargestellten Wettkämpfe und benenne den Tag, an dem sie stattfanden.

MK 2 Vergleiche die Olympischen Spiele der Antike mit den heutigen und benenne Gemeinsamkeiten und Unterschiede. Gehe dabei vom vorliegenden Text aus und ziehe weitere Quellen hinzu.

Wiederhole selbstständig:

Alle bearbeiten Übung 1a. Wer schnell ist, erweitert die Übung um 1b.
Dasselbe gilt für die Übungen 2a und 2b.
Hast du den Gründungsmythos der Olympischen Spiele gut im Gedächtnis, dann bearbeite Übung 3 sofort; hast du Teile des Mythos vergessen, lies vor Bearbeitung von Übung 3 nochmals 28 T.
Alle bearbeiten Übung 4 zum Futur. Bearbeite dann die Neugriechisch-Übung 5.

Ü

1 Ordne folgende „kleine Wörter" einer Wortart zu. Bei 1a und 1b lässt sich jeweils ein Wort keiner der Kategorien zuordnen. Nenne es und gib die vorliegende Wortart an.

Artikel	Relativpronomen	Demonstrativpronomen	Konjunktion und Subjunktion

a) ὁ • ὅ • ὅδε • οἱ • οἷς • ὅς • ὅσιος • ὅστις • ὅ τι • ὅτι • ὅτε • οὗ • οὕς • οὗτος
b) ἅ • ἥ • ἡ • ἤ • ἦν • ἥν

2

Substantive	ἀνδράσιν • γυναῖκες • δημιουργοῦ • μάρτυρι • μητέρα • ὀνόματα • παίδων • τέκτονας • χερσὶν
Adjektive	ἀμείνονός • ἀνοήτων • ἀνόσιοί • ἀρίστους • βεβαίῳ • καταγέλαστά • κρατίσταις • ὁσίαν • φρονίμοις
Indefinitpronomen	τινα • τινά • τινες • τινί • τινος • τινῶν • τισίν

a) Gib zu allen Substantiven und Adjektiven die Lernform und die Deklination an.
b) Ordne die Adjektive und die Indefinitpronomen (KNG) den Substantiven zu; ergänze die letzten beiden Substantive nur mit einem Adjektiv.

3 Weise jeder Frage das passende Interrogativpronomen zu. Übersetze und beantworte die Fragen auf Deutsch.

Διὰ τί • Τί • Τίνα • Τίνι • Ὑπὸ τίνος

• ὁ Οἰνόμαος μαντευόμενος ἐπύθετο; • τρόπῳ ὁ Οἰνόμαος τὴν συμφορὰν ἀποτρέψειν ἤλπιζε; • Πέλοψ ἐβουλεύσατο σὺν τῷ Οἰνομάῳ ἱπποδρομίᾳ (im Wagenrennen) ἀγωνίσασθαι; • δώροις ἔπεισεν ὁ Πέλοψ; • ὁ Οἰνόμαος ἀπέθανεν;

4 Ordne die Formen nach Aktiv und Medium, dann von der 1. Pers. Sg. bis zur 3. Pers. Pl.; übersetze.
ἀπολύσουσιν • ἀθροίσομεν • βιάσεσθε • δέξονται • διαλεξόμεθα • ἐργάσῃ • κηρύξω • κωλύσει • λείψεις • προστάξετε • σκέψομαι • φυλάξεται

5 Neugriechisch. Gib altgriechische Wortbestandteile an und erschließe die Ausdrücke.
a) Καλή σας όρεξη. **b)** Ευχαριστώ. **c)** Τι σε μέλει;

MYTHISCHE VORZEIT | MINOISCHE ZEIT | MYKENISCHE ZEIT | ARCHAIK | KLASSIK | HELLENISMUS

1800 1600 1400 1200 1000 800 600 400 200

Kylon (Adeliger aus Athen)

T

Der Kylonische Frevel

Als Xenophanes vor den negativen Folgen einer übertriebenen Verehrung erfolgreicher Sportler warnte (31 T), hatte er sicher auch die Ereignisse um den Athener Kylon vor Augen. Dieser soll 640 v. Chr. den Olympiasieg im Doppellauf errungen haben und darüber offensichtlich größenwahnsinnig geworden sein.

Κύλων, ἀνὴρ γενναῖος καὶ Ὀλυμπιονίκης[!], ἠγάγετο[1] τὴν τυράννου τινὸς κόρην. Καὶ ἐδέξατο τόνδε τὸν χρησμόν· „Λαβὲ τὴν ἀκρόπολιν[!] ἐν τῇ μεγίστῃ τοῦ Διὸς ἑορτῇ, καὶ ἄρξεις τῶν Ἀθηναίων.“ Ἐπεὶ ταῦτα ἤκουσεν, ὁ Κύλων ἤλπισε καὶ αὐτὸς τύραννος ἔσεσθαι. Συνέλεξεν οὖν, ὅτε οἱ ἐν τῇ Ὀλυμπίᾳ ἀγῶνες ἐγένοντο, ἑταίρους τινὰς καὶ βίᾳ ἔλαβε τὸ χωρίον. Ἐνόμισε γὰρ τὰ Ὀλύμπια εἶναι μεγίστην τοῦ Διὸς ἑορτήν.

Ἀλλ’ οἱ Ἀθηναῖοι ἐδίωξαν τοὺς ἄνδρας, οἵτινες ἦσαν σὺν Κύλωνι, ὀργιζόμενοι αὐτοῖς διὰ τὸ βλάψαι τὴν πολιτείαν, ἣ οὐκ ἦν βέβαιος ἐν τῷ τότε χρόνῳ. Καὶ εἶρξαν αὐτοὺς ἐν τῇ ἀκροπόλει[!]. Οὗτοι δέ, οἷς ἦν οὔτε σῖτος οὔτε ὕδωρ[2], πολλά τε καὶ δεινὰ ἔπαθον. Λέγονται οὖν ἱκετεῦσαι τοὺς θεοὺς καθιζόμενοι ἐπὶ τοὺς βωμούς. Ὅμως δὲ οἱ Ἀθηναῖοι ἐφόνευσαν τοὺς πολλοὺς αὐτῶν οὐ σεβόμενοι τοὺς ἱεροὺς νόμους. Ἀλλ’ ἄφρονες ἦσαν· οἱ γὰρ θεοὶ ἔμελλον κολάσειν τοὺς ἡγεμόνας αὐτῶν διὰ ταύτην τὴν ἀδικίαν.

[1] ἄγομαι (*erg.* γυναῖκα): ich heirate

[2] τὸ ὕδωρ, -ατος: das Wasser

1 Erfolg und Wahnsinn (Z. 1–7)

a) Stelle alle Wörter und Wendungen zusammen, die zum Sachfeld „Erfolg und Ansehen“ gehören. (vgl. M 10 A)

b) Paraphrasiere den Abschnitt und weise dabei Kylons Größenwahn nach.

2 Misserfolg und Schuld (Z. 8–15)

a) Stelle alle Konnektoren zusammen (vgl. M 15 B); ordne sie jeweils den folgenden Kategorien zu: Erklärung/Begründung – Anknüpfung – Gegenüberstellung – Einräumung

b) Paraphrasiere den Abschnitt; gehe dabei besonders auf die mit α privativum gebildeten Wörter ein.

MK **3** … οἱ Ἀθηναῖοι ἐφόνευσαν τοὺς πολλοὺς αὐτῶν … (Z. 12 f.) – 2016 wurde bei Athen ein Massengrab aus dem 7. Jahrhundert v. Chr. freigelegt. Möglicherweise handelt es sich bei den etwa 80 Skeletten junger und gesunder Männer um die Gefährten des Kylon. Informiere dich online über diese Ausgrabung und präsentiere deine Ergebnisse.

ΚΟΡΙΝΘΟΣ – ΑΧΑΙΑ

KORINTH – ACHAIA

Nur durch eine schmale Landzunge bei Korinth, den sogenannten Isthmos, ist die Peloponnes mit dem griechischen Festland verbunden. Erst in der Moderne wurde die Landzunge durch einen Kanal und so für Schiffe passierbar gemacht 1. Im Nordwesten der Halbinsel erstreckt sich die breite Küstenlandschaft von Achaia, in der viele Flüsse aus dem Landesinneren ein fruchtbares Delta bilden. Daher wird bis heute Achaia intensiv landwirtschaftlich genutzt, und der Wein aus dieser Gegend wird in die ganze Welt verkauft 2.

Die Achaier gehörten im antiken Griechenland zu einem der Hauptstämme, deren Namen Homer verwendet, wenn er von den Griechen insgesamt spricht. Als die Römer Griechenland eroberten, gaben sie dieser Provinz, die auch das griechische Kernland und die gesamte Peloponnes umfasste, den Namen Achaia.

5

6

7

2

3

4

1

Die Gegend um Korinth war schon um 5 000 v. Chr. besiedelt. Die Gründung der Stadt Korinthos wird im Mythos Sisyphos 3 zugeschrieben.

In der Antike war Korinth eine reiche und mächtige Stadt, deren Einwohnerzahl auf über 100 000 geschätzt wird. Ihre Lage machte sie zu einem bedeutenden Handelsplatz und Verkehrsmittelpunkt zwischen Asien und Europa. Bei einem Gang durch die Überreste der antiken Stadtanlage kann man öffentliche Einrichtungen, Geschäfte, das Theater sowie den im 6. Jahrhundert v. Chr. erbauten Apollontempel 4 erkennen und sich dabei mit etwas Fantasie vorstellen, wie das Leben pulsierte 5 6.

Diese Überreste stammen allerdings zumeist aus römischer Zeit. Denn 146 v. Chr. hatten die Römer Korinth vollständig zerstört, bauten es aber wieder auf, sodass die Stadt eine neue Blütezeit erlebte.

Korinth galt als eine vom Luxusleben geprägte Stadt. Aphrodite 7, die Göttin der Schönheit und Liebe, genoss hier große Verehrung. In Akrokorinth auf dem wuchtigen Berg, der sich über Korinth erhebt und ab dem 7. Jahrhundert v. Chr. besiedelt war, hatte man ihr einen weithin bekannten Tempel erbaut.

Die Briefe an die Korinther, die der Apostel Paulus schrieb, zeugen von seiner Missionsreise, die ihn 51/52 n. Chr. auch nach Korinth führte, wo er 18 Monate lang lebte. In ihnen ermuntert er die junge christliche Gemeinde auch, sich den Einflüssen der sittlich verdorbenen Großstadt zu widersetzen.

E

1. Ὁ Ξενοφάνης· „Τοὺς ἀθλητὰς[!] τοὺς νίκην φέροντας σέβεσθε ὥσπερ θεούς.
2. Οἱ ἀθληταὶ Ὀλυμπιο-νῖκαι[!] ὄντες λαμβάνουσι καὶ χρυσὸν καὶ ἀργύριον.“
3. Ψέγων δ' ἐμνημόνευσεν· „Ἀνόητοί τε καὶ καταγέλαστοί ἐστε ἅτε αὐτοῖς καὶ προεδρίας (Ehrensitze) παρέχοντες.
4. Νίκην μὲν φέροντας σέβεσθε αὐτούς. Νίκην δὲ μὴ φέροντας ἀτιμάζετε αὐτούς.
5. Διὰ τί οὖν σέβεσθε αὐτοὺς ὡς θεοὺς ὄντας;“

Ü

1 Partizipformen kreuz und quer! Gib Kasus, Numerus und Genus und die Bedeutung des zugrunde liegenden Verbs an.

ἀπαλλάττοντας • ὄντος • τυγχάνοντα • ἀποτρέπουσα • ἐκβάλλουσαι • κάμνων • εὑρισκούσῃ • ἀθροίζοντες • ἀπολείποντι • κηρυττούσης • κωλύον • μέλλουσαν • εἰργούσας • κατασκευαζουσῶν • ψεγούσαις • ἐλπίζουσιν • πάσχοντος • πλαττόντων • οὖσαν • ὤν

2 Wähle jeweils die Form aus, die in grammatischer Hinsicht nicht in die Reihe passt. Begründe deine Antwort.

a) πέμποντα • διώκοντας • γραφόντων • διαλεγόμενοι
b) βλέπουσα • θαυμάζων • γιγνωσκούσῃ • λαμβανούσης
c) θεραπεύοντας • ἀκουούσαις • σῴζοντος • ἄγουσαι
d) λύοντι • γέροντος • διδάσκουσιν • φυλάττοντες

3 Vorsicht vor der Endung -ουσιν! Übersetze.

Οἱ Ἕλληνες πολλὰς ἑορτὰς ἄγουσιν. Τοῖς Ἕλλησιν ἑορτὰς ἄγουσιν εἰρήνη κηρύττεται. Οἱ ἀθληταὶ[!] τῇ εἰρήνῃ χαίροντες σπεύδουσιν οὐ μόνον εἰς Ὀλυμπίαν, ἀλλὰ καὶ εἰς Κόρινθον. Τοῖς ἀθληταῖς[!] περὶ νίκης σπουδάζουσιν οὐ μέλει πολλοῦ ἀργυρίου, ἀλλὰ λαμπρᾶς δόξης.

4 Übersetze. Überprüfe jeweils, ob die verschiedenen syntaktischen Möglichkeiten der Partizipialwiedergabe (USB) dem deutschen Sprachgebrauch entsprechen.

a) Πολλάκις Ἡρακλῆς θηρία δεινὰ ἐδίωκεν καίπερ κάμνων.
b) Τοῖς θεοῖς ὑπακούων πολλοὺς ἀνθρώπους ἐκ κινδύνων ἔσωσεν.
c) Ἡρακλῆς ἅτε γιγνώσκων, οὗ ὁ κάπρος (der Eber) ἦν, ἑκὼν εἰς τὴν Ἀρκαδίαν ἦλθεν.
d) Εὐρυσθεὺς ἅμα τὸ δεινὸν θηρίον βλέπων εἰς μέγαν φόβον ἐνέπεσεν.

I

Die Sieben Weisen

Die Sieben Weisen sind eine Gruppe von **Staatsmännern** und **Philosophen**, die im 7./6. Jahrhundert v. Chr. lebten. Ihre Berühmtheit erlangten sie meist durch besonders **weise Aussprüche**. Zu ihnen zählten z. B. Solon von Athen und Thales von Milet; andere wurden im Lauf der Zeit durch neue Namen ersetzt. Platon nennt eine Liste dieser Gruppe, in der Periander von Korinth, die Hauptperson unserer Geschichte, nicht vorkommt. Vielleicht war ja gerade diese Geschichte die Ursache dafür, dass Platon ihn nicht für so weise hielt.

Periander (Tyrann von Korinth)

T

Handelt so ein weiser Mann?

Periander, der Tyrann von Korinth, wurde in der Antike oftmals zu den Sieben Weisen gerechnet. Über den Anfang seiner Herrschaft ist folgende Geschichte überliefert.

Περίανδρος, ἐπεὶ τύραννος ἐγένετο, ἄπειρος καὶ φοβερὸς ἔτι ὢν ἄγγελον πρὸς Θρασύβουλον, τὸν Μιλήτου δεσπότην, ἔπεμψεν ἅτε πυθέσθαι βουλόμενος, πῶς ὁ τύραννος τοὺς οἴκοι ἐναντίους φυλάττεται. Ὁ οὖν Θρασύβουλος ἐδέξατο τὸν κήρυκα πρῶτον μὲν οὐ συμβουλεύων χρηστὸν οὐδέν[1], ἔπειτα δὲ ἐξ-ήγαγεν[!] αὐτὸν εἰς ἀγρόν τινα ἅμα διαλεγόμενος περὶ μικρῶν. Ἔτεμνε δὲ μεταξὺ λέγων τοὺς ὑπερέχοντας τῶν ἀσταχύων[2].

Μετὰ δὲ ταῦτα ὁ μὲν κῆρυξ ἐπανῆλθεν εἰς τὴν Κόρινθον καίπερ οὐ γιγνώσκων τὴν τοῦ Θρασυβούλου διάνοιαν, ἣ ἅμα αἰσχρὰ καὶ πυκνὴ ἦν. Τῷ δὲ Περιάνδρῳ, ἐπεὶ ἔμαθε τὰ γενόμενα, πάνυ φανερὰ ἦν ἡ τῆς βουλῆς γνώμη· καὶ αὐτίκα τῶν γενναίων καὶ πλουσίων Κορινθίων τοὺς μὲν ἐδίωξε καὶ ἐξέβαλεν, τοὺς δὲ ἐφόνευσεν ὡς ἐπιβουλεύοντας.

[1] οὐδέν: nichts

[2] ὁ ἄσταχυς, -υος: die Ähre

1. Übersetze folgende Sätze:
   Περίανδρος ἄπειρος καὶ φοβερὸς ἦν. – Περίανδρος ἄγγελον πρὸς Θρασύβουλον ἔπεμψεν. – Ἐβούλετο γὰρ πυθέσθαι· „Πῶς ἐναντίους φυλάττομαι;“ (vgl. Z. 1 ff.)

2. a) Stelle aus dem Text alle adverbial gebrauchten Partizipien und ggf. die begleitenden Signalwörter zusammen.
   b) Gib für diese Wendungen jeweils die Sinnrichtung an.

3. a) Stelle aus dem Text alle Verben zusammen, die zum Wortfeld „mündlich kommunizieren“ gehören. (vgl. M 10 A)
   b) Begründe mit Textbelegen, dass hier dennoch die nonverbale Kommunikation im Mittelpunkt steht.

4. Untersuche, wie die zentrale Aussage des Textes mit Perianders Zugehörigkeit zu den Sieben Weisen zusammenpasst; gib auch eine Antwort auf die Überschrift.

MK 5. Das Bild zeigt den römischen König Tarquinius Superbus. Weise Gemeinsamkeiten nach zwischen dem Text und der Abbildung sowie dem Abschnitt aus dem Werk des römischen Historikers Livius über Tarquinius Superbus. (QR-Code)

37001-11

Lawrence Alma-Tadema (1836–1912): Tarquinius Superbus. ▶

E

1. Τοῦ Περιάνδρου κελεύοντος ἄγγελος ἦλθε πρὸς τὸν Θρασύβουλον.
2. Τοῦ Θρασυβούλου τοὺς ὑπερέχοντας τῶν ἀσταχύων (Ähren) τέμνοντος ὁ κῆρυξ οὐκ ἔμαθε τὴν βουλήν.
3. Ἐν τῇ Κορίνθῳ τοῦ κήρυκος περὶ τῶν γενομένων λέγοντος ὁ Περίανδρος ἔμαθε τὴν βουλήν.
4. Ὁ οὖν Περίανδρος ἔπεμψε δούλους ὅπλα (Waffen) ἔχοντας / φέροντας πρὸς τοὺς γενναίους καὶ πλουσίους πολίτας.
5. Ὁ οὖν Περίανδρος τύραννος ὢν ἐφόνευσε πολλοὺς πολίτας τοῦ Θρασυβούλου ἑκόντος.

Ü

1 Wähle alle Partizipien aus, die im Genitiv stehen. Nenne ihre Lernform und deutsche Bedeutung. Die Anfangsbuchstaben der ausgewählten Formen ergeben den Namen von Sisyphos' Enkel, dem korinthischen Nationalhelden.

βαλλούσης • αἰσθανομένας • ἐπαγγελλομένου • λείποντος • λαμβανόντων • ὀργιζόμενον • ἐθιζουσῶν • ῥίπτοντος • ὄντων • σῴζοντας • κατέχων • φονευόντων • ὀρεγομένων • νομιζούσης • τρεφουσῶν • ἡδομένων • σεβομένης

2 Ordne die Genitivi absoluti den deutschen Teilsätzen sinnvoll zu. Übersetze mit Adverbialsatz und – wo möglich und sprachlich gut – mit Substantivierung.

Ἅμα τῶν Ὀλυμπίων ἀγομένων	gab es einen gewaltigen Skandal.
Ἅτε εἰρήνης οὔσης	durfte kein anderer den Sieg im Wagenrennen und Gesang erringen.
Γυναικός τινος τοῖς Ὀλυμπίοις παραγενομένης	herrscht Friede.
Νέρωνος ἀγωνίζεσθαι βουλευσαμένου	wurde bereits in der Antike die Größe der Zeusstatue kritisiert.
Ὡς τοῦ Νέρωνος περιγιγνομένου	können Athleten und Besucher sicher nach Olympia reisen.
Καίπερ τῆς τοῦ Φειδίου τέχνης λαμπρᾶς οὔσης	mussten die Olympischen Spiele verschoben werden.

3 Ordne folgende Wörter sinnvoll zu und übersetze.

ἄγοντες • ἄκοντος • ἀκούσης • ἑκόντων • ἑκούσης • ὢν

a) Ζεὺς πατὴρ τῶν θεῶν • κράτιστός ἐστιν.
b) Ἥρας • Ζεὺς τὸν γάμον οὐ σῴζει.
c) Ἀφροδίτης • Πάρις Ἑλένην ἁρπάζει.
d) Μενελάου • Ἑλένη ἐκ Σπάρτης φεύγει.
e) Οἱ ἡγεμόνες πολλοὺς ὁπλίτας • εἰς Τροίαν σπεύδουσιν.
f) Τῶν ἡγεμόνων • οἱ Ἀχαιοὶ Τροίαν δι-αρπάζουσιν.

T

Dem Tod von der Schippe gesprungen

Sisyphos, der mythische König von Korinth, musste bekanntlich als Büßer in der Unterwelt eine wahre „Sisyphusarbeit“ verrichten. Doch wie war es dazu gekommen? Er hatte einen Seitensprung des Zeus verraten und sollte deshalb jung sterben.

Ἐπερχομένου τοῦ Θανάτου Σίσυφος εἶπε δεσμοὺς καρτεροὺς φέρων· „Ὅδε ὁ σίδηρος καίπερ καρτερὸς ὢν οὐχ ἱκανὸς ἔσται κατέχειν σε κράτιστον ὄντα.“ Τοῦ δὲ θεοῦ ἄφρονος ὄντος καὶ ἄγαν ἡδομένου τῇ κολακείᾳ[1] ὁ Σίσυφος περι-έβαλεν τῷ σώματι δεσμοὺς ἀλγεινούς. Ὁ δὲ θεὸς οἷός τε οὐκ ἦν ἐκ-φυγεῖν, ἕως ὁ Ἄρης Διὸς κελεύοντος ἔλυσεν αὐτόν. Ὁ οὖν Θάνατος ἦλθε εἰς Ἅιδου τὸν Σίσυφον ἄγων.

Ἀλλὰ καὶ τότε ὁ Σίσυφος οὐδαμῶς εἶξε τοῖς τῶν ἀθανάτων βουλεύμασιν, ἀλλ’ ἔπεισε Μερόπην τὴν γυναῖκα μὴ θάψαι αὐτόν. Ὥστε δυνατὸς ἐγένετο ἑκόντος τοῦ Ἅιδου ἐπανελθεῖν εἰς Κόρινθον ὡς κολάσαι βουλόμενος τὴν γυναῖκα. Ἔπειτα δὲ οὐκέτι εἰς Ἅιδου παρεγένετο, ἀπέθανε δ’ ἐν Κορίνθῳ γέρων ἤδη ὤν.

[1] ἡ κολακεία: die Schmeichelei

1. Gib aus dem Text alle Genitivi absoluti an.
2. Stelle aus dem Text alle Adjektive zusammen, die zum Wortfeld „stark und mächtig“ gehören. (vgl. M 10 A)
3. Paraphrasiere alle Textstellen, an denen Gottheiten mit menschlichen Schwächen dargestellt werden.

37001-12

4. Erkläre die List des Sisyphos; beziehe dich dabei auf den Infotext über „Bestattung und Unterwelt“. (QR-Code)
5. MK Der Wunsch des Menschen, wie Sisyphos den Tod zu überlisten, ist in Kunst und Kultur ein wichtiges Thema. Belege dies, indem du verschiedene Beispiele zusammenträgst.
6. MK Recherchiere mithilfe des Bildes und geeigneter Medien, worin Sisyphos' Strafe bestand, und erkläre, was es bedeutet, wenn heute jemand von einer „Sisyphusarbeit“ spricht; erkläre auch, worin die Komik der Abbildung besteht.

"Hey, Sisyphus, when you've got a minute I'd like to discuss this progress report with you."

▲ *„Hey Sisyphos, wenn du eine Minute Zeit hast, würde ich gern mit dir über diesen Fortschrittsbericht sprechen.“*

E

1. Τῷ Θανάτῳ ἐπελθόντι ὁ Σίσυφος περι-έβαλε! δεσμοὺς καρτερούς.
2. Ὁ οὖν Σίσυφος οὐκ ἀπέθανεν ἅτε μηχανὴν ποικίλην εὑρών.
3. Τοῦ δ' Ἄρεως (Gen.) τὸν Θάνατον πάντων τῶν δεσμῶν ἀπολύσαντος ὁ Θάνατος κατ-ήγαγε! τὸν Σίσυφον εἰς Ἅιδου.
4. Ἡ δὲ γυνὴ οὐκ ἔθαψε τὸν Σίσυφον ὑπακούσασα τῷ ἀνδρὶ τῷ τοῦτο κελεύσαντι.

Ü

1 Ordne Präsens- und Aoristformen einander zu. Gib jeweils Kasus, Numerus und Genus an.

μαθόντας • ἐλθόντες • εὑρίσκοντα • λείπων • λαβόντων • ἀγουσῶν • ἀποθνῄσκοντι • λαμβανόντων • λιπών • ἀγαγουσῶν • ἀποθανόντι • εὑρόντα • ἐρχόμενοι • μανθάνοντας • φευγούσας • φυγούσας

2 Wähle jeweils die Form aus, die grammatisch nicht in die Reihe passt, und begründe.

a) βαλουσῶν • βαλλόντων • βαλών • βαλλουσῶν
b) τέκνα • τεκόντα • τεκόντας • τεκοῦσα
c) λαβοῦσιν • ἄγουσιν • εἰποῦσιν • φυγοῦσιν

3 Erschließe die fehlenden Formen.

a) παιδεύσας – παιδεύσαντος – ● – παιδεύσαντα
b) πεμψάσας – ● – πεμψασῶν – πέμψασαι
c) πᾶς – ● – πᾶν – πάντες – πᾶσαι – ●

4 Wähle die richtigen Übersetzungen aus und erkläre bei den anderen den Fehler. (vgl. M 15 B)

Ὁ Σίσυφος εἰς Ἅιδου ἐλθὼν πάντα τὸν χρόνον ἔπαθεν.

a) Als Sisyphos in den Hades kam, litt er die ganze Zeit.
b) Als Sisyphos in den Hades gekommen war, litt er die ganze Zeit.
c) Sisyphos kam in den Hades und litt dann eine ganze Zeit lang.
d) Obwohl Sisyphos in den Hades gekommen war, litt er nicht die ganze Zeit.
e) Sisyphos kam in den Hades und litt dann die ganze Zeit.

T

Ibykos und die Kraniche

Der Lyriker Ibykos ist unterwegs, um bei den Isthmischen Spielen an den musischen Wettkämpfen teilzunehmen.

Ἴβυκος Ῥήγιον λιπὼν καὶ πρὸς τὰ Ἴσθμια πορευόμενος κακούργοις δειλοῖς ἐνέτυχεν. Οὗτοι δὲ διώξαντες καὶ καταλαβόντες τὸν ἀοιδὸν[1] ἐφόνευσαν αὐτὸν ἔμπειρον ὄντα τῆς λύρας[!], ἀλλ' οὐ τοῦ τόξου. Ἀποθνῄσκων δὲ ὁ Ἴβυκος γεράνων[2] ᾔσθετο ἐν τῷ οὐρανῷ. Καὶ χεῖρας μόγις ὀρέξας· „Ὦ γέρανοι[2]“, ἔφη, „ἰδοῦσαι τὸν πονηρὸν ὄλεθρον μάρτυρές μοι γένεσθε πρὸς σύμπαντας τοὺς ἀνθρώπους.“ Οἱ δὲ κακοῦργοι ἁρπάσαντες πάντα τὰ τοῦ ἀοιδοῦ[1] χρήματα παρεγένοντο εἰς Κόρινθον. Ἐκεῖ δ' ἐν θεάτρῳ αἰσθόμενοι αὖθις γεράνων[2] εἶπον πρὸς ἀλλήλους· „Ἆρα μὴ ἐπελάθου τῶν τοῦ Ἰβύκου μαρτύρων;“ Ἀλλὰ ταῦτ' ἀγορεύοντες οἱ κακοῦργοι οὐκ ἔλαθον τοὺς πλησίον καθιζομένους. Αὐτίκα οἱ Κορίνθιοι ἤλεγξαν μὲν τοὺς κακούργους· ἐκόλασαν δ' αὐτοὺς ἅτε ἀφανίσαντας ἄνδρα φίλον τῷ Ἀπόλλωνι καὶ πάσαις ταῖς Μούσαις.

[1] ὁ ἀοιδός: der Sänger

[2] ἡ γέρανος: der Kranich

1 a) Nenne die beiden Partizipien im ersten Satz; erkläre jeweils das Zeitverhältnis zum übergeordneten Prädikat.
b) Untersuche alle weiteren adverbial gebrauchten Partizipien nach ihrem jeweiligen Zeitverhältnis zum übergeordneten Prädikat.

2 *Doch bald ermattet sinkt die Hand,*
Sie hat der Leyer zarte Saiten,
Doch nie des Bogens Kraft gespannt.

Weise den Zusammenhang dieser Verse aus Friedrich Schillers Ballade *Die Kraniche des Ibycus* (QR-Code) mit dem Text nach.

37001-13

3 Wähle aus, welche Übersetzungen für ἀποθνῄσκων (Z. 4) korrekt sind:
nachdem er gestorben war – im Sterben – nach seinem Tod – während er starb – während er stirbt

4 Stelle aus dem Text alle Wörter und Wendungen zusammen, die zum Sachfeld „kriminelle Handlungen“ gehören. (vgl. M 10 A)

MK **5** πάσαις ταῖς Μούσαις (Z. 13): Recherchiere, wie viele Musen es in der griechischen Mythologie gab und welche aus dieser Gruppe für Ibykos zuständig war.

MK **6** Weise der Abbildung die entsprechende Textstelle zu.

E

1. Ὁ Ἴβυκος ἐπορεύετο εἰς τὴν Κόρινθον ὡς ἐν τοῖς Ἰσθμίοις ἐρίσων περὶ τῆς νίκης.
2. Ἀλλὰ κακοῦργοι τῷ ἀοιδῷ (Sänger) ἐπεβούλευσαν φονεύσοντες αὐτὸν καὶ ἁρπάσοντες τὰ χρήματα.
3. Ἐν τῇ Κορίνθῳ οἱ κακοῦργοι ᾔσθοντο γεράνων (Kraniche) ἐν τῷ οὐρανῷ ὄντων.
4. Οἱ δὲ κακοῦργοι ἤρξαντο διαλεγόμενοι περὶ τοῦ Ἰβύκου.
5. Διὸ οἱ Κορίνθιοι ἤλεγξαν τοὺς κακούργους τὸν Ἴβυκον φονεύσαντας.
6. Οἱ οὖν Κορίνθιοι ὠργίζοντο τοῖς κακούργοις τὸν ἀοιδὸν (Sänger) φονεύσασιν.

Ü

1 Wähle unter den folgenden Partizipien die im Futur aus. Die Anfangsbuchstaben der **übrigen** Partizipien ergeben den Namen der römischen Provinz, deren Hauptstadt Korinth war.

ἀπολύσουσα • κολάσοντι • συμβουλεύσουσιν • ἀγαγών • κατασκευάσουσαν • ἐσομένη • παρασκευασούσης • χαίρουσα • διώξοντος • κρύψοντα • πεισομένους • ἀφανίσαντες • ἰδόντας • μεμψομένῳ • ἀναγκάσων • ἀναγκάζων • σώσοντας

2 Übersetze. Beachte die finale Sinnrichtung des Partizips Futur.

a) Ἴβυκος Ῥήγιον λείπει (ὡς) πρὸς τὰ Ἴσθμια πορευσόμενος.
b) Ὁ Ἴβυκος πρὸς τὰ Ἴσθμια πορεύεται (ὡς) τῶν ἀοιδῶν (Sänger) ἄριστος ἐσόμενος.
c) Κακοῦργοί τινες τὸν Ἴβυκον καταλαμβάνουσιν (ὡς) πολλὰ χρήματα ἁρπάσοντες.
d) Οἱ φοβεροὶ κακοῦργοι φονεύουσι τὸν Ἴβυκον (ὡς) τὸ κακὸν ἔργον κρύψοντες.

3 Erkläre den Kasus des Partizips und übersetze.

a) **Ἡρακλῆς** οὐ παύεται θηρία διώκων.
b) Οὐδὲ κάμνει ἐπίκουρος τῶν ἀνθρώπων ὤν.
c) Καὶ πανταχοῦ τῆς γῆς οἱ ἄνθρωποι πυνθάνονται **τὸν Ἡρακλέα** (Akk.) θηρία δεινὰ κατεργασάμενον.
d) Καὶ δὴ καὶ γιγνώσκουσι **τὸν Ἡρακλέα** (Akk.) βίους πολλῶν πολιτῶν σώσαντα.
e) Ὁ δ' Εὐρυσθεὺς αἰσθάνεται **τοὺς ἀνθρώπους** / **τῶν ἀνθρώπων** τὸν Ἡρακλέα (Akk.) ἐγκωμιάζοντας / ἐγκωμιαζόντων.

I

Medea – Stoff für die Weltliteratur

Die Medeasage hat die Menschen aller Zeiten fasziniert: Die Geschichte vom treulosen Handeln Jasons und der grausamen Reaktion der Medea haben nicht nur die Tragödiendichter der griechischen und römischen Antike veranlasst, in unterschiedlicher Sichtweise den Sagenstoff immer wieder neu darzustellen. Bis in die Neuzeit hinein haben Dichter, bildende Künstler und Komponisten in ihren Werken den Motiven Jasons und vor allem Medeas ihre eigene Interpretation gegeben.

MYTHISCHE VORZEIT | MINOISCHE ZEIT | MYKENISCHE ZEIT | ARCHAIK | KLASSIK | HELLENISMUS

1800 1600 1400 1200 1000 800 600 400 200

Euripides (Tragödiendichter)

T

Was ist stärker: Emotion oder Verstand?

Medea, die Tochter des Königs von Kolchis, hatte aus Liebe zu Jason, dem Anführer der Argonauten, Familie und Heimat aufgegeben. Gemeinsam waren sie nach Korinth geflohen, wo sie glücklich zusammenlebten und zwei Söhne bekamen. Doch dann verstieß Jason die Barbarin Medea, um die jüngere Glauke, Tochter des Königs von Korinth, zu heiraten. Medea sollte Korinth allein verlassen. Zwischen Emotion und Verstand hin- und hergerissen überlegt sie.

Νῦν ἐγὼ μόνη λείψω τήνδε τὴν πόλιν[1] ὡς διάξουσα βίον λυπηρόν.

Ὦ τέκνα, οὐκέτι βλέψω ὑμᾶς τοῖσδε τοῖς ὄμμασιν, οὐκέτι ὑμῶν ἀκούσομαι[2] παιζόντων, οὔ μοι συν-έσεσθε[!] παλαιᾷ οὔσῃ ὡς ἐπίκουροι ἐσόμενοι καὶ ἀποτρέψοντες πᾶσαν τὴν χρείαν. Φεῦ, φεῦ[3], τέκνα φίλα, μάτην ὑμᾶς ἔτεκον. Ἀλλὰ τί ἐστιν; Ταῦτα μνημονευούσῃ ὀργὴ ἀμήχανός μοι ἐμπίπτει. Κάρτα ὀργίζομαι Ἰάσονι καὶ ἅπασι τοῖς Κορινθίοις μ᾽ ἀτιμάζουσι καὶ βλάπτουσιν· οὔποτε παύσονταί με ὑβρίζοντες, οὐδὲ φείσονται ὑμῶν.

Ἀλλ᾽ οὐκέτι δυνατή εἰμι ταύτην τὴν αἰσχύνην φέρειν. Ζημίᾳ κακίστῃ[4] κολάσω πάντας τοὺς ἐχθρούς. Οὐκ ἐπιτρέψω αὐτοῖς τοὺς ἐμοὺς παῖδας. Γιγνώσκω κακὰ ἐξεργασομένη, ἀλλὰ οὐκέτι οἵα τέ εἰμι τὸν θυμὸν κατέχειν.

[1] τὴν πόλιν (*Akk.*): die Stadt

[2] ἀκούσομαι: *Futur zu* ἀκούω

[3] φεῦ: wehe, ach

[4] κάκιστος: *Superlativ zu* κακός

1. Gleiche Endung, unterschiedliche Konstruktion. Übersetze folgende Sätze: Ὀργίζομαι Ἰάσονι καὶ ἅπασι τοῖς Κορινθίοις· οὗτοι γάρ μ᾽ ἀτιμάζουσι καὶ βλάπτουσιν. – Ὀργίζομαι Ἰάσονι καὶ ἅπασι τοῖς Κορινθίοις μ᾽ ἀτιμάζουσι καὶ βλάπτουσιν (vgl. Z. 6 f.).

2. Stelle aus dem Text alle Formen des Partizips Futur zusammen; gib jeweils auch das Prädikat im Satz an, zu dem es in einem nachzeitigen Verhältnis steht.

3. Stelle alle prädikativ gebrauchten Partizipien zusammen; ordne die jeweils zugehörigen Verben den drei Gruppen zu: 1. Verben des Anfangens, Aufhörens und Müdewerdens – 2. Verben der sinnlichen und geistigen Wahrnehmung – 3. Verben der Gemütsbewegung

4. Belege am Text, dass Medeas Ausweglosigkeit und Verzweiflung sprachlich zum Ausdruck kommen.

5. Emotion oder Verstand? – Entscheide anhand des letzten Satzes, wie die Entscheidung ausfällt.

6. Der Text basiert auf der *Medea* des Tragödiendichters Euripides. Verfasse eine mögliche Gegenrede, mit der Jason antwortet. Der Text, die Abbildung und ggf. weitere Medien deiner Wahl geben Anhaltspunkte. MK

◀ *Ana Belén spielt Medea am Theater in Madrid.*

E

1. Ἡ Μήδεια διῆγεν ὀργιζομένη τῷ Ἰάσονι.
2. Φανερὰ ἦν ἐθέλουσα τὰ τέκνα φονεῦσαι.
3. Ἔλαθε δὲ τὸν Ἰάσονα βουλευσαμένη κακά.
4. Οὐδενὶ οὖν ἐξῆν τοὺς δύο υἱοὺς σῶσαι.

Ü

1 Übersetze zunächst jeweils den farbig hervorgehobenen Ausdruck (griech. Prädikat → dt. Adverb; griech. Partizip → dt. Prädikat), dann den ganzen Satz.

a) Κρέων ἔτυχε τύραννος τῆς Κορίνθου ὤν.
b) Καὶ ὁ Κρέων καὶ Γλαύκη ἡ κόρη δῆλοι ἦσαν βουλόμενοι Μήδειαν λιπεῖν τὴν Κόρινθον.
c) Ἡ δὲ Μήδεια φανερὰ ἦν ὀργιζομένη τῷ τῆς Κορίνθου τυράννῳ καὶ Ἰάσονι, τῷ αὑτῆς ἀνδρί.
d) Ἡ οὖν Μήδεια διῆγε βουλευομένη τὸν Ἰάσονα κολάζειν.
e) Τὸν δὴ Ἰάσονα οὐκ ἔλαθεν ἡ Μήδεια τὰ τέκνα φονεύσασα.
f) Μετὰ δὲ τὸν φόνον ἡ Μήδεια ᾤχετο φυγοῦσα.

2 Jemand hat die Zahlen durcheinandergebracht. Ordne sie, beginnend mit der kleinsten Zahl.

δέκα • **πέντε** • ὀκτώ • ἕν • **δώδεκα** • δύο • **ἑπτά** • τρία • **ἕνδεκα** • τέτταρα • **ἐννέα** • **ἕξ**

3 Wähle jeweils aus den bei Ü 2 fett gedruckten Zahlen das richtige Ergebnis aus.

a) ἓν καὶ τέτταρά ἐστι ●
b) ἓν καὶ ἕνδεκά ἐστι ●
c) πέντε καὶ πέντε ἐστὶ ●
d) τρία καὶ ἓξ ἐστιν ●
e) ὀκτὼ καὶ τρία ἐστὶν ●
f) δύο καὶ τέτταρά ἐστιν ●
g) τέτταρα καὶ τρία ἐστὶν ●

4 Ordne die Zahlen den Ausdrücken zu und übersetze.

τέτταρα • πέντε • ἑπτὰ • ἐννέα • δέκα • δώδεκα • δώδεκα

a) ● πόνοι τοῦ Ἡρακλέους (Gen.)
b) ● στοιχεῖα (Elemente) τοῦ κόσμου
c) λόγοι τῶν ● σοφῶν
d) ● Μοῦσαι, αἳ τὰς τέχνας φυλάττουσιν
e) οἱ λεγόμενοι ● ἀπόστολοι!, οὓς ὁ Ἰησοῦς ἀπ-έπεμψεν!
f) ● δάκτυλοι (Finger) τῆς χειρός
g) ● λόγοι, οὓς Μωσῆς παρὰ (von) Θεοῦ ἐδέξατο

T

Der Isthmos von Korinth

Ὁ Κορίνθου τόπος φανερός ἐστι διαφέρων πάντων τῶν ἄλλων· τυγχάνει γὰρ οὖσα ἡ Κόρινθος ἐν χωρίῳ στενῷ, ὃ ἔτι καὶ νῦν „Ἰσθμὸς“ ὀνομάζεται. Ἤδη οἱ παλαιοὶ ᾔσθοντο τοῦτο ἱκανὸν ὂν πρὸς τὸ συντέμνειν[1] τὸν περὶ[2] τὴν Πελοπόννησον πλοῦν καὶ ἐκ-φεύγειν[1] τοὺς ἐν τῷ πόντῳ κινδύνους. Ἠκούσαμεν Περίανδρον, ἕνα τῶν ἑπτὰ σοφῶν, ὃς διῆγε φροντίζων τῶν τῆς Κορίνθου, κελεύσαντα δίολκον[3] κατασκευάσαι, ἐν ᾧ τὰ πλοῖα ἐν δυοῖν ἢ τρισὶν ὥραις[4] διὰ τοῦ Ἰσθμοῦ εἵλκετο.

Ὕστερον δὲ ὁ Νέρων οὐ λανθάνει ἡμᾶς ἀμήχανα βουλευσάμενος· ἥψατο γὰρ διορύγματος[5] διὰ τοῦ Ἰσθμοῦ. Συνέλεξεν οὖν πολλοὺς δούλους καὶ ἠνάγκασεν αὐτοὺς ἄρξασθαι τοῦ ἔργου. Καὶ διὰ τριῶν μηνῶν[6] οὗτοι οὐκ ἔκαμον σπουδάζοντες, ἐξηργάσαντο δ’ οὐδέν. Ἀλλ’ ἔφυγον τὰ κακά· ᾤχοντο γὰρ ἀπολιπόντες τὸν Ἰσθμόν, ἐπεὶ ὁ Νέρων ἀπέθανεν.

[1] συν-τέμνω: ich kürze ab
[2] περί (*m. Akk.*): um … herum
[3] ὁ δί-ολκος: der Schleifweg, der Transportweg
[4] ἡ ὥρα: (*hier:*) die Stunde
[5] τὸ δι-όρυγμα, -ατος: der Kanal
[6] ὁ μήν, μηνός: der Monat

1. Übersetze folgende Sätze:
   Ὁ τόπος διαφέρει τῶν ἄλλων. – Ὁ τόπος διαφέρει πάντων τῶν ἄλλων. – Ὁ τόπος φανερός ἐστι διαφέρων πάντων τῶν ἄλλων (vgl. Z. 1).

2. Stelle aus dem Text alle übrigen Wendungen zusammen, die ein prädikativ gebrauchtes Partizip enthalten; gib das jeweilige Subjekt mit an.

3. Stelle den inhaltlichen Unterschied zwischen τῶν ἑπτὰ σοφῶν τις und εἷς τῶν ἑπτὰ σοφῶν (vgl. Z. 5 f.) dar.

MK 4. οὗτοι οὐκ ἔκαμον σπουδάζοντες, ἐξηργάσαντο δ’ οὐδέν (Z. 12). – Recherchiere die baulichen Daten zum Kanal von Korinth (neben Höhe, Breite und Länge insbesondere das Jahr der Fertigstellung); präsentiere deine Ergebnisse. Die Abbildung gibt erste Hinweise.

Bau des Kanals von Korinth. ▶

Griechische Vasen

Griechische Vasen eröffnen uns mit ihren kunstvollen Darstellungen einen sehr anschaulichen Zugang in die Lebenswirklichkeit vergangener Kulturen. Sie wurden z. B. als Vorrats- und Trinkgefäße, zum Transport, als Grabbeigaben und für kultische Zwecke verwendet. Ihre Abbildungen erzählen eine bunte Vielfalt von Geschichten aus dem reichen Schatz des Mythos, aber auch vom Alltag der Menschen, ihren Freuden und Mühen. Sie wurden zu begehrten Importartikeln in der ganzen Mittelmeerwelt. Den Historikern und Archäologen bieten sie wertvolle Anhaltspunkte, wenn es um die Erforschung von Handelsbeziehungen und Lebensgewohnheiten sowie um die Datierung von Ausgrabungsgegenständen geht.

Wichtige Stilrichtungen sind:

- der geometrische Stil (um 900–700 v. Chr.), gekennzeichnet durch seine Vorliebe für geometrische Elemente wie Dreiecke, Geraden oder Vielecke, auch bei figürlichen Darstellungen
- der orientalisierende Stil (um 720–630 v. Chr.), in dem üppige vorderasiatische Formen übernommen werden
- der schwarzfigurige Stil (ab 700 v. Chr.), bei dem das rote Tongefäß mit schwarzer Tonfarbe bemalt wird; es bildet sich die typisch griechische Darstellungsweise mit Götter-, Kriegs- und Alltagsszenen heraus
- der rotfigurige Stil (ab 530 v. Chr.), bei dem der Hintergrund mit schwarzer Tonfarbe bemalt und die Figuren ausgespart werden; Relieflinien werden mit einem Pinsel nachgetragen

Die letzten drei Stile gehören zur sog. archaischen Epoche (um 700–490 v. Chr.).

1

2

3

Wichtige Gefäßformen sind:

- Alabastron: kleines Fläschchen zur Aufbewahrung von Salböl u. Ä.
- Amphora: großes Standgefäß (in den Sand gestellt) zur Aufbewahrung von Getreide, Öl u. a.
- Hydria: Gefäß zum Wasserholen mit zwei waagerechten Henkeln zum Tragen und einem senkrechten Henkel zum Ausgießen
- Krater: großes Gefäß zum Mischen von Wein und Wasser; häufig Volutenkrater (mit spiralförmigen Henkeln)
- Kylix: flache Trinkschale auf Standfuß
- Lekythos: mittelgroßes Fläschchen zur Aufbewahrung von Olivenöl
- Oinochoe: Weinkrug mit Henkel

1 Ordne die abgebildeten Vasen **1** bis **7** den vier Stilrichtungen „geometrisch" (1×), „orientalisierend" (2×), „schwarzfigurig" (2×) oder „rotfigurig" (2×) zu.

2 Überlege dir dann die Verwendungsweise und Gefäßform. Wenn du die richtigen Begriffe zuordnest, ergibt sich aus den gekennzeichneten Buchstaben der Name eines berühmten griechischen Töpfers und Vasenmalers, der um 550–525 v. Chr. gelebt hat. Eine seiner bekanntesten Vasen (Abb. **2**) befindet sich heute in den Staatlichen Antikensammlungen in München.

1	?	**?**	?	?	?	?	?	?		
2	?	?	?	?	**?**					
3	?	?	?	?	?	?	?	**?**		
4	**?**	?	?	?	?	?				
5	?	?	?	?	**?**	?				
6	**?**	?	?	?	?	?	?			
7	?	?	?	?	?	**?**	?	?	?	?

37001-23

4

5

6

7

Wiederhole selbstständig:

Alle bearbeiten Übung 1.
Falls du Probleme mit dem Wörtchen ὡς hast, bearbeite Übung 2; wenn du noch Schwierigkeiten mit den Vokabeln der letzten Lektionen hast, wiederhole sie kurz im Begleitband und bearbeite dann Übung 3.

Ü **1** **a)** Wähle eine der Kategorien aus und ordne ihr entsprechend die Partizipien. Wer schnell ist, wählt eine weitere Kategorie.

Genus verbi	Kasus	Tempus

ἀποθανόντα ◈ ἀπολείψουσα ◈ **ἁρπάσαντες** ◈ ἀτιμαζόντων ◈ ἁψαμέναις ◈ διαφέρουσιν ◈ εἴρξοντι ◈ ἐπανελθών ◈ **ἐπιβουλεύοντες** ◈ ἐσομένης ◈ εὐξαμένους ◈ **ὄντας** ◈ **ὄντος** ◈ παυσαμένων ◈ τεμόντες ◈ **φυλαξόμενον**

b) Weise die fett gedruckten Partizipien den Sätzen zu. Übersetze und nenne die Sprecher.
Α· „Τοὺς κινδύνους τοὺς τοῦ περὶ (um … herum) τὴν Πελοπόννησον πλοῦ γιγνώσκω δεινοὺς ●. Διὸ δίολκον (Schleifweg) κατεργάσομαι.“
Β· „Οὐ χρή σέ με θάψαι ●.“
Γ· „Οἱ ἐναντίοι μοι ● φανεροί εἰσιν. Δεῖ με φυγεῖν ὡς ● ἐκείνους.“
Δ· „Χρήματα ● Ἴβυκον φονεύσομεν μάρτυρός τινος οὐκ ●.“

2 Übersetze und berücksichtige dabei die verschiedenen Bedeutungen von ὡς.
a) Μήδεια μαθοῦσα, ὡς Ἰάσων ἐν νῷ ἔχει Γλαύκην ἄγεσθαι (heiraten), ὀργίζεται ὡς ὑβριζομένη.
b) „Τοὺς Κορινθίους οὐ λανθάνει ὁ Ἰάσων με ἀτιμάζων ὡς ἐχθράν“, ἑαυτὴν ὀλοφύρεται (sie bejammert) μεγάλῃ φωνῇ.
c) Μετὰ δὲ ταῦτα τοὺς δύο υἱοὺς φονεύει ὡς τῷ Ἰάσονι βλάψουσα.
d) Ὡς τὰ αὑτῆς τέκνα ἐφόνευσεν, καὶ τοῖς νῦν φόβον παρέχει.

3 Analysiere die medizinischen Fachbegriffe hinsichtlich der zugrunde liegenden griechischen Bestandteile und ordne sie ihren deutschen Erklärungen zu.

Androgynie ◈ Anorexie ◈ Chirurgie ◈ Gerontologie ◈ Pädiater ◈ Pykniker ◈ Stenokardie ◈ Tomografie (e/o-Ablaut)	Appetitlosigkeit ◈ körperlich-seelische Mischung von weiblichem und männlichem Geschlecht in einer Person ◈ Herzenge / Herzbeklemmung ◈ schichtweise Darstellung ◈ Kinderarzt ◈ Wissenschaft vom Altern ◈ medizinischer Teilbereich zur operativen Behandlung ◈ Mensch mit gedrungenem, kräftigem Körperbau

T

Paulus in Korinth

Παῦλος λιπὼν τὰς Ἀθήνας ἦλθεν εἰς Κόρινθον. Καὶ εὑρών τινα Ἰουδαῖον ὀνόματι Ἀκύλαν – ἐλθόντα ἀπὸ τῆς Ἰταλίας – καὶ Πρίσκιλλαν γυναῖκα αὐτοῦ προσῆλθεν[!] αὐτοῖς. Ὁμότεχνος[1] δὲ ὢν ἠργάζετο σὺν αὐτοῖς· ἦσαν γὰρ σκηνοποιοί[2]. Καὶ διελέγετο ἐν τῇ συναγωγῇ[!] κατὰ πᾶν σάββατον[!] ἔπειθέν τε Ἰουδαίους καὶ Ἕλληνας. Ὁ δὲ Παῦλος τοῖς Ἰουδαίοις ἐκήρυττεν εἶναι Ἰησοῦν τὸν Χριστόν. Ἀντι-λεγόντων[!] δὲ αὐτῶν εἶπεν· „Ἀπὸ τοῦ νῦν πρὸς τοὺς Ἕλληνας πορεύσομαι.“

Καὶ λιπὼν τὴν συναγωγὴν[!] εἰς-ῆλθεν[!] εἰς οἰκίαν τινὸς ὀνόματι Τιτίου Ἰούστου σεβομένου τὸν θεόν, οὗ ἡ οἰκία ἔτυχε πλησίον τῆς συναγωγῆς[!] οὖσα. Κρίσπος, ὁ τῆς συναγωγῆς ἄρχων, ἐπίστευσε σὺν παντὶ τῷ οἴκῳ αὐτοῦ, καὶ πολλοὶ τῶν Κορινθίων ἀκούοντες ἐπίστευον. Εἶπεν δὲ ὁ κύριος δι᾽ ὁράματος[3] φανερὸς γενόμενος τῷ Παύλῳ· „Μὴ ἔχε φόβον, ἀλλὰ λέγε· ἐγὼ γάρ εἰμι μετὰ σοῦ καὶ οὐδεὶς βλάψει σε. Πολλοὶ γὰρ ἄνθρωποί μοί εἰσιν ἐνθάδε.“ Διῆγεν δὲ ὁ Παῦλος ἐν Κορίνθῳ ἕνα ἐνιαυτὸν καὶ μῆνας[4] ἓξ διδάσκων ἐν αὐτοῖς τὸν λόγον τοῦ θεοῦ.

[1] ὁ ὁμό-τεχνος: der Berufsgenosse
[2] ὁ σκηνο-ποιός: der Zeltmacher
[3] τὸ ὅραμα, -ατος: die Erscheinung, die Vision
[4] ὁ μήν, μηνός: der Monat

1. Übersetze den ersten Satz und gib dabei das adverbial gebrauchte Partizip auf drei verschiedene Arten wieder (als Unterordnung, Substantivierung und Beiordnung).
2. Bestimme das Tempus der Verbformen ἦλθεν (Z. 1), ἠργάζετο (Z. 4), διελέγετο (Z. 4), ἔπειθεν (Z. 5), ἐκήρυττεν (Z. 6), εἶπεν (Z. 7), εἰσ-ῆλθεν (Z. 9), ἐπίστευσεν (Z. 11) und ἐπίστευον (Z. 12); arbeite aus dem Kontext heraus, welcher Aspekt jeweils vorliegt.
3. Stelle aus dem Text alle Verben und Wendungen zusammen, die zum Wortfeld „gehen und unterwegs sein“ gehören. (vgl. M 10 A)
4. Gib aus dem Text alle Formen von εἰμί an und bestimme sie.
5. … καὶ Πρίσκιλλαν γυναῖκα **αὐτοῦ** προσῆλθεν **αὐτοῖς** (Z. 2 f.) – Unterscheide die Bedeutungen von αὐτός, αὐτή, αὐτό in diesem Satz und im restlichen Text.

MK 6. Erkläre die Herkunft und die Bedeutung des Namens Χριστός (Z. 6).

MK 7. Erschließe die Attribute, mit denen Paulus auf der Abbildung dargestellt ist.

ΒΟΙΩΤΙΑ – ΦΩΚΙΣ

BOIOTIEN – PHOKIS

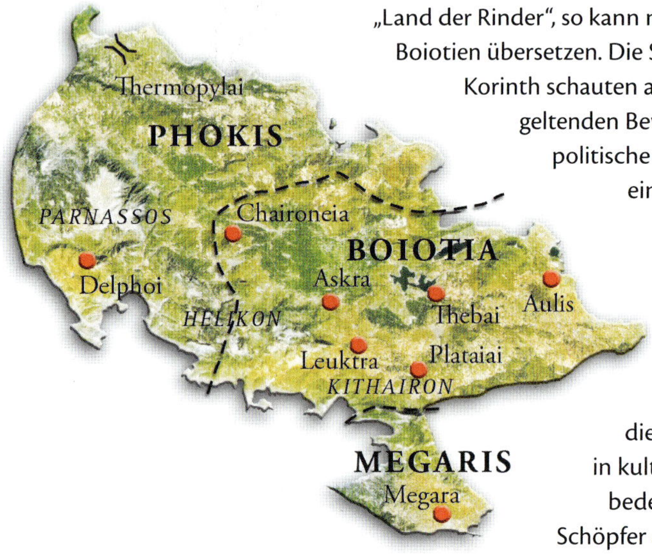

„Land der Rinder", so kann man den Namen der Landschaft Boiotien übersetzen. Die Stadtbewohner aus Athen und Korinth schauten auf die als bäurisch-ungebildet geltenden Bewohner herab. Dabei war das politische Zentrum Boiotiens, Theben, einst eine reiche und mächtige Stadt (1). Der thebanische Sagenkreis, aus dem in den folgenden Lektionen einige Mythen thematisiert werden, zeugt von der einstigen Bedeutung dieser antiken Großstadt. Auch in kultureller Hinsicht war Boiotien bedeutsam: Hesiod, neben Homer Schöpfer des griechischen Epos, stammt von dort.

5

6

7

Im Norden und Westen Boiotiens schließt sich Phokis an. Durch dieses Gebiet mussten alle, die von Norden her zu Lande nach Korinth, Athen oder auf die Peloponnes wollten, sowohl Händler als auch Heere. Berühmt ist der Engpass bei den Thermopylen (2) mit seiner legendären Schlacht im Jahr 480 v. Chr.

Dem Mythos zufolge ließ Zeus von beiden Enden der Welt einen Adler aufsteigen und diese trafen sich am Mittelpunkt der Welt – an einem Ort in Phokis, nämlich in Delphi (3); dort wurde mit dem Omphalos (4), einem Stein, der den Nabel der Welt darstellte, dieser Erzählung selbstbewusst ein Denkmal gesetzt.

Der Weg dorthin war in der Antike beschwerlich, und auch heute verläuft die Strecke in das Gebirge der Landschaft Phokis in Mittelgriechenland in vielen Kurven und Serpentinen. Delphi liegt am Fuß des 2 500 Meter hohen Parnassos in einer beeindruckenden, wildromantischen Landschaft. Den „Nabel der Welt" stellt sich der moderne Mensch sicherlich anders vor, in der Antike war Delphi aber von großer religiöser und politischer Bedeutung, sodass Fürsten und Könige Tausende von Kilometern anreisten, um das berühmte Orakel des Apollon zu befragen. Die Kultstätte des Apollon (5) verschaffte Delphi Macht und Reichtum; dies zeigen die Weihegaben wie die Bronzestatue des Wagenlenkers (6) (vgl. S. 156) – heute im Museum in Delphi ausgestellt – und die Schatzhäuser, die im Stil kleiner Tempel errichtet wurden (7).

E

1. Περίανδρος ἔτυχε τοῦ κράτους τοῦ ἐν τῇ Κορίνθῳ.
2. Οὗτος πολλῶν τυράννων κλέει ὑπερεῖχεν.
3. Ἀλλ' οὐκ ὀλίγοις ἀνθρώποις ἄλγη παρεσκεύασεν·
4. Ἔχρῆν γὰρ τούτους τοὺς δυστυχεῖς ἀνθρώπους τὰ πλοῖα ἕλκειν διὰ τοῦ Ἰσθμοῦ.
5. Ἀσθενέσι δ' οὐκ ἐξῆν τοῦτο κατεργάζεσθαι.

Ü

1 a) Bestimme die Formen.
τῷ γένει • τὸ γένος (2 ×) • τοῦ γένους • τὰ γένη (2 ×) • τῶν γενῶν • τοῖς γένεσιν

b) Ordne den Formen aus a), in Kasus und Numerus entsprechend, folgende Formen zu.
τὴν γενεάν • αἱ γενεαί • ταῖς γενεαῖς • ἡ γενεά • τῆς γενεᾶς • τῶν γενεῶν • τῇ γενεᾷ • τὰς γενεάς

c) Stelle die Formen von θεῖος mit denen von a) unter Beachtung der KNG-Kongruenz zusammen.
θεῖα (2 ×) • θείου • θεῖον (2 ×) • θείων • θείοις • θείῳ

2 a) Nenne zu den farbig hervorgehobenen Wörtern die Lernform (Nom. Sg. bzw. 1. Pers. Sg. Präs. Akt.) und bestimme die vorliegende Form.
αἰδῶ ἔχειν – μεγάλῃ φωνῇ ᾄδω • πάθει μανθάνειν – πολλὰ καὶ δεινὰ παθεῖν • γενοῦ ἐπίκουρος – ἐκ θείου γένους • πατέρες ἐθίζουσι τοὺς παῖδας πείθεσθαι – ἐν τοῖς τῶν Ἑλλήνων ἔθεσιν

b) Übersetze die Ausdrücke.

3 a) Wähle die Form aus, die nicht in die Reihe passt. Begründe deine Entscheidung.

ἄλγη, δυστυχῆ, πάθη, ἔθη
ἀληθέσιν, ἀνθρωπείοις, λυπηραῖς, ἀσθενεῖς
πάσης, δειλῆς, εὐμενής, ἱκανῆς

b) Ordne die bei a) ausgewählten Formen den Substantiven zu (KNG-Kongruenz) und übersetze die Verbindungen.
Κρέων, ὁ τῆς Κορίνθου δυνάστης, οὐκ • ἦν τῇ Μηδείᾳ. Τὴν γὰρ • ἐκβαλεῖν ἐβουλεύσατο. Ἡ δὲ Μήδεια τοὺς • υἱοὺς ἐφόνευσεν.

I

Ein furchtbarer Orakelspruch

In Theben herrscht **König Laios**. Ihm wird von seiner Ehefrau Iokaste ein **Sohn** geboren – eigentlich ein freudiges Ereignis, dass die Thronfolge gesichert ist. Aber dieser Fall liegt ganz anders: Das Orakel von Delphi hatte vorhergesagt, dass ein Sohn den Vater töten und die Mutter heiraten werde. Wie es mit dem Neugeborenen – später **Oidipus** (Ödipus) genannt – weitergeht, erzählt unsere Geschichte; doch als Oidipus erwachsen ist, befragt auch er das Orakel und bekommt die gleiche Antwort: Er wird seinen Vater töten und seine Mutter heiraten.

Das Schicksal des Oidipus ist voller Wendungen – idealer Stoff für eine **Tragödie**, und so haben alle drei großen griechischen Tragiker (Aischylos, Sophokles und Euripides) den Mythos von Oidipus in ihren Dramen bearbeitet.

T

Oidipus – eine Katastrophe bahnt sich an

Gegenüber dem Schicksal sind alle machtlos. Und wenn es hochstehende Persönlichkeiten trifft, ist das allgemeine Interesse groß, denn berühmte Menschen fallen tiefer. Aus dem thebanischen Sagenkreis sind König Laios und sein Sohn Oidipus eindrucksvolle Beispiele hierfür.

Τοῖς Ἕλλησιν ἐν ἔθει ἦν ταράττεσθαι φόβῳ καὶ ἐλέῳ, ὅτε ἐν τραγῳδίαις[1] ᾐσθάνοντο τὸ ἀνθρώπειον γένος ἀσθενὲς καὶ πολλῶν ἐνδεὲς ὄν. Καὶ οἱ νῦν ὄντες ἐν τοῖς τοῦ Σοφοκλέους ἔργοις εὐφραίνονται μὲν τῷ τοῦ Οἰδίποδος κράτει καὶ κλέει, ἅμα δ' ἐκπλήττονται καὶ τοῖς ἀμηχάνοις πάθεσιν αὐτοῦ.

Ὁ γὰρ Λάϊος, ἐπεὶ ἐπύθετο τὸν υἱὸν φονεύσοντα αὐτόν, ἐκέλευσεν ἑταίρους τινὰς τιτρώσκειν[1] τοὺς τοῦ νεογνοῦ[2] πόδας καὶ λιπεῖν τὸν δυστυχῆ ἐν Κιθαιρῶνι ὄρει. Ἐκεῖνοι μὲν ταῦτα ἔπραξαν οὐκ ἔχοντες οὔτε δίκην οὔτ' αἰδῶ. Τὸν δὲ παῖδα ηὗρον ποιμένες[3] τινές, οἳ ὠνόμασαν αὐτὸν διὰ τὰ τραύματα „Οἰδίποδα" καὶ ἤνεγκον αὐτὸν εἰς Κόρινθον. Ἐκεῖ δὲ ὁ δυνάστης εὐμενὴς ὢν ἐδέξατο καὶ ἔθρεψε τὸν παῖδα ὥσπερ υἱόν. Ὅμως δὲ ὁ Οἰδίπους οὐκ ἐγένετο εὐτυχής, ἀλλ' εἰς ἡλικίαν ἐλθὼν ὠρέξατο τοῦ ἀληθοῦς καὶ ἐνέπεσεν εἰς ἄλγη δεινά.

[1] τιτρώσκω: ich durchbohre
[2] ὁ νεο-γνός: das Neugeborene
[3] ὁ ποιμήν, -ένος: der Hirte

1 Stelle alle Substantive, Adjektive und Partizipien zusammen, die im Neutrum stehen; ordne sie in einer Tabelle nach o-Deklination und dritter Deklination.

2 Z. 6–13: Nenne alle Substantive und Pronomen, die statt des Eigennamens Oidipus stehen.

3 Äußere oder innere Handlung? – Weise die Verben und Wendungen anhand ihrer Bedeutung den beiden Kategorien zu: ἐπύθετο (Z. 6) – ηὗρον (Z. 9) – ἤνεγκον (Z. 10) – οὐκ ἐγένετο εὐτυχής (Z. 12) – ὠρέξατο τοῦ ἀληθοῦς (Z. 13)

MK 4 ταράττεσθαι φόβῳ καὶ ἐλέῳ (Z. 1) – Der Universalgelehrte Aristoteles war davon überzeugt, dass eine Tragödie bei den Zuschauern eine ‚innere Reinigung' bewirkt. Informiere dich über den griechischen Begriff; erkläre, in welchem Zusammenhang ἔλεος und φόβος dabei stehen.

MK 5 Erschließe mithilfe eines (Online-)Wörterbuchs den sprechenden Namen Οἰδί-πους. Der Text (τιτρώσκειν τοὺς τοῦ νεογνοῦ πόδας, Z. 7) und die Abbildung geben dazu Hinweise.

Antoine-Denis Chaudet (1763–1810): Der Hirte Phorbas kümmert sich um Oidipus. ▶

E

Laios spricht zu seinen Begleitern:

1. „Πάλαι οἱ θεοὶ ὑπ' ἐμοῦ ἱκετεύθησαν.
2. Καίπερ τῶν θεῶν λόγοις ὁσίοις ἱκετευθέντων ὁ χρησμὸς αἰσχρὸς ἦν.
3. Διὸ ἠναγκάσθην τοῦ δεινοῦ παιδίου ἀπολυθῆναί τε καὶ ἀπαλλαγῆναι."
4. Οἱ δ' ἑταῖροι ἤκουσαν τὰ λεχθέντα.
5. Τὸ οὖν παιδίον ὑπ' αὐτῶν ἀπήχθη καὶ ἐν Κιθαιρῶνι ὄρει ἐλείφθη.
6. Τὸ δὲ παιδίον ἐβλάβη, ἀλλ' οὐκ ἐφονεύθη.

Ü

1 Ordne der aktiven Form die entsprechende des Passivs zu und übersetze beide Formen.

1. ἐπαίδευσα	2. παίδευσον	3. ἐπαιδεύσατε	4. παιδεύσατε
5. παιδεύσασα	6. παιδεῦσαι	7. παιδεῦσαν	8. παιδεύσαντα
a) παιδεύθητε	b) ἐπαιδεύθην	c) παιδευθέν	d) παιδευθῆναι
e) ἐπαιδεύθητε	f) παιδευθέντα	g) παιδεύθητι	h) παιδευθεῖσα

2 a) Gib bei den folgenden Verba muta die Lernform und die Art des Stockes (P-, T-, K-Stock) an. Übersetze anschließend.
ἡρπάσθη • ἀφανισθέν • ἠναγκάσθητε • κρυφθῆναι • ἐπέμφθημεν • ὡρίσθησαν • ἐπράχθη • ἐφυλάχθην

b) Verfahre wie bei a) und weise den Formen je nach Stock ein χ, φ oder σ zu, um sie zu vervollständigen. Übersetze anschließend.
ἠθροί?θησαν • ἀπολει?θείς • ἐγκωμια?θῆναι • κατασκευα?θέντα • ἐκηρύ?θη • ὠνομά?θημεν • ὑβρι?θεῖσα • ἐταρά?θης

3 Wähle die Form aus, die syntaktisch in den Satz passt. Übersetze anschließend.

a) Ἀχιλλεὺς ὑπ' Ἀγαμέμνονος (ἔπεισεν / ἐπείσθην / πεισθέντος / ἐπείσθη / πεισθῆναι) ἐπὶ Τροίαν στρατεῦσαι.

b) Τὰ ὑπὸ τοῦ Ἀχιλλέως (Gen.) (πράττοντα / πραχθέντα / πραχθὲν / ἐπράχθη / πράξεις) δεινά ἐστιν.

c) Πολλοὶ γὰρ πολέμιοι ὑπ' αὐτοῦ (ἔβλαπτον / βλαβέντος / ἔβλαψαν / βλαβέντες / ἐβλάβησαν).

d) Ὑπὸ δ' Αἴαντος (Gen. zu Αἴας) τὸ σῶμα τὸ τοῦ ἀποθανόντος Ἀχιλλέως (Gen. zu Ἀχιλλεύς) ἐκ μάχης (ἅπαντα / ἀπαλλαγέντα / ἀπαλλαγέντος / ἀπηλλάγη / ἀπαλλαγῆναι).

I

„Das Gesetz ändert sich, das Gewissen nicht."

Dieser Satz von **Sophie Scholl**, die ihren **Widerstand** gegen den Nationalsozialismus mit dem Leben bezahlte, könnte auch als Überschrift über unserem Text stehen. **Antigone** ist die Symbolfigur für den Widerstand geworden, indem sie sich für das göttliche Recht und nicht das menschliche Gesetz entscheidet. Widerstand ist nach dem deutschen Grundgesetz (Artikel 20 Absatz 4) dann erlaubt, wenn jemand es unternimmt, die freiheitlich-demokratische Grundordnung zu beseitigen, und wenn es keine andere Möglichkeit der Abhilfe gibt.

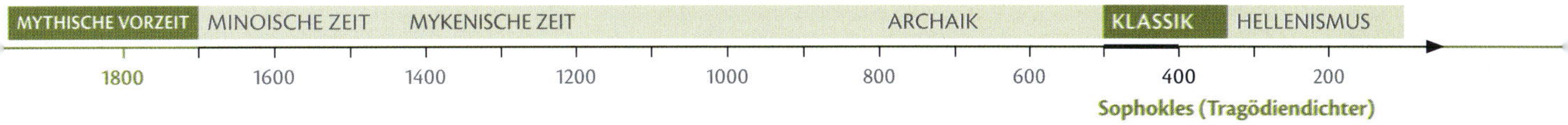

T

Antigone und Kreon – zwei Welten prallen aufeinander

Nachdem Oidipus Theben verlassen hatte, kam es zwischen seinen Söhnen Polyneikes und Eteokles zu einem erbitterten Streit um die Nachfolge. Polyneikes, der sich um die Herrschaft betrogen fühlte, griff schließlich mit Verbündeten seine Heimatstadt an. Der Zweikampf mit Eteokles, der die Herrschaft über Theben nicht abgeben wollte, endete für beide tödlich.
Ihr Onkel Kreon, der hierauf zum neuen Herrscher Thebens bestimmt wurde, erlässt sofort das Gebot, Polyneikes als Staatsfeind unbestattet liegen zu lassen. Dieser Anordnung widersetzt sich Antigone, die Schwester der beiden Kontrahenten. In Sophokles' Tragödie *Antigone* kommt es daraufhin zu einer Auseinandersetzung zwischen Kreon (Κρ) und Antigone (Ἀν).

Κρ· Τί ἔθαψας Πολυνείκη, τὸν τῶν ἀστῶν ἐχθρόν; Τί κατελύθη καὶ ὑβρίσθη ὑπὸ σοῦ τὰ ὑπ' ἐμοῦ κηρυχθέντα;

Ἀν· Οὐ γὰρ ἐκηρύχθη ὑπὸ Διὸς καὶ τῶν κάτω θεῶν, ἀλλ' ἐτάχθη ὑπὸ σοῦ παρὰ τὴν δίκην. Ἀνάγκη δὴ τοὺς ἀ-γράπτους καὶ ἀσφαλεῖς τῶν θεῶν νόμους μὴ ἀτιμασθῆναι.

Κρ· Ἀλλὰ καὶ ἀνάγκη τὸν ἄρχοντα μὴ βλαβῆναι ὑπὸ τοῦ ἀρχομένου.

Ἀν· Πείθομαι ἐγὼ τοῖς γε θεῶν λόγοις, οὐ τοῖς σοῖς.

Κρ· Ἀναιδὴς εἶ καὶ ἄφρων – ὥσπερ Οἰδίπους, ὁ πατήρ σου· οἴει γὰρ οὐ κολασθῆναι καίπερ ἀνόσια πράξασα.

Ἀν· Ἆρα μὴ ἀνόσιόν ἐστι σέβεσθαι τὸν ἀδελφὸν τὸν ἀποθανόντα, ὃς κατελείφθη γυμνὸς ἐν τῷ πεδίῳ;

Κρ· Ἀποθανεῖν χρὴ καί σε ἔξω τῶν Θηβῶν. Ἐγκωμιάσουσι δέ με οἱ Θηβαῖοι ἀπαλλαγέντες σου καὶ τῶν ἐξ Οἰδίποδος κακῶν.

Ἀν· Κέρδος μοι ὁ θάνατος, καὶ καλὴν νομίζω τὴν Ἅιδου οἰκίαν, οὗ μένει με Πολυνείκης.

1. Gib aus dem Text alle Verbformen im Aorist Passiv an; unterscheide mithilfe einer Tabelle zwischen Formen mit syllabischem Augment, Formen mit temporalem Augment und Formen ohne Augment (Infinitiv, Partizip).

2. Gib alle Ellipsen an; erläutere einen möglichen Zusammenhang mit der Textsorte. (vgl. M 19 B)

3. Stelle alle Wörter und Wendungen zusammen, die zum Sachfeld „Bestattung und Tod" gehören. (vgl. M 10 A)

4. Nenne alle Wörter, die mit α privativum gebildet sind.

MK 5. Der Philologe Karl Kerényi behauptete: „Nicht nur Familienehre den eigenen Verwandten gegenüber bestimmt Antigones Handeln, sondern auch ein starkes Pflichtgefühl gegenüber den Göttern der Unterwelt." – Belege am Text, dass Antigone ihr Handeln – trotz Kreons Warnungen (vgl. auch die Abbildung) – ausschließlich an diesen beiden Größen ausrichtet.

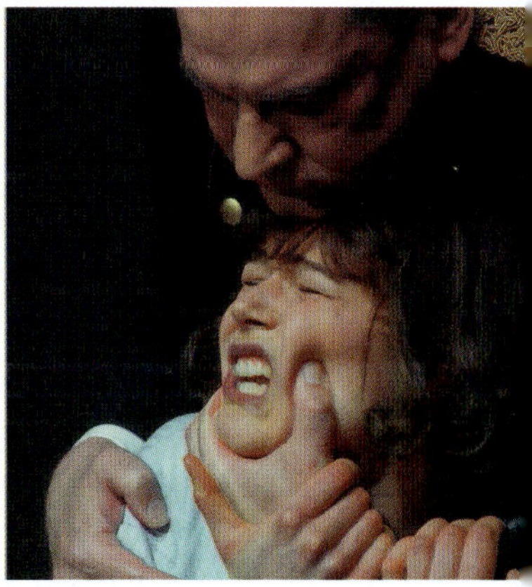

▲ *Inszenierung der ‚Antigone' am Wiesbadener Theater, 2018.*

E

Antigones Schwester Ismene will im Streit zwischen Kreon und Antigone schlichten:

1. **Κρ·** Κολασθήσῃ, ὦ Ἀντιγόνη. Οὕτως σοῦ ἀπολυθήσομαι, οὕτως καὶ οἱ Θηβαῖοι ἀπαλλαγήσονται σοῦ.
2. **Ἀν·** Ἆρα μὴ ἐπὶ τὸν θάνατον ἀχθήσομαι; Ἆρα μὴ εἰς Ἅιδου πεμφθήσομαι; Ὅμως ἔγωγε θαυμασθήσομαι ὑπὸ τῶν πολλῶν.
3. **Ἰς·** Μὴ ἴσθι ἄφρων, ὦ Ἀντιγόνη. Πάντες οἱ συνόντες ἐλπίζουσιν ὑμᾶς σώφρονας ἔσεσθαι.
4. **Κρ·** Ἡ κρίσις μου βέβαιός ἐστιν· ἥ γε Ἀντιγόνη διὰ τὴν ὕβριν κολασθήσεται. Ἔξω τῆς πόλεως οὖν χρὴ αὐτὴν ἀποθανεῖν.

Ü

1 Analysiere die Form, gib die Lernform an (1. Pers. Sg. Präs. Akt.) und übersetze.

a) λυθήσεσθαι ❋ ἱκετευθήσομαι ❋ ὑποπτευθήσῃ ❋ θεραπευθήσεσθε ❋ παυθήσεται

b) πεμφθήσονται ❋ λεχθήσεται ❋ κομισθήσομαι ❋ διωχθήσεσθε ❋ ταραχθησόμεθα ❋ ἀτιμασθησόμενος

c) ἀπαλλαγήσεται ❋ βλαβήσῃ

2 a) Wähle die beiden Imperative aus. Bestimme und übersetze die übrigen Formen.

ἄπειμι ❋ **παρέσται** ❋ πάρεστε ❋ συνῆσθα ❋ οὖσα ❋ ἐξῆν ❋ ἔσῃ ❋ **ἴσθι** ❋ **ἀπῆμεν** ❋ συνεῖναι ❋ **συνόντας** ❋ ἀπέσονται ❋ **παρόντα**

b) Weise die bei a) fett gedruckten Formen sinnvoll den Sätzen zu und übersetze.

1. ● δίκαιος, ὦ φίλε. 2. Οἱ Σπαρτιᾶται ἀεὶ πρὸς τοὺς ● ἠγωνίζοντο. 3. Τὰ ● καλά ἐστιν. 4. Πολὺν χρόνον Κορίνθου ●. 5. ● μοι τοῦτο πρᾶξαι.

3 Formenstaffel. Bilde die gesuchten Formen.

ἡ πόλις → Pl. → Akk. → Sg. → Dat. → Pl. → Gen. → Sg.

ἡ κρίσις → Akk. → Dat. → Pl. → Gen. → Nom. → Akk.

4 Stelle je ein Substantiv und ein Adjektiv unter Beachtung der KNG-Kongruenz zusammen. Übersetze die gebildeten Ausdrücke.

1. ἄστη 2. κρίσεις 3. ἰσχὺν 4. πόλεσιν 5. πράξεις 6. τάξεων 7. ὕβρεως 8. φύσει

a) ἀνόητοι b) ἀρίστας c) δεινῆς d) ἔνια e) ἱκανῇ f) καρτεραῖς g) κρατίστην h) χρηστῶν

I

Drachentöter

In zahlreichen **Mythen, Sagen, Legenden** und **Märchen** tötet ein Held einen Drachen und verhilft somit **dem Guten zum Sieg über das Böse**. Hier ist es Kadmos, der dadurch zum Gründungsvater von Theben werden konnte. Weitere bekannte Drachentöter sind in der Antike Perseus, der damit Andromeda vor einem Meeresungeheuer rettet, in der germanischen Sagenwelt des Nibelungenliedes Siegfried und in christlicher Überlieferung Georg. Auch **lokale Sagen** und Legenden erzählen vom siegreichen Kampf gegen einen Drachen.

T

Der Drachentöter – ein Mythos aus Theben

Der Gründungsmythos der Stadt Theben ist eng mit dem phoinikischen Königssohn Kadmos verbunden. Dieser wandte sich, als er auf der Suche nach seiner Schwester Europe (vgl. 7 T) lange Zeit erfolglos umhergeirrt war, schließlich an das Orakel in Delphi, das ihm Folgendes verkündete:

„Τῇ μὲν ἀδελφῇ[!] οὐκέτι συνέσῃ, κτισθήσεται δὲ ὑπὸ σοῦ ἄστυ, ὃ ἔσται πρώτη πασῶν τῶν πόλεων.“

Ἀλλ’ οὐ παρῆν κτίσαι αὐτὸ ἄνευ θυσίας[!]. Διὸ ὁ Κάδμος ἔπεμψεν ἐνίους τῶν συνόντων· ἔμελλε γὰρ ὕδωρ κομισθήσεσθαι ἀπὸ κρήνης τινὸς πλησίον οὔσης. Τὴν δ’ ἐφύλαττε δράκων ἔχων δεινὴν φύσιν. Μεγάλῃ οὖν ἰσχύι ἐφόνευσε τοὺς πολλοὺς τῶν πεμφθέντων. Αὐτῶν πολὺν χρόνον ἀπόντων ὁ Κάδμος πρῶτον μὲν ἐταράχθη, ἔπειτα δὲ ηὗρε τὸ θηρίον καὶ ἐφόνευσεν αὐτό.

Τότε δὴ ἦλθε ἡ Ἀθηνᾶ καί· „Ἄκουσον“, ἔφη, „κηρύξω γὰρ τὴν τῶν θεῶν κρίσιν. Οὗτοι μέν σοι παρέσονται, σὺ δὲ ἕτοιμος ἴσθι πείθεσθαι τῇ τάξει μου· Σπεῖρον[1] τοὺς τοῦ δράκοντος ὀδόντας εἰς τὴν γῆν.“

Μετὰ δὲ ταύτην τὴν πρᾶξιν αὐτίκα ἐξ-ῆλθον[!] ἀνδρεῖοι στρατιῶται ἐκ τῆς γῆς, οἳ ὕβρεως πλήρεις ἤρξαντο μάχεσθαι ἀλλήλοις. Οὐ δὲ πολὺ ὕστερον μόνοι οἱ κράτιστοι ἐλείφθησαν, οἱ λεγόμενοι Σπαρτοί[2].

[1] σπεῖρον ≈ σπεῖρε

[2] οἱ Σπαρτοί: die Sparten (*d. h. die „Gesäten“, vgl.* σπείρω)

1. Stelle aus dem Text alle Formen von εἰμί und seinen Komposita zusammen; bestimme sie.
2. Gib alle Wendungen an, die eine unbestimmte Mengenangabe enthalten; arbeite ihre Unterschiede an der jeweiligen Textstelle heraus.
3. Der Text gliedert sich in vier Abschnitte: I (Z. 1–2) – II (Z. 3–8) – III (Z. 9–11) – IV (Z. 12–14) Gib den Inhalt jedes Abschnitts in einem Satz wieder.
4. MK Weise der Abbildung die entsprechende Textstelle zu.
5. MK Informiere dich über weitere Drachentöter und präsentiere deine Ergebnisse. I gibt erste Hinweise.

Kadmos tötet den Drachen. Auschnitt aus einer Schale, um 550 v. Chr. ▶

E

1. Κάδμος ἐφόνευσε τὸν δράκοντα ἐν βραχεῖ χρόνῳ.
2. Ἐκ τῆς γῆς ἐξ-ῆλθον[!] στρατιῶται, οἳ θρασεῖς τὴν φύσιν ἦσαν.
3. Μετὰ δὲ βραχεῖαν μάχην μόνοι οἱ τὸν πόλεμον ἄριστοι ἐλείφθησαν.
4. Ὁ δὲ Κάδμος βασιλεὺς ἐγένετο τῶν ἀνδρῶν.
5. Ἡ οὖν πόλις ἡ ὑπὸ τοῦ βασιλέως κτισθεῖσα πρῶτον μὲν Καδμεία, ὕστερον δὲ Θῆβαι ὠνομάζετο.

Ü

1 Irrläufer gesucht. Wähle jeweils die Form aus, die nicht in die Reihe passt. Begründe deine Wahl.

a) θρασεῖ • θρασεῖς • θρασέσι • θρασέων
b) ἡδείας • ἡδείᾳ • ἡδεῖα • ἡδέα
c) βραχεῖς • βραχειῶν • βραχέος • βραχύς

2 a) Ordne den Substantiven der KNG-Kongruenz entsprechend jeweils ein Adjektiv zu.

βίον • λόγοι • στρατιωτῶν
θρασέων • θρασέος • θρασειῶν • βραχέσιν • βραχεῖς • βραχεῖ • ἡδεῖαν • ἡδύν • ἡδύ

b) Weise die gebildeten Ausdrücke den Sätzen zu und übersetze.
Οἱ λαμπροὶ Σπαρτιᾶται τῶν Σπαρτῶν ἀπόγονοι (Nachfahren) εἶναι λέγονται. Οἱ Σπαρτιᾶται οὐχ • διῆγον. Καὶ • αὐτοῖς ἦσαν φίλοι. Πολλοὶ δ' ἐν Ἑλλάδι τὴν τῶν • ἰσχὺν ἐθαύμαζον.

3 Nenne die fehlenden Formen.

a) γονεῖς • γονέων • ... • γονέας
b) βασιλέα • βασιλεῖ • ... • βασιλεύς
c) ἱερεύς – ἱερεῖς • ἱερέα – ... • ... – ἱερέων • ... – ἱερεῦσιν

4 Ordne den Formen von ναῦς die entsprechenden von πλοῖον zu und ergänze jeweils den Artikel.

νεώς • ναῦς (2) • ναυσί • νηΐ • νῆες • ναῦν • νεῶν
πλοῖον (2) • πλοίῳ • πλοίου • πλοῖα (2) • πλοίων • πλοίοις

I

Apollon

Als einer der wichtigsten Götter der Griechen und Römer genoss Apollon höchste Verehrung; war er doch ein Gott für viele Bereiche des menschlichen Lebens: für die schönen Seiten wie die **Künste**, besonders die **Musik**, und das **Licht** – man denkt unweigerlich an das besondere Sonnenlicht Griechenlands –, aber auch für Unheil, das die Menschen durch seine Pfeile traf. **Krankheiten** konnte er wiederum als Schutzpatron der Medizin heilen, sein Sohn Asklepios übernahm die Aufgabe des Gottes der Heilkunst (vgl. 11 I). Und Apollon half den Menschen durch die Pythia die **Zukunft zu erkennen**, wenn sie denn die Orakelsprüche richtig deuteten.

T

Noch ein Drachentöter – ein Mythos aus Delphi

Wie die Gründung Thebens (vgl. 39 T) ist auch die Gründung Delphis, der bekanntesten griechischen Orakelstätte, im Mythos eng mit der Tötung eines Drachen verbunden. Doch diesmal ist der Drachentöter ein Gott.

Ζεὺς καὶ Λητὼ ἐλέγοντο γονεῖς εἶναι τοῦ Ἀπόλλωνος. Ὁ δ’ ἐγένετο ἐν νήσῳ μικρᾷ, Δήλῳ τὸ ὄνομα. Ἦν δὲ νεανίας λαμπρὸς τὸ εἶδος καὶ καρτερὸς τὴν φύσιν. Ἐκήρυξε δὲ τάδε· „Τὴν μὲν λύραν[!] ἔχων συνέσομαι τοῖς θεοῖς, τοῖς δὲ τόξοις κολάσω πάντας τοὺς θρασεῖς καὶ πονηρούς. Νῦν δὴ ἡδύ μοι μαντεῖον ἱδρῦσαι, ἐν ᾧ κηρυχθήσεται τὰ τοῦ πατρός, τοῦ τῶν ἀθανάτων τε καὶ θνητῶν βασιλέως, βουλεύματα. Καὶ ἐκεῖ οἱ ἄνθρωποι θύσουσι βοῦς καὶ ἄλλα πολλά.“

Ταῦτα δ’ εἰπὼν ηὗρεν ἐν βραχεῖ ὑπὸ[1] τοῦ Παρνασοῦ ὄρους τόπον διαφέροντα πάντων τῶν ἄλλων τὸ κάλλος. Ἐγγὺς καὶ κρήνη ἦν, ἣ ἐφυλάχθη ὑπὸ δράκοντος δεινοῦ. Ὁ δ’ Ἀπόλλων φονεύσας αὐτόν· „Πύθου[2]“, ἔφη, „καιόμενος ὑπὸ τοῦ ἡλίου.“

Οἱ οὖν Ἕλληνες ἔφασκον τὴν μὲν Πυθίαν ὀνομασθῆναι ἀπὸ τούτου τοῦ λόγου, ἱερέας δὲ πρώτους γενέσθαι ἄνδρας τινὰς Κρῆτας, οἳ τότε ἔτυχον παραπλέοντες[3] ἐν νηΐ.

[1] ὑπό: (*hier:*) am Fuß des

[2] πύθομαι: ich verfaule

[3] παρα-πλέω: ich segle vorbei

1. Übersetze folgende Sätze. Berücksichtige ggf. deine Ergebnisse aus Lektion 36 (Aufgabe 1):
Ὁ τόπος διαφέρει πάντων τῶν ἄλλων. – Ὁ τόπος διαφέρει πάντων τῶν ἄλλων τὸ κάλλος. – Ὁ Ἀπόλλων εὑρίσκει τόπον διαφέροντα πάντων τῶν ἄλλων τὸ κάλλος (vgl. Z. 8 f.).

2. Stelle aus dem Text alle Adjektive zusammen, ordne sie in einer Tabelle nach o-/a-Deklination und dritter Deklination und bestimme sie.

3. Gib alle Akkusative an und unterscheide jeweils zwischen Akkusativobjekt, Accusativus Graecus, Subjektsakkusativ im AcI und Prädikatsnomen im Akkusativ.

4. Erkläre Apollons Beinamen Μουσ-ηγέτης sprachlich und inhaltlich. Berücksichtige deine Ergebnisse aus Lektion 34 (Aufgabe 5).

MK 5. Apollon wird im Text als νεανίας λαμπρὸς τὸ εἶδος καὶ καρτερὸς τὴν φύσιν (Z. 2 f.) beschrieben. Ergänze diese Charakterisierung mithilfe weiterer Textbelege, des I-Textes, der Abbildung und eines mythologischen Lexikons.

▲ *Pietro Benvenuti (1769–1844): Apollon als Sieger über die Schlange Python.*

E

1. Ἀπόλλων ἐλογίζετο· Τίς τόπος ἐστὶν ἱκανώτατος τῷ μαντείῳ μου;
2. Ηὗρεν ὑπὸ (am Fuß des) τοῦ Παρνασοῦ ὄρους τόπον τινὰ ἱκανώτατον· οὐδεὶς τόπος ἱκανώτερος ἦν τούτου τοῦ τόπου (ἢ οὗτος ὁ τόπος).
3. Ἡ οὖν Πυθία, ἡ τοῦ μαντείου ἱέρεια, ἐκήρυττεν ἐνίοτε μὲν χρησμοὺς εὐμενεστάτους, ἐνίοτε δὲ καὶ φοβερωτάτους.
4. Οἱ δὲ πλεῖστοι ἐπίστευον τῷ ἐν Δελφοῖς μαντείῳ·
5. Τοῦτο γὰρ τὸ μαντεῖον μείζονα / μείζω τε καὶ καλλίονα / καλλίω δόξαν εἶχεν ἢ ἄλλα μαντεῖα.

Ü

1 Komparativ, Superlativ oder Elativ? Ordne die Formen und übersetze. Die Anfangsbuchstaben der Komparativformen ergeben eine berühmte Bogenschützin: ? ρ τ ? ? ? ?
λόγου ἀξιώτερα ◦ οἱ νεώτατοι ◦ ἄνευ ἡγεμόνων ἐμπειροτέρων ◦ ὁδὸς μακρότερα ◦ οἱ ἰσχυρότεροι πολέμιοι ◦ ἐν χωρίοις ἐρημοτάτοις ◦ οὐδὲ οἱ δειλότατοι τῶν ἀνθρώπων ◦ γέροντες σεμνότεροι

2 Stelle sinnvolle Vergleiche zusammen (z. B. 6F) und übersetze.

1	Θρασύτερος εἶ	A	Ὀδυσσέως;
2	Αἱ γυναῖκες ἐνίοτε ἀσθενέστεραί εἰσι	B	τοῦ ἀδελφοῦ σου.
3	Ὁ δυνάστης δυστυχέστερός ἐστι	C	τούτου τοῦ ἱερέως.
4	Τίς πυκνότερός ἐστιν	D	τῶν ἀνδρῶν.
5	Τίς ὁσιώτερός ἐστιν	E	τῶν ἀστῶν.

3 Wähle die Adjektive aus und stelle sie zu Steigerungsreihen zusammen.
μέγιστον ◦ ἐλαχίστους ◦ ὀλίγους ◦ ὀλέθρους ◦ πλείονα ◦ πλοῦν ◦ ἀγαθοί ◦ ἀγαθῷ ◦ ἄριστοι ◦ ἀριθμοί ◦ βελτίονι ◦ ἐλάττονας ◦ μέγα ◦ μεῖζον ◦ ἀμείνονες ◦ ἡδεῖα ◦ βελτίστῳ ◦ ἡδίων ◦ πολλά ◦ πλοῖα ◦ ἡδίστη ◦ ἤδη ◦ πλεῖστα

4 Wähle die Komparative aus. Ordne sie den Substantiven sinnvoll zu. (KNG-Kongruenz!)

αἰσχίους ◦ ἡλίῳ ◦ ἡδίω ◦ ἥκω ◦ καλλίους ◦ κάλλους ◦ κράτους ◦ κρείττω ◦ πλείους ◦ πολλοὺς	γυναῖκες ◦ διανοίας ◦ θηρία ◦ σίτους ◦ ὕπνον

I

Die delphische Ethik
Γνῶθι σεαυτόν – „Erkenne dich selbst“ stand als Inschrift in der Vorhalle des Apollontempels. Die Aufforderung zur Selbstreflexion und Selbsterkenntnis wurde ebenso wie die Mahnung zum Maßhalten, **μηδὲν ἄγαν** – „nichts zu sehr“, die ebenfalls am Apollontempel angebracht war, als Kern der delphischen und damit apollinischen Weisheit betrachtet. Beide Sentenzen werden bis heute zitiert und haben nichts an Aktualität eingebüßt. In der Antike wurde der Zusammenhang zwischen ihnen vielfach so interpretiert: Wer sich selbst und seine eigenen **Grenzen als Mensch** erkennt, wird auch Maß halten.

T

Zu Besuch in Delphi

Delphi liegt atemberaubend schön am Fuß des Parnass. Der Weg durch das Heiligtum den Hang hinauf gliedert sich trotz einer Vielzahl von Bauwerken und Monumenten recht klar.

Παρὰ τὴν ἄνω ὁδὸν αἱ πόλεις ἔχουσι θησαυρούς, αἱ κράτισταί τε καὶ πλουσιώταται τοὺς καλλίστους καὶ μεγίστους.

Ἐν μέσῳ τῷ χωρίῳ κεῖται[1] ὁ τοῦ Ἀπόλλωνος ναός. Ἐκεῖ δὲ οἱ ξένοι ἤδη ἐν τῷ προνάῳ[2] θαυμάζουσι τὰς τῶν Ἑπτὰ σοφῶν γνώμας, οἷον τὸ „Γνῶθι[3] σαυτόν". Τὸ δ' ἄδυτον[4] ἔχει καὶ πολὺ μείζω θαύματα· ἐντὸς γὰρ οὐ μόνον ὁ τοῦ Διονύσου τάφος εἶναι λέγεται, ἀλλὰ καὶ ὁ τῆς γῆς ὀμφαλός[5]. Καὶ ἡ Πυθία, ἱέρεια σεμνοτάτη καὶ δεινοτάτη, κάθηται ἐπὶ τρίποδος[6] καὶ κηρύττει τὰ τῶν θεῶν βουλεύματα. Οἱ δ' ἄνθρωποι πυνθάνονται, τί ἐστι ἄμεινον, τί χεῖρον, τί βέλτιον, τί αἴσχιον, καὶ πῶς παρέχεται ἀγαθὰ μὲν πλείονα, κακὰ δ' ἐλάττονα· βούλονται γὰρ ἀεὶ κρείττους καὶ εὐτυχέστεροι, μηδαμῶς δὲ ἥττους μηδ' ἐνδεέστεροι εἶναι τῶν ἄλλων.

Ἐν δὲ τῷ ὑψηλοτέρῳ μέρει καὶ τὸ θέατρον καὶ τὸ στάδιον εὐφραίνει τὰς ψυχάς.

[1] κεῖμαι: ich liege
[2] ὁ πρό-ναος: die Vorhalle *(eines Tempels)*
[3] γνῶθι: *übersetze wie* γίγνωσκε
[4] τὸ ἄ-δυτον: das Allerheiligste, das Innerste *(eines Tempels)*
[5] ὁ ὀμφαλός: der Nabel, der Mittelpunkt
[6] ὁ τρί-πους, -ποδος: der Dreifuß

1. Delphi war schon immer ein Ort der Superlative – und der Komparative. Ordne in einer Tabelle alle Steigerungsformen nach Komparativ und Superlativ und gib ggf. den Artikel und das Beziehungswort mit an. Insbesondere beim ersten Satz hilft dir diese Zuordnung.

2. Unterscheide anhand der Wendungen ὁ τοῦ Ἀπόλλωνος ναός (Z. 3), ἐπὶ τρίποδος (Z. 8) und κρείττους καὶ εὐτυχέστεροι, … ἥττους … ἐνδεέστεροι … τῶν ἄλλων (Z. 11 f.) die jeweilige Verwendungsweise der Genitive; gehe auch auf die Wortstellung ein.

▲ *Delphi.*

3. Paraphrasiere die beschriebene Besichtigungsroute; achte auch mithilfe der Abbildung besonders auf die dreigeteilte Anordnung der Sehenswürdigkeiten.

4. Οἱ δ' ἄνθρωποι πυνθάνονται, τί ἐστι ἄμεινον, τί χεῖρον, τί βέλτιον, τί αἴσχιον, καὶ πῶς παρέχεται ἀγαθὰ μὲν πλείονα, κακὰ δ' ἐλάττονα (Z. 8 ff.) – Stelle Bezüge her, bei welchen Gelegenheiten und an welchen Orten dieses menschliche Bedürfnis auch heute noch deutlich wird.

E

1. Ἐν τῷ μαντείῳ ἦσαν πολλοὶ θησαυροί· ἀλλὰ σεισμός (Erdbeben) τις αὐτοὺς καταλέλυκεν.
2. Τὴν δὲ τοῦ μαντείου τιμὴν ἄνθρωποί τινες πεπαύκασιν.
3. Ἡ γὰρ Πυθία αὐτοὺς οὐκ ἔπειθε καίπερ τὰ ὀρθὰ συμβεβουλευκυῖα.
4. Ὅμως δὲ ἡ Πυθία ὑπώπτευται οὐ τὰ ὀρθὰ συμβεβουλευκέναι.
5. Οἱ οὖν ἄνθρωποι βεβούλευνται τῷ μαντείῳ μηκέτι πιστεύειν.
6. Οὕτως δὴ ἡ τοῦ μαντείου τιμὴ πέπαυται.

Ü

1 Bilde Formenketten.

a) πεπαίδευκα → Pl. → 3. Pers. → Sg. → 2. Pers. → Pl. → Inf. → Part. (m/f/n) → Pl.
b) βεβούλευμαι → 2. Pers. → 3. Pers. → Pl. → 1. Pers. → 2. Pers. → Part. (m/f/n) → Sg. → Inf.

2 Nenne die Lernform (1. Pers. Sg. Präs. Akt. bzw. Med.) und übersetze.

a) ἐπιβεβουλεύκατε ◦ λελυκέναι ◦ κεκωλυκότες ◦ ἀπολέλαυκας
b) πέπαυται ◦ πεπαιδευμένοι ◦ ἀπολέλυσθε ◦ παρακεκέλευνται
c) τεθύκαμεν ◦ ἱκετεῦσθαι ◦ τεθεραπευκόσιν ◦ πεφόνευται ◦ ὑπώπτευκας ◦ ἐστρατεύκασιν

3 Erläutere den Aspektunterschied und arbeite ihn bei deiner Übersetzung heraus.

a) Ἐβουλευσάμην / Βεβούλευμαι ταῦτα πρᾶξαι.
b) Ὁ κύριος τῆς νόσου ἀπελύθη / ἀπολέλυται.
c) Οἱ γονεῖς με ἐπαίδευσαν. Ὅμηρος τὴν Ἑλλάδα πεπαίδευκεν (*Platon*). Βλέπων πεπαίδευμ᾽ εἰς τὰ τῶν ἄλλων κακά (*Gnome*).

I

Die Zukunft kennen – ein alter Menschheitstraum

Die meisten Forscher gehen heute davon aus, dass die **Apollonpriesterin Pythia** mithilfe von Gasen, die aus einer Erdspalte aufstiegen, in eine Art Trance versetzt wurde. Auf dem heiligen **Dreifuß** sitzend, einem Gestell mit drei Beinen, äußerte sie dann die weissagenden Worte, die von Priestern gedeutet und den Bittstellern übermittelt wurden. Da das delphische Orakel eine große Autorität besaß, wurde es insbesondere von Herrschern befragt. Die Orakelsprüche und deren Deutung durch die Priester konnten daher großen politischen Einfluss haben.

Befragung eines Orakels. Innenbild einer rotfigurigen Schale, um 440 v. Chr. ▸

T

Eindeutig zweideutig!

Die Orakelsprüche der Pythia waren häufig unklar, sodass es immer wieder zu Missverständnissen kam. Eines der folgenreichsten unterlief dem Lyderkönig Kroisos, der im Vertrauen auf den Orakelspruch aus Delphi den Perserkönig Kyros angegriffen und in der Folge alles verloren hatte. Gerade noch einmal mit dem Leben davongekommen, schickte er seine Boten mit bitteren Vorwürfen zur Pythia.

Κροῖσος νομίζων τὴν Πυθίαν μεμαντεῦσθαι οὐ τὰ ὀρθά, ἀλλ' ἐπιβεβουλευκέναι ἑαυτῷ ἀγγέλους ἔπεμψεν εἰς Δελφούς. Οἱ δ' εἶπον τάδε· „Λέλυται ἡ τοῦ Κροίσου ἀρχή. Καὶ πέπαυται ἡ δύναμις αὐτοῦ καίπερ πολλὰ καὶ μεγάλα τεθυκότος. Ἀλλὰ μάτην τὸν ἐνθάδε θεὸν καὶ ὑμᾶς δώροις τιμιωτάτοις τεθεράπευκε παρέχων χρυσὸν μὲν καὶ ἀργύριον πολύν, ἀγάλματα δὲ λαμπρότατα καὶ δὴ καὶ κρατῆρας δύο μεγάλους, οἳ ἐνθάδε ἑστήκασιν[1] ἔτι καὶ νῦν. Σὺ δέ, ὦ Πυθία, τὴν τοῦ Κροίσου βασιλείαν καταλέλυκας κακὰ συμβεβουλευκυῖα."

Πρὸς δὲ ταῦτα ἡ Πυθία λέγεται ἀποκρίνασθαι[2] ὧδε· „Ὦ ἄνδρες Λυδοί, ἀδύνατόν ἐστι μοῖραν ἀπο-φυγεῖν! καὶ θεῷ καὶ ἀνδρὶ θνητῷ. Ὁ δὲ Κροῖσος καὶ πλείω χρόνον ἀπολέλαυκε τῆς εὐτυχίας καὶ τοῦ πλούτου πειθόμενος τοῖς ῥήμασί μου. Τέλος δ' οὐκ ἔφυγε τὰ πάλαι βεβουλευμένα· οὐ γὰρ οἷός τ' ἦν μαθεῖν τὰ μεμαντευμένα. Οὕτως οὖν Ἅλυν διαβαίνων ὄντως μεγάλην ἀρχὴν καταλέλυκεν."

[1] ἕστηκα (*Perf.*): ich stehe

[2] ἀπο-κρίνασθαι: *Inf. Aor. Med.*

1. Stelle aus dem Text alle Perfektformen zusammen; gib jeweils die zugrunde liegende Lernform des Verbs und die Reduplikation an.

2. Unterscheide die beiden Bedeutungen von μαντεύομαι (Z. 1, 13) anhand des jeweiligen Genus verbi.

3. a) Wer ist für Kroisos' Scheitern verantwortlich? Arbeite anhand der Sätze Λέλυται ἡ τοῦ Κροίσου ἀρχή (Z. 3) und Σὺ δέ, ὦ Πυθία, τὴν τοῦ Κροίσου βασιλείαν καταλέλυκας κακὰ συμβεβουλευκυῖα (Z. 7 f.) sowie Οὕτως οὖν Ἅλυν διαβαίνων ὄντως μεγάλην ἀρχὴν καταλέλυκεν (Z. 13 f.) die gegensätzlichen Standpunkte heraus; berücksichtige bei den Verbformen jeweils das Genus verbi und ggf. den Handlungsträger.
   b) Erschließe beim letzten Satz (Z. 13 f.) das Missverständnis zwischen dem Wortlaut der Pythia und der Deutung des Kroisos.

MK 4. Weise die historischen Zusammenhänge von χρυσὸν … καὶ ἀργύριον πολύν (Z. 5 f.) und der *Kroiseioi* (Sg. ὁ Κροίσειος) genannten Münzen nach. (vgl. QR-Code)

37001-24

E

1. Ὁ Κροῖσος· „Πολλοὶ καὶ τιμιώτατοι θησαυροὶ ὑπ᾽ ἐμοῦ εἰς Δελφοὺς πεπεμμένοι εἰσίν.
2. Πολλὰ καὶ καλὰ ὑπὸ τῆς Πυθίας κεκήρυκται.
3. Καὶ ἐγὼ τῇ Πυθίᾳ πέπεισμαι.
4. Καὶ νῦν οἱ ἄνθρωποι πεποίθασι τῇ Πυθίᾳ οὐδὲν δεδοικότες.
5. Ἐγὼ δὲ τῇ Πυθίᾳ βέβλαμμαι· οἱ μὲν πλεῖστοι τῶν στρατιωτῶν τεθνήκασιν, ἐγὼ δὲ γέγονα αἰχμάλωτος (Kriegsgefangener)."

Ü

1 Stelle die Verben unter Nennung der Lernform (1. Pers. Sg. Präs. Akt. bzw. Med.) nach P-, T- und K-Stöcken geordnet zusammen. Übersetze anschließend.
βέβλαφθε ◦ γέγραπται ◦ δέδεγμαι ◦ ἐγκεκωμιασμένος ◦ ἠθροῖσθαι ◦ λελείμμεθα ◦ πέπεισται ◦ τέταξαι ◦ τεταραγμένοι εἰσίν

2 Gib das Tempus an und übersetze.
κολάσαι ◦ κεκόλασαι ◦ διῶξαι ◦ δεδίωκται ◦ ἠνάγκασθε ◦ ἠναγκάσθητε ◦ ἦγμαι ◦ ἦγον ◦ ἥρπασται ◦ ἡρπάσθη

3 Übersetze.
a) τὰ Ἀλεξάνδρῳ πεπραγμένα, τὰ τέκτοσιν εἰργασμένα, τὰ πολεμίοις ἡρπασμένα
b) Οἱ στρατιῶται τῷ στρατηγῷ ἠθροισμένοι καὶ τεταγμένοι εἰσίν.
c) Pontius Pilatus über Jesus: Οὐδὲν ἄξιον θανάτου ἐστὶν πεπραγμένον αὐτῷ.

4 Übersetze.
a) Οἱ Ἀθηναῖοι τοὺς τεθνηκότας ἔθαψαν.
b) Οἱ ἄνθρωποι τὸν πόλεμον δεδοίκασιν.
c) Εἴωθα τοῦτο πρᾶξαι.
d) Ἔοικε ταῦτα πρᾶξαι.
e) Βεβαίοις φίλοις πεποιθέναι χρή.
f) Πολλὰ καὶ ἀγαθά μοι γέγονε.

I

Hesiod
Am Anfang der europäischen Literatur stehen um ca. 700 v. Chr. mit Homer und Hesiod zwei Dichter, die ganz unterschiedliche Welten beschreiben. Während in **Homers** *Ilias* die **Adelswelt** der Kämpfer um Troja im Mittelpunkt steht und in der *Odyssee* neben der kriegerischen Welt des Adels auch märchenhafte **Abenteuer** erzählt werden, richtet sich **Hesiods Werk** an den „kleinen Mann", die **Bauern**, zu denen auch er gehörte. In seinem **Lehrgedicht** *Werke und Tage* gibt Hesiod Empfehlungen für deren mühevollen Alltag. Der homerischen Adelsethik steht damit Hesiods **Arbeitsethik** gegenüber, in der er die Arbeit als wichtigste Aufgabe des Menschen preist.

T

Hesiod – Liebling der Musen

Hesiod, der um 700 v. Chr. als Bauer und Hirte in Boiotien lebte, ist neben Homer der bedeutendste Epiker der archaischen Zeit. Aufgrund einiger persönlicher Aussagen in seinen Werken scheint er uns, anders als Homer, auch als Mensch fassbar zu sein.

Ἐν τῷ νῦν χρόνῳ ἠφάνισται μὲν τὰ πλεῖστα τῶν τοῖς παλαιοῖς εἰργασμένων. Λέλειπται δὲ τὰ Ἡσιόδῳ γεγραμμένα. Τούτῳ δέ, ὥσπερ αὐτὸς λέγει, φυλάττοντι οἷς[1] ὑφ'[2] Ἑλικῶνος ἐνέτυχόν ποτε αἱ Μοῦσαι,

„ἐννέα θυγατέρες, μεγάλου Διὸς ἐκγεγαυῖαι[3],
Κλειώ τ' Εὐτέρπη τε Θάλειά τε Μελπομένη τε
Τερψιχόρη τ' Ἐρατώ τε Πολύμνιά τ' Οὐρανίη τε
Καλλιόπη τε."

Καὶ ἔοικε δεδιδάχθαι ὑπ' αὐτῶν ὑμνῆσαι[4] τὴν τῶν ἀθανάτων δόξαν καὶ προτρέψαι τοὺς θνητοὺς εἰς ἀρετήν. Ἐν μὲν τῇ „Θεογονίᾳ" κεκήρυκται, ὥσπερ αἱ τῶν θεῶν γενεαὶ γεγόνασιν. Ἐν δὲ ποιήματι, ὃ ὠνόμασται „Ἔργα καὶ ἡμέραι", οἱ γεωργοὶ διδάσκονται, ὅπως τὰ τῆς φύσεως τέτακται. Καὶ ἡμεῖς πάντες μανθάνομεν, ὅτι γίγνεται τὰ μὲν κακά, εἰ εἰς ὕβριν τετράμμεθα, τὰ δ' ἀγαθά, εἰ εἰώθαμεν δίκην καὶ αἰδῶ σέβεσθαι καὶ δεδοικέναι τοὺς θεούς.

Τοιαῦτα λογιζόμενος ὁ Ἡσίοδος οὐ τέθνηκεν, ἀλλὰ ζῇ[5] ἔτι καὶ νῦν ἅτε πεποιθὼς τοῖς τῶν Μουσῶν λόγοις.

[1] οἷς: *Akk. Pl. zu* ὁ / ἡ οἷς, οἰός das Schaf
[2] ὑπό: *(hier:)* am Fuß des
[3] Διὸς ἐκγεγαυῖαι: *übersetze wie* γεγονυῖαι ἐκ Διός
[4] ὑμνῆσαι *(Inf. Aor.)*: (zu) rühmen, (zu) preisen
[5] ζῇ: er, sie, es lebt

1. Stelle aus dem Text alle Perfektformen zusammen und gib jeweils die Lernform an.
2. Gib für alle Dative im Text an, ob es sich jeweils um ein Dativobjekt, einen Dativ nach einer Präposition oder einen Dativus auctoris handelt.
3. Wähle einen passenden deutschen Titel für Hesiods Lehrgedicht Θεο-γονία (Z. 10).
4. Stelle aus dem Text alle biografischen Informationen über den Dichter zusammen.
5. Ergänze diese Auswertung. MK
6. Vergleiche die Abbildung mit dem Text; gehe auch auf die Topografie Boiotiens ein. MK

◄ *Edmond Aman-Jean (1858 – 1936): Hesiod inspiriert von der Muse.*

E

1. Ἡσίοδος ἔγραψε τὴν Θεογονίαν ἐν πλείοσιν ἢ χιλίοις στίχοις (Vers).
2. Ἐν τούτῳ τῷ ποιήματι ὁ Ἡσίοδος λέγει, ὅτι οἱ Ὀλύμπιοι τρίτη τῶν θεῶν γενεά εἰσιν.
3. Δευτέρα δ' εἰσίν, ὡς ὁ Ἡσίοδος φράζει, οἱ Τιτᾶνες.
4. Ἐν τῇ Θεογονίᾳ ὁ Ἡσίοδος καὶ περὶ Προμηθέως γράφει οὐ βραχέως, ἀλλ' ἀκριβῶς·
5. Ἀνδρείως μέν, ἀναιδῶς δὲ τὸ πῦρ (Feuer) ἔκλεψεν.
6. Διὸ οἱ μὲν ἄνθρωποι διάγουσιν ἥδιον, ἐκεῖνος δὲ φοβερώτατα ἐκολάσθη.

Ü

1 Bei Herodot finden sich zu Schlachten der Perserkriege Zahlenangaben. Gib die griechischen Zahlwörter mit arabischen Ziffern wieder. Erschließe anhand eigener Überlegungen die Zahl, die heutigen Historikern unrealistisch erscheint.

a) ἐν Μαραθῶνι· δύο καὶ ἐνενήκοντα καὶ ἑκατὸν τεθνηκότες Ἀθηναῖοι ↔ ἑξακισχίλιοι τετρακόσιοι τεθνηκότες Πέρσαι

b) ἐν Ἀρτεμισίῳ· τέτταρες καὶ εἴκοσιν καὶ τριακόσιαι νῆες τῶν Ἑλλήνων ↔ πρῶτον μὲν χίλιαι καὶ διακόσιαι καὶ ἑπτὰ νῆες τῶν Περσῶν, μετὰ ἄνεμόν τινα μέγαν ὀκτακόσιαι καὶ ἑπτά λοιπαὶ ἦσαν

c) ἐν Σαλαμῖνι· τριακόσιαι καὶ ἑβδομήκοντα καὶ ὀκτὼ νῆες τῶν Ἑλλήνων ↔ περίπου (ungefähr) πεντακοσίας ναῦς τῶν Περσῶν, ὡς οἱ νῦν ὑποπτεύουσιν

2 Ordne – gegebenenfalls nach Recherche – die Ereignisse bei den Olympischen Spielen den Olympiaden (ἡ ὀλυμπιάς, -άδος) zu; die Zählung der ersten Olympiade beginnt 776 v. Chr. Die Lösungsbuchstaben ergeben den Namen eines berühmten Ringers, der durch tägliches Tragen eines Kalbes immer kräftiger wurde.
Unter dem QR-Code finden sich Tipps für die Umrechnung der Jahreszahlen.

37001-25

a) ἡ τετάρτη καὶ δεκάτη ὀλυμπιάς
b) ἡ πεντηκοστή καὶ τετάρτη ὀλυμπιάς
c) ἡ πέμπτη καὶ ἑξηκοστὴ ὀλυμπιάς
d) ἡ διακοσιοστὴ καὶ ἑνδεκάτη ὀλυμπιάς
e) ἡ τρίτη καὶ ἐνενηκοστὴ καὶ διακοσιοστὴ ὀλυμπιάς

Ω Verschiebung der Olympischen Spiele wegen Neros Teilnahme um zwei Jahre
I posthume Erklärung des Arrhachinon zum Sieger im Pankration
N Verbot der Olympischen Spiele durch Kaiser Theodosius
Λ Einführung des Waffenlaufs
M Einführung des Doppellaufs

3 Erkläre die Bildungsweise der Adverbien und übersetze.
κακῶς τὸν βίον διάγειν • ἡδέως δῶρον δέχεσθαι • σωφρόνως τοῖς νόμοις πείθεσθαι • διαφερόντως τῶν ἄλλων ἀθλητῶν! γυμνάζεσθαι • αἰσχρῶς δειλῶς τε φυγεῖν

4 Wähle jeweils das Adverb aus und übersetze.
ἄριστον / ἄμεινον μάχεσθαι • φοβερώτατα / φοβερώτατον κρύπτεσθαι • θρασύτερα / θρασύτατα λέγειν • αἰσχρῶς / ἄστεως διάγειν

T

Die Schlacht bei den Thermopylen

Die Thermopylen („das heiße Tor"), benannt nach zwei dort entspringenden heißen Quellen, waren aufgrund der in der Antike dort herrschenden besonderen geografischen Gegebenheiten ein strategisch äußerst wichtiger Punkt. Gleich mehrfach wurde hier erbittert gekämpft. Berühmt geworden sind vor allem die Ereignisse aus dem Jahr 480 v. Chr.

Ἐν ταῖς Θερμοπύλαις ἡ δί-οδος ἦν μόνον πεντήκοντα ποδῶν[1] τὸ εὖρος[2]. Ἐκεῖ δὴ διὰ πολλῶν ἡμερῶν τετράκις χίλιοι Ἕλληνες εἶργον τριακοσίας μυριάδας[3] Περσῶν τῆς εἰς τὴν Ἑλλάδα εἰσ-όδου.

Ὁ δὲ Ξέρξης, ἐπεὶ εἶδε τὴν τῶν Ἑλλήνων φάλαγγα[4], ἐκέλευσε τὸν στρατὸν πρῶτον μὲν ἡσυχίαν ἄγειν βουλόμενος ἀκριβέστατα σκέψασθαι τοὺς ἐναντίους. Ἀπὸ δὲ πέμπτης ἡμέρας πεποιθὼς τῷ τῶν στρατιωτῶν πλήθει ἔπεμψε πρώτους μὲν τοὺς Μήδους, δευτέρους δὲ τοὺς λεγομένους ἀθανάτους[5] ὡς τρέψοντας τοὺς Ἕλληνας. Ἀλλὰ δὶς κακῶς ἐσφάλλετο· ἀμφότεροι γὰρ δεινῶς ἐβλάβησαν, μάλιστα ὑπὸ τῶν Λακεδαιμονίων τῶν σὺν Λεωνίδᾳ.

Τέλος δὲ οἱ Ἕλληνες ἠναγκάσθησαν λιπεῖν τὰς Θερμοπύλας. Ἔμειναν[6] μόνοι οἱ τριακόσιοι Λακεδαιμόνιοι καὶ οἱ σύμμαχοι αὐτῶν ὄντες χίλιοι καὶ ἑκατὸν ἄνδρες – ἑπτακόσιοι Θεσπιεῖς καὶ τετρακόσιοι Θηβαῖοι. Οἱ μὲν Θεσπιεῖς πάντες ἔπεσον ἅμα τοῖς Λακεδαιμονίοις μαχόμενοι πολὺ ἀνδρειότερον τῶν Θηβαίων. Οὗτοι δ' ἔφυγον ὡς τάχιστα καὶ αἰσχρῶς ἐδούλευσαν τοῖς Πέρσαις.

[1] ὁ πούς, ποδός: *(hier als Längenmaß:)* ein Fuß *(= ca. 30 cm)*
[2] τὸ εὖρος, -ους: die Breite *(hier Acc. Graecus)*
[3] τριακοσίας μυριάδας Περσῶν: *übersetze wie* τριακοσίους μυρίους Πέρσας *(die beiden Zahlen müssen hier multipliziert werden)*
[4] ἡ φάλαγξ, φάλαγγος: die Phalanx *(dicht gestaffelte Schlachtordnung)*
[5] οἱ ἀ-θάνατοι: *hier Bezeichnung für eine persische Eliteeinheit*
[6] ἔμειναν: *übersetze wie* ἔμενον

1 a) Ordne alle Zahlwörter im Text mithilfe einer Tabelle nach Grundzahlen, Ordnungszahlen und Vervielfältigungszahlen; gib, soweit möglich, das Beziehungswort mit an.
b) Gib ergänzend alle Wendungen an, die eine unbestimmte Mengenangabe enthalten.

2 Nenne alle von einem Adjektiv gebildeten Adverbien; ergänze jeweils, ob das Adverb im Positiv, Komparativ oder Superlativ vorliegt.

3 Belege, dass der Text viele Merkmale eines Berichts erfüllt. (vgl. M 19 B)

MK **4** Informiere dich über die militärischen Konflikte, die zwischen 480 v. Chr. und 1941 an den Thermopylen ausgetragen wurden; präsentiere deine Ergebnisse mithilfe eines Zeitstrahls. Der Text gibt erste Hinweise.

▲ *Szene aus dem Film ‚300', 2006.*

Epochenüberblick III

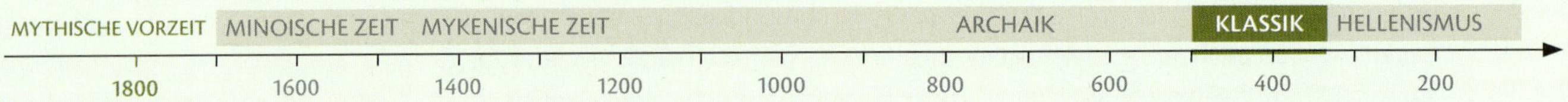

K Die Klassik (ca. 500 – 336)

Klassische Musik, *klassische* Oldtimer, Weimarer *Klassik*, Griechische *Klassik* ... – gar nicht so einfach zu definieren, was ***klassisch*** eigentlich bedeutet. So versteht man zumeist unter der Weimarer *Klassik* die Periode, in der Goethe und Schiller ihre Werke schufen, die die Jahrhunderte überdauerten. *Klassisch* bedeutet in diesem Sinne **vollendet, die Zeiten überdauernd**. Die Weimarer *Klassik* orientierte sich ihrerseits an der *klassischen* Antike.

Schauen wir uns daher genauer an, warum man genau dieser Periode in Griechenland von ca. 500 bis 336 v. Chr. die Bezeichnung *klassisch* gab:

Athene Varvakeion. Nach Phidias, um 500 v. Chr.

Am Anfang des 5. Jahrhunderts v. Chr. stehen die **Kriege gegen die Perser** (vgl. 18 T, 44 T, 49 I und T), die mit der Niederlage des großen Perserreichs enden und zugleich den Aufstieg der griechischen Poleis zu mächtigen, teilweise reichen und selbstbewussten politischen Zentren fördern; dies gilt insbesondere für **Athen**, das den Sieg gegen die Perser als Sieg der Freiheit über die Despotie betrachtete und enorme Kräfte freisetzte. Letztlich war Athen der Ort, wo sich all dies entwickelte, was wir heute unter dem Begriff des klassischen Griechenlands verstehen:

Die **Kunstwerke eines Phidias** (vgl. 26 I und T sowie K „Griechische Statuen", S. 156 f.) werden heute an den Universitäten ebenso studiert wie die **philosophischen Werke Platons** (vgl. 63 I und T, 79 T sowie K „Griechische Philosophie", S. 174 – 176) und **Aristoteles'** (vgl. 79 I und T). Auf dem Marktplatz Athens verwickelte **Sokrates** (vgl. 48 T, 75 und 78 I, 81 – 85 T) seine Mitbürger in jene berühmten Dialoge, die Platon als den idealen Weg betrachtete, um sich der Wahrheit zu nähern. Am Südabhang der Akropolis wurden im **Dionysostheater** die Werke der drei großen **Tragiker Aischylos, Sophokles und Euripides** (vgl. die Lektionen 8, 12, 13, 14, 15, 35, 37, 38, 46 und 51) aufgeführt, die bis heute auf keiner der großen Theaterbühnen der Welt fehlen dürfen. Am gleichen Ort brachte **Aristophanes** (vgl. 72 I, 77 I und T) seine Mitbürger in den **Komödien** zum Lachen, das selbst in den harten Zeiten des langen, immer wieder aufflammenden Krieges, den man als den Peloponnesischen bezeichnet (431 – 404 v. Chr.), nicht verstummte. Unter Perikles (vgl. 70 I und T, 74 I und T) entstand auf der **Akropolis** der Parthenontempel (vgl. 72 T und K „Griechische Tempel", S. 208 f.), bis heute das Wahrzeichen Athens. Perikles gilt als der Politiker, der die **Staatsform der Demokratie** zu ihrer Vollendung brachte (vgl. K „Demokratie", S. 248 f.). Und so lässt der Historiker Thukydides (vgl. 64 I und T, 69 I und T, 76 I und T) Perikles formulieren: „Die Verfassung, die wir haben ...

▲ *Das Dionysostheater in Athen.*

heißt Demokratie, weil der Staat nicht auf wenige Bürger, sondern auf die Mehrheit ausgerichtet ist." (Thuc. 2,37) – diese Definition der Demokratie wurde im Entwurf für eine europäische Verfassung als erster Satz zitiert.

Während **Herodot** (vgl. 49 T und 58 I) in den *Historien* die **Geschichte der Perserkriege**, dabei weit zurückgehend in die mythologische Vorzeit, zum Gegenstand seiner Erzählungen machte und später als *pater historiae* bezeichnet wurde, ging **Thukydides** in seinem Werk über den Peloponnesischen Krieg auf die Motive menschlichen Handelns ein, die zu Kriegen führen. Messerscharf **analysierte** er die Psyche sowie das **Verhalten der Menschen** in Extremsituationen; bis heute werden seine Analysen häufig zitiert und sind somit klassisch geworden.

Wenn auch Athen das Zentrum des klassischen Griechenlands bildete, so prägten in gleicher Weise Städte und Stätten wie Olympia (vgl. 26 T, 27 T, 28 T, 30 T, S. 104 f.), Epidauros (vgl. 11 I und T), Delphi (vgl. S. 124 f., 41 I und T, 42 I und T) und zunehmend die Kolonien in *Magna Graecia* (vgl. S. 196 f.) in den Bereichen Sport, Politik, Medizin, Religion und Wissenschaften die klassische Zeit.

Obwohl mit der Niederlage Athens im Peloponnesischen Krieg 404 v. Chr. (vgl. 78 T) Athens Vormachtstellung zu Ende ging, blieb es noch lange Zeit ein **kulturelles Zentrum**. Aristoteles, dessen Werke bis weit in die Neuzeit hinein wirkten, gehört noch zur Periode des klassischen Griechenlands und steht als Erzieher Alexanders des Großen, der 336 v. Chr. seinem Vater Philipp von Makedonien (vgl. 47 I und T) nachfolgte, zugleich am Beginn der neuen Epoche des Hellenismus (vgl. S. 192 f.).

Ü **1** Analysiere die Verbformen und übersetze. Wähle je nach Selbsteinschätzung die Schwierigkeitsstufe:
* einfach – ** mittel – *** anspruchsvoll

* ἀπ-ε-λύ-θη-μεν (τῶν κακῶν) • (δημοκρατία) κατασκευασ-θή-σ-εται • (οἱ δοῦλοι) κολασ-θή-σ-ονται • (βασιλεὺς) φονευ-θείς • (τοὺς θεοὺς) τε-θεραπεύ-κα-μεν • (εὖ) πε-παιδεῦ-σθαι • (ἡ πόλις) σέ-σῳσ-ται

** ἤρχθην • ἐνεκωμιάσθητε • (λόγοι) μνημονευθησόμενοι • πεμφθήσῃ • ἀπαλλαγῆναι (τῶν κακῶν) • (ἀγῶνες) κεκηρυγμένοι • πεποιθότες

*** ἠτιμάσθητε • βλαβεῖσιν (ὑπὸ τῶν ἐναντίων) • δεδίωξαι • εἰθισμένοι (πείθεσθαι) • γεγονυῖαι • (ὁ σῖτος ἐκ Ἀσίας) εἰσῆκται • ὡρισμένα

2 a) Wähle alle Formen aus, bei denen es sich nicht um einen Nominativ handelt oder handeln kann.
δάκρυα • κακίω • αἰδώς • ἡδείας • ἱκετεύσας • γονέας • βελτίους • πλοῦς • μέλους • δυστυχοῦς • πούς • πλείστους • ἡδέος • πλοῦτος • ἀσφαλής • μνήμης • βραχεῖ • ἐνδεεῖς • ἔπει • ἔνιοι • θυγάτηρ • βασιλέως

b) Bilde aus den bei a) gewählten Formen unter Berücksichtigung der KNG-Kongruenz Junkturen und übersetze.

3 Ordne die vier Wortgruppen so an, dass eine Aussage entsteht, die zu Sophokles' Zeiten heftig diskutiert wurde und auch heute noch diskussionswürdig ist.

a) ἔχειν καὶ τὸν κρείττω
b) Δίκαιόν ἐστι τὸν ἀμείνω
c) τοῦ ἥττονος ἄρχειν.
d) τοῦ χείρονος πλέον

4 Bearbeite je nach Interesse a) oder b).

a) Erschließe die Bedeutung folgender Fremdwörter aus dem medizinischen Bereich.
Physiognomie • Orthopädie • Tachykardie • Hypsiphobie • Odontalgie • Podologe • Brachykephalie • Pathologe

b) Neugriechisch. Ordne folgende Begriffe aus dem gesellschaftlichen Bereich ihren Bedeutungen zu. Gib die zugrunde liegenden altgriechischen Wörter sowie ihre deutsche Bedeutung an.

αστυνομία • δημαρχία • οικονομική κρίση • πληθυσμός • πολιτισμός • στρατοδικείο • τάξη • ταχυδρομείο

Bevölkerungszahl • Bürgermeisteramt • Finanzkrise • Klasse • Kultur • Militärgericht • Polizei • Post

Nikiforos Lytras (1832–1904): Antigone vor dem toten Polyneikes (1865). ▶

T

Eine vom Schicksal geschlagene Familie

Kreon, der neue König in Theben, ruft sich die schrecklichen Ereignisse, die von der Familie des Oidipus ausgelöst wurden, ins Gedächtnis.

Ἡ ἡμετέρα πόλις μάλιστα ἐβλάβη ὑπὸ τοῦ Οἰδίποδος γένους. Οὗτος γὰρ ἠλέγχθη τὸν πατέρα ὕβρει αἰσχίστῃ φονεύσας καὶ τῇ μητρὶ συνών· διὸ τῇ ἑαυτοῦ χειρὶ γενόμενος τυφλὸς ἔλιπε τὴν πόλιν.

Οἱ δὲ δύο υἱοὶ ἤριζον περὶ τῆς βασιλείας. Ἐτεοκλέους βασιλέως γενομένου Πολυνείκης ταχέως τὸ ἄστυ ἀπέλιπε καὶ ἔφυγεν εἰς Ἄργος. Πρῶτον μὲν ἓξ ἄνδρες καρτεροὶ ἠθροίσθησαν ὑπὸ τούτου. Ἔπειτα δὲ πολλοὶ καὶ θρασύτατοι στρατιῶται ὑπὸ τῶν ἑπτὰ ἡγεμόνων ταχθέντες ἀναιδῶς ἐπῆλθον τῇ πόλει ὡς παρασκευάσοντες τῷ Πολυνείκει ἰσχύν τε καὶ κλέος. Τέλος δ᾽ ἀμφότεροι οἱ ἀδελφοὶ ἀλλήλοις μαχόμενοι δεινότατα ἀπέθανον.

Νῦν δὲ οἱ πολῖται ἤκουσαν ἐμοῦ τάδε τάξαντος· ὁ μὲν Ἐτεοκλῆς καλλίστῳ τε καὶ τιμιωτάτῳ τάφῳ κρυφθήσεται, τὸ δὲ τοῦ τεθνηκότος Πολυνείκους σῶμα ἅτε ἐχθίστου ὄντος σῖτος ἔσται τοῖς θηρίοις. Πέποιθα οὖν τοὺς ἀστοὺς τὴν ἐμὴν κρίσιν θεραπεύειν καὶ τὴν ἐμὴν ἀρχὴν δεδοικέναι. Ἐλπίζω καὶ τὰς τοῦ Οἰδίποδος θυγατέρας πάθει σώφρονας ἔσεσθαι καὶ ἐμοῦ ἄκοντος μὴ θάψειν τὸν Πολυνείκη. Ἥττους γάρ εἰσιν ἐμοῦ, τοῦ βασιλέως.

1. Stelle aus dem Text alle Superlative zusammen und nenne jeweils die Lernform; gib auch an, ob eine Verwendung als Adjektiv oder Adverb vorliegt.

2. Arbeite die Zeitstufen heraus, die Kreon in den einzelnen Abschnitten vorrangig verwendet, und beschreibe seinen Gedankengang.

3. Stelle alle Substantive zusammen, die zu den Wortfeldern „Stadt, Staat, Herrschaft" und „Familie" gehören; untersuche, welchen Bereich Kreon in seinen Entscheidungen stärker gewichtet. (vgl. M 10 A)

4. Z. 4–10: Paraphrasiere den zweiten Abschnitt; nutze dabei die Konnektoren, die den Ablauf zeitlich strukturieren. (vgl. M 15 B)

5. Nenne die Namen zu τὸν πατέρα ... φονεύσας (Z. 2), τῇ μητρὶ συνών (Z. 2 f.) und τὰς τοῦ Οἰδίποδος θυγατέρας (Z. 15 f.). Die Abbildung sowie 37 T und 38 T geben erste Hinweise.

MK 6. Z. 4–10: Recherchiere Polyneikes' Beweggründe für sein Handeln.

7. Diskutiert Kreons Standpunkt: Es gibt keine Rechtfertigung für Angriffe auf den eigenen Staat.

ΘΕΣΣΑΛΙΑ – ΜΑΚΕΔΟΝΙΑ

THESSALIEN – MAKEDONIEN

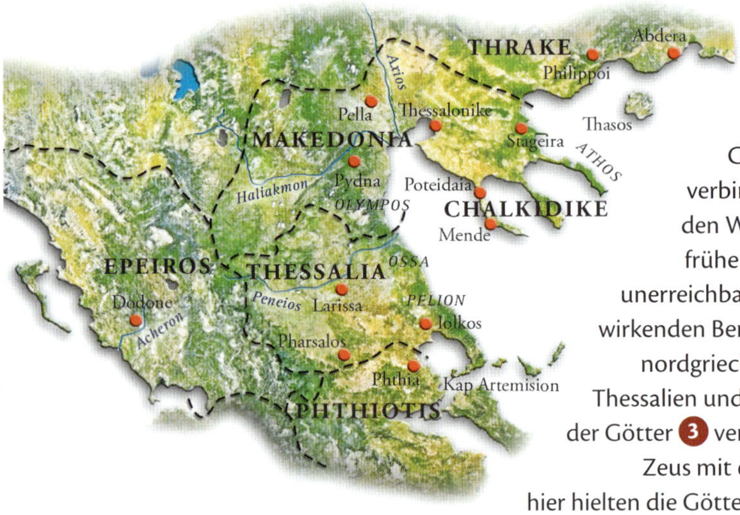

Mit 2 918 Metern ist der Olymp das höchste Bergmassiv Griechenlands **1**. Oft verbirgt er seinen Gipfel in den Wolken **2**, sodass die frühen Griechen in diesem unerreichbar und oft unheimlich wirkenden Berg im Grenzgebiet der nordgriechischen Landschaften Thessalien und Makedonien den Sitz der Götter **3** vermuteten. Hier regierte Zeus mit elf weiteren Gottheiten, hier hielten die Götter Rat über die Geschicke der Welt und der Menschen und schmausten bei ihren Gelagen.

5

6

7

Fährt man vom Olymp aus Richtung Süden, erheben sich aus der thessalischen Tiefebene nadelförmige Felsen, auf denen im 14. Jahrhundert die berühmten Meteoraklöster errichtet wurden (4). Die Mönche wollten mit ihren Klöstern zwischen Himmel und Erde Gott näher und etwaigen Angreifern unerreichbar sein. Einst waren die Klöster nur über schwindelerregende Strickleitern zu erreichen. Von den 24 Klöstern sind heute noch sechs von Mönchen bewohnt (5).

Zwischen Athen und Thessaloniki ragt die Halbinsel Pilion in die tiefblaue Ägäis (6). Die dicht bewaldete Landschaft regte die Fantasie der Menschen in der Antike zu vielen mythischen Erzählungen an: Die Kentauren haben hier gewohnt, unter ihnen der Kentaur Chiron, der den großen Helden Achilleus erzog.

Fährt man vom Olymp aus wiederum nach Norden, kommt man nach Makedonien, das heute durch die zweitgrößte Stadt Griechenlands Thessaloniki und durch die drei „Finger" der Chalkidike, die in die Ägäis hineinragen, bekannt ist. Makedonien schrieb einst Weltgeschichte: Durch König Philipp II. wurde Makedonien im 4. Jahrhundert v. Chr. zur Vormacht in Griechenland, sein Sohn Alexander der Große eroberte ein Weltreich. In Vergina, das etwa 50 km von der einstigen Hauptstadt Pella entfernt liegt, steht Philipps Grabstätte, ein imposantes Kuppelgrab (7).

E

1. Λεωνίδας εἶπεν· „Εἰ τοὺς Πέρσας ἀμύνομεν, σῴζομεν πᾶσαν τὴν Ἑλλάδα.
2. Οἱ δὲ Πέρσαι, εἰ κρείττονες ἔσονται, ἄρξουσι πάντων τῶν Ἑλλήνων.
3. Εἰ οἱ Πέρσαι τὴν ὁδὸν μὴ ἐγίγνωσκον, ἠμύνομεν ἂν αὐτοὺς πολὺν χρόνον.“
4. Εἰ οἱ Λακεδαιμόνιοι τοὺς Πέρσας ἐκώλυσαν, αὕτη ἡ μάχη ἐγένετο ἂν ἔτι λαμπροτέρα.
5. Ἐξῆν τοῖς Λακεδαιμονίοις πᾶσαν τὴν Ἑλλάδα σῶσαι.
6. Οἱ Λακεδαιμόνιοι ὀλίγου (δεῖν) τοὺς Πέρσας ἐκώλυσαν· ἀλλ' οἱ Πέρσαι ἐπύθοντο τῆς ὁδοῦ.

Ü

1 Bestimme die Verbformen und benenne den vorliegenden Modus exakt. Übersetze.

a) Εἰ οἱ ἄνθρωποι κοινῇ ἐργάζονται, πάντες εὖ πράττουσιν.
b) Εἰ οἱ ἄνθρωποι κοινῇ ἠργάζοντο, πάντες εὖ ἂν ἔπραττον.
c) Εἰ οἱ ἄνθρωποι κοινῇ ἠργάσαντο, πάντες εὖ ἂν ἔπραξαν.

2 Irrealis der Gegenwart oder der Vergangenheit? Weise die Verbformen der entsprechenden Zeitstufe zu und übersetze.

a) ἐπαίδευον ἄν • ἐπαίδευσα ἄν • οὐκ ἂν ἀπήλλαττες • οὐκ ἂν ἀπήλλαξας
b) ἔβαλλεν ἄν • ἔβαλεν ἄν • οὐκ ἂν ἐβουλευόμεθα • οὐκ ἂν ἐβουλευσάμεθα
c) ἐτάττεσθε ἄν • ἐτάχθητε ἄν • ᾐσθάνοντο ἄν • ᾔσθοντο ἄν

3 Vorwürfe an einen Faulenzer. Weise die Ausdrücke sinnvoll den Sätzen zu und übersetze.

• Ἔδει	… σοι τῆς ἐν Ὀλυμπίᾳ νίκης τυχεῖν· ἀλλ' οὐκ ἐγυμνάσω.
• Ἐξῆν (2)	… σε γυμνασάμενον μὴ κάμνειν· ἀλλ' οὐκ ἐσπούδασες.
• ὀλίγου	… τὰ τέκνα σου εὖ πράττειν· ἀλλὰ τῆς ὑγιείας (Gesundheit) οὐ φροντίζεις.
ἀπέθανεν	Τὰ τέκνα εἰς νόσον δεινὴν ἐμπεσόντα … , ὅτι ἰατρόν τινα οὐ μετεπέμψω.

I

Griechen oder Hellenen?

Briefmarken im heutigen Griechenland haben die Aufschrift ΕΛΛΗΝΙΚΗ ΔΗΜΟΚΡΑΤΙΑ, doch die Bezeichnungen *Hellenen* für die Griechen und *Hellas* für Griechenland setzten sich erst im Lauf der Jahrhunderte durch. Homer nennt die Griechen vor Troja *Achaier* oder *Danaer*. In den Geschichtswerken von Herodot und Thukydides werden unter ***Hellenen*** alle die Völker verstanden, die **Griechisch** sprechen, die anderen heißen βάρβαροι. In Griechenland gibt es auch noch ein weiteres Wort für „Griechentum“, nämlich **„ΡΩΜΙΟΣΥΝΗ“** – Romiossini. Dieser Begriff kommt von Romaioi, den Bürgern des östlichen Teils des römischen Weltreiches. Er bezeichnet alles im griechischen Leben und in der **griechischen Eigenart**, was nicht klassisch, was nicht „hellenisch“ ist: Er bestimmt das Wesen der Griechen, ihre Geschichte, ihr **Brauchtum**, ihre Identität und äußert sich z. B. im Glauben der orthodoxen Kirche, in Bräuchen, in Volksliedern und -tänzen. Hellenismos, die Berufung auf die klassische Antike, und Romiossini verschmelzen manchmal im griechischen Selbstverständnis, manchmal bekämpfen sie sich auch.

T

Die Hellenen bekommen ihren Namen

Hellen war mythischer König des kleinen Landes Phthiotis. Seine Söhne waren Doros und Aiolos, seine Enkel Ion und Achaios.

Ἐν χρόνῳ παλαιτάτῳ ἡ νῦν Ἑλλὰς λεγομένη χώρα πάνυ ἀδύνατος καὶ ἀσθενὴς ἦν. Οἱ γὰρ ἐκεῖ ἄνθρωποι ἐνέμοντο μόνον τὰ ἴδια, κοινῇ δ᾽ ἐξηργάζοντο οὐδέν. Ἔδει μὲν αὐτοὺς κήδεσθαι συνεχῶς τῶν κωμῶν καὶ τῶν ἀγρῶν, ἠναγκάζοντο δὲ πολλάκις φυγεῖν τοὺς πολεμίους καὶ ἀπολιπεῖν αὐτοῖς τὰ κτήματα ἅτε οὐκ ἔχοντες οὔτε τείχη ἐπιτήδεια οὔτε στρατὸν ἰσχυρόν. Τέλος δὲ πάντες ἂν ἠφανίσθησαν, εἰ μὴ Ἕλλην καὶ οἱ παῖδες αὐτοῦ ἴσχυσαν ἐν τῇ Φθιώτιδι καὶ ἀπέτρεψαν πάντας τοὺς προσερχομένους ἐπ᾽ ὠφελίᾳ τῶν περιοικούντων[1]. Πρῶτον μὲν μόνον οἱ τῷ Ἕλληνι συνόντες Ἕλληνες ὠνομάσθησαν, ἔπειτα δὲ τὸ τοῦ εὐεργέτου ὄνομα καὶ ἅπασιν ἐξενίκησεν[2]. Καὶ οἱ νῦν οὐκ ἂν ἐλέγοντο Ἕλληνες, εἰ μὴ δι-έμενέ[!] πως ἡ μνήμη ἡ τῶν ὑφ᾽ Ἕλληνος πάλαι πεπραγμένων.

[1] οἱ περι-οικοῦντες: die Nachbarn

[2] ἐξ-ενίκησεν (*m. Dat.*): er, sie, es setzte sich durch bei/für

1. Gib für die zwei Konditionalgefüge im Text an, ob es sich jeweils um einen Irrealis der Gegenwart oder der Vergangenheit handelt.

2. Griechenland wird als zunächst ἀδύνατος καὶ ἀσθενής (Z. 1 f.) beschrieben.
   a) Paraphrasiere die Lebensverhältnisse vor Hellens Aktivitäten; nimm Bezug auf die genannten Begriffe.
   b) Gib die Stelle genau an, an der die positive Entwicklung einsetzt.

MK 3. Neben Ἕλληνες gibt es für die Griechen noch weitere Bezeichnungen (vgl. I). Informiere dich über die Namen der einzelnen Teilstämme und deren Ursprung. Untersuche auch die Hintergründe, woher der in fast ganz Europa verwendete Name (Grieche, *Greek*, *Greco* (ital.), *Grec* (frz.)) herrührt. Präsentiere deine Ergebnisse.

MK 4. Vergleiche zwei Definitionen zu „Eponymos" und prüfe, ob diese Bezeichnung für Hellen zutreffend ist; erschließe die Bedeutung des Verbs ἐπ-ονομάζω und beziehe es in deine Überlegungen mit ein.

MK 5. Lege dar, wie der/die Gestaltende der Briefmarke das Verhältnis von Hellenismos und Romiossini (vgl. I) sieht.

E

1. Ὁ Ἕλλην· „Ἀποτρέπωμεν πάντας τοὺς προσερχομένους.
2. Κηδώμεθα τῶν περιοικούντων (Nachbarn).
3. Ἦ ἐπιτρέπωμεν τοὺς περιοικοῦντας (Nachbarn) τοῖς προσερχομένοις;
4. Φυλάττωμεν οὖν τοὺς περιοικοῦντας (Nachbarn), ἵνα (ὅπως) αὐτοῖς εὐεργέται ὦμεν καὶ οὗτοι μὴ ὦσιν ἐναντίοι ἡμῖν."

Ü

1 In den folgenden Sätzen ist das Satzzeichen – und möglicherweise die Fragepartikel ἆρα – zu ergänzen. Erkläre, ob – bei entsprechendem Satzzeichen – ein Hortativ oder ein Deliberativ vorliegt, oder ob beides der Fall sein könnte. Übersetze.

Ἆρα	γυμναζώμεθα μέμφωμαι τοὺς θρασεῖς παῖδας μὴ ἀπολείπωμεν τοὺς φίλους ἁρπάζω τὰ χρήματα μὴ βλάπτωμεν τοὺς ἐναντίους διαλεγώμεθα τῷ φιλοσόφῳ ἐκβάλλωμεν τοὺς πολεμίους	. / ;

2 Eine Menge Formen im Konjunktiv. Bestimme sie, ergänze vor jeder ein ἵνα und übersetze.
προσερχώμεθα ❋ φέρωνται ❋ μέμφῃ ❋ φυλάττηται ❋ καταλύωσιν ❋ ὁρίζω ❋ διώκῃς ❋ ᾖς ❋ ἄγησθε ❋ ἱκετεύῃ ❋ ῥίπτω ❋ κελεύητε ❋ ὦσιν ❋ ἥδηται ❋ μένωμεν ❋ ἐγκωμιάζωνται ❋ ἀναγκάζω ❋ καταλείπητε ❋ ἀπῶμεν ❋ ἀγωνίζωμαι

Die Anfangsbuchstaben der Formen, die auch Indikativ sein könnten, ergeben ein Lösungswort.

3 Übersetze Alkestis' Überlegungen.
Τίσιν εὔχωμαι τῶν θεῶν; Τίσιν εὐχαῖς εὐφραίνω τὰς Μοίρας; Τί πράττω, ἵνα σῴζω τὸν Ἄδμητον; Τίνα τρόπον διαλλάττωμεν τὴν ὀργιζομένην Ἄρτεμιν; Πῶς χαριζώμεθα πᾶσι τοῖς θεοῖς, ἵνα μὴ διαφθείρωσι τὸν ἄνδρα μου;
Ἆρα φεύγω τὸν θάνατον ἢ μή; Ἆρ' ὁ βίος μοι βιωτός (lebenswert) ἐστι τοῦ Ἀδμήτου ἀποθανόντος; Βεβούλευμαι. Ἐθέλω ἀποθανεῖν, ὅπως ὁ Ἄδμητος περιγίγνηται.

I

Der Mensch und der Tod

Sterben zu müssen, ist das Schicksal aller Lebewesen. Die moderne **Sterbeforschung** hat erkannt, dass ein Mensch, der nahe vor dem Tod steht, verschiedene Reaktionen zeigt: Er will ihn zunächst nicht wahrhaben, darauf folgen Zorn, Verzweiflung und geheime Verhandlungsversuche mit dem Tod, bis zuletzt oftmals das Unausweichliche akzeptiert wird. Was in heutiger Zeit die **Psychologie** herausgearbeitet hat, wurde in der Antike durch **Mythen** ausgedrückt. Sisyphos, der König von Korinth, versucht trickreich dem Tod zu entkommen (vgl. 33 T), Admetos unternimmt alles, um nicht sterben zu müssen, und auch Orpheus akzeptiert den Tod seiner Frau nicht (vgl. W 9).

T

Wahre Liebe

Admetos, König von Thessalien, ist ein besonderer Freund des Gottes Apollon. Dieser vergrößert Admetos' Reichtum und hilft ihm, die von vielen Männern begehrte Alkestis für sich zu gewinnen. Vor der Hochzeit vergisst Admetos jedoch das übliche Opfer an Artemis. Apollon bemüht sich nun, die tödliche Rache seiner Schwester zu verhindern.

Ἀπόλλων συν-ῆλθε ταῖς Μοίραις, ἵνα εὐμενεῖς ὦσι καὶ φείδωνται τοῦ βασιλέως. Αὗται δ' ἐπείσθησαν, ἀλλ' ἔδει ἄλλον τινὰ ἑκόντα ἑλέσθαι τὸν θάνατον ἀντὶ τοῦ Ἀδμήτου, ὅπως καὶ ἡ Ἄρτεμις διαλλάττηται. Ὁ οὖν Ἄδμητος πρῶτον μὲν παρεκελεύετο τοῖς οἰκέταις καὶ τοῖς ἑταίροις ὑπὲρ αὐτοῦ κατ-ελθεῖν εἰς Ἅιδου, ἀλλὰ πάντες ἀνένευσαν[1].

Εἶτα δὲ μόγις προσελθὼν καὶ τοῖς γονεῦσιν· „Τί λέγω; Πῶς ἄρχωμαι;", ἔφη, „Σώσατέ με, τὸν παῖδα, ἵνα θαυμάζησθε καὶ ἡ μνήμη ὑμῶν ἀρίστη ᾖ." Ἀλλὰ καὶ ἐκεῖνοι ἤδη ἐγγὺς τοῦ τάφου ὄντες ἀπ-έπεμψαν αὐτὸν φάσκοντες· „Παῖ ἄθλιε, οὐκ ἂν ἔλεγες τοιαῦτα, εἰ μὴ ἐταράττου τὸν νοῦν· κελεύεις γὰρ ἀμήχανα καὶ ἀνόσια. Οὐ δῆτα ἡμᾶς πείσεις ὑπὲρ μέτρον. Ἀλλ' ἀπολαύωμεν τῆς ζωῆς βραχείας οὔσης."

Ἔνθα δὴ Ἄλκηστις, γυνὴ ἅμα καλλίστη καὶ πιστοτάτη, εἵλετο ἀποθανεῖν ἄνευ δέους, ἵνα μὴ διαφθείρηται ὁ ἀνήρ.

[1] ἀνα-νεύω: ich winke ab, sage nein

1 a) Stelle aus dem Text alle Konjunktivformen zusammen und gib jeweils an, ob sie an einem gedehnten e- oder o-Laut erkennbar sind oder ob es sich um eine Form von εἰμί handelt.
b) Ordne zu, ob die Konjunktivformen in einem Haupt- oder Nebensatz stehen; berücksichtige deine Ergebnisse für die Übersetzung.

2 Stelle alle Verben und Wendungen zusammen, die zum Wortfeld „sterben" gehören.

3 Z. 7–9: Diskutiert, ob Admetos seinen Eltern verzweifelt oder unverschämt gegenübertritt; bezieht neben den jeweiligen Aussagen auch sprachliche Aspekte wie Modi und Satzarten in eure Überlegungen mit ein.

4 Arbeite auf Grundlage des Textes heraus, was für Admetos und Alkestis jeweils an erster Stelle im „Leben" steht.

MK 5 Weise anhand der Abbildung nach, dass in diesem Mythos nur durch Hilfe von außen ein glückliches Ende möglich wird.

▲ *Eugene Delacroix (1768–1863): Herakles und Alkestis.*

E

1. Οἱ γονεῖς εἶπον πρὸς τὸν Ἄδμητον· „Λογισώμεθα κοινῇ τὴν βουλὴν σου.
2. Ἆρα ἑλώμεθα τὸν θάνατον;
3. Ἆρα μὴ θάνωμεν καίπερ τοῦ βίου ἀπολαύειν βουλόμενοι; Οὐδαμῶς.
4. Μὴ νομίσῃς ἡμᾶς ὑπὲρ μέτρον πείσειν.
5. Οὐκ ἐθέλομεν θανεῖν, ἵνα σὺ σωθῇς καὶ τοῦ θανάτου ἀπαλλαγῇς."

Ü

1 Ordne die Formen tabellarisch nach Konjunktiv Aorist und Indikativ Futur. Die Anfangsbuchstaben der Formen im Konjunktiv Aorist ergeben den Namen von Alexanders Mutter.
ἀναγκάσεις • ὀνομάσῃ • ἄρξομεν • βλάψετε • λύσωμεν • ὑβρίσωσιν • διαλεξόμεθα • μάθω • πάθῃς • ἰσχύσητε • θρέψει • φυλάξουσιν • κρύψεις • ἀγάγω • συλλέξωμεν

2 Übersetze. Achte dabei auf die Wiedergabe des Prohibitivs.

Kurz vor Alexanders Geburt befiehlt König Philipp den Priestern der Geburtsgöttin Eileithyia angemessen zu opfern.

a) Μὴ ἐπιλάθησθε τῇ Εἰλειθυίᾳ θῦσαι.
b) Μὴ ταύτην τὴν βοῦν θύσητε, οὐ γὰρ καλή ἐστιν.
c) Κίνδυνός ἐστιν, μὴ (*hier:* dass) ἡ θεὰ τὸ τέκνον καὶ τὴν μητέρα βλάψῃ.
d) Λάβετε οὖν τήνδε τὴν βοῦν καὶ θύσατε.
e) Μὴ παύσησθε εὐχόμενοι τοῖσδε τοῖς λόγοις·
f) „Ὦ Εἰλείθυια, μὴ λίπῃς τόνδε τὸν οἶκον.
g) Γενοῦ ἐπίκουρος τοῦ τεκεῖν."

3 a) Wähle die Formen aus, die im Konjunktiv Aorist Passiv stehen.
ἀπαλλάττῃ • ἀπαλλαγῶμεν • ἁρπασθῇ • ἁρπάσωμεν • βλάπτωμεν • βλαβῶμεν • παιδευθῇ • ἐπαιδεύθημεν • ταραχθῆτε • ὑβρισθῇ • ὑβρίσθη

b) Ordne die bei a) ausgewählten Formen den Sätzen sinnvoll zu und übersetze.
Φυλάττετε τὸ παιδίον, ἵνα μὴ ● μηδ' ●. Μεταπέμψασθε τοὺς ἀρίστους παιδαγωγούς[!], ἵνα τὸ τέκνον καλῶς ●. Μὴ ● λόγοις τισίν, ἀλλ' εὔχεσθε τοῖς θεοῖς, ἵνα κακῶν δαιμόνων[!] ● καὶ μὴ ὑπὸ κακῶν πολεμίων ●.

I

Makedonien
Im 4. Jahrhundert v. Chr. veränderte das einst eher unbedeutende Makedonien die Welt: **König Philipp II.** machte es nach Siegen über Athen und Theben zur **Vormacht in Griechenland**, und sein Sohn Alexander, der nach der Ermordung Philipps 336 v. Chr. erst zwanzigjährig die Regierung übernahm, eroberte von Makedonien aus ein **Weltreich**.
Die **Griechen** sind bis **heute stolz** auf die **Geschichte Makedoniens** und beanspruchen die Erinnerung an die Makedonen ganz für sich. Als die einstige Teilrepublik Jugoslawiens mit Namen „Mazedonien" 1991 als neu entstandener Staat diesen Namen wählte, kam es zu großen Auseinandersetzungen. Sie konnten erst beigelegt werden, als der neue Staat sich 2019 den Namen „Nordmazedonien" gab.

T

Ein Weltherrscher wird geboren

Μὴ νομίζετε πάντα τὰ περὶ τοῦ βίου καὶ τῶν ἠθῶν ἀνδρῶν λαμπρῶν γεγραμμένα βέβαια εἶναι. Καὶ δὴ καὶ μὴ πιστεύσητε Πλουτάρχῳ γράφοντι περὶ τῆς Ἀλεξάνδρου γενεᾶς. Γράφει γὰρ περιττὰ καὶ θαυμάσια, ἵνα σκεψώμεθα τὸ μέγεθος αὐτοῦ καὶ παράδειγμα λάβωμεν.

Κατὰ τὸν Πλούταρχον Φίλιππος ἐν φόβῳ ἦν δι' ὄνειρόν τινα, ἀλλ' Ἀρίστανδρος, μάντις τις· „Μὴ ὑποπτεύσῃς", ἔφη, „κακά. Ἡ γυνή σου κύει[1] καὶ ὁ υἱὸς ἔσται ὡς λέων." Καὶ ἐγένετο ὁ Ἀλέξανδρος κατὰ τὸν Πλούταρχον ἐν τῇ αὐτῇ ἡμέρᾳ, ἐν ᾗ ὁ ναὸς ὁ τῆς Ἀρτέμιδος ὁ ἐν τῇ Ἐφέσῳ πυρὶ ἐπρήσθη[2]. Εἰσίν, οἳ εἰκάζουσι ταῦτα γενέσθαι, ἵνα βλεφθῇ ἡ μέλλουσα συμφορὰ τῆς Ἀσίας.

Πρὸς δὲ τούτοις ὁ Φίλιππος ἐδέξατο τὴν τοῦ υἱοῦ γενεὰν ἅμα τρισὶ νίκαις. Καὶ οἱ μάντεις ἐκήρυξαν τοῦτο τὸ σημεῖον πεμφθῆναι, ἵνα πάντες μάθωσι τὸν Ἀλέξανδρον ἀ-νίκη-τον' ἐσόμενον.

[1] κύω: ich bin schwanger

[2] ἐπρήσθη: (er, sie, es wurde niedergebrannt), er, sie, es brannte nieder

1. Bestimme alle Konjunktivformen und gib jeweils an, ob der Konjunktiv in einem Hauptsatz oder nach einer Subjunktion steht; bedenke die Folgen für die Übersetzung.

2. a) Unterscheide die Wendungen μὴ νομίζετε (Z. 1) sowie μὴ πιστεύσητε (Z. 2) und μὴ ὑποπτεύσῃς (Z. 6) in grammatischer Hinsicht.
   b) Unterscheide die Bedeutungen von γίγνομαι (Z. 7) und γίγνεται (hier als Infinitiv, Z. 9) im jeweiligen Kontext.

3. Weise nach, dass die Schlüsselwörter in diesem Text „Zeugung" und „Geburt" lauten. (vgl. M 9 A)

4. Alexander wird hier indirekt charakterisiert. Sammle alle Textstellen, die über seine Person, aber nicht über seinen Charakter informieren.

MK 5. Erweitere die Auflistung der θαυμάσια (Z. 3 f.), die mit Alexanders Zeugung und Geburt in Zusammenhang stehen. Die Abbildung gibt erste Hinweise.

▲ *Angelina Jolie als Alexanders Mutter Olympias im Film ‚Alexander', 2004.*

E

1. Ἀρίστανδρος ὁ μάντις εἶπεν· „Ἐὰν περὶ τοῦ ὀνείρου ἐμοὶ διαλέγῃ, φράσω σοι τὸν λόγον αὐτοῦ.
2. Ἐὰν ἐμπέσῃς εἰς φόβον διὰ τὸν ὄνειρον, πίστευε ἐμοὶ καὶ τοῖς ἐμοῖς λόγοις.
3. Οἱ θεοί, ἐὰν καρτεροὶ ἄρχοντες γίγνωνται, σημεῖα πέμπουσιν.
4. Τὰ σημεῖα, ἃ ἂν οἱ θεοὶ πέμπωσιν, μανθάνουσι μόνοι οἱ μάντεις.
5. Ὃς οὖν ὄνειρόν τινα μαθεῖν ἂν βούληται, διαλέξεται μάντει τινί."

Ü

1 Indikativ oder Konjunktiv? Ordne die Verbformen dem Modus nach. Gib bei den Konjunktivformen auch das Genus verbi und das Tempus an. Die farbig hervorgehobenen Buchstaben der Konjunktivformen ergeben den Namen von Alexanders bestem Freund.

a) ἡδώμεθα • ἤχθη • ἠγάγομεν
b) φυλάξονται • φυλάξωνται • φυλαχθῶ
c) βλάψεις • λάβωσιν • βλάψῃς
d) ἀπαλλάξετε • ἀπαλλάττητε • ἀπηλλάγης
e) λίπω • λείψουσιν • λείπωσιν

2 Übersetze. Gib zuvor an, ob in folgenden Sätzen ein Iterativ der Gegenwart oder ein Eventualis vorliegt. Begründe deine Entscheidung und erkläre den inhaltlichen Unterschied.

a) Ἐὰν τοῦτο λέγῃς, ψεύσῃ.
b) Ἐὰν τοῦτο λέγῃς, ψεύδῃ.
c) Ἐὰν τοὺς φίλους ἀτιμάσῃς, οὔ σε ἀσπάσονται.
d) Ἐὰν τοὺς φίλους ἀτιμάσῃς, οὐδαμῶς σε ἀσπάζονται.
e) Δοῦλός τις, ἐὰν χρήματα κλέψῃ, κολάζεται.
f) Δοῦλός τις, ἐὰν χρήματα κλέψῃ, κολασθήσεται.

3 Übersetze. Gib an, ob im Relativsatz ein Iterativ der Gegenwart oder ein Eventualis vorliegt, und begründe deine Entscheidung.

a) Ὃς ἂν τῶν τοῦ σώματος ἀλγῶν ἀπολύεσθαι βούληται, καὶ τὴν ψυχὴν θεραπεύει.
b) Οἳ ἂν ἄ-δικα! κελεύσωσιν, τούτοις οὐ πεισόμεθα.
c) Ὃς ἂν μὴ τοὺς νόμους φυλάξῃ, τιμωρίας ἄξιός ἐστιν.
d) Ὃ ἂν συμβουλεύσῃς, τοῦτο πράξομεν.

I

Was ist Gesundheit?

Die antike griechische Medizin, vor allem durch den Arzt Hippokrates bis heute bekannt, steht für einen **Gesundheitsbegriff**, der dem modernen sehr nahekommt, nämlich einem Zustand des **vollständigen körperlichen, geistigen und sozialen Wohlbefindens**. Unter δίαιτα verstand man in der Antike weit mehr als nur „Diät": δίαιτα umfasste alle Aspekte der körperlichen Lebensführung, also nicht nur Essen und Trinken, sondern auch Sport, Körperpflege, Schlafen, Arbeit und Erholung. Antike Philosophen wie Sokrates (vgl. T) sahen einen engen **Zusammenhang** zwischen **körperlicher und geistiger Gesundheit**. Und in Epidauros, der bedeutendsten Kultstätte für den Heilgott Asklepios (vgl. 11 I und T), gehörte zur Therapie auch die Kultur, eindrucksvoll bezeugt durch das weltberühmte Theater.

T

Eine Therapie gegen Kopfschmerzen

Nach seiner Rückkehr vom Feldzug gegen Poteidaia auf der Chalkidike trifft der Philosoph Sokrates in einer Palaistra den jungen Charmides. Als dieser sich nach einem Heilmittel gegen seine häufigen Kopfschmerzen erkundigt, erinnert sich der Philosoph an einen Ratschlag thrakischer Ärzte.

▲ *Palaistra. Ein Ort, an dem Kopfschmerzen wohl häufiger vorkamen …*

Σωκράτης εἶπε βουλόμενος ἐξετάσαι τὸν νεανίαν· „Ὦ Χαρμίδη, ἆρα βούλει πυθέσθαι, ἃ ἔμαθον παρὰ τῶν Θρᾳκῶν ἰατρῶν; Οὗτοι γὰρ νομίζονται μετέχειν θείας ἰατρικῆς[1]. Ἐὰν οὖν ἐθέλῃς ἕπεσθαι τοῖς λόγοις αὐτῶν, ῥᾴδιον ἔσται ἀπολῦσαί σε τοῦ τῆς κεφαλῆς ἄλγους. Λέγουσι δέ, ὅτι, ὡς οὐκ ἔστι τοὺς ὀφθαλμοὺς ἰᾶσθαι[2] χωρὶς τῆς κεφαλῆς καὶ τῶν ἄλλων τοῦ σώματος μερῶν, οὕτω καὶ τὸ σῶμα ὑγιείας οὐ τυγχάνει χωρὶς τῆς ψυχῆς. Ἀλλ' ὅστις ἂν βούληται ἐπιμέλειαν ποιεῖσθαι[3] τοῦ σώματος ἢ μέρους τινὸς αὐτοῦ, δεῖ φροντίζειν καὶ τῆς ψυχῆς. Ἐὰν γὰρ τὸ ὅλον μὴ καλῶς ἔχῃ, πάντως ἀδύνατόν ἐστι τὸ μέρος εὖ ἔχειν. Ἐὰν οὖν βούλῃ ὑγιᾶ ποιεῖν[4] τὴν κεφαλήν, πρέπει ὡς βέλτιστα θεραπεύειν τὴν ψυχήν.

Θεραπεύεται δὲ τοῖς λόγοις τοῖς καλοῖς, οἳ σωφροσύνην πορίζουσιν αὐτῇ καὶ ὑγίειαν τῷ σώματι καὶ τῇ κεφαλῇ."

[1] ἡ ἰατρική (*erg.* τέχνη): die Heilkunst
[2] ἰᾶσθαι: (zu) heilen
[3] ποιεῖσθαι: hier: (zu) treffen (*wörtl.:* für sich machen)
[4] ποιεῖν: (zu) machen

1. Gib für alle Konditional- und Relativsätze im Text an, ob jeweils ein Eventualis oder ein Iterativ vorliegt.

2. Nenne alle Formen, die auf das Verb βούλομαι zurückgehen; bestimme sie.

3. a) Z. 6b – 16: Arbeite mit Textbelegen Sokrates' Argumentation heraus, dass die seelische Gesundheit die Grundlage für die körperliche ist.
   b) Erkläre den Begriff ‚Psychosomatik' und erschließe, ob unsere moderne Medizin dem gleichen Ansatz wie Sokrates folgt.

4. Weise anhand sprachlicher und formaler Kriterien nach, dass der Text einem längeren Dialog entnommen ist. (vgl. M 19 B)

MK 5. Im weiteren Gesprächsverlauf soll eine Definition für σωφροσύνη (Z. 18) gefunden werden. Entwickelt gemeinsam Vorschläge, was Besonnenheit bedeutet.

Griechische Statuen

Die Plastik (Bildhauerkunst, von πλάττω) der Griechen war stilbildend für die gesamte europäische Kunst. Bemerkenswert ist, dass wir an der Entwicklung der Skulpturen nicht nur eine Veränderung des Sinns für Schönheit, sondern auch des Menschenbildes der Griechen beobachten können.

Kennzeichen griechischer Großskulpturen sind, dass die Menschen aufrecht, in sich selbst ruhend stehen, oft unbekleidet und meist auf dem Höhepunkt des Lebens dargestellt sind. Griechische Statuen stehen in der Regel frei im Raum. In der Plastik unterscheidet man drei Epochen, die ihren eigenen Stil hervorbrachten:

Epoche	Archaik (ca. 650–480 v. Chr.)	Klassik (ca. 500–300 v. Chr.)
	z. B. Kleobis  Haare ornamentartig stilisiert Blick frontal auf Betrachter gerichtet, Augen weit geöffnet, archaisches Lächeln gerade Schultern, symmetrische Haltung, senkrechte Mittelachse, kraftvoller Körperbau, Arme leicht angewinkelt, zur Faust geschlossene Hände berühren Oberschenkel beide Füße fest auf dem Boden, Gewicht gleichmäßig auf beide Beine verteilt, linker Fuß immer leicht nach vorne gestellt	z. B. Doryphoros  Kontrapost: Körperachse leicht S-förmig: Kopf leicht schräg oder gedreht, oft ernster oder melancholischer Blick Spielbeinschulter (linke Schulter) angehoben, Hände vom Körper gelöst Beckenpartie in Schräglage (rechte Hüfte höher) Körperlast auf rechtem Bein (Standbein), linkes Bein (Spielbein) leicht zurückgesetzt, nur mit Ballen und Zehenspitzen auf dem Boden
Was wurde dargestellt?	Kouros und Kore als Weihegeschenke oder Grabstatuen	Götter und Menschen
Menschenbild, das zum Ausdruck kommt	starker Körper deutet auf die Qualität des Menschen, idealisierter Typus, Lebensfreude	Schönheit des wohl proportionierten Menschenkörpers, Maß und Harmonie, Ausgleich zwischen Ansteigen und Fallen, Bewegung und Ruhe
Besonderheiten	ägyptische Vorbilder	Proportionsstudien, z. B. „Kanon" des Polyklet

Ordne die abgebildeten Statuen ihrer jeweiligen Epoche zu.

1 Kouros (Kroisos) aus Athen
2 Hermes des Praxiteles aus Olympia
3 Kore vom Erechtheion in Athen
4 Barberinischer Faun
5 Knabe mit Gans

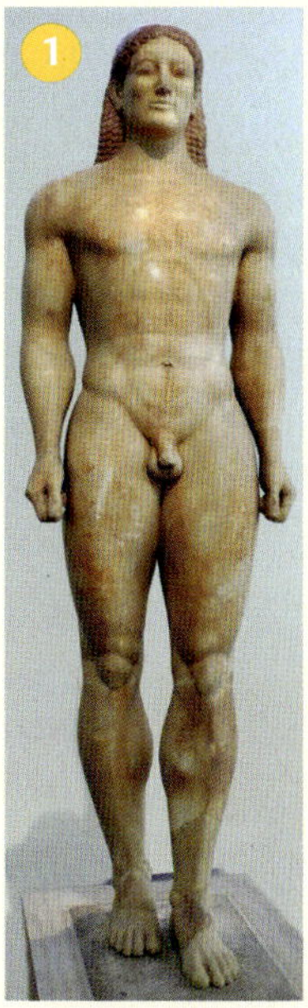

Hellenismus
(ca. 330–30 v. Chr.)

z. B. Laokoongruppe

Auseinanderstreben der Körperachsen, Eroberung des Raums nach allen Seiten, Erfassen der Bewegung in einem flüchtigen, manchmal dramatischen Augenblick

Körperhaltung ungebunden, voller Leidenschaft oder Brutalität

Mensch in jeder Situation, auch alte Menschen und Kinder

Darstellungen oft von großem Pathos, nicht mehr idealisierte und maßvolle Formen, Alltag wird realistisch dargestellt

Gruppen

Ü **1** Wähle die Form aus, die in grammatischer Hinsicht nicht in die Reihe passt. Begründe deine Wahl. Wer mit a)–d) schnell fertig ist, bearbeitet e)–f).

a) προσέρχῃ ◉ ἰσχύῃ ◉ πιστεύῃ ◉ πορίζῃ
b) ἕπηται ◉ ἕληται ◉ διαλλάττηται ◉ νέμηται
c) μάθητε ◉ ἴδητε ◉ ἀπαλλαγῆτε ◉ φύγητε
d) μέμψωμαι ◉ διώξωμεν ◉ θάψωσιν ◉ γράψω
e) πάντως ◉ δῆτα ◉ ἐγγύς ◉ κοινῇ ◉ εἰκάζῃ
f) τείχους ◉ ἀσθενοῦς ◉ ἀθλίους ◉ μέρους

2 Stelle die hellen Felder so um, dass die Tabelle korrekt gefüllt ist.

Verbform	Signalwort	Negation	Satzzeichen	Modus
1. Pers. Pl. Konj.	ἄν	μή	.	Irrealis der Gegenwart
Impf.	–	μή	.	Irrealis der Vergangenheit
1. Pers. Konj.	–	οὐ	.	Prohibitiv
Ind. Aor.	ἄν	μὴ	;	Hortativ
2. Pers. Konj. Aor.	–	οὐ	.	Deliberativ

3 **a)** Ordne die Modi den Sätzen zu und übersetze. Die Lösung ergibt den Namen des vielleicht fähigsten Generals Alexanders. Wer mit a) schnell fertig ist, bearbeitet b).

A. Εἰ κακὰ ἐξηργάζου, ἐκολάζου ἄν.
B. Εἰ κακὰ ἐξεργάζῃ, κολάζῃ.
C. Ἐὰν κακὰ ἐξεργάζῃ, κολάζῃ.
D. Ἆρα κακὰ ἐξεργάσωμαι; Ἐὰν μηδείς με καταλάβῃ, οὐ κολασθήσομαι.
E. Εἰ κακὰ ἐξηργάσω, ἐκολάσθης ἄν.
F. Οὐκ ἔδει σε κακὰ ἐξεργάσασθαι, ἀλλ᾽ ἐξηργάσω.
G. Μὴ κακὰ ἐξεργαζώμεθα, ἵνα μὴ κολαζώμεθα.

1. Deliberativ Μ ◉ 2. Eventualis Ε ◉ 3. Hortativ Ω ◉ 4. Indikativ Α ◉ 5. Indikativ im Griechischen – Irrealis im Deutschen Ι ◉ 6. Irrealis der Gegenwart Π ◉ 7. Irrealis der Vergangenheit Ν ◉ 8. Iterativ der Gegenwart Ρ ◉ 9. Konjunktiv im Finalsatz Ν

b) Weise die Verben den Sätzen zu, sodass der gewünschte Modus entsteht.

ἂν ἦσθα ◉ μὴ συμβουλεύσῃς ◉ συμβουλεύωμεν (2) ◉ συνεβούλευσας

Hortativ: … τοῖς σώφροσιν.
Prohibitiv: … τοῖς ἄφροσιν.
Irrealis: Εἰ τοῖς σώφροσιν …, εὐτυχὴς …
Deliberativ: Τί …;

4 Neugriechisch. Erschließe die Bedeutung folgender Ausrufe.

a) Έχεις μόνο μία ζωή. Απόλαυσέ την! **b)** Αδύνατο! **c)** Θαυμάσιο!

T

Der Sänger Orpheus – thrakisch und tragisch

Orpheus stammte aus Thrakien. Zwar bezauberte er alle mit seiner Lyra, die ihm Apollon geschenkt hatte, aber seine Ehe mit der Nymphe Eurydike stand unter keinem guten Stern.

Ὀρφεὺς ἐθαυμάσθη ὑπὸ πάντων τῶν ἀνθρώπων κάλλιστα ᾄδων. Δυνατὸς γὰρ ἦν οὐ μόνον ἀνθρώπους καὶ θηρία καὶ δένδρα, ἀλλὰ καὶ λίθους[1] εὐφραίνειν. Τοῦ δ᾽ Ὀρφέως γάμους παρασκευάζοντος ἄνθρωποί τε καὶ νύμφαι[!] εἶπον· „Ἐὰν τὴν τοῦ ᾄδοντος Ὀρφέως φωνὴν ἀκούωμεν, χαίρομεν. Σπεύδωμεν πρὸς τοὺς γάμους αὐτοῦ.“

Ἀλλὰ μετὰ τοὺς γάμους Εὐρυδίκη μὲν ἀπέλαυσεν ἂν μακρᾶς ζωῆς, εἰ μὴ ὑπ᾽ ὄφεως[2] ἀπέθανεν. Ὁ δ᾽ Ὀρφεὺς ἅτε τῆς Εὐρυδίκης αὐτῷ πιστοτάτης καὶ φιλτάτης οὔσης προσῆλθε θρασέως εἰς Ἅιδου, ἵνα τὴν γυναῖκα ἀπ-άγων[!] σώσῃ.

„Ἐὰν τὴν φωνήν μου ἀκούῃς, τὴν εἰς Ἅιδου ὁδόν μοι οὐ μέμψῃ“, ὁ Ὀρφεὺς εἶπε πρὸς Περσεφόνην καὶ ἤρξατο ᾄδων. Καὶ μὴν οἷός τ᾽ ἦν τὴν θεὰν πείθειν. Ἡ δὲ τὴν μὲν Εὐρυδίκην ἀπέλυσεν, ἐκέλευσε δὲ τάδε· „Τὸν Ἅιδην λείπων πορεύου πρὸ τῆς γυναικὸς ἡγεμὼν ὤν. Ἐν τῇ ὁδῷ μὴ βλέψῃς πρὸς τὴν Εὐρυδίκην ἑπομένην σοι. Ἐὰν δὲ μετα-στρέψῃς[3] τὴν κεφαλήν, ἡ εὐχὴ ἔσται ματαία[4].“

Οὗτος δὲ μετέστρεψε[3] τὴν κεφαλὴν ὑπ᾽ ἐπιμελείας, ὥστε ἡ Εὐρυδίκη πάλιν κατ-ῆλθεν[!] εἰς Ἅιδου. Ὁ οὖν Ὀρφεὺς ἐγένετο ἀθλιώτατος πάντων τῶν ἀνθρώπων.

[1] ὁ λίθος: der Stein

[2] ἡ ὄφις, -εως: die Schlange

[3] μετα-στρέφω: ich drehe, wende um

[4] μάταιος: *Adj. zu Adv.* μάτην

▼ *Hermes mit Orpheus und Eurydike. Relief, um 420 v. Chr.*

1. Der Text gliedert sich in vier Abschnitte: I (Z. 1–5) – II (Z. 6–9) – III (Z. 10–15) – IV (Z. 16–18) Weise jedem Abschnitt als Überschrift eine Emotion zu, die Orpheus' Stimmung beschreibt, und gib den Inhalt in einem Satz wieder.

2. Der Text beschreibt nicht nur ein emotionales Auf und Ab. Belege, dass auch die Schauplätze wechseln.

3. Die Abbildung zeigt Hermes als Ψυχο-πομπός. Erkläre das Wort anhand seiner Bestandteile; weise der Abbildung mögliche Textstellen zu, in denen Hermes auf das Ehepaar treffen könnte.

MK 4. Arbeite den grundlegenden Unterschied heraus zwischen dem Leben des Orpheus und dem Leben, wie es der deutsche Liedermacher Reinhard Mey darstellt. (QR-Code)

37001-26

ΑΣΙΑ
KLEINASIEN

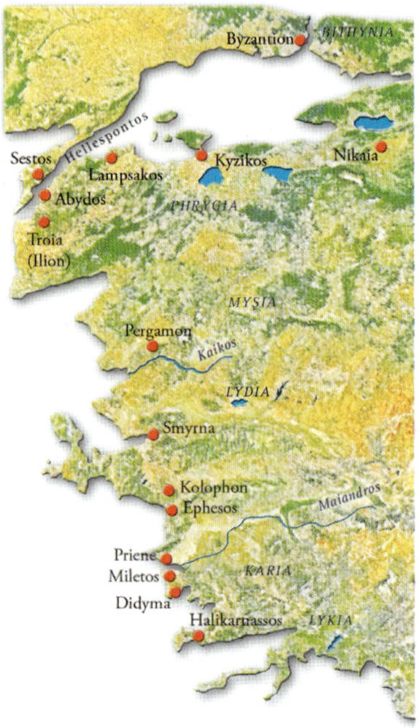

An der Nordküste Kleinasiens liegt Troja **1**, einer der Hauptorte des griechischen Mythos, während die historische Bedeutung Trojas unklar ist. Im 11. und 10. Jahrhundert v. Chr., zu der Zeit, als die Macht mykenischer Paläste zusammenbrach, erlebte die Westküste Kleinasiens (in der heutigen Türkei) eine rege Zuwanderung aus griechischen Gebieten. Die sich im Dialekt unterscheidenden „Stämme" der Aiolier, Ionier und Dorer (von Nord nach Süd) besiedelten die Küste, und es entwickelte sich eine Hochkultur. Begünstigt durch die Lage an der Küste, wurden viele dieser Städte (wie Milet **2**) auch zu wichtigen Zentren der Wirtschaft und des Handels.

Die Ursprünge der griechischen Philosophie liegen in den Küstenstädten Ioniens: Hier stellten die ersten Philosophen die Fragen nach dem Ursprung der Welt, nach dem Urstoff, der in allem ist und alles hervorbringt. Einer der berühmtesten ist Thales von Milet (6. Jh.) **3** – bekannt aus dem Mathematikunterricht.

5

6

7

Aber auch andere Städte gelangten zu großem Ruhm: Herodot 4 von Halikarnassos im Südwesten Kleinasiens gilt als *pater historiae*, Urvater der Geschichtsschreibung. In Ephesos stand ein gigantischer Tempel der Artemis 5, von deren Kult der Apostel Paulus 6 auf seinen Missionsreisen vergeblich die Einwohner abzubringen versuchte. Trotzdem konnte er dort eine der ersten großen christlichen Gemeinden gründen. Auch in römischer Zeit behielten viele dieser Städte ihre kulturelle und wirtschaftliche Bedeutung. Berühmt ist die Bibliothek des Celsus in Ephesos aus dem 2. Jahrhundert n. Chr., die zugleich auch Grabstätte ihres Stifters war 7.

Eine große Tragödie mussten die Griechen Kleinasiens und andererseits die Türken in Griechenland im Gefolge des Ersten Weltkriegs erdulden: Im Vertrag von Lausanne wurde 1923 vereinbart, dass die griechisch-orthodoxe Bevölkerung der Türkei nach Griechenland und umgekehrt der muslimische Bevölkerungsteil Griechenlands in die Türkei umgesiedelt wurden. Diese Vertreibung, die Tausende Tote gefordert hat, und den Verlust ihrer Heimat empfinden viele griechische und türkische Familien bis heute als tiefe Wunde.

E

1. Σωκράτης· „Πιστεύοις ἐμοὶ καὶ τοῖς τῶν Θρᾳκῶν ἰατροῖς.
2. Εἰ γὰρ / Εἴθε ἀπείη τὰ τῆς κεφαλῆς ἄλγη ἐν βραχεῖ.
3. Διὸ μὴ μόνον φροντίζοις τοῦ σώματος, ἀλλὰ καὶ τῆς ψυχῆς. Πάντες φροντίζοιεν τῆς ψυχῆς."
4. Χαρμίδης· „Ἀπαλλαττοίμην τοῦ ἄλγους κηδόμενος τῆς ψυχῆς.
5. Σώφρων ἂν εἴην καὶ οὐκέτι ἂν βλαπτοίμην.
6. Εἰ πείθοιντο τοῖς φιλοσόφοις, οἱ ἄνθρωποι οὐκ ἂν βλάπτοιντο."

Ü

1 a) Wähle die Formen aus, die keine Optative sind.
ἄγοι ◦ ἀγροί ◦ ἀπολαύοιτε ◦ ἔνιοι ◦ μετέχοιμι ◦ πορίζοιεν ◦ συμμάχοις ◦ τέμνοις ◦ τρέποιμεν

b) Ordne Singular und Plural der Optative einander zu.

c) Weise die Formen von εἶναι denen aus b) zu, die ihnen in Person und Numerus entsprechen.
εἶμεν ◦ εἶεν ◦ εἴην ◦ εἴη ◦ εἴης ◦ εἶτε

2 Übersetze und weise die Wünsche ihren Sprechern zu.

a) Ὦ Χαρμίδη, ὡς βέλτιστα φροντίζοις τῆς ψυχῆς.
b) Εἴθε οἱ θεοὶ τὸν υἱὸν φυλάττοιεν.
c) Ἡ βοῦς ἡ ὑφ' ἡμῶν τεθυμένη τοῖς θεοῖς φίλη εἴη.
d) Εἰ γὰρ ἀ-νίκη-τος! εἴην.

Alexander ◦ makedonische Priester ◦ Philipp ◦ Sokrates

3 Stelle die Verbformen nach Aktiv, Medium und Passiv geordnet zusammen und übersetze.

a) ἀπολυοίμην ◦ διαβαίνοις ◦ διαλλαττοίμεθα ◦ ἕποιο ◦ ὁρίζοιτο ◦ προσέρχοισθε ◦ σπεύδοιτε ◦ τρέποιντο ◦ ὑπομένοιμι

b) διώκοισθε ἄν ◦ εἰκάζοιτε ἄν ◦ ἐξετάζοιμι ἄν ◦ μέμφοιτο ἄν ◦ νέμοιντο ἄν ◦ σφαλλοίμην ἄν ◦ ὑποπτεύοιο ἄν ◦ φάσκοις ἄν ◦ φειδοίμεθα ἄν

4 Analysiere die Verbform (ggf. zusammen mit dem Signalwort ἄν), nenne dann den vorliegenden Modus und übersetze.

a) Εἰ κινδυνεύετε, φυλάττομεν ὑμᾶς.
b) Ἐὰν κινδυνεύσητε, φυλάξομεν ὑμᾶς.
c) Εἰ ἐκινδυνεύσατε, ἐφυλάξαμεν ἂν ὑμᾶς.
d) Εἰ ἐκινδυνεύετε, ἐφυλάττομεν ἂν ὑμᾶς.
e) Φυλάττοιμεν ὑμᾶς.
f) Εἰ κινδυνεύοιτε, φυλάττοιμεν ἂν ὑμᾶς.

I

Xerxes

Die **Auseinandersetzung zwischen Griechen und Persern** bestimmte die erste Hälfte der griechischen Geschichte des 5. Jahrhunderts v. Chr. Xerxes' Vater Dareios hatte bereits 490 v. Chr. versucht, Athen, das einen Aufstand der kleinasiatischen Griechen gegen das Perserreich unterstützt hatte, zu bestrafen und war damit bei Marathon gescheitert. Zehn Jahre später unternahm sein Sohn Xerxes einen groß angelegten Feldzug. Die antike griechische Geschichtsschreibung stellte den Konflikt zwischen Griechen und Persern als Kampf zwischen westlichem **Freiheitsstreben** und orientalischer **Despotie** dar. In diesem geistigen Zusammenhang wird auch die im Lektionstext geschilderte Geschichte überliefert.

T

Eine Majestätsbeleidigung

Der Hellespont trennt Europa von Asien. An der engsten Stelle ließ der Perserkönig Xerxes im Jahr 480 v. Chr. eine Brücke für das gewaltige Heer schlagen, mit dem er Griechenland unterwerfen wollte. Dabei ereignete sich laut dem Geschichtsschreiber Herodot Folgendes:

Ἐπεὶ οἱ τέκτονες ἔζευξαν[1] τὸν Ἑλλήσποντον, μέγας χειμὼν διέλυσε πάντα τὰ ἔργα. Ξέρξης δ’ εἰς χαλεπὴν ὀργὴν ἐμπεσὼν ἐκέλευσε κολάσαι τὸν πόντον διὰ τὴν κακίαν λόγοις καὶ ἔργοις. Ἐπέμφθησαν οὖν κήρυκες, ἵνα εἴπωσιν· „Ὦ πικρὸν ὕδωρ, εἴης ἄ-τιμον[!] καὶ κακῶς ἀκούοις ὑπὸ πάντων τῶν ἀνθρώπων. Μηδείς σοι εὐσεβὴς καὶ δίκαιος ὢν ἔτι θύοι, ἐπεὶ τὸν βασιλέα ἔβλαψας καίπερ οὐδὲν ἄδικον πρὸς ἐκείνου παθόν. Κολάζοιο λαμβάνον στίγματα[2] ἀλγεινὰ καὶ τριακοσίας πληγάς[3]. Φέροις καὶ τούσδε τοὺς δεσμούς· σημαίνουσι γὰρ Ξέρξην καρτερὸν δεσπότην σου ὄντα. Εἰ γὰρ σύμπαντες οἱ ὑβρίζοντες ὡσαύτως κατέχοιντο. Εἴθε ὀδύροιντο καὶ κλαίοιεν.“ Πρὸς δὲ τούτοις ὁ Ξέρξης ἐκέλευσεν ἀπο-τεμεῖν[!] τῶν τεκτόνων τὰς κεφαλάς, ὁμοῦ δὲ προσέταξεν ἄλλοις ζεῦξαι[1] τὸν Ἑλλήσποντον. – Τίς οὐκ ἂν ὀνειδίζοι τοιαύτην ὕβριν;

[1] ἔζευξα *(Aor.)*: *(hier:)* ich überbrückte

[2] τὸ στίγμα, -ατος: *(hier:)* das Brandmal, das Brandzeichen

[3] ἡ πληγή: der Hieb, der Schlag

1. Stelle aus dem Text alle Optativformen zusammen und unterscheide zwischen Optativ als Wunschmodus und Potentialis.

2. Weise mit Textbelegen nach, dass bei **Ὦ** πικρὸν **ὕδωρ**, … κολάζοιο λαμβάνον **στίγματα** ἀλγεινὰ καὶ τριακοσίας **πληγάς** (Z. 4–8) eine Personifikation vorliegt. (vgl. M 67 A)

3. … μέγας χειμὼν διέλυσε πάντα τὰ ἔργα (Z. 1 f.) – Erfasse, ob Xerxes das „richtige“ Element bestrafen lässt.

4. Xerxes’ Handeln wird als ὕβρις bezeichnet (Z. 13). Überprüfe, ob die Definition von 12 T (Aufgabe 3) auch hier anwendbar ist; diskutiert über eure Einschätzungen.

MK

5. Nahe der Festung Van in der heutigen Türkei steht auf einer Inschrift: „(…) Ich bin Xerxes, der Großkönig, König der Könige, König der Länder vieler Völker, König dieser großen Erde auch fernhin, Sohn des Königs Dareios, ein Achaimenide. (…)“
   a) Informiere dich über den dreisprachigen Keilschrifttext (vgl. Abbildung) und präsentiere deine Ergebnisse.
   b) Analysiere, an welchen Stellen die Inschrift indirekt auf den Angriff auf Griechenland anspielt.

E

1. Οἱ κήρυκες πρὸς τὸν Ἑλλήσποντον· „Νῦν δὴ λάβοις τούσδε τοὺς δεσμούς.
2. Δέξαιο πληγὰς (Hiebe) καὶ τύχοις στιγμάτων (Brandmale).
3. Αὗται αἱ ζημίαι παύσαιεν / παύσειαν τὰ ἄδικα ἔργα σου.
4. Κολασθείης οὖν δεινῶς.
5. Εἰ γὰρ ἀπαλλαγεῖμεν τῶν ἀδίκων ἔργων σου."

Ü

1 Übersetze die folgenden Formen im Optativ Aorist. Die Anfangsbuchstaben der griechischen Singularformen ergeben den Namen des Mannes, der in Troja immer zu Helena gehalten hat.
τέκοιμεν ⊛ ἀναγκάσαιτε ⊛ βασιλεύσειαν ⊛ πάθοι ⊛ βάλοιεν ⊛ ῥίψειας ⊛ ἔλθοιεν ⊛ σώσειαν ⊛ ἴδοιμι ⊛ γράψειαν ⊛ ἀπαλλάξειεν ⊛ μάθοις ⊛ ὀνομάσαιτε ⊛ ὁρίσαιμεν ⊛ ὀνειδίσειας ⊛ εἴποιτε ⊛ σπουδάσειεν

2 Wähle die Formen aus, die im Aorist stehen, und übersetze sie. Die Anfangsbuchstaben der Präsensformen ergeben, in die richtige Reihenfolge gebracht, eine enge Verwandte Helenas.
ἀγωνίσαιντο ⊛ αἰσθανοίμην ⊛ αἰσθοίμην ⊛ ἅψαισθε ⊛ βουλεύσαιτο ⊛ διαλεγοίμεθα ⊛ ἥδοιο ⊛ λογίζοιντο ⊛ ὀρέξαισθε ⊛ παραγένοιο ⊛ πυθοίμεθα

3 Bestimme die Form, nenne den Modus und übersetze.
ἐπέτρεψεν ἄν ⊛ προσέλθοιτε ἄν ⊛ ἐκήδετο ἄν ⊛ προσῆλθεν ἄν ⊛ εἵλεσθε ἄν ⊛ περιγίγνοιο ἄν ⊛ αἴσθοιτο ἄν ⊛ πιστεύσειεν ἄν ⊛ εἰκάζοιεν ἄν

4 Wiederhole den Optativ von εἶναι (49 A2). Bilde nun aus den Verbalstöcken und den wiederholten Formen (→ Endungen) Prädikate im Aorist Passiv, sodass sinnvolle Sätze entstehen. Übersetze anschließend.

a) Χαρμίδης τοῦ τῆς κεφαλῆς ἄλγους ἀπαλλαγ-_?_ ἄν.
b) Ὑπὸ τῶν ξένων ὑμεῖς ἀσπασθ-_?_ ἄν.
c) Εἴθε μὴ ἡμεῖς ὑπὸ τῶν ἐναντίων βλαβ-_?_.
d) Εἰ γὰρ σὺ τοῖς λόγοις μου μὴ ταραχθ-_?_.
e) Οἱ κακοῦργοι ἀπαχθ-_?_.
f) Μὴ ἐγὼ ἀναγκασθ-_?_ χαλεπὰ ἔργα ἐργάσασθαι.

I

Die schöne Helena

Zeus verführte Leda in Gestalt eines Schwans. Aus dieser Verbindung entstand Helena, die aus einem Ei geboren wurde. Helena galt als die schönste Frau Griechenlands, sodass alle großen griechischen Helden um sie warben. Odysseus, der wie immer einen klugen Rat wusste, setzte zusammen mit Helenas Vater Tyndareos (vgl. 21 I) durch, dass die Helden sich gegenseitig schworen, denjenigen zu unterstützen, der sie zur Frau bekommen sollte. Menelaos, der König von Sparta, wurde der Auserwählte. Als der trojanische Prinz Paris Helena entführte, vereinte sich daher ganz Griechenland zu einem Krieg gegen Troja.

T

Streit in Troja I: Ehekrach in Troja

Erst im zehnten Jahr der Belagerung Trojas kommt es zum direkten Zweikampf der beiden Rivalen um Helena, Menelaos und Paris. Eindeutiger Sieger ist Menelaos. Paris hätte nicht überlebt, wäre er nicht von Aphrodite gerettet und nach Troja gebracht worden. Dort muss er sich nach kurzer Erholung gegen Helenas heftige Vorwürfe verteidigen.

▲ *Helena und Paris, Andromache und Hektor.*

Ελ· „Δαιμόνιε, καλὸς μὲν ἂν εἴης τὴν ὄψιν καὶ ἀνδρὶ ἐοικώς, ᾧ κλέος παρέχουσιν οἱ ἀθάνατοι. Ἀλλ’ οὐκ ἔν-εστί! σοι οὔτε δίκη οὔτε αἰδώς· οὐ γὰρ αἰσχύνῃ τοὺς Τρῶας σοῦ ἕνεκα πόνους μυρίους καὶ ἄλγη ἔχοντας. Ἐξ-έλθοις! οὖν εἰς τὸ πεδίον ἀναλαβὼν ἀσπίδα καὶ δόρυ, ἵνα μάχῃ αὖθις Μενελάῳ, τῷ ἥρωι. Ἀλλὰ τοῦτό σοι θάνατος ἔσται· πολὺ γὰρ κρείττων ἐστὶν ὁ Μενέλαός σου χερσίν τε καὶ ὅπλοις. – Χαρίσαιντό μοι οἱ θεοί· ἀπαγάγοιεν καὶ πέμψειάν με εἰς οἶκον ἀνδρὸς ἀμείνονος.“

Πα· „Μή μοι ὀνειδίσειας, ὦ γύναι. Νῦν μὲν ὁ Μενέλαος τῇ τῆς Ἀθηνᾶς βοηθείᾳ νίκην ἔχει, ἄλλοτε δὲ κομισθείη ἐκ τῆς μάχης ὑπ’ ἐμοῦ δαμείς[1]. – Ἀλλ’ εἴθε παύσαιο χαλεπαίνουσα· τερψώμεθα ἔρωτι τοῖς βροτοῖς τοτὲ μὲν πικρῷ, τοτὲ δὲ γλυκεῖ.“

[1] δαμείς, -εῖσα, -έν *(Aor.)*: bezwungen, besiegt

1 Stelle aus dem Text alle Verbformen im Optativ Aorist zusammen und ordne sie in einer Tabelle nach Aktiv, Medium und Passiv.

2 δαιμόνιε (Z. 1), ὦ γύναι (Z. 11) – Beschreibe die Wirkung, die durch diese Anreden ohne Namensnennung entsteht. Auch die Abbildung gibt dazu Hinweise.

3 Streit …

a) Z. 1–10: Gib alle Begriffe und Wendungen an, mit denen Helena Paris als schwach und schlecht charakterisiert.

b) Belege, dass Helenas Wut und Enttäuschung in diesem Abschnitt auch sprachlich zum Ausdruck kommen.

c) Z. 11–14: Arbeite heraus, auf welche Vorwürfe Paris eingeht und auf welche nicht.

4 … und Versöhnung?
Weise anhand der Wendung τερψώμεθα ἔρωτι (Z. 13 f.) Paris’ Bereitschaft zur Versöhnung inhaltlich und sprachlich nach.

MK **5** … ἄλλοτε δὲ κομισθείη ἐκ τῆς μάχης ὑπ’ ἐμοῦ δαμείς (Z. 12 f.) – Informiere dich, ob Paris und Menelaos tatsächlich erneut aufeinandertreffen.

E

1. **Ελ·** „Εἰ Μενελάῳ μάχοιο, οὗτος περιεγίγνετό σου.
2. Εἰ οὗτός παρακελεύοιτό σοι πρὸς μάχην, σὺ ἔφευγες τὸ μάχεσθαι· Ἀπέθανες γὰρ ἄν.“
3. **Πα·** „Ὠνείδισάς μοι, ὅτι δειλὸς εἴην.
4. Ἀλλ’ ἡ Ἀθηνᾶ τῷ Μενελάῳ ἐπίκουρος ἐγένετο, ὅτι αὐτὴν ἀτιμάσαιμι.
5. Νῦν δ’ ἡ Ἀφροδίτη ἔσωσέ με, ὅτι αὐτὴν ἐθεράπευσα.“

Ü

1 Übersetze und erkläre den Modus im Konditionalsatz.

a) Εἰ τοῦτο πράττεις, θαυμάζω σε.
b) Ἐὰν τοῦτο πράττῃς, θαυμάζω σε.
c) Εἰ τοῦτο πράττοις, θαυμάζοιμι ἄν σε.
d) Εἰ τοῦτο ἔπραξας, ἐθαύμασα ἄν σε.
e) Εἰ τοῦτο πράξειας, ἐθαύμαζόν σε.
f) Εἰ τοῦτο ἔπραττες, ἐθαύμαζον ἄν σε.

2 Analysiere die Verbform im Hauptsatz und weise dann dem Konditionalsatz die korrekte Verbform zu – bei d) umgekehrt. Übersetze anschließend.

Ὁ πατὴρ λέγει τοῖς παισίν·

a) „Εἰ ● καὶ μανθάνειν ●, ἔχαιρον.
b) Ἐὰν μὲν μανθάνειν ●, ἐγκωμιάζεσθε· εἰ δὲ μὴ ●, ζημίας ἄξιοί ἐστε.
c) Ἐὰν μὴ σπουδῇ ●, τῷ διδάσκαλῳ (Lehrer) ὑμῶν διαλέξομαι.
d) Εἰ εὖ ἐργάζοισθε, ὑμᾶς πολλοῖς δώροις ●.“

ἐργάζεσθε ● ἐργάζοισθε ● εὐφραίνοιμι ἄν ● μανθάνητε ● σπουδάζητε ● σπουδάζοιτε

3 Übersetze und erkläre den inhaltlichen Unterschied.

a) Ἀχιλλεὺς Ἀγαμέμνονα ἐχθρὸν ἐνόμιζεν,	ὅτι ὑπ’ αὐτοῦ ἠτιμάσθη. ὅτι ὑπ’ αὐτοῦ ἀτιμασθείη.
b) Αἴας Ὀδυσσέα ἀποκτείνειν ἠθέλησεν,	ὅτι αἰσχρὸς εἴη καὶ ψεύσαιτο. ὅτι αἰσχρὸς ἦν καὶ ἐψεύσατο.

I

Odysseus: ein ausgeprägter Charakter

Kaum einen anderen Helden der Krieger vor Troja charakterisiert Homer so umfassend und **vielschichtig** wie Odysseus: Er weiß immer Rat und findet stets einen Ausweg, er lässt das hölzerne Pferd bauen, mit dem es nach zehn Jahren gelingt, Troja zu erobern. Er ist **neugierig und tollkühn** und will daher die Höhle des Polyphem erkunden, was viele seiner Gefährten das Leben kostet. Er schafft es, Polyphem zu blenden und ihm zu entkommen; er reizt ihn aber zu einem Fluch, den sein Vater Poseidon erhört, sodass Odysseus erst nach **langer Irrfahrt** als einziger Überlebender nach Hause kommt. Weitere negative Aspekte von Odysseus’ Charakter zeigen sich im Lektionstext.

T

Streit in Troja II: Auseinandersetzung um die Waffen des Achilleus

Kurz vor der Eroberung Trojas ist Achilleus, der größte Held der Griechen, gefallen. Bei der Verteilung des Nachlasses erhebt Aias, der Achilleus' Leichnam unter großen Gefahren geborgen hat, Anspruch auf die wertvollen Waffen. Doch er hat mit Odysseus einen nicht zu unterschätzenden Konkurrenten.

Αἴας μὲν ἔφασκεν, ὅτι πρέποι νέμειν τὰ ὅπλα αὐτῷ κρατίστῳ ὄντι. Ὅμως δ' Ὀδυσσεὺς ἐδέξατο τὸ γέρας[1] φθόνῳ πείσας τοὺς δικαστάς. Πολυ-μήχανος[!] γὰρ ὢν κατὰ φρένα ἐψεύδετο καὶ ἔσφαλλε φίλους τε καὶ ἐναντίους, εἰ ὀρέγοιτο κέρδους τινός.

Τότε δὲ ὁ Αἴας εἵλκυσε ξίφος ὀξύ, ἵνα κατεργάσαιτο αὐτόν, ἀλλ' ἐνέπεσεν εἰς ἄτην βλαβεὶς ὑπὸ τῆς Ἀθηνᾶς. Μαινόμενος οὖν ἐδίωξε πρόβατά τινα καὶ ἐφόνευσε πάντα οἰόμενος αὐτὰ τοὺς τῶν Ἀχαιῶν ἀρίστους εἶναι. Ἐκήρυξε δή· „Τείσειαν πάντες οἱ ἐχθροί." Ὀψὲ δ' ἀνέλαβεν αὑτόν[2], καὶ ὡς ᾔσθετο καταγέλαστος γενόμενος, ἐβουλεύσατο ἀποκτείνειν αὑτὸν χαλκῷ.

Εἴ τις σπουδάζοι περὶ τῶν τοῦ Σοφοκλέους λόγων, μανθάνοι ἂν τούσδε, οἷς ὁ Αἴας ἠσπάσατο τὸν παῖδα·

„Ὦ παῖ, γένοιο πατρὸς εὐτυχέστερος,
τὰ δ' ἄλλ' ὅμοιος· καὶ γένοι' ἂν οὐ κακός."

[1] τὸ γέρας, -αος: das (Ehr-)Geschenk, die Ehrengabe

[2] ἀνα-λαμβάνω ἐμαυτόν: *(hier:)* ich komme wieder zur Besinnung

1. Gib für alle Optativformen im Text an, ob es sich um einen Optativ als Wunschmodus, einen Potentialis, einen obliquen Optativ oder einen Iterativ handelt.
2. Stelle alle Verben und Wendungen zusammen, die zum Wortfeld „Drohung und Gewalt" gehören. (vgl. M 10 A)
3. κατεργάσαιτο αὐτόν (Z. 5), ἐβουλεύσατο ἀποκτείνειν αὑτόν (Z. 10) – Unterscheide die Pronomen.
4. Arbeite mit Textbelegen heraus, dass ...
   a) ... Aias sich zwar vorsätzlich zum Mord entschließt, kurz vor der Ausführung aber von einer Gottheit mit Wahnvorstellungen belegt wird.
   b) ... Odysseus aus eigenem Antrieb gegen gesellschaftliche Normen verstößt.
5. MK Erschließe, dass die Abbildung den Text fortsetzt.
6. MK Weise nach, dass Odysseus seine Redegewandtheit am Ende von Sophokles' Tragödie *Aias* (QR-Code) nicht mehr gegen, sondern für Aias einsetzt.

37001-27

Gebet des Aias. Rotfigurige Lekythos, um 460/450 v. Chr. ▶

E

1. Ὅτε Ἀχιλλεὺς ἀπέθανεν, Ὀδυσσεὺς ἐδέξατο τὰ ὅπλα αὐτοῦ.
2. Αἴας δ᾽ ἐβουλεύσατο· „Ὁ Ὀδυσσεύς, ὁπόταν ὀρέγηται κέρδους τινός, φίλους τε καὶ ἐναντίους σφάλλει."
3. Διὸ ὁ Αἴας ἐβούλετο φονεῦσαι αὐτόν· Ὡς δ᾽ εἵλκυσε τὸ ξίφος, ἐνέπεσεν εἰς φοβερὰν ἄτην.
4. Ἐν ᾧ οὖν ἐμαίνετο, ἐδίωξε πρόβατα.
5. Οὐκ ἐπαύσατο φονεύων τὰ πρόβατα, πρὶν ἀπηλλάγη τῆς ἄτης.
6. Ὁ δ᾽ Αἴας διὰ τὴν αἰσχύνην ἐφόνευσεν αὐτόν, πρὶν καταγέλαστος γενέσθαι.

Ü

1 Recherchiere den Grund für das Wüten der Seuche im Heerlager der Griechen vor Troja. MK

2 a) Übersetze.

Achilleus beruft eine Heeresversammlung ein.

1. Ἐπεὶ πάντες οἱ Ἀχαιοὶ συν-ῆλθον!, ἐκαθίζοντο.
2. Ὅτε σιγὴ ἐγένετο, Ἀχιλλεὺς εἶπε τοῖς παροῦσιν·
3. „Οὐκ ἂν ἀπαλλάττοι ἡμᾶς Ἀπόλλων τῶν κακῶν, ἕως οὐ παυόμεθα ἀτιμάζοντες τὸν ἱερέα αὐτοῦ.
4. Ἀφ᾽ οὗ οὖν Ἀγαμέμνων τὴν τοῦ ἱερέως θυγατέρα οὐκ ἀπολύειν ἐθέλει, διαφθειρόμεθα τῇ φοβερᾷ νόσῳ.
5. Ὁπόταν γὰρ οἱ ἄνθρωποι μὴ πείθωνται τοῖς θεοῖς, πάσχουσι κακὰ ὑπ᾽ αὐτῶν.
6. Ἀπο-πέμψωμεν! τὴν κόρην πρὸς τὸν πατέρα, πρὶν πάντας τοὺς Ἀχαιοὺς τῇ χαλεπῇ νόσῳ ἀποθνῄσκειν."
7. Ὁ δ᾽ Ἀγαμέμνων εἰς δεινὴν ὀργὴν ἔπεσεν, ὅτε τούτων τῶν λόγων ἤκουσεν.
8. Ὁ θεὸς δὴ οὐκ ἐπαύσατο διαφθείρων τοὺς Ἀχαιούς, πρὶν ὁ Ἀγαμέμνων ἀπέλυσε τὴν κόρην.

b) Erkläre, warum man den Aorist im Nebensatz nicht ohne Weiteres (z. B. 1., 2.) mit Präteritum wiedergeben sollte.

c) Nenne den im Temporalsatz 5 vorliegenden Modus.

d) Untersuche die Konstruktion in den Temporalsätzen 6 und 8 und begründe den Unterschied.

I

Hellenismus

Als Alexander der Große im Jahre 323 v. Chr. unerwartet starb, teilten seine Nachfolger, die Diadochen, das riesige Reich untereinander auf. Die eroberten Gebiete wurden über drei Jahrhunderte hinweg von der **griechischen Sprache und Kultur** geprägt. Man nennt diese Epoche daher die Zeit des Hellenismus. **Pergamon**, das an der Westküste Kleinasiens liegt, erhielt im 3. und 2. Jahrhundert v. Chr. eine große **kulturelle Bedeutung**: Das Herrschergeschlecht der Attaliden wollte es zu einem neuen Athen machen. Neben der zweitgrößten Bibliothek der damaligen Welt, einem beeindruckenden Theater und einer angesehenen Ärzteschule ist vor allem der um 170 v. Chr. von Eumenes II. in Auftrag gegebene Pergamonaltar bekannt, der sich heute in dem nach ihm benannten Museum in Berlin befindet.

T

Der Pergamonaltar

Ὁπότε προσέρχοιντό τινες τούτῳ τῷ ἱερῷ, ἔβλεπον πρὸς τὰς λαμπρὰς εἰκόνας, αἷς περιείχετο[1]. Ἐγίγνωσκον οὖν τοὺς Ὀλυμπίους θεούς, ἐν ᾧ ἠμύνοντο τοὺς Γίγαντας, τοὺς ἰσχυροὺς καὶ ἀγρίους υἱοὺς τῆς Γῆς. Ἐκεῖνοι δ᾽ ἐξέπληττον τοὺς θεοὺς βάλλοντες λίθους τε καὶ δένδρα καὶ φέροντες πῦρ. Καὶ μέγας κίνδυνος ἦν, μὴ[2] κακῶς ἐκβάλωσι τοὺς Ὀλυμπίους, μέχρι οὗ ὁ Ἡρακλῆς καρτερὸς σύμμαχος ἐγένετο τούτοις. Ὡς γὰρ ἔτεινε τὸ τόξον ὁ ἥρως καὶ ἔβαλλε τὰ βέλη, ἥττους ἦσαν οἱ Γίγαντες.

Ταῦτα δὴ πάντα φανερὰ ἐγίγνετο τοῖς ἀνθρώποις, πρὶν αὐτοὺς ἐλθεῖν διὰ στοᾶς εἰς τὰ εἴσω. Ἐκεῖ δ᾽ ἐν τῇ αὐλῇ[3] ηὕρισκον οὐ μόνον τὸν τοῦ Διὸς βωμόν, ἀλλὰ καὶ ἐκτυπώματα[4] ἀπεικάζοντα τὸν τοῦ Τηλέφου βίον. – Καὶ ἐν τῷ νῦν χρόνῳ πολλοὶ οὐκ ἐθέλουσι λιπεῖν τὸ ἱερόν, πρὶν ἂν μάθωσι καὶ τοῦτον τὸν μῦθον.

[1] περι-έχω: ich umfasse, umgebe

[2] μή: (*hier*): dass

[3] ἡ αὐλή: der Hof (die Aula!)

[4] τὸ ἐκ-τύπωμα, -ατος: das Relief, der Figurenfries

1. Nenne alle Subjunktionen im Text, die einen Temporalsatz einleiten; erkläre ggf. ihre Zusammensetzung.
2. Stelle alle Textstellen zusammen, an denen die Giganten charakterisiert werden.
3. Z. 12b–13: Arbeite anhand inhaltlicher und sprachlicher Merkmale heraus, dass im letzten Satz ein Wechsel in unsere Jetztzeit stattfindet.
4. Erstelle ein Tempusprofil zu diesem Text. (vgl. M 46 A)

MK

5. ἐκτυπώματα ἀπεικάζοντα τὸν τοῦ Τηλέφου βίον (Z. 11 f.)
   a) Schon die Texte 24 T und 25 T informieren über Telephos. Stelle aus diesen Lektionen wichtige Informationen zusammen; ergänze deine Recherche mithilfe eines mythologischen Lexikons.
   b) Diskutiert, welche Situationen in diesem Mythos sich zur künstlerischen Darstellung eignen.

Rekonstruktion des Pergamonaltars mit den Resten des 120 m langen Figurenfrieses, auf dem die Gigantomachie dargestellt war. ▼

E

1. Ἐὰν ἐν τῷ Βερολίνῳ[!] ὦμεν, θεωροῦμεν καὶ σκοποῦμεν καὶ θαυμάζομεν τὰς λαμπρὰς εἰκόνας.
2. Ἆρα καὶ ὑμεῖς θεωρεῖτε καὶ σκοπεῖτε καὶ θαυμάζετε ταύτας τὰς εἰκόνας;
3. Αὗται γὰρ αἱ εἰκόνες εὐδοκιμοῦσιν.
4. Δοκοίη δ' ἂν ἑκάστη τῶν εἰκόνων κάλλιστα πεπλάσθαι.
5. Ἀεὶ δὴ οἱ ἄνθρωποι ἐσκόπουν καὶ ἐθαύμαζον ταύτας τὰς εἰκόνας τὸ κάλλος αὐτῶν ζητοῦντες.
6. Προσελθὲ οὖν καὶ σύ· Σκόπει τὰς λαμπρὰς εἰκόνας.

Ü

1 Weise unkontrahierte (a) und kontrahierte (b) Formen einander zu. Übersetze.

a) ποιέειν • ποιέωμεν • ποιέομεν • ποιέοιμεν ἄν • ποιέουσιν • ποιέεις • ποιεοίη ἄν • ποιέω • ποιέετε • ποιέοιεν ἄν

b) ποιεῖς • ποιοίη ἄν • ποιοῦσιν • ποιοῦμεν • ποιῶμεν • ποιοῖμεν ἄν • ποιεῖν • ποιεῖτε (2) • ποιοῖεν ἄν • ποιῶ (2)

2 a) Analysiere die folgenden Formen. Gib hierbei an, aus welchen Lauten die Kontraktion erfolgt ist, bestimme und übersetze.
ἐζήτει • ζήτει • ζητεῖ • ζητεῖν
ἐδόκουν (2) • δοκοῦν • δοκοῦμεν • δοκοῦντες
καλεῖς • καλεῖτε (2) • καλῆτε • καλῇς
θεωρῇ • θεωροίη • θεωροῦσιν (2) • θεωροῦσαι

b) Nenne jeweils die Lernform und verfahre dann wie bei a).
ἠμέλεις • ἐπεκάλει • ὡμιλεῖτε • ηὐδοκίμουν (2)

3 Erkläre, wie sich bei den Verba contracta der Imp. Sg. von der 3. Pers. Sg. Ind. Präs. unterscheiden lässt. Übersetze genau.

a) Ἡ μὲν μήτηρ καλεῖ· „Μηδὲν ἄγαν ποίει. Νόει καὶ σκόπει."
b) Καὶ ὁ πατὴρ κελεύει· „Μὴ ἀμέλει τῶν τῆς μητρὸς λόγων. Φιλοσόφει καὶ μὴ κακὸς ἴσθι."
c) Ὁ δὲ υἱὸς ἀποκρίνεται· „Ὑμεῖς ἀεὶ ἐμοὶ ἐπικαλεῖτε. Ποιεῖτε τὰ ὑμῶν αὐτῶν."

I

Die Vorsokratiker

Sokrates ist ohne Zweifel *die* zentrale Figur der antiken Philosophie. So hat man einfach die **Philosophen**, die **vor Sokrates** lebten, mit dem Begriff „Vorsokratiker" zusammengefasst. Die Zentren dieser vorsokratischen Philosophie lagen in Kleinasien und in Süditalien. Leider sind uns von den Schriften der Vorsokratiker nur einzelne Fragmente erhalten, die wir als Zitate in Schriften späterer Autoren finden. Aristoteles nennt diese Philosophen **„Naturphilosophen"**, weil sie ihre Erkenntnisse aus den Beobachtungen der Welt und aller in ihr existierenden Dinge gewannen.

T

Thales – das verkannte Genie

Die Wiege der europäischen Philosophie stand in Ionien. Eine ganz besondere Rolle spielte dabei Thales aus Milet.

Θαλῆς ὁ Μιλήσιος πρῶτος ἐφιλοσόφει. Ἐζήτει δὴ τὰ τῆς φύσεως. Μάλιστα δ᾽ ἐβούλετο εὑρεῖν, τί ἐστιν ἀρχὴ τῶν ὄντων. Καὶ ἐδόκει αὐτῷ σκοποῦντι ταύτην εἶναι τὸ ὕδωρ. Εἶτα καὶ δυνατὸς ἐγένετο προ-ειπεῖν[!] ἔκ-λειψίν[1] τινα τοῦ ἡλίου. Καὶ ἔφασκε τὸν λίθον[2] ψυχὴν ἔχειν, ὅτι σίδηρον κινεῖ.

Ἀλλὰ καίπερ εὐδοκιμῶν διὰ τὴν ἐπιστήμην γέλωτα παρεῖχεν[3] τοῖς τότε· λέγεται γὰρ πεσεῖν εἰς φρέαρ[4] τι θεωρῶν τὰ μετέωρα. Ἔνιοι καὶ ἐπεκάλουν αὐτῷ λέγοντες· „Διὰ τί οὐχ ὁμιλεῖς ἀνθρώποις, ἀλλὰ διάγεις μόνος ὤν; Διὰ τί ἀμελεῖς καὶ ἡμῶν, τῶν συμ-πολιτευομένων[!]; Διὰ τί οὐκ ἐθέλεις γαμεῖν γυναῖκα; Ἆρ᾽ οὐ νοεῖς, ὅτι σε ἂν καλοῖμεν ἄνδρα καταγέλαστον, εἰ μὴ παύσαιο ἄστρα σκοπῶν καὶ ἄλλα ἄτοπα ποιῶν;“

Ἀκούομεν δὲ τὸν Θαλῆν οὐ φροντίσαντα τῶν τοιούτων λόγων.

[1] ἡ ἔκ-λειψις, -εως: die Finsternis
[2] ὁ λίθος: *(hier:)* der Magnet(stein)
[3] γέλωτα παρέχω: ich gebe Anlass zu Gelächter
[4] τὸ φρέαρ, -ατος: der Brunnen

1 Übersetze: Ἡ ἀρχή ἐστι τὸ ὕδωρ. – Τῷ Θαλῇ δοκεῖ ἀρχὴν εἶναι τὸ ὕδωρ. – Τῷ Θαλῇ σκοποῦντι δοκεῖ ἀρχὴν εἶναι τὸ ὕδωρ. – Τῷ Θαλῇ σκοποῦντι ἐδόκει ἀρχὴν εἶναι τὸ ὕδωρ (vgl. Z. 2 f.).

37001-28

2 Nenne aus dem Text alle Formen von Verba contracta auf -έω und bestimme sie; gib an, welche Kontraktionsregel jeweils zu der Form führt.

▼ *Weltbild des Thales (modernes Modell).*

3 Bei τὰ τῆς φύσεως (Z. 1) und οἱ τότε (Z. 6 f., im Text Dativ) sind Artikel und Genitivattribut bzw. Adverb eng verbunden. Nenne deutsche Substantive, die ergänzt werden müssen.

4 Der Historiker und Philologe Karl-Wilhelm Weeber betont: „Das 6. Jahrhundert v. Chr. war eine spannende intellektuelle Aufbruchszeit, die Maßstäbe setzte für die Technik des ‚geistigen Schauens‘ – nichts anderes bedeutet θεωρία.“

a) Erkläre, inwiefern Weebers Übersetzung von θεωρία der Bedeutung des zugrunde liegenden Verbs gerecht wird.

MK b) Belege die Behauptung des Autors, indem du weitere frühgriechische Philosophen und ihre Überzeugungen über den Ursprung der Welt zusammenstellst.

MK **5** Werte T und die weiterführenden Quellen (QR-Code) aus und vergleiche sie mit der Abbildung. Nimm Stellung, welche Informationen gelungen umgesetzt und welche fehlerhaft oder frei interpretiert sind.

E

1. Θαλῆς ἐπιμελεῖται τῶν τῆς φύσεως.
2. Μάλιστα δὲ ἡ τῶν ὄντων ἀρχὴ ζητεῖται ὑπ’ αὐτοῦ· Ἡγεῖταί γε τὴν ἀρχὴν ὕδωρ εἶναι.
3. Αὐτὸν περὶ πολλοῦ ποιώμεθα, ὅτι τὴν ἀρχὴν εὑρεῖν ἐζήτει.
4. Ἡ περὶ τῆς ἀρχῆς ἀλήθεια ζητοῖτ’ ἂν ἔτι καὶ νῦν.
5. Ἡ γὰρ ἀρχὴ καίπερ ὑπὸ πολλῶν ζητουμένη ἔτι καὶ νῦν οὔκ ἐστι δηλή.
6. Διὸ αἰδεῖσθε τοὺς πρώτους φιλοσόφους, ὅτι ἤρξαντο σκοποῦντες.
7. Πολλοὶ δὲ τῶν φιλοσόφων καὶ ἡγοῦντο καὶ ἡγοῦνται τὴν ἀρχὴν θεὸν εἶναι.

Ü

1 Weise die Formen dem Indikativ, dem Konjunktiv oder dem Optativ zu und übersetze. Nenne die Form, die sich nicht zuordnen lässt.
ζητοῖτο ἄν ◦ ἐπιμελεῖται ◦ ἡγούμεθα ◦ εἴθε μὴ καταφρονοῖντο ◦ κινῆται ◦ προθυμοῦνται ◦ ἐπικαλῇ ◦ ἀμελεῖσθαι ◦ καλοίμεθα ◦ περὶ πολλοῦ ποιώμεθα

2 Stelle aus folgenden Teilen eine Inhaltsangabe des Anfangs der *Ilias* zusammen und übersetze.

1. Ἀγαμέμνων ἡγεῖται	A. πρὸς τὴν Ἀχιλλέως σκηνήν.
2. Καταφρονεῖ	B. τὴν Βρισήιδα ἐκ τῆς τοῦ Ἀχιλλέως σκηνῆς ἀπαγαγεῖν.
3. Περὶ πλείστου γὰρ ποιεῖται	C. τὴν Βρισήιδα τὴν τοῦ Ἀχιλλέως κόρην.
4. Οὐκ αἰδεῖται	D. τὴν ἑαυτοῦ τιμήν.
5. Προθυμεῖται	E. τῆς τοῦ Ἀχιλλέως τιμῆς.
6. Οἱ Ἀγαμέμνονος κήρυκες ἀφικνοῦνται	F. τῷ Ἀγαμέμνονι.
7. Ἀγανακτεῖ μὲν Ἀχιλλεὺς	G. μὴ τὸν Ἀγαμέμνονα φονεῦσαι.
8. Εὐλαβεῖται δὲ	H. τοῦ εἰς Τροίαν στόλου.

3 Gib an, ob mehr Präsens- oder Imperfektformen vorliegen. Bestimme und übersetze.
ἐπεμελεῖσθε ◦ ἡγοῦντο ◦ αἰδοῦμαι ◦ προῃρούμην ◦ ἀφικνεῖτο ◦ εὐλαβῇ ◦ ἠπιστοῦμεν ◦ προεθύμου ◦ ἀγανακτεῖ ◦ ἐφρόνει ◦ ῥεῖ

I

Ionische Philosophen

Schon in der Antike freuten sich die Menschen an Legenden über Berühmtheiten. Und die ionischen Philosophen, unter ihnen die Milesier Thales, Anaximander und Anaximenes sowie Heraklit aus Ephesos, waren solche **Berühmtheiten**, um die sich viele Legenden und **Anekdoten** rankten, umso mehr, je weniger man tatsächlich in späteren Zeiten von ihrem Leben wusste. Diese ionischen Philosophen waren die Ersten, die ab dem ausgehenden 7. Jahrhundert v. Chr. die zeitlosen Fragen nach dem Woher und dem **Urgrund aller Dinge** stellten und damit die europäische Philosophie begründeten.

MYTHISCHE VORZEIT | MINOISCHE ZEIT | MYKENISCHE ZEIT | **ARCHAIK** | KLASSIK | HELLENISMUS

1800 1600 1400 1200 1000 800 600 400 200

Heraklit (Philosoph)

T

Heraklit – „der Dunkle“

Ephesos beheimatete um 500 v. Chr. einen Philosophen, der gar nicht so recht zum blühenden, lebensfrohen Charakter dieser Stadt passte: Heraklit, der schon von seinen Zeitgenossen „der Dunkle“ (**ὁ σκοτεινός**) genannt wurde.

Ὅστις ἂν ἐπιμελῆται τῆς τῶν καλουμένων φυσικῶν[1] φιλοσοφίας, προθυμεῖται μαθεῖν καὶ τὰ ὑφ’ Ἡρακλείτου γεγραμμένα. Ἔγραψε δ’ ὧδέ πως· „Ἀεὶ πάντα ῥεῖ“ καί „Πόλεμος πάντων μὲν πατήρ ἐστιν, πάντων δὲ βασιλεύς.“ Καὶ οἱ νῦν ἡγοῖντο ἂν αὐτὰ χαλεπὰ καὶ οὐ σαφῆ. Αἰτία δὲ τούτου ἂν εἴη, ὅτι ὁ Ἡράκλειτος οὐδαμῶς ἐσπούδαζε διδάσκειν τοὺς ἄλλους, οἳ κατεφρονοῦντο ὑπ’ αὐτοῦ· ᾤετο γὰρ αὐτοὺς οὐ μετέχειν οὔτε σοφίας οὔτε νοῦ, ἃ περὶ πλείστου ἐποιεῖτο. Εἶπε δή· „Εἰ καὶ κοινόν ἐστι τὸ φρονεῖν, οὐκ αἰδεῖσθε τὸν λόγον καὶ ὁ κάλλιστος κόσμος φαίνεται ὑμῖν σάρμα εἰκῆ κεχυμένον[2].“ Οὕτω δ’ ἠγανάκτει τῇ τῶν Ἐφεσίων ἀ-μαθίᾳ[!], ὥστε τὴν πόλιν ἀπέλιπε προαιρούμενος βίον ἁπλοῦν[3] ἐν τόπῳ ἐρήμῳ. Τέλος δὲ δεινῇ νόσῳ ἠναγκάσθη ἐπανελθεῖν εἰς τὴν Ἔφεσον, ἀλλ’ ἀφικόμενος ἠπίστει τοῖς τῶν ἰατρῶν βουλεύμασιν ὡς κενοῖς οὖσιν. Εὐλαβούμενος δ’ αὐτοὺς ἀπέθανε μόνος ὢν τρόπῳ θαυμασίῳ.

[1] ὁ φυσικός: *(hier:)* der Naturphilosoph
[2] σάρμα εἰκῆ κεχυμένον: ein planlos hingeschütteter Misthaufen
[3] ἁπλοῦς, -ῆ, -οῦν: einfach

1. Nenne aus dem Text alle Formen von Verba contracta auf -έω und bestimme sie; gib an, welche Kontraktionsregel jeweils zu der Form führt.

2. Folgende Sätze sind durch sprachliche Gestaltungsmittel (vgl. **M** 73 B, **M** 75 A, **M** 79 B) hervorgehoben:
   1) Πόλεμος πάντων μὲν πατήρ ἐστιν,
   (πόλεμος) πάντων δὲ βασιλεύς (ἐστιν). (Z. 3 f.)
   2) Ὁ κάλλιστος κόσμος φαίνεται ὑμῖν σάρμα εἰκῆ κεχυμένον. (Z. 9 f.)
   Weise diese Gestaltungsmittel nach und beschreibe die dadurch erzielte Wirkung.

3. Stelle aus dem Text alle philosophischen Aussagen und Entscheidungen in Heraklits Leben zusammen, die zunächst nicht nachvollziehbar, also „dunkel“ erscheinen.

MK 4. ἀπέθανε μόνος ὢν τρόπῳ θαυμασίῳ (Z. 15) – Recherchiere die Hintergründe dieser Aussage mithilfe einer sogenannten Philosophiegeschichte und weiterer geeigneter Medien; präsentiere deine Ergebnisse.

Peter Paul Rubens (1577–1640): Heraklit, der weinende Philosoph. ▶

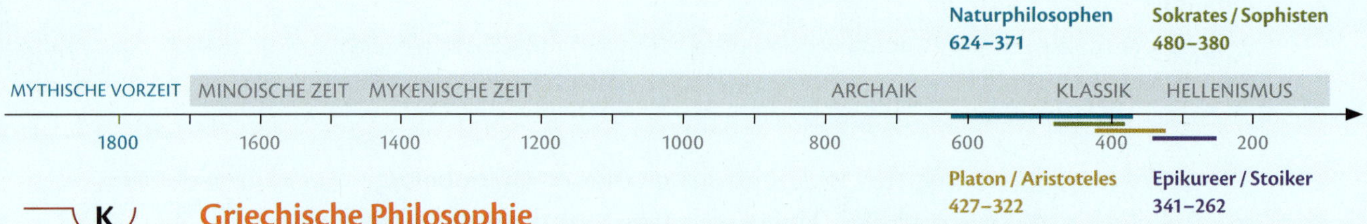

K Griechische Philosophie

Διὰ τὸ θαυμάζειν οἱ ἄνθρωποι ... ἤρξαντο φιλοσοφεῖν.
„Aus Staunen und Verwunderung begannen die Menschen zu philosophieren."

So schreibt der berühmte Philosoph Aristoteles (s. u.) über die Anfänge der Philosophie.

1. Die Naturphilosophen

Gegenstand dieses Staunens war die **Natur**, die **φύσις**, deren Zusammenhänge und Gesetze man zu entschlüsseln versuchte. Daher werden die ersten Philosophen auch **Naturphilosophen** genannt. Diese lösten sich mehr und mehr von den bisherigen mythischen Weltdeutungsversuchen, wie man sie beispielsweise noch bei Homer findet (Beispiel: Poseidon wühlt das Meer auf; vgl. 4 T), und ersetzten sie durch rationale, d. h. durch vernünftiges Denken gewonnene Erklärungen.
Da geeignete Forschungsinstrumente noch weitgehend fehlten, war man hier auf genaue Beobachtungen und daraus abgeleitete Spekulationen angewiesen. So entstand eine Vielfalt von ganz unterschiedlichen Theorien, die schon bei der grundlegenden **Frage nach der ἀρχή**, dem Urstoff, dem Grundprinzip aller seienden Dinge, deutlich wird:
Einige Naturphilosophen gingen von einem einzigen Prinzip aus: **Thales** aus Milet (ca. 624 – 546; vgl. 53 T) nahm als **ἀρχή** das **Wasser** (**ὕδωρ**) an, sein Nachfolger Anaximander das sogenannte **Apeiron** (**ἄπειρον**), eine quantitativ unbegrenzte und qualitativ unbestimmte Ursubstanz, und dessen Nachfolger **Anaximenes** schließlich die **Luft** (**ἀήρ**). **Pythagoras** ❶ von Samos (vgl. 61 I und T) dagegen betrachtete die **Zahl** (**ἀριθμός**) als Urprinzip. **Heraklit** ❷ aus Ephesos (vgl. 54 T) scheint als ἀρχή das **Feuer** (**πῦρ**) angenommen zu haben. Bekannter geworden ist er aber als der Philosoph des Werdens und Vergehens, das er in seiner berühmten Formulierung **πάντα ῥεῖ** („Alles ist im Fluss.") prägnant ausgedrückt hat. Andere Naturphilosophen nahmen dagegen mehr als einen Urstoff an, so **Empedokles** aus Akragas (ca. 490 – 430; vgl. 62 T), der die Lehre von den **vier Elementen Erde**, **Wasser**, **Feuer** und **Luft** begründete, oder die Atomisten **Leukipp** und **Demokrit** (ca. 460–371) aus Abdera, für die alles aus unendlich vielen, unteilbar kleinen Bestandteilen, den sogenannten **Atomen** (**ἄτομα**), und **leerem Raum** (**κενόν**) bestand.
Für ihre Mitmenschen, die häufig noch in traditionellen, mythisch geprägten Denkmustern (s. o.) lebten, waren diese Naturphilosophen oft rätselhafte „Sonderlinge" – ein Vorurteil, das zusätzlich durch den elitären, sektenhaften Lebensstil einiger dieser Philosophen genährt wurde. So waren die Naturphilosophen auch ein beliebter Gegenstand von Spott und Anekdoten (vgl. 53 T, 54 T, 62 T).

2. Sokrates und die Sophisten

In der ersten Hälfte des 5. Jahrhunderts v. Chr. empfand man jedoch auch die Vielfalt miteinander konkurrierender, oft widersprüchlicher naturphilosophischer Theorien als unbefriedigend. Philosophisch Interessierte wandten sich daher zunehmend einem neuen Themenbereich zu, der – zumindest auf den ersten Blick – mehr Klarheit versprach: **dem Menschen**.

▲ *Die Schule von Athen, Gemälde von Raffael, ca.1510.*

Diesen Themenwechsel in der Philosophie bezeichnet man als **anthropologische Wende**.

Angestoßen wurde diese durch die sogenannten **Sophisten** (vgl. 75 I und T), Wanderlehrer, die das Ziel hatten, Menschen zu bilden bzw. auszubilden (**παιδεύειν τοὺς ἀνθρώπους**). Zentrum dieser ersten großen Aufklärungsbewegung in Europa war Athen. Wichtige Disziplinen sophistischer Lehrtätigkeit waren Fächer wie **Rechtskunde**, **Theologie** und **Pädagogik**. Ganz besondere Bedeutung kam aber Disziplinen wie **Logik**, **Rhetorik** und **Dialektik** zu, die Kenntnisse und Fähigkeiten vermittelten, mit denen man im demokratischen Athen Mehrheiten gewinnen und Karriere machen konnte. Eine Kunst, „das schwächere Argument zum stärkeren zu machen“ (**τὸν ἥττω λόγον κρείττω ποιεῖν**), wie sie beispielsweise **Protagoras** aus Abdera (ca. 480 – 410) versprach, war besonders bei jungen, ehrgeizigen Athenern aus der Oberschicht sehr gefragt. Dies führte dazu, dass vor allem die „Stars“ unter den Sophisten – neben Protagoras insbesondere **Gorgias** aus Leontinoi, **Prodikos** von Keos, **Hippias** aus Elis – gefragte Leute waren, die mit ihrer Lehrtätigkeit viel Geld verdienen konnten.

Das selbstbewusste, rein erfolgsorientierte Auftreten vieler Sophisten rief aber auch Kritik hervor: Am deutlichsten wird diese bei **Sokrates** ③ aus Athen (469 – 399; vgl. 81 – 85 T): Dieser legte seinen Schwerpunkt ausschließlich auf die **ethische Frage nach dem moralisch richtigen Leben** (**Πῶς βιωτέον;** – „Wie soll man leben?“) und suchte nach **absoluten, universell gültigen Antworten**, ohne dabei Rücksicht auf Nachteile zu nehmen (vgl. 78 I). Mit Aussagen wie, es sei besser, Unrecht zu erleiden als Unrecht zu tun (**μᾶλλον ἀδικεῖσθαι ἢ ἀδικεῖν**), verkehrte er die Lehren der Sophisten ins Gegenteil. Da er jedoch viele seiner Methoden (z. B. die Dialektik) und vor allem auch das Interesse am Menschen gemeinsam mit den Sophisten hatte, wurde er von seinen Zeitgenossen immer wieder mit diesen und manchmal sogar mit Naturphilosophen verwechselt (vgl. 72 I).

3. Platon und Aristoteles

Sokrates selbst hat nichts Schriftliches hinterlassen. Was wir heute über ihn wissen, verdanken wir vor allem seinem bekanntesten Schüler, **Platon** ④ (427 – 347; vgl. 79 T), der Sokrates in seinen Dialogen ein literarisches Denkmal gesetzt hat. Zunehmend entwickelte Platon aber auch eigene Positionen, die er in seiner berühmten Schule, der **Akademie**, lehrte: Mit den sogenannten **Kardinaltugenden σωφροσύνη** (Mäßigung), **ἀνδρεία** (Tapferkeit), **σοφία** (Weisheit) und **δικαιοσύνη** (Gerechtigkeit) systematisiert Platon das ethische Kernanliegen des Sokrates. In seiner berühmten

Ideenlehre vertritt er die These, die sichtbare, uns umgebende Welt sei nur ein Abbild einer höheren, wahrhaft existierenden Welt von Urbildern bzw. Ideen, an deren Spitze die Idee des Guten (**αὐτὸ τὸ ἀγαθόν**) stehe. Auf dieser Grundlage konstruiert Platon in seinem wohl bekanntesten Werk, der πολιτεία (dem *Staat*), den Entwurf eines idealen, von Philosophen gelenkten Staates (vgl. 63 I).

Platons berühmtester Schüler war der aus Stageira in Makedonien stammende **Aristoteles** 5 (384 – 322; vgl. 79 I und T). Auch er nahm eine die sichtbare Welt übersteigende metaphysische Welt an. Allerdings kritisierte er Platons Ideenlehre und kehrte die Blickrichtung um: Grundlegend war für ihn die **systematische Betrachtung und Analyse der den Menschen umgebenden sichtbaren Welt**. Um diese zu erforschen und zu beschreiben, wandte sich Aristoteles verschiedensten Disziplinen wie Geografie, Physik, Biologie, Politik, aber auch Metaphysik, Logik und Poetik zu. Seine Schule, der **Peripatos**, wird dadurch zum Ausgangspunkt aller späteren systematischen Forschung und Wissenschaft.

4. Epikureer und Stoiker

Ende des 4. Jahrhunderts v. Chr. trat vor allem die Frage in den Mittelpunkt, wie der Mensch **Glück** (**εὐδαιμονία**) erlangen könne. Zwei sehr unterschiedliche Antworten darauf gaben die beiden zu dieser Zeit bedeutendsten Schulen:

Epikur 6 (341 – 270; vgl. 80 I und T) rief seine Schüler mit der berühmten Formel **„Λάθε βιώσας."** („Lebe im Verborgenen!") zu einem eher zurückgezogenen Leben in der Gemeinschaft Gleichgesinnter auf. Zu diesem Zweck erwarb er ein Gartengrundstück, den sogenannten „Garten" (**κῆπος**), nach dem auch seine Schule benannt wurde. Oberstes Ziel war der Gewinn von **Freude** (**ἡδονή**) auf der Basis einer **unerschütterlichen Seelenruhe** (**ἀταραξία**).

Auch die Anhänger der um 300 v. Chr. durch **Zenon** 7 von Kition (ca. 335 – 262) gegründeten **Stoá** (vgl. 80 I und T) strebten nach **ἀταραξία**. Anders als die Epikureer beteiligten sich die Stoiker jedoch aktiv am öffentlichen Leben. Ihr Ideal war ein vernunftgemäßes, an der Pflicht (**τὸ καθῆκον**) orientiertes Leben, das darin bestand, sein vorgegebenes Schicksal aus freien Stücken anzunehmen.

MK **1** Der Historiker Herodot (vgl. S. 161 Abb. 4) berichtet von ganz unterschiedlichen Reaktionen auf die Sonnenfinsternis vom 28. Mai 585 v. Chr.
Recherchiere die Ereignisse in Herodots Bericht (QR-Code) und erläutere sie vor dem Hintergrund der Entwicklung der griechischen Philosophie.

37001-29

2 Beschreibe, wie der Maler Raffael im Zentrum seines Gemäldes *Die Schule von Athen* den wesentlichen Unterschied zwischen Platon und Aristoteles darstellt.
Erschließe davon ausgehend, warum das Christentum schon früh eine gewisse Nähe zu Platons Lehre entdeckte, während es sich lange Zeit mit Aristoteles' Positionen schwertat.

MK **3** Die These, in der griechischen Philosophie seien alle grundlegenden Themen der europäischen Philosophie bereits vertreten, ist weit verbreitet. Als Begründung hierfür wird u. a. deren traditionelle Einteilung in Physik, Ethik und Logik angeführt.
Nimm zur Berechtigung dieser These Stellung, indem du dich ggf. auch noch über weitere Einteilungsmöglichkeiten der Philosophie informierst.

4 Erörtere, welche Fragestellungen der griechischen Philosophie dir auch heute noch aktuell erscheinen.

T

Was ist das Kennzeichen der Christen?

In einem Brief richtet sich Paulus oder wahrscheinlicher einer seiner Schüler, der in dessen Namen schreibt, an die Christen in Ephesos und ganz Kleinasien. Er betont die Einheit der Christen: Es spielt keine Rolle, ob man vor der Bekehrung zum Christentum Jude gewesen war oder nicht. Im Anschluss daran werden für das neue Menschengeschlecht der Christen ethische Forderungen aufgestellt.

Παῦλος, ἀπόστολος Ἰησοῦ Χριστοῦ, τοῖς ἁγίοις[1] τοῖς οὖσιν ἐν Ἐφέσῳ· χάρις[2] ὑμῖν καὶ εἰρήνη ἀπὸ Θεοῦ, πατρὸς ἡμῶν, καὶ Κυρίου Ἰησοῦ Χριστοῦ.

Ὁ Χριστός ἐστιν ἡ εἰρήνη ἡμῶν, ὁ ποιῶν τοὺς Ἰουδαίους καὶ τοὺς Ἕλληνας ἕν. Ἄρα[3] οὖν οὐκέτι ἐστὲ ξένοι, ἀλλὰ συμ-πολῖται τῶν ἁγίων[1] καὶ οἰκεῖοι τοῦ Θεοῦ. Διὸ παρακελεύομαι ὑμῖν·

Προθυμεῖσθε καὶ περὶ πλείστου ποιεῖσθε μένειν ἐν τῷ δεσμῷ τῆς εἰρήνης. Ἔστε ἓν σῶμα, ὡς ἔστιν εἷς Θεὸς καὶ πατὴρ πάντων, ὁ ἐπὶ πάντων καὶ ἐν πᾶσιν.

Μηκέτι τὸν βίον διάγετε ὡς οἱ ἀπιστοῦντες, οἵτινες ἂν τὰ κενὰ νοῶσιν. Τὸν Χριστὸν ἠκούσατε καὶ ἐν αὐτῷ ἐδιδάχθητε· διαλύετε τὸν παλαιὸν ἄνθρωπον καὶ ἐνδύεσθε[4] τὸν καινὸν[5] ἄνθρωπον τὸν κατὰ Θεὸν κτισθέντα ἐν δικαιοσύνῃ[6] καὶ ὁσιότητι[7] καὶ ἀληθείᾳ. Εὐλαβεῖσθε τὸ ψεύδεσθαι, τὸ ὀνειδίζειν, τὸ ὀργίζεσθαι, τὸ ἀγανακτεῖν, τὸ κλέπτειν, τὸ οἴνῳ μεθύσκεσθαι[8].

Ἵνα δὲ γιγνώσκητε καὶ ὑμεῖς τὰ κατ' ἐμέ, τί πράττω, πάντα φράσει ὑμῖν Τυχικός, ὁ φίλος ἀδελφὸς καὶ πιστὸς διάκονος[9] ἐν Κυρίῳ, ὃν ἔπεμψα πρὸς ὑμᾶς.

Εἰρήνη τοῖς ἀδελφοῖς καὶ ἀγάπη[10] ἀπὸ Θεοῦ πατρὸς καὶ Κυρίου Ἰησοῦ Χριστοῦ.

[1] ἅγιος: heilig
[2] ἡ χάρις: *(hier:)* die Gnade
[3] ἄρα: folglich
[4] ἐν-δύομαι: ich ziehe mir etwas an
[5] καινός: neu
[6] ἡ δικαιοσύνη: *Subst. zu* δίκαιος
[7] ἡ ὁσιότης, -τητος: *Subst. zu* ὅσιος
[8] μεθύσκομαι: ich betrinke mich, bin betrunken
[9] ὁ διάκονος: der Diener
[10] ἡ ἀγάπη: die Liebe

1. Benenne Merkmale eines Briefes. (vgl. M 19 B)
2. Arbeite heraus, dass „Friede" ein Schlüsselwort ist (vgl. M 9 A). Gib an, woher dieser nach Paulus' Darstellung kommt und wer mit diesem gleichgesetzt wird.
3. Erläutere, ob der Text die Frage aus der Überschrift beantwortet.
4. Z. 14 f.: Die Aufzählung enthält Verbote. Vergleiche sie mit den Zehn Geboten des Christentums.

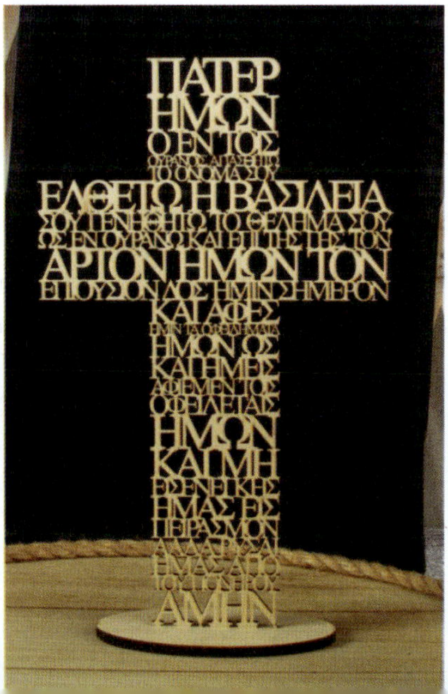

ΑΝΑΤΟΛΑΙ – ΛΙΒΥΗ

ORIENT – AFRIKA

Durch die Eroberungszüge Alexanders des Großen 3 4 kamen die Griechen zum ersten Mal mit bislang unbekannten Welten in Berührung. Für Alexander und seine Soldaten lagen diese Länder am Rand der Welt. Geradezu besessen von dem Willen, neue Länder und Kulturen kennenzulernen und seinem Reich einzuverleiben, trieb Alexander seine Soldaten bis nach Indien 2. Ermüdung und Krankheiten führten zunehmend zu Unzufriedenheit. Hinzu kam, dass viele Alexanders Bestrebungen, die Kultur eroberter Gebiete mit der griechischen zu verschmelzen, ablehnten.

5

6

So soll Alexander 324 v. Chr. eine Massenhochzeit im persischen Susa veranstaltet haben, bei der an die hundert makedonische Offiziere mit persischen Frauen verheiratet wurden. Auch seine Verehrung als Gott, wie sie schon beim Besuch des in der nordafrikanischen Oase Siwa 1 gelegenen Heiligtums des Gottes Amun sichtbar wurde, traf bei vielen Makedonen und Griechen auf Ablehnung.

Als Alexander erst 33-jährig starb, übernahmen schnell Alexanders Feldherren die Macht, und die Zeit des Hellenismus (vgl. Epochenüberblick IV, S. 192 f.) begann. Die als Diadochen (= Nachfolger) bezeichneten Herrscher teilten das Riesenreich unter sich auf. Einige Jahrhunderte Bestand hatten die Reiche Makedoniens, Vorderasiens und Ägyptens, bis die Römer sie in ihr Imperium Romanum integrierten. Die Ptolemaier, die Herren über Ägypten und die angrenzenden Gebiete, machten Alexandria 5 zu ihrer Residenz und zugleich zu einem Ort der Wissenschaften und Kultur. Ärzte, Dichter, Philosophen und Naturwissenschaftler wurden dort ausgebildet und verhalfen Alexandria zu hohem Ansehen in der damaligen Welt. Mit der Besetzung Ägyptens durch die Römer 30 v. Chr. 6 ging der Hellenismus zu Ende, nicht aber die Berühmtheit Alexandrias als wirtschaftliche und kulturelle Metropole. Auch für die Christen und ihre Theologen wurde Alexandria bis weit in die Spätantike ein wichtiges Zentrum, bis die Stadt 641 n. Chr. von den Arabern erobert wurde.

E

1. Πολλοὶ τιμῶσιν Ἡράκλειτον, ὅτι ἐσπούδαζε περὶ τῶν τῆς φύσεως.
2. Ἀλλ' ἔνιοι οὐκ ἂν τιμῷεν αὐτόν.
3. Ἐτόλμα γὰρ τῶν ἄλλων καταφρονεῖν. Ἑώρα δὴ αὐτοὺς τὸν λόγον οὐ τιμῶντας.
4. Πειρώμεθα δὲ μαθεῖν, ἃ ὁ Ἡράκλειτος εἶπεν.
5. Τὰ ὑπ' αὐτοῦ γεγραμμένα πολλάκις ἐγελᾶτο ὡς ἀνόητα ὄντα.
6. Ἀλλὰ μὴ αἰτιᾶσθε τὸν Ἡράκλειτον, ἐὰν τὰ γεγραμμένα μὴ μανθάνητε.

Ü

1 Stelle kontrahierte und unkontrahierte Formen zusammen und übersetze.

a)

τιμῶ ◦ τιμῴη ◦ ἐτίμων ◦ τιμᾷ (2) ◦ τιμῷεν ◦ τιμῶσα ◦ ἐτίμα ◦ τιμᾶν ◦ τιμῶν

τιμά-ει ◦ τιμά-οιεν ◦ τιμά-ειν ◦ τιμά-ω ◦ τιμα-οίη ◦ τιμά-η ◦ ἐτίμα-ε ◦ τιμά-ων ◦ ἐτίμα-ον ◦ τιμά-ουσα

b)

τιμῶνται ◦ τιμωμένης ◦ τιμᾷ ◦ τιμᾶσθε ◦ ἐτιμῶ ◦ τιμᾶσθε ◦ τιμᾶσθαι ◦ ἐτιμᾶσθε ◦ τιμῶ ◦ τιμῷντο

τιμά-εσθε ◦ τιμά-εσθαι ◦ τιμά-οιντο ◦ τιμά-ονται ◦ τιμα-ομένης ◦ τιμά-η ◦ τιμά-ου ◦ τιμά-ησθε ◦ ἐτιμά-εσθε ◦ ἐτιμά-ου

2 Analysiere und übersetze.

a) τελευτᾶν ◦ ὁρῶν ◦ ἐξηπάτων (2) ◦ γελᾶτε (3) ◦ νικῷμεν ◦ τιμῶντες ◦ τόλμα

b) μηχανῶμαι (2) ◦ ἡττῷο ἄν ◦ θεώμεθα (2) ◦ ᾐτιᾶτο ◦ πειρᾶται ◦ πειρῶ ◦ ὁρμῷσθε

3 a) Aktiv, Medium oder Passiv? Gib das Genus verbi an. Achte bei mehrdeutigen Formen auf den Sinn und übersetze anschließend.

αἰτιώμενος ◦ ἵνα μὴ ἀπατώμεθα ◦ γελῷντο ἄν ◦ ἑῶρα ◦ **ἡττᾶται** ◦ **Θεώμενος** ◦ **Μηχανᾶσθε** ◦ **νικᾶν** ◦ νικᾶσθαι ◦ **ὁρμᾷ** ◦ **τελευτῶσιν** ◦ τιμῷτο ◦ **τολμᾷ**

b) Weise die bei a) fett gedruckten Verben den Sätzen zu und übersetze.

1. Ξέρξης εἰς τὴν Ἑλλάδα ● ἅτε τοὺς Ἕλληνας ● βουλόμενος. 2. ● δὲ τὸν Ἑλλήσποντον τοῖς τέκτοσιν παρακελεύεται· „● τὸ τὸν πόντον ζεῦξαι (τό … ζεῦξαι: das Überbrücken).“ 3. Οἱ οὖν τέκτονες τὸ ἔργον εὖ ●. 4. Τοῦ δ' ἔργου χειμῶνί τινι χαλεπῷ διαλυθέντος ὁ Ξέρξης τὸν πόντον τῆς κακίας ● κολάσαι ●. 5. Τέλος δὲ τῶν Ἑλλήνων ●.

I

Eroberer eines Weltreichs

Innerhalb weniger Jahre (334–326 v. Chr.) eroberte der Makedonenkönig **Alexander** ein **riesiges Reich**: Gebiete von Südosteuropa bis Pakistan in Asien gelangten unter seine Herrschaft. Er ging als „Alexander **der Große**“ in die Geschichte ein, doch beim Urteil über seine Person gab es schon in der Antike auch viele **negative Stimmen**. Sein Vater Philipp hatte zwar den griechischen Philosophen Aristoteles als Lehrer für Alexander nach Makedonien geholt. Aber die trotz seines Lehrers wenig philosophische Lebensführung Alexanders wurde z. B. von Cicero und Seneca, römischen Politikern und Philosophen, scharf kritisiert. (QR-Code)

37001-30

T

„Drei drei drei ...“

Zu Beginn seines Feldzugs gegen das Perserreich hatte Alexander 334 v. Chr. zunächst die Westküste Kleinasiens erobert. Dass das anschließende Jahr bedeutend für ihn werden sollte, deutet sich bereits in der Episode mit dem Gordischen Knoten an: Der Überlieferung zufolge war demjenigen, der diesen lösen konnte, die Herrschaft über ganz Asien bestimmt.

Θεώμενος τὸ ἅμμα[1] Ἀλέξανδρος μηχανᾶται τάδε· Αἱρεῖ τὸ ξίφος καὶ λύει αὐτὸ βίᾳ. Καὶ οἱ μὲν αἰτιῶνται τὸν βασιλέα ὡς ἐξαπατῶντα καὶ παραβαίνοντα τὸν νόμον, οἱ δὲ τιμῶσιν αὐτὸν ὁρῶντες τὸν Ἀλέξανδρον ὄντως κύριον ἐσόμενον τῆς γῆς.

Καὶ οὐ πολλῷ ὕστερον τῷ Ἀλεξάνδρῳ δοκεῖ ὁρμᾶσθαι εἰς Κιλικίαν· πόρρω γὰρ πορευόμενος βούλεται ἀναγκάσαι Δαρεῖον μάχεσθαι περὶ τῆς ἀρχῆς. Ὁ οὖν Δαρεῖος πρῶτον μὲν γελᾷ τοὺς Μακεδόνας ἅτε καταφρονῶν αὐτῶν. Ἔπειτα δ’ ἄγει τὸν στρατὸν εἰς Ἰσσὸν πεποιθὼς τῷ τῶν Περσῶν πλήθει καὶ τῇ δυνάμει.

Καὶ γίγνεται μάχη ὀξεία, ἣ τελευτᾷ ὧδε· Ὁ μὲν Δαρεῖος ὀκνεῖ καὶ φεύγει καίπερ τῶν Περσῶν οὔπω λιπόντων τὴν τάξιν, ὁ δ’ Ἀλέξανδρος πολλὰ πειρᾶται καὶ πάντα τολμᾷ, ἵνα προτρέπῃ τοὺς σὺν αὐτῷ εἰς τὸ νικᾶν. Νικῶντες δὲ οἱ Μακεδόνες διώκουσι τοὺς ἡττωμένους βαρβάρους. Τοὺς μὲν πολλοὺς ἀποκτείνουσιν, ἄλλους δὲ ζωγροῦσι[2] καὶ δὴ καὶ τὴν τοῦ Δαρείου μητέρα, τὴν γυναῖκα καὶ τρεῖς παῖδας.

[1] τὸ ἅμμα, -ατος: der Knoten

[2] ζωγρέω: ich nehme gefangen

1. Nenne aus dem Text alle Formen von Verba contracta auf -άω und bestimme sie; gib an, welche Kontraktionsregel jeweils zu der Form führt.
2. Weise aus dem Text je einen Konnektor bzw. ein Konnektorpaar den folgenden Kategorien zu (vgl. M 15 B):
   Gegenüberstellung – Begründung – Absicht – Anknüpfung – Einräumung
3. Belege, dass die Initiative zum Kampf von Alexander ausgeht.
4. Erfasse alle Textstellen, die Dareios charakterisieren.
5. MK Lies den Abschnitt aus der Alexandergeschichte (QR-Code) des Arrian (2. Jh. n. Chr.) und vergleiche die literarische Darstellung mit der künstlerischen Umsetzung (17. Jh.).

37001-31

Charles Le Brun (1619–1690): Die Familie des Dareios nach der Schlacht bei Issos im Zelt Alexanders des Großen. ▼

E

1. Ἀλέξανδρος τὸ ἅμμα (Knoten) λύσας δηλοῖ, ὅτι κύριος τῆς γῆς ἔσται.
2. Τὴν ἐπ' Ἰσσῷ μάχην κατορθῶν κελεύει τοὺς Μακεδόνας διώκειν τοὺς Πέρσας καὶ ἀποκτείνειν ἢ δουλοῦν αὐτούς.
3. Οἱ μὲν ἐναντιούμενοι ἀποκτείνονται, οἱ δὲ μὴ ἐναντιούμενοι δουλοῦνται.
4. Ταῦτα ὑπὸ τῶν Μακεδόνων πράττεται, ἵνα οἱ βάρβαροι ζημιῶνται.
5. Ὑπὸ δὲ πολλῶν ὁ Ἀλέξανδρος τότε ἐζηλοῦτο· καὶ ἔτι νῦν ζηλοῖτο ἄν.

Ü

1 Stelle kontrahierte und unkontrahierte Formen zusammen und übersetze.

a) δηλῶ • ἐδήλου • δήλου • δηλοῦσιν • δηλοῦν • δηλοῦτε • δηλοῖς • δηλοῖ • δηλοῖεν • δηλῶσιν • δηλῶν

δηλό-ετε • δηλό-ωσιν • δηλό-ω • δηλό-ων • δηλό-ουσιν • δηλό-ει • δηλό-οιεν • δηλό-ειν • δήλο-ε • ἐδήλο-ε • δηλό-εις

b) δηλοῦνται • δηλῶται • ἐδηλοῦσθε • δηλοῦσθε • δηλοῦσθαι • δηλούμενα • δηλοῖτο • ἐδηλοῦντο • δηλουμένοις • δηλοῖ

ἐδηλό-εσθε • δηλό-εσθαι • δηλό-ονται • δηλό-οιτο • δηλό-εσθε • ἐδηλό-οντο • δηλο-ομένοις • δηλό-η • δηλό-ηται • δηλο-όμενα

2 Nenne die Form, die grammatisch nicht in die Reihe passt. Begründe deine Entscheidung.

a) δηλοῦμεν • βιοῖς • ἀξιοῦτε • ἐλευθεροῦσιν
b) βιοῦν • βιοῦτε • βίον • βιῶν
c) ὁρῶσιν • ζηλοῖ • νικᾷ • γελῶμεν
d) δοῦλοι • δούλοις • δουλοῖς • δούλους
e) τιμῷεν • κατορθοίην • ἐλευθεροῖς • τολμῷμεν

3 a) Wähle nur die Verbformen aus. Analysiere und übersetze sie.
ἐλευθεροῖεν • δούλοις • ζημιοῖο • ὀρθοῖ • δουλοῖς • ὀρθοῖτε • ἐναντίοι • ζημίαις • ζημιοίης • ἐναντιοῖτο • ἐναντίοις • ἐλευθεροῦσθαι • ἀξιοίη • ἐλεύθεραι • βίοις • βιοῖ • ὀρθοί • ἀξιοίην ἄν • ἀξίαν

b) Erkläre und übersetze die verbliebenen Formen. Die farbig hervorgehobenen Buchstaben dieser Formen ergeben den Namen der ältesten Tochter des Dareios, die Alexander in Susa heiratete.

I

Alexandria

Bei der Eroberung Ägyptens gründete Alexander 331 v. Chr. die Stadt **Alexandria** und ließ sie nach eigenen Vorstellungen aufbauen. Durch die Lage am Mittelmeer im Nildelta gewann die Stadt rasch an Bedeutung. Die ptolemaischen Könige ließen Alexanders Leichnam dort bestatten. Berühmt war der **Leuchtturm** von Pharos, der als eines der sieben Weltwunder galt. Das **Museion**, Zentrum der Wissenschaft mit einer gewaltigen Bibliothek, Theater und Tempel machten die Stadt zu einem **kulturellen Mittelpunkt**.

T

Alexander in Ägypten

Nach dem Sieg bei Issos verzichtet Alexander zunächst darauf, Dareios, der sich ins persische Kernland zurückzieht, nachzusetzen. Stattdessen wendet er sich nach Süden und zieht durch Phoinikien nach Ägypten, das damals bereits seit etwa 200 Jahren persische Provinz ist.

Οἱ μὲν Αἰγύπτιοι, οἳ πρόσθεν οὐκ ἔκαμον ἐναντιούμενοι τοῖς Πέρσαις, ἀσπάζονται Ἀλέξανδρον. Φάσκουσι γὰρ τοὺς Πέρσας καταδουλοῦν τὰ τῆς Αἰγύπτου ἔθνη καὶ καταφρονεῖν τῶν σεμνῶν τε καὶ παλαιῶν τῆς χώρας θεῶν. Καὶ ὁρῶσι τοὺς Μακεδόνας ἐλευθεροῦντας αὐτοὺς τῆς τυραννίδος καὶ ζημιοῦντας τοὺς ἐχθρούς.

Ὁ δ᾿ Ἀλέξανδρος προθύμως δηλοῖ, ὅτι φίλος ἐστὶ τῶν Αἰγυπτίων. Φανερὸς γάρ ἐστι ζηλῶν οὐ μόνον τοὺς τρόπους καὶ τὴν παιδείαν αὐτῶν, ἀλλὰ καὶ τοὺς θεούς. Ὁρμᾶται δ᾿ εἰς Μέμφιν καὶ θύει ἐκεῖ Ἄπι[1], ταύρῳ τινὶ ἐπισήμῳ[2] βιοῦντι ἐν ἱερῷ λαμπρῷ. Οἱ δ᾿ Αἰγύπτιοι ἀξιοῦσιν, ὥσπερ λέγουσί τινες, τὸν Ἀλέξανδρον ποιεῖν βασιλέα τῆς ἄνω καὶ τῆς κάτω Αἰγύπτου.

Μετὰ δὲ ταῦτα ὁ Ἀλέξανδρος κατ-άγει[!] τὸν στρατὸν παρὰ τὸν Νεῖλον ἐπὶ θάλατταν. Ἀφικόμενος δὲ παρὰ τῇ θαλάττῃ κτίζει Ἀλεξάνδρειαν, πόλιν ἐν βραχεῖ εὐδοκιμωτάτην[!] οὐ μόνον διὰ πλοῦτον, ἀλλὰ καὶ δι᾿ ἐπιστήμην.

Οὕτως οὖν κατορθοῦται τὰ τῆς Αἰγύπτου ὑπὸ τοῦ Ἀλεξάνδρου.

[1] Ἄπι: *Dat. zu* Ἄπις, -ιδος
[2] ἐπί-σημος, -ον: auffällig gezeichnet, prächtig

1. Nenne aus dem Text alle Formen von Verba contracta auf -όω und bestimme sie; gib an, welche Kontraktionsregel jeweils zu der Form führt.

2. „Der Feind meines Feindes ist mein Freund." – Begründe mit Belegen aus dem Text, dass dieses Prinzip das Verhältnis zwischen den Ägyptern und Alexander passend beschreibt.

3. ἡ ἄνω καὶ ἡ κάτω Αἴγυπτος (Z. 10 f., im Text Genitiv) – Erkläre die Einteilung Ägyptens in ἄνω und κάτω und wähle eine passende Übersetzung.

MK 4. Der Historiker Wolfgang Orth analysiert: „Hier kam Alexander seine Fähigkeit zu Hilfe, fremde Tradition und fremde Kultur mit offenem Sinn aufzunehmen. (…) Das gilt [auch] für den religiösen Bereich: In Ägypten (…) wird von ihm den einheimischen Göttern Verehrung bekundet, unter genauer Befolgung der üblichen Regeln und Riten." – Überprüfe, ob T, der wissenschaftliche Standpunkt und die Abbildung übereinstimmen.

▲ *André Castaigne (1861–1929): Alexander der Große im Apistempel in Memphis.*

E

1. Ἀλέξανδρος ἦν φίλος καὶ τῶν ἐν τῇ Ἑλλάδι ζώντων καὶ τούτων, οἳ ἐν τῇ Αἰγύπτῳ ἔζων.
2. Ἐχρῆτο δὴ τοῖς ἀνδρειοτάτοις στρατιώταις, ἐπεὶ τοῖς Πέρσαις ἐπῆλθεν.
3. Ἐνίκησε τοὺς Πέρσας καὶ ἠλευθέρωσε τοὺς Αἰγυπτίους.
4. Ἐπεὶ οὖν οἱ Πέρσαι ἐνικήθησαν, οἱ Αἰγύπτιοι ἠξίωσαν τὸν Ἀλέξανδρον ποιῆσαι βασιλέα τῆς ἄνω καὶ τῆς κάτω Αἰγύπτου.

Ü

1 Erschließe analog zu den Kontraktionsregeln der Verben auf -άω folgende Formen von χρήω bzw. χρήομαι.

a) Aktiv: τολμῶ – χρῶ • τολμῴη – χρῴη • ἐτόλμων – ἔχρων • τόλμα – χρῆ • τολμᾶν – χρῆν

b) Medium: πειρώμεθα – χρώμεθα • πειρᾶσθε – χρῆσθε • ἐπειρῶ – ἐχρῶ • πειρώμενοι – χρώμενοι

c) Passiv: τιμᾶται – χρῆται • ἐτιμᾶτο ἄν – ἐχρῆτο ἄν • τιμῷτο – χρῷτο

2 Gib die Lernform an und übersetze.

ἐφρονήσαμεν • τὸ ποιηθέν • ἐπιμεμέλημαι • πεποίηται • ὁ νικήσας • τετιμήκασιν • ἐθεάσασθε • κατορθώσαιμι • ἐλευθερώσει • ἐναντιώσῃ • χρήσει • ἐχρήσω ἄν

3 Immer wieder -χρη-. Übersetze und achte hierbei auf gutes Deutsch.

Plutarch berichtet, Alexander habe vor seinem Persienfeldzug das delphische Orakel befragen wollen.

a) Ἀλέξανδρος μὲν βουλόμενος χρήσασθαι περὶ τῆς στρατείας (Feldzug) ἦλθεν εἰς Δελφούς. Ἡ δὲ Πυθία κατὰ τὸν νόμον ταύτῃ τῇ ἡμέρᾳ οὐκ ἔχρησεν.

b) Ἐχρῆν γε τὴν ἱέρειαν τιμᾶν, ἀλλ᾽ ὁ Ἀλέξανδρος οὐκ ἐτίμησεν αὐτήν· βίᾳ χρώμενος τὴν ἱέρειαν ἠνάγκασεν αὐτῷ χρῆσαι.

c) Ἡ δὲ Πυθία οὖν ἔχρησεν· „Ἀ-νίκη-τος! εἶ, ὦ παῖ."

d) Καὶ τούτοις τοῖς λόγοις ὡς χρησμῷ χρώμενος ὁ Ἀλέξανδρος ἐστράτευσεν ἐπὶ τοὺς Πέρσας.

I

Alexander als Gott

Der ägyptische Gott Amun, den die Griechen mit Zeus gleichsetzten und Ammon nannten, wurde oftmals als Mensch mit Widderkopf dargestellt. Nachdem Alexander vom Orakel in der Oase Siwa als Sohn des Zeus bezeichnet worden war, setzte sich seine kultische Verehrung durch. Als Zeichen seiner **göttlichen Abstammung** ließ er auf seinen Darstellungen am Kopf zwei Widderhörner, die sogenannten **Ammonshörner**, hinzufügen. Diese Ammonshörner waren so kennzeichnend für Alexander, dass er noch im Koran als der „Zweigehörnte" bezeichnet wird.

Münze mit dem Porträt Alexanders des Großen, geprägt in Alexandria nach seinem Tod. ▲

T

Alexander – der Sohn des Zeus?

In der Sahara, etwa 400 km von der Mittelmeerküste landeinwärts, liegt die Oase Siwa mit dem Orakelheiligtum des ägyptischen Gottes Amun. Im Jahr 331 v. Chr. machte sich Alexander mit wenigen Begleitern auf den beschwerlichen Weg dorthin. Er hatte wichtige Fragen …

Δεδήλωται οὖν τάδε· Ἀλέξανδρος παρ’ Ἄμμωνα εἰς Λιβύην ὥρμησε ὡς χρησόμενος.

Ἦν δ’ ἐρήμη ἡ ὁδὸς καὶ πλήρης ψάμμου[1]. Οὐ μὲν ἐξῆν πορεύεσθαι ἐν σκιᾷ, ἀλλὰ θαυμάσιοι ὑετοί[2] τὸ διψῆν[3] ἐκώλυον. Σήματα δ’ οὐκ ἦν κατὰ τὴν ὁδόν· οὔτε γάρ που ὄρος ἦν ἰδεῖν οὔτε πέτρος οὔτε δένδρον. Πλανωμένων δὴ τῶν ἀνδρῶν ὄρνιθες ἐγένοντο ἡγεμόνες τῆς εἰς τὸ μαντεῖον ὁδοῦ.

Ἐνταῦθα ὁ μὲν βασιλεὺς μόνος εἰσ-ῆλθε[!] καὶ ἔνδον ἐπύθετο περὶ τῶν Φίλιππον τὸν πατέρα φονευσάντων, ὅσοι ἔτι ζῷεν, καὶ περὶ τῆς ἑαυτοῦ γενεᾶς, πῶς ἐγεννήθη.

Ὁ δὲ προφήτης[!] ἐδήλωσεν αὐτῷ τοὺς φονέας[!] θανάτῳ ἐζημιῶσθαι ἅπαντας. Εἶτα δ’ ἐβόησεν· „Ὦ παῖ, πάντα, ὅσα ἐν ταῖς πράξεσιν ἤδη κατώρθωκας καὶ ἔτι κατορθώσεις, ἡγοῦ τεκμήρια θείου γένους.“

Ὁ οὖν Ἀλέξανδρος ἡδόμενος τοῖς χρησμοῖς καὶ τιμήσας τὸν θεὸν ἀναθήμασιν[4] ἐπανῆλθεν ἐπὶ τὸν στρατόν.

Ἐκ δὲ τούτου τοῦ χρόνου ἠξίωσε παῖς Διὸς ὀνομάζεσθαι χρώμενος τοῖς τοῦ προφήτου[!] λόγοις.

[1] ἡ ψάμμος: der Sand
[2] ὁ ὑετός: der Regen(fall)
[3] διψήω: ich habe Durst
[4] τὸ ἀνά-θημα, -ατος: das Weihgeschenk

1. Trage die contracta auf -έω, -άω, -ήω und -όω in eine Tabelle ein, gib das Tempus an und nenne bei Formen im Präsensstamm die Kontraktionsregel, bei Formen, die nicht vom Präsensstamm gebildet sind, die Regel, wie sich der Stamm verändert.

2. Z. 3–7: Beschreibe die Risiken, die Alexander und sein Heer unterwegs auf sich nehmen, und die ungewöhnlichen Vorkommnisse, die diese Gefahren abwenden.

3. „ὦ παῖ“ (Z. 12) – Angeblich wollte der ägyptische Oberpriester, der kaum Griechisch konnte, Alexander aus Höflichkeit in dessen Sprache grüßen. Dabei soll er die sprachlich falsche Anrede „ὦ παιδίος“ verwendet haben. Alexander hat das sicher nicht gestört, sondern sogar erfreut. Begründe.

MK 4. Neben den beiden griechischen Orakelstätten von Delphi und Dodona gilt das Orakel von Siwa als das bekannteste in der Antike. Vergleiche den Ablauf eines Orakelbesuchs in Siwa für Privatpersonen und Könige mit dem in den genannten griechischen Stätten.

E

1. Οὔτ' Ἀλέξανδρος οὔτ' οἱ ἑταῖροι δυνατοὶ ἦσαν σήματά τινα ἰδεῖν κατὰ τὴν ὁδόν.
2. Πρῶτον μὲν τὸ ἱερόν, ὃ ἦν ἄξιον θαυμάζειν, ὡς ἔπος εἰπεῖν οὐχ ηὗρον.
3. Ἔπειτα δὲ ὁ θεὸς ὄρνιθας ἔπεμψεν αὐτοὺς ἡγεῖσθαι – κἀκεῖνοι ηὗρον τὸ μαντεῖον.
4. Ὁ προφήτης[!] ἐδήλωσε τῷ Ἀλεξάνδρῳ τἆλλα καὶ δὴ καὶ τοὺς τοῦ πατρὸς φονέας[!].

Ü

1 Weise jeweils ein Adjektiv mit dem Infinitiv der näheren Bestimmung einem Satz zu.
ἀξία θαυμάζειν • δεινὸς … ἄγειν • δυναντοὶ … ἐλευθεροῦν • ἕτοιμοι … θεραπεύειν

a) Οἱ Μακεδόνες ● ἦσαν τοὺς Αἰγυπτίους τῆς τῶν Περσῶν τυραννίδος ●.
b) Ἀλέξανδρος ● ἦν τὸν στρατὸν δι' ἐρήμης χώρας ● τῇ τῶν θεῶν βοηθείᾳ χρώμενος.
c) Οἱ Αἰγύπτιοι ● ἦσαν τὸν Ἀλέξανδρον ὡς θεὸν ὄντα ●.
d) Καὶ δὴ καὶ Ἀλεξάνδρεια ● ἐστίν.

2 Übersetze und achte hierbei auf die Wiedergabe des absoluten Infinitivs.
a) Τὰ τοῦ Ἀλεξάνδρου μανθάνειν ῥᾴδιόν ἐστιν ὡς ἐμοὶ δοκεῖν. Μυρίοι γὰρ ὡς ἔπος εἰπεῖν εἰσιν οἱ τὰ τοῦ Ἀλεξάνδρου γράψαντες.
b) Εἰ ὁ Ἀλέξανδρος μεθύοι (μεθύω: ich bin betrunken), πολλοὶ δὴ τῶν ἑταίρων· „Τό γε νῦν εἶναι κρεῖττόν ἐστιν τῷ βασιλεῖ μὴ συνεῖναι."

3 Übersetze; achte dabei besonders auf die finalen Infinitive.
Μετὰ τὴν ἐπ' Ἰσσῷ νίκην Ἀλέξανδρος παρεῖχε τοῖς στρατιώταις τὸ τῶν Περσῶν στρατόπεδον ἁρπάσαι. Ἀλλὰ τὴν μητέρα, τὴν γυναῖκα, τὰς θυγατέρας τὰς τοῦ βασιλέως ὁ Ἀλέξανδρος καλὸς κἀγαθὸς ὢν οὐκ ἐπέτρεψεν ὑβρίσαι. Πρῶτον φίλους τινὰς ἔπεμψεν τὰς γυναῖκας παραμυθεῖσθαι (trösten), ἔπειτα δὲ αὐτὸς ἦλθε καὶ κατέλιπε πιστοὺς ἑταίρους φυλάττειν τὰς γυναῖκας.

4 a) Erkläre, woran du erkennst, dass eine Krasis vorliegt.
ταὐτά • τἄδικα • κἀκεῖνος • κοὐδείς • ὡς ἐγᾦμαι

b) Gib jeweils die beiden der Krasis zugrunde liegenden Wörter an und übersetze.

I

Griechenland und Ägypten

Die Kontakte zwischen den beiden **Hochkulturen** Griechenland und Ägypten reichen bis weit in die Bronzezeit zurück. Enge **Handelsbeziehungen** Ägyptens gab es zu den Inseln in der Ägäis und zum minoischen Kreta. Die **Kouroi-Statuen** der griechischen Archaik (vgl. S. 156) entstanden unter ägyptischem Einfluss. Der Historiker Herodot betont die Gemeinsamkeiten zwischen der ägyptischen und griechischen Kultur: Nahezu alle Elemente der griechischen **Religion** kämen aus Ägypten. Auch **Platon** äußert immer wieder seine **Bewunderung** für die ägyptische Weisheit und das hohe Alter dieser Kultur.

T

Die Schrift – eine geniale Erfindung?

Schon vor Alexander hat die Kultur der Ägypter die Griechen immer fasziniert. So erzählt beispielsweise Platon in einem Mythos von der Einführung der ägyptischen Schrift, einer Erfindung des Gottes Thot, den die Griechen Theuth nannten.

Ὁ Θεὺθ ἄξιός ἐστι θαυμάσαι· δεινὸς γὰρ ἦν καινὰ εὑρεῖν οἷον ἀριθμὸν καὶ γεωμετρίαν[!] καὶ ἀστρονομίαν[!] καὶ δὴ καὶ γράμματα. Ταύτας οὖν τὰς τέχνας ἔφραζε τῷ βασιλεῖ. Ἐπειδὴ δ᾽ ἐπὶ τοῖς γράμμασιν ἦν· „Καὶ τοῦτο τὸ μάθημα“, ἔφη, „ὑμῖν ἐπιτρέψω χρῆσθαι αὐτῷ· ἱκανὸν γάρ ἐστι τοὺς Αἰγυπτίους σοφωτέρους ποιήσειν καὶ μνημονικωτέρους[1]· μνήμης γάρ, ὡς ἔπος εἰπεῖν, φάρμακόν ἐστιν.“

Ὁ δὲ βασιλεύς· „Ἄλλος μὲν δυνατός ἐστι τίκτειν τέχνην, ἄλλος δὲ κρίνειν, τίνα ὠφελίαν ἢ βλάβην ἔχει. Νῦν σὺ γραμμάτων ὢν πατὴρ τοὐναντίον τοῦ ἀληθοῦς εἶπες. Ἔγωγε ἀμφισβητῶ μὴ τὰ γράμματα συμφέρειν τοῖς ἀνθρώποις· ἐν γὰρ τῶν μαθόντων ψυχαῖς παρέχει λήθην[2]· οἱ γὰρ μαθόντες οὐκ ἔχουσι μνήμης μελέτην ἅτε πιστεύοντες τοῖς γεγραμμένοις. Οὔκουν μνήμης φάρμακον, ἀλλὰ βοήθειαν πρὸς ὑπόμνησιν[3] ηὗρες.“

[1] μνημονικός: gedächtnisstark, merkfähig

[2] ἡ λήθη: das Vergessen, die Vergesslichkeit

[3] ἡ ὑπό-μνησις, -εως: die Erinnerung

1. Überprüfe bei allen Infinitiven im Text, ob sie in einem AcI stehen, der näheren Bestimmung bei einem Adjektiv dienen, als finaler Infinitiv bei einem Verb oder als absoluter Infinitiv verwendet werden.

2. Stelle alle Wörter zusammen, die zum Sachfeld „sich erinnern“ gehören. (vgl. M 10 A)

3. a) Unterscheide die Begriffe „Erinnerung“ und „Gedächtnis“ in der deutschen und griechischen Sprache.

   MK b) Erkläre mithilfe eines (Online-)Wörterbuchs den gemeinsamen etymologischen Ursprung von ἡ ἀ-λήθεια (ἀ-ληθής, -ές, Z. 10) und ἡ λήθη (Z. 12).

4. a) Weise nach, dass in dem Satz Τὰ γράμματά ἐστι φάρμακον μνήμης (sinngemäß Z. 6 f.) eine Metapher vorliegt. (vgl. M 67 A)

   b) Überprüfe, ob es sich bei γραμμάτων … πατήρ (Z. 9) ebenfalls um eine Metapher handelt.

5. MK Begründe, dass Texte für Gemeinschaften eine hohe Bedeutung haben können (entgegen der Meinung des Königs). Beziehe den Stein von Rosetta (vgl. Abbildung) in deine Überlegungen mit ein.

Der Stein von Rosetta, 196 v. Chr. ►

E

1. Ὁ Θεύθ· „Ποριῶ σοι, ὦ βασιλεῦ, θαυμάσιόν τι μάθημα.
2. Λογιούμεθα νῦν κοινοί, πῶς αὐτῷ κάλλιστα χρώμεθα.
3. Ἐλπίζω δέ σε τοῦτο τὸ χρηστὸν μάθημα εἰς τὴν Αἴγυπτον κομιεῖν.“
4. Ὁ δὲ βασιλεύς· „Ἐγὼ μὲν αὐτίκα ἄρξομαι λέγειν περὶ τούτου τοῦ μαθήματος, σὺ δ᾽ ἀκούσῃ τἀληθῆ παρ᾽ ἐμοῦ.
5. Τοῦτο τὸ μάθημά γ᾽ οὐκ εἰς τὴν Αἴγυπτον ἄξεται ὑπ᾽ ἐμοῦ.
6. Οἱ γὰρ Αἰγύπτιοι θρέψονται τούτῳ τῷ μαθήματι πρὸς λήθην (Vergesslichkeit). Οὐδαμῶς θρέψομαι τοὺς πολίτας μου πρὸς λήθην (Vergesslichkeit).

Ü

1 Wähle alle Futurformen aus und übersetze sie.
ἐθιεῖ ⊛ ὀνειδιεῖν ⊛ποριεῖς ⊛ ποιεῖς ⊛ βλαβείς ⊛ ὀργιῇ ⊛ ὀργῇ ⊛ γράψωμεν ⊛ βλάψομεν ⊛ λογιούμεθα ⊛ ἡγούμεθα ⊛ καθίζεσθαι ⊛ ὕβρεις ⊛ ὑβριεῖς

2 Attisches Futur oder Verbum contractum im Präsens? Weise die Wörter unter Nennung der Lernform einer der beiden Gruppen zu und übersetze. Die farbig hervorgehobenen Buchstaben der Futurformen ergeben in der richtigen Reihenfolge den Namen eines ägyptischen Gottes.
ὁριῶν ⊛ ὁρμῶν ⊛ ὁρῶμεν ⊛ βοῶντες ⊛ ἐθιούμενοι ⊛ ἀγωνιεῖται ⊛ ἀφικνεῖται ⊛ νοεῖν ⊛ νομιεῖν ⊛ κινοῦσιν ⊛ κομιοῦσιν

3 a) Übersetze und benenne den Unterschied zwischen griechischem und deutschem Genus verbi.
ἀκούσεσθε τοὺς λόγους ⊛ ἀπολαύσονται τῶν ἀγαθῶν ⊛ φεύξεται εἰς νῆσον ἐρήμην τινά ⊛ θαυμάσῃ τὸ ἄγαλμα τὸ τοῦ Διός

b) Erschließe beim Übersetzen aus dem Kontext, ob das griechische Medium im Deutschen mit medialer oder passivischer Bedeutung wiedergegeben werden muss.
Οἱ τυφλοὶ εἰς τὸ τοῦ Ἀσκληπίου ἱερὸν ἄξονται.
Τῶν γονέων ἀποθανόντων τὰ παιδία θρέψεται ὑπὸ τοῦ θείου (ἀδελφοῦ τοῦ πατρός).
Ἄκοντες τοῦ ἔργου ἀρξόμεθα.
Κινδύνους δεινοὺς ἀεὶ φυλάξομαι.
Ὑπὸ τῶν πολεμίων ἄρξεσθε μὴ ἐναντιούμενοι.
Αἱ βόες φυλάξονται ὑπὸ τῶν γεωργῶν, ἵνα μὴ ὑπὸ λεόντων τινῶν φονεύωνται.

I

Sehnsucht nach Heimat

Globalisierung, Pandemie und Klimawandel lehren uns, den Blick nicht nur auf Europa zu lenken, sondern die Welt als Ganzes zu verstehen, für das wir Verantwortung tragen. Die Medien ermöglichen, jederzeit und nahezu überall Informationen über jeden Winkel der Welt zu erhalten. Bei vielen Menschen löst aber diese Entwicklung, die oft mit dem Gefühl verbunden ist, die Heimat zu verlieren, Unsicherheit und Ängste aus. Wie fremd mussten sich die einfachen makedonischen Soldaten in der Welt der Hochkulturen Ägyptens, Persiens und Indiens gefühlt haben.

T

Ein Welteroberer am Wendepunkt

Ab 331 v. Chr. macht sich Alexander an die Eroberung des Perserreichs. Auch nach dem Sieg über seinen Rivalen Dareios treibt es ihn weiter ostwärts. 326 v. Chr. steht er mit seiner Armee am Fluss Hyphasis (dem heutigen Beas) im nordindischen Pandschab. Als Alexander von dort aus die Eroberung Indiens plant, kommt es zum Eklat: Die makedonischen Soldaten, die ihm bis dahin über acht Jahre und 18 000 Kilometer treu gefolgt waren, sind durch die Strapazen demoralisiert und weigern sich weiterzuziehen.

Ἀθροίσας ἄρα τοὺς τῶν τάξεων[1] ἡγεμόνας Ἀλέξανδρος παρεκελεύσατο αὐτοῖς τάδε· „Συνέλεξα ὑμᾶς, ὦ ἄνδρες, οὐχ ὡς ὀνειδιῶν τοῖς στρατιώταις τὸ ὀκνῆσαι καὶ τὴν ἀ-θυμίαν[!], ἀλλ᾽ ὡς λογιούμενος μεθ᾽ ὑμῶν τὰ μέλλοντα. Ὑμεῖς δ᾽ ἀκούσεσθε παρ᾽ ἐμοῦ τὰ εἰκότα[2]·

Ἀναγκαῖον δὴ πόρρω πορεύεσθαι. Ἐὰν γὰρ διαβαίνωμεν τόνδε τὸν ποταμόν, οἱ βάρβαροι εὐθὺς παύσονται ἐναντιούμενοι καὶ πράγματα παρέχοντες. Νομιοῦσι δὲ τοὺς Μακεδόνας πολλῷ κρείττονας εἶναι ἑαυτῶν κοὐκ ἀγωνιοῦνται ἡμῖν. Οἱ μὲν αὐτῶν ἡμῖν χαριοῦνται ἑκόντες καὶ ποριοῦσι χρήματα οὐ φαῦλα καὶ ἡδονὰς πολλάς, οἱ δὲ φεύξονται καταλείποντες τὴν χώραν ἐρήμην.

Οὐκέτι πολλή ἐστιν ἡ λοιπὴ ὁδὸς μέχρι τοῦ Γάγγου ποταμοῦ καὶ τῆς ἑῴας[3] θαλάττης, ὅθεν οἱ Μακεδόνες, ἐὰν ἐπιθυμῶσιν, ναυσὶν ταχέως τε καὶ ἀσφαλῶς ἄξονται εἰς τὴν πατρίδα.

Καὶ ἐκ τῆς ἐμοὶ ὑπαρχούσης λείας[4] ὑμεῖς πάντες κομιεῖσθε, ὅσον ἕκαστος ἐλπίζει. Ταῦτα ὑμῖν συγχωρῶ.“

[1] ἡ τάξις, -εως: *(hier:)* die Heeresabteilung

[2] τὰ εἰκότα, -ων: das, was wahrscheinlich ist

[3] ἑῷος: östlich, Ost-

[4] ἡ λεία: die (Kriegs-)Beute

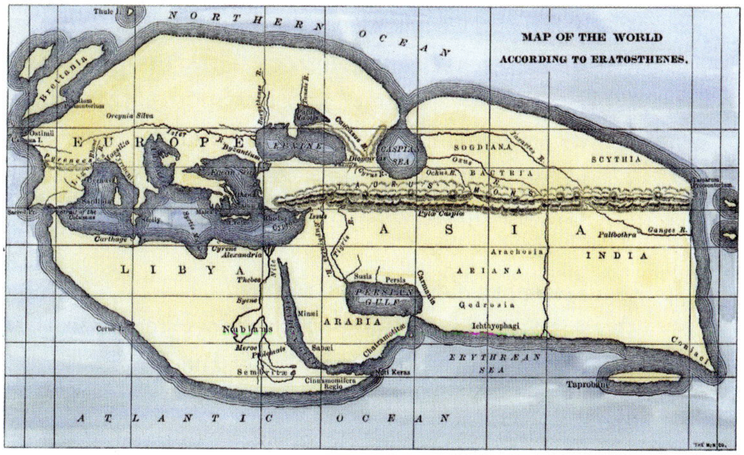

▲ *Weltkarte des Eratosthenes.*

1. Bestimme alle Futurformen im Text und gib jeweils das zugrunde liegende Verb in der Lernform an.

2. Weise Merkmale einer Rede nach. (vgl. M 19 B)

3. χρήματα οὐ φαῦλα (Z. 9) – Benenne das Stilmittel und beschreibe die Wirkung, die Alexander damit bei den Soldaten erreichen will. (vgl. M 73 B)

MK 4. ... τῆς ἑῴας θαλάττης, ὅθεν οἱ Μακεδόνες ... ναυσὶν ταχέως τε καὶ ἀσφαλῶς ἄξονται εἰς τὴν πατρίδα. (Z. 13 ff.) – Untersuche die Glaubwürdigkeit von Alexanders Ankündigung. Die Abbildung gibt erste Hinweise.

E

1. Ὁ Ἀλέξανδρος εἶπεν· „Ὅταν ἐπερχώμεθα, οἱ πλεῖστοι τῶν πολεμίων φεύξονται θέοντες.
2. Νόσοις τισὶν φίλοι ἑταῖροι ἀπέθανον, οὓς ἐκλαύσαμεν· νῦν δὲ τὰ σώματα αὐτῶν ἐκαύθη.
3. Χρὴ οὖν τῇ αὐτῇ ἡμέρᾳ ὁρμῆσαι πρὸς τὸν Γάγγην ποταμόν."
4. Ἀκηκόαμεν τὸν Ἀλέξανδρον τοὺς στρατιώτας οὐ πείσαντα.
5. Ἀλλ' ὅμως δεῖ αὐτὸν ἐπαινέσαι, ὅτι πολλὰ ἔργα ἀνδρείως ἐτέλεσεν.

Ü

1 Im Wortschatz findest du Verben mit einsilbigem Verbalstock auf -έω. Vergleiche die Formen dieser Verben mit den sonstigen auf -εω hinsichtlich der Kontraktion.
θέω – ποιῶ ◈ **χέουσιν** – ἀμελοῦσιν ◈ **πνεῖ** – δοκεῖ ◈ **δεόμεθα** – προθυμούμεθα ◈ **ἔπνει** – ὡμίλει ◈ **δεόμενοι** – ἡγούμενοι ◈ **θεῖτε** – κινεῖτε ◈ **πλέομεν** – σκοποῦμεν

2 Übersetze folgende Zeitangaben.
νυκτός ◈ τοῦ λοιποῦ χρόνου ◈ ταύτης τῆς ἡμέρας ◈ τῷ πέμπτῳ ἐνιαυτῷ ◈ μετ' οὐ πολὺν χρόνον ◈ ἐν εἰρήνῃ ◈ χειμῶνος ◈ ἐν τοῖς Ὀλυμπίοις

3 Wähle jeweils die Form aus, die zur Übersetzung passt. Übersetze auch die anderen Formen.
- **a)** er wird weinen: κλαίεται ◈ καύσει ◈ κλαύσεται ◈ καυθήσεται
- **b)** sie segelten (*Impf.*): ἔπλεον ◈ πλέουσιν ◈ πλέων ◈ πλείων
- **c)** du hast verbrannt (*Aor.*): ἔκλαυσας ◈ ἐκάθαιρες ◈ ἔκαιες ◈ καύσας ◈ ἔκαυσας
- **d)** sie wurden gehört (*Aor.*): ἠκουσμένοι εἰσίν ◈ ἠκούσθησαν ◈ ἤκουσαν ◈ ἀκουσθῆναι
- **e)** du heißt: ἐκάλεσας ◈ καλεῖς ◈ καλῇ ◈ κέκλησαι
- **f)** wir lobten (*Aor.*): ἐπῃνούμην ◈ ἐπαινέσαιμεν ◈ ἐπῃνέσαμεν ◈ ἐπαινεσόμεθα

I

Leichenspiele: ἀγὼν ἐπιτάφιος

Am Ende des Lektionstextes sieht der sterbende Alexander einen μέγαν ἀγῶνα ἐπι-τάφιον zu seinen Ehren voraus. Vasenbilder, aber auch Hesiod und Homer erzählen von dieser Tradition, die den Toten einer Adelsfamilie besonders ehrt. Als Achilleus' Freund Patroklos von Hektor getötet wird, werden große **Leichenspiele** veranstaltet (Homer, *Ilias*, 23. Buch): Nach Verbrennung des Toten und Beisetzung seiner Gebeine finden diese **Wettkämpfe** statt, zu denen Wagenrennen, Faustkampf, Ringen, Lauf, Waffenkampf, Kugelwerfen, Bogenschießen und Speerwurf gehören. Alexander setzt sich damit in die **Tradition der antiken Helden** und deren Adelsethik. Achilleus war Alexanders großes Vorbild: Plutarch berichtet, dass Alexander zu Beginn seiner Feldzüge einen Kranz auf das Grabmal des Achilleus gelegt hat.

T

Alexanders Tod

323 v. Chr. stirbt Alexander kurz vor seinem 33. Geburtstag. Sein Tod gibt bis heute Rätsel auf.

Ἀλεξάνδρῳ οὐδαμῶς ἤρκεσε τὰ παρόντα. Ἐπειδὴ δ’ οὐκ ἐτέλεσε τὰ Ἰνδικά, ἐπανῆλθε – καὶ πλέων καὶ πορευόμενος – εἰς Βαβυλῶνα ὡς παρασκευάσων στρατείαν εἰς χώραν, ἣ ἔτι καὶ νῦν Ἀραβία κέκληται. Ἀλλ’ οὐκ ἔμελλεν ἐξεργάσεσθαι τὰ βεβουλευμένα. Ἐν γὰρ ἑορτῇ τινι, ὥσπερ εἰώθει[1], ἄγαν ἔπιεν. Νυκτὸς δ’ ἤρξατο πυρέττειν[2].

Ἡ δ’ αἰτία ἄ-δηλος[!]. Ἄλλοι μὲν οὐκ ἐπῄνεσαν τὸν βασιλέα ὡς ἀκόλαστον ὄντα. Εἶπον δ’ αὐτὸν οἴνῳ νοσεῖν[!]. Ἄλλοι δ’ ἔφασκον φάρμακον προσ-φέρεσθαι[!] αὐτῷ ἐν τῷ συμποσίῳ. Καὶ ἦσαν, οἳ ἐνόμισαν τὸν Ἀλέξανδρον ἀσθενῆ γεγονέναι τὸ σῶμα· στρατεύσας γὰρ ἔπαθεν οὐ μόνον πόνους μεγάλους, ἀλλὰ καὶ πολλὰ τραύματα.

Διὰ μὲν ἐννέα ἡμερῶν ὁ Ἀλέξανδρος διετέλεσε πυρέττων[2]. Τῇ δὲ δεκάτῃ οἱ Μακεδόνες ἔθεον πρὸς αὐτὸν ἔτι πνέοντα. Παρεξῆλθον[3] δὲ παρὰ τὴν κλίνην[4] δάκρυα θερμὰ χέοντες ὑπὸ λύπης. Οἱ δὲ φίλοι ἐδέοντο τοῦ βασιλέως κλαίοντες· „Εἰπὲ ἡμῖν, τίνι τὴν βασιλείαν ἀπολείπεις.“ Οὗτος δέ· „Τῷ κρατίστῳ“, ἔφη. „Ὑμεῖς πάντες μοι μέγαν ἀγῶνα ἐπιτάφιον[5] ποιήσετε.“

[1] εἰώθει: *Vergangenheit zu εἴωθεν*
[2] πυρέττω: ich fiebere, habe Fieber
[3] παρ-εξ-έρχομαι: ich ziehe vorbei
[4] ἡ κλίνη: *(hier:)* das Krankenlager, das Krankenbett
[5] ἐπι-τάφιος, -ον: Begräbnis-, Leichen-

1. Erläutere auf Grundlage von 59 T, was mit τὰ Ἰνδικά (Z. 1 f.) gemeint ist.

2. a) Stelle alle Textbelege zusammen, die Alexander charakterisieren. Berücksichtige deine Ergebnisse aus Lektion 47 (Aufgabe 4).
   b) Ordne ein, ob es sich jeweils um eine positive oder negative Eigenschaft handelt.

3. Ἄλλοι μέν ... Ἄλλοι δ’ ... Καὶ ἦσαν, οἵ ... (Z. 6 ff.) – Paraphrasiere die Meinungen der drei Gruppen; erfasse, welcher Eindruck durch die unterschiedlichen Standpunkte entsteht.

4. Vergleiche die Abbildung mit dem Text. **MK**

5. Nach Alexanders Tod kam es zu heftigen Machtkämpfen um seine Nachfolge. **MK**
   a) Lege dar, inwiefern Alexander dies vorhergesehen hat.
   b) Informiere dich über diese Machtkämpfe und präsentiere deine Ergebnisse auch auf einer Landkarte.

◄ *Carl Theodor von Piloty (1826–1886): Tod Alexanders des Großen (wohl 1885).*

Epochenüberblick IV

MYTHISCHE VORZEIT | MINOISCHE ZEIT | MYKENISCHE ZEIT | ARCHAIK | KLASSIK | **HELLENISMUS**

1800 | 1600 | 1400 | 1200 | 1000 | 800 | 600 | 400 | 200

K

Der Hellenismus (336 – 30)

Als der Makedonenkönig Philipp II. (vgl. 47 I und T) starb und sein Sohn Alexander (vgl. S. 178 f., 55, 56, 57, 59, 60 I und T, W 11) den Königsthron übernahm, begann eine neue Epoche, die die antike Welt veränderte. Johann Gustav **Droysen**, ein deutscher **Historiker** des 19. Jahrhunderts, gebrauchte als erster den Begriff *Hellenismus* für diese Epoche und verstand darunter die Zeit von der Regierungsübernahme Alexanders bis zum Ende des letzten griechischen Reichs, als die Römer im Jahr 30 v. Chr. das ptolemaische Ägypten in das Imperium Romanum einverleibten.

Kennzeichnend für diese Epoche war der **griechische Einfluss** auf die Lebensweise und Kultur des Riesenreichs, das Alexander erobert hatte, und umgekehrt der Einfluss dieser Länder auf die griechische Lebensweise und Kultur. Zu den eroberten Ländern gehörten (nach modernen Bezeichnungen) Griechenland, Nordmazedonien, Türkei, Zypern, Syrien, Libanon, Israel, Palästina, Ägypten, Irak, Iran, Afghanistan, Turkmenistan, Usbekistan, Tadschikistan und Pakistan; unvorstellbar, wie solch ein Weltreich zu regieren war. Und so teilten es nach Alexanders Tod 323 v. Chr. seine Feldherren, die sogenannten Diadochen (vgl. S. 178 f.), unter sich auf. Bald kam es zu kriegerischen Auseinandersetzungen unter ihnen, sodass sich am Ende um 276 v. Chr. **drei große Reiche** herausbildeten: in **Ägypten** das Reich der Ptolemaier, in **Asien** das der Seleukiden und in **Griechenland** das der Antigoniden.

▲ *Münze des Antimachos (um 180 v. Chr.), Herrscher in Baktrien (heute u. a. nördliches Afghanistan).*

▲ *Modell des Burgbergs von Pergamon mit Säulenhallen, Theater, Tempeln, Bibliothek, Gymnasion und Palastanlage.*

Da auch die Römer dem griechischen Einfluss in Literatur, Wissenschaft und Kunst gegenüber aufgeschlossen waren, lässt der Forscher Angelos Chaniotis den Hellenismus sogar noch weit in die römische Kaiserzeit bis zu Kaiser Hadrian (gestorben 138 n. Chr.) reichen, da sich unter diesem die Integration von Griechen und Römern vollendete.

Wie weit die griechische Kultur jedes einzelne Reich und jede einzelne Region tatsächlich beeinflusste, erfordert jeweils eine spezifische Untersuchung – die Ergebnisse sind dabei sehr unterschiedlich, je nachdem wie sehr diese Länder ihre kulturelle Eigenständigkeit betonten oder wie sehr diese überlagert bzw. unterdrückt wurde. Zentren griechischer Kultur waren jedenfalls die **Städte mit Gymnasion, Theater, Marktplatz, Säulenhallen und Tempeln** – am herausragendsten **Pergamon** (vgl. 52 I und T) und **Alexandria** (vgl. 56 I und T).

Die von Alexander gegründete ägyptische Hafenstadt Alexandria entwickelte sich nach Athen und vor Rom zum politischen und kulturellen Zentrum der antiken Welt. Als Hauptstadt des Ptolemaierreichs wurde **Alexandria** zu einer **Weltstadt** der Wirtschaft und des Handels, begünstigt durch die Lage am Mittelmeer und im Nildelta. Ptolemaios I. gründete hier 280 v. Chr. das ***Museion***, wo Gelehrte verschiedenster Wissenschaften – neben der Philosophie bildeten die Philologie, die Naturwissenschaften und die Theologie die Schwerpunkte – ihre Studien ausübten und unterrichteten. Hier wurde um 250 v. Chr. das hebräische **Alte Testament** der Überlieferung nach durch 72 Theologen ins Griechische übersetzt. Die *Septuaginta* (benannt nach den etwa 70 Übersetzern) wurde zum zentralen Zeugnis des hellenistischen Judentums. Sie wird bis heute in der Ostkirche im Gottesdienst verwendet. Und da die griechische Sprache als **koiné**, d. h. als allgemeine Sprache, in den hellenistischen Reichen Herrschafts- und Verwaltungssprache und wichtigste Verkehrssprache im östlichen Mittelmeerraum war, wurden auch die Schriften des **Neuen Testaments** großenteils auf Griechisch abgefasst.

In enger Verbindung zum *Museion* stand die **Bibliothek** von Alexandria. Sie wurde vermutlich unter Ptolemaios II gegründet und enthielt eine enorme Sammlung von Schriften. Das *Museion* und die Bibliothek von Alexandria wurden das Zentrum der alexandrinischen Schule, wo griechische Philosophie, jüdische und später auch christliche Lehren diskutiert wurden.

Wie Athen für das klassische Griechenland (vgl. S. 142 f.), so wurde Alexandria für den Hellenismus der geistige und kulturelle Mittelpunkt.

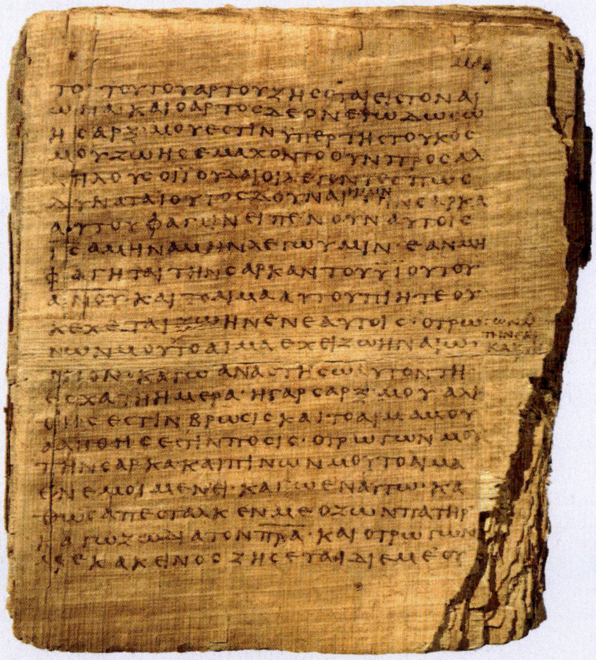

Papyrus des alexandrinischen Texttyps mit dem 6. Kapitel des Johannesevangeliums (Joh. 6,51 ff.): Jesus spricht zu den Juden über sich als das Brot der Welt. So lautet z. B. Zeile 8: Amen, Amen, ich sage euch, …, um 200 n. Chr. ▶

Wiederhole selbstständig:

Alle bearbeiten Übung 1a. Wer sich bei den Verba contracta sicher fühlt, bearbeitet Übung 1c. Wer sich unsicherer ist, bearbeitet (zunächst) Übung 1b.
Alle bearbeiten die Übungen 2a und 3a. Wer schnell ist, geht zu 2b und 3b über.
Übung 4 ist freiwillig.

Ü

1 a) Wähle die richtige Übersetzung aus.
- ἐβόησας: du hast gelebt ◈ du schriest *(Aor.)* ◈ schreien *(Aor.)* ◈ einer, der schrie *(Aor.)*
- δηλώσω: ich werde unterdrücken ◈ ich werde zeigen ◈ zeige! *(Aor.)* ◈ unterdrücke! *(Aor.)*
- ζημιοῦσιν: sie eifern nach ◈ sie suchen ◈ sie leben ◈ sie bestrafen
- χρῇ: er befragt das Orakel ◈ er gibt ein Orakel ◈ gebrauche! ◈ es ist nötig

b) Ordne die falschen Übersetzungen von 1a den griechischen Formen zu.
- du hast gelebt ◈ schreien *(Aor.)* ◈ einer, der schrie *(Aor.)*: βοήσας ◈ βοῆσαι ◈ βεβίωκας
- ich werde unterdrücken ◈ zeige! *(Aor.)* ◈ unterdrücke! *(Aor.)*: δούλωσον ◈ δουλώσω ◈ δήλωσον
- sie eifern nach ◈ sie suchen ◈ sie leben: ζῶσιν ◈ ζηλοῦσιν ◈ ζητοῦσιν
- er befragt das Orakel ◈ gebrauche! ◈ es ist nötig: χρῶ ◈ χρή ◈ χρῆται

c) Ordne die falschen Übersetzungen von 1a den griechischen Formen zu.
βεβίωκας ◈ ζῶσιν ◈ δουλώσω ◈ χρῶ ◈ δήλωσον ◈ βοήσας ◈ ζηλοῦσιν ◈ χρή ◈ ζητοῦσιν ◈ χρῆται ◈ βοῆσαι ◈ δούλωσον

2 Nenne die Lernform und übersetze.

a) ὤκνουν ◈ ἠναντιοῦτο ◈ ἡττωμένους ◈ ἔπους ◈ ἐπῄνεσαν ◈ ζημίου ◈ θεῖ ◈ πλεῦσον ◈ μὴ κλαύσητε ◈ χρώμενος

b) φαῦλοι ◈ ἀξιοῖ ◈ ἄξιοι ◈ ἄξῃ ◈ χρῷτο ἄν ◈ ὑπῆρχε ◈ ἐκαύθη ◈ πνεῦσαι

3 Erkläre, aus welchen Wörtern die Krasis entstanden ist. Übersetze.

a)
- Εἰπὲ πᾶν τἀληθές.
- Τἄδικ' εὐλαβεῖσθαι δεῖ.
- Χοἰ μικροὶ λόγοι σφάλλουσι καὶ κατορθοῦσιν ἀνθρώπους.

b)
- Τἄξω πράττειν μέλει τἀνδρί, τῇ γυναικὶ τἄνδον.
- Σπεῦδε, χὠ θεὸς ἐπίκουρός σοι ἔσται.

4 Nenne zu den neugriechischen Wendungen jeweils das zugrunde liegende altgriechische Wort und ordne die passende deutsche Bedeutung zu (z. B. J10).

A. Υπάρχει ένα φαρμακείο κοντά;	D. Σιγά-σιγά.	G. Καληνύχτα.
B. Με συγχωρείς.	E. Έχω μάθημα στις οχτώ.	H. Καλησπέρα.
C. Μου γελάει η τύχη.	F. Γελάει μέχρι δακρύων.	I. Μήν γελάς.

1. Gute Nacht!	4. Guten Abend!	7. Gibt es eine Apotheke in der Nähe?
2. Mach mal langsam!	5. Ich habe um acht Uhr Unterricht.	8. Lache nicht!
3. Unter Tränen lacht er.	6. Mir lacht das Glück.	9. Entschuldige mich!

T

Alexander und Bukephalos

Von Alexanders Pferd Bukephalos (der „Stierkopf“) kennt man weder Geschlecht noch Aussehen oder Rasse. Trotzdem ist es wohl das berühmteste Pferd der Antike. Bekannt sind vor allem die Geschichten, welche die enge Verbundenheit Alexanders mit diesem Pferd zeigen.

Οὗτος ὁ ἵππος ἄξιος μὲν ἦν θαυμάζειν, ἐδόκει δὲ χαλεπός τε καὶ ἀκόλαστος εἶναι. Ἀγριώτατος γὰρ ἦν κοὐδὲ ὑπέμεινε[1] τὰς τῶν περὶ Φίλιππον φωνάς. Ἐκεῖνοι οὖν καίπερ ὄντες ἱππεῖς[2] ἔμπειροι οὐκ ἐτόλμησαν ἐπιβῆναι[3]. Ὁ δ’ Ἀλέξανδρος τὸν ἵππον ἀκριβῶς σκοπῶν ᾐτιάσατο τοὺς τοῦ πατρὸς ἑταίρους· „Οὐ μὴν πρέπει ὑμᾶς καταφρονεῖν τοιούτου ἵππου. Ὥς γ’ ἐμοὶ δοκεῖν οὐχ οἷοί τ’ ἐστὲ χρῆσθαι αὐτῷ ὀρθῶς.“ Ταῦτ’ ἀκούσας ὁ Φίλιππος· „Ἆρα σὺ ἀξιοῖς“, ἔφη, „σεαυτόν – παῖδα ἔτι ὄντα – δυνατὸν εἶναι τόνδε τὸν ἵππον κολάσαι; Ἀλλὰ πειρῶ, ἐὰν βούλῃ.“ Τοῦ βασιλέως ταῦτα λέγοντος οἱ μὲν ἑταῖροι ἐγέλασαν, ὁ δ’ Ἀλέξανδρος ἐμηχανήσατο τάδε·

Προσῆλθε καὶ ἔστρεψε[4] τὸν ἵππον πρὸς τὸν ἥλιον. Θεώμενος γὰρ ἐνόησεν, ὅτι ταράττοιτο ὁρῶν τὴν αὑτοῦ σκιάν. Εἶτα δ’ ἐπέβη[3] καὶ ἐξήλασε[5] τάχιστα. Ἐπανῆλθε δὲ κύριος ὢν τοῦ ἵππου, ὃν ἀπὸ τούτου[6] ὠνόμασε Βουκέφαλον. Ὁ δὲ Φίλιππος ἡδόμενος τῷ υἱῷ κλαῦσαι λέγεται καὶ βοῆσαι· „Ὦ παῖ, ζήτει βασιλείαν σεαυτῷ ἱκανήν· Μακεδονία γὰρ οὐκ ἀρκεῖ.“

Ὁ δὲ Βουκέφαλος συν-επορεύετο[!] τῷ Ἀλεξάνδρῳ δι’ εἴκοσιν ἐνιαυτῶν μέχρι τῆς Ἰνδίας. Μετὰ δὲ τὸν θάνατον ἐτιμήθη οὐ μόνον τάφῳ μεγάλῳ, ἀλλὰ καὶ πόλει, ἣν οἱ τότε ἐκάλεσαν Βουκέφαλα.

[1] ὑπ-έμεινε: *übersetze wie* ὑπ-έμενε
[2] ὁ ἱππεύς, -έως: der Reiter
[3] ἐπι-βῆναι / ἐπ-έβη: auf(zu)steigen / er, sie, es stieg auf
[4] ἔστρεψε: er, sie, es drehte, wendete
[5] ἐξ-ήλασε: er, sie, es ritt weg
[6] ἀπὸ τούτου: *ergänze* τοῦ χρόνου

1. Im Text finden sich viele Formen von Verba contracta. Trage sie in eine Tabelle ein (contracta auf -έω, -άω, -ήω und -όω) und bestimme sie.
2. Z. 1–10: Stelle alle Wendungen für Philipps Begleiter zusammen.
3. Erkläre den Tempusgebrauch in dem Satz Ὁ δὲ Βουκέφαλος συνεπορεύετο ... δι’ εἴκοσιν ἐνιαυτῶν ... (Z. 17 f.).
4. Ross und Reiter
   a) ἄξιος θαυμάζειν, χαλεπός, ἀκόλαστος, ἀγριώτατος (Z. 1 f.) – Belege auf Grundlage deiner Lektürekenntnisse (ab 55 T), dass die Aussagen über Bukephalos auch auf Alexander zutreffen.
   MK **b)** Arbeite auch aus der Abbildung Ähnlichkeiten zwischen Alexander und Bukephalos heraus.

François Schommer (1850–1935): Alexander der Große bändigt den Bukephalos. ▼

ΜΕΓΑΛΗ ΕΛΛΑΣ

MAGNA GRAECIA

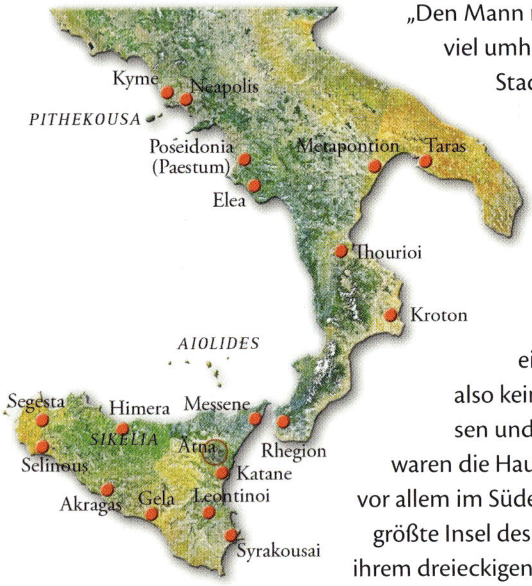

„Den Mann nenne mir, Muse, den vielgewandten, der sehr viel umhergetrieben wurde, nachdem er Trojas heilige Stadt zerstörte. Von vielen Menschen sah er die Städte und lernte ihre Sinnesart kennen" – so beginnt Homers *Odyssee*; ihre Entstehung fällt in die Zeit der sogenannten griechischen Kolonisation, als etwa ab der Mitte des 8. Jahrhunderts v. Chr. die Griechen sich aus ihren Städten auch nach Westen aufmachten, um neue eigenständige Städte – im modernen Sinne also keine Kolonien – zu gründen. Handelsinteressen und die Bevölkerungszunahme im Mutterland waren die Hauptmotive, welche die Menschen antrieben, vor allem im Süden Italiens und auf Sizilien zu siedeln. **1** Die größte Insel des Mittelmeers, seit Homer „Trinacria" **2** nach ihrem dreieckigen Aussehen genannt, bewohnten zu dieser Zeit zahlreiche verschiedene Völker.

5

6

7

Es entstanden große und mächtige Städte wie Tarent in Unteritalien und Syrakus auf Sizilien sowie ein reiches kulturelles Leben, von dem wir heute noch gut erhaltene Zeugnisse wie die berühmten Tempel in Segesta 3 und Selinunt 4 oder das Theater in Syrakus 5 – das größte der Antike – bewundern können. Magna Graecia, Großgriechenland, wurden die Siedlungen in Unteritalien und auf Sizilien in der Antike genannt. Bereits der Name zeigt, welche Bedeutung diese Städte im Lauf der Jahrhunderte erhielten. Sie wurden Zentren der Wissenschaften, der Philosophie und Mathematik, die Berühmtheiten wie Pythagoras (vgl. 61 I) 6, Empedokles (vgl. 62 T), Gorgias und Archimedes (vgl. 65 I und T) anzogen oder hervorbrachten. Als die Römer Sizilien 241 v. Chr. eroberten und zur ersten Provinz machten, kamen sie mit dieser reichen Kultur in Berührung. Sie staunten gewaltig über die Theater 7, die Tempel und die Literatur, die sie antrafen und die sie veranlassten, sich selbst mit Literatur zu beschäftigen und Komödien zu verfassen. Der römische Dichter Horaz schrieb gut zwei Jahrhunderte später in seiner Epistel an Augustus (II,1,156 f.) über den kulturellen Einfluss, den die griechische Welt auf ihre Eroberer ausübte: *Graecia capta ferum victorem cepit et artes intulit agresti Latio* – Das eroberte Griechenland eroberte den wilden Sieger und brachte dem bäurischen Latium die Kultur.

E

1. Ὁ Ἀλέξανδρος· „Ἐχαλέπηνά τε καὶ χαλεπαίνω τοῖς στρατιώταις, ὅτι οὐκ ἐπέρανα τὰ Ἰνδικά. Νῦν δὲ περανῶ τὰ Ἀραβικὰ καὶ τοῖς στρατιώταις οὐκέτι χαλεπανῶ.
2. Ταύτῃ τῇ νίκῃ ἀποφανοῦμαι, ὅτι κράτιστός εἰμι. Ἀγγελθήσεταί ποτε, ὅτι ὁ Ἀλέξανδρος κράτιστος πάντων τῶν στρατηγῶν ἦν."
3. Ἀλλ' οὐ πολλῷ ὕστερον ἠγγέλθη, ὅτι εἰς νόσον τινὰ ἐνέπεσεν.
4. Διὸ οὐ ἐπέρανε (πεπέραγκε) τὰ Ἀραβικά· οὐδ' ἄλλη στρατεία ὑπ' αὐτοῦ ἐπεράνθη (πεπέρανται).
5. Ὅμως πολλοὶ ἔνειμαν αὐτῷ τήνδε τὴν τιμήν· λέγουσιν, ὅτι ὁ Ἀλέξανδρος πάντων τῶν στρατηγῶν ὑπερεῖχεν ἀνδρείᾳ.

Ü

1 Präsens, Futur oder Aorist? Nenne das Tempus und gib jeweils die Form an, die sich nicht zuordnen lässt.

a) ἀγγέλλω ◈ ἀγγελῶ ◈ ἀγγέλλων ◈ ἀγγέλων ◈ ἠγγείλας ◈ ἀγγεῖλαι ◈ ἀγγείλας ◈ ἀγγελεῖ

b) ἐπαγγέλλεσθαι ◈ ἐπαγγέλλεσθε ◈ ἐπαγγελεῖσθε ◈ ἐπηγγέλλεσθε ◈ ἐπηγγείλασθε ◈ ἐπαγγείλασθαι

2 Wähle jeweils die Form aus, die grammatisch nicht in die Reihe passt. Begründe deine Entscheidung.

a) φανεῖς ◈ γονεῖς ◈ κλινεῖς ◈ μενεῖς

b) φῆναι ◈ μεῖναι ◈ σπεῖραι ◈ δῆλαι

c) νέμοιντο ◈ νέμονται ◈ νέμωνται ◈ νεμοῦνται

d) διεφθείρετε ◈ διεφθείρατε ◈ διέφθειραν ◈ διεφθείραμεν

3 Übersetze folgende Ausdrücke in gutes Deutsch.

ἰατρὸς ὀνόματι Φίλιππος ◈ τὸν ἐναντίον τῇ ἀσπίδι γιγνώσκειν ◈
τοὺς πολεμίους οὐ τῷ ἀριθμῷ, ἀλλὰ τῇ ἀρετῇ κρίνειν ◈
πάντων ῥώμῃ ὑπερέχειν ◈ γνώμῃ σφάλλεσθαι ◈ Φύσει οὐδεὶς δοῦλός ἐστιν. ◈
πρᾶξις λόγῳ μὲν ἀγαθή, ἔργῳ δὲ κακή

I

Pythagoras

$a^2 + b^2 = c^2$ – Wer kennt ihn nicht, den berühmten Satz des **Pythagoras**? Und dabei ist nicht einmal geklärt, ob diese Gleichung wirklich von Pythagoras stammt. Die Quellen, die über ihn berichten, stammen aus den Jahrhunderten nach seiner Zeit und sind voller Legenden, wie auch die Erzählung im Lektionstext; doch so viel scheint gesichert: Er und seine Anhänger, die Pythagoreer, beschäftigten sich u. a. mit der Bedeutung von **Zahlen** und ihrer **Symbolik**. Ob er wirklich Musiker, Dichter, Philosoph und Mathematiker oder ein religiöser Anführer nach Art eines Schamanen oder Gurus war – wir können es nicht mehr mit Sicherheit entscheiden.

T

Freundestreue

Pythagoras aus Samos gründete in der 2. Hälfte des 6. Jahrhunderts v. Chr. im unteritalischen Kroton eine Philosophenschule oder, besser gesagt, einen religiösen Orden, in dem er fast kultische Verehrung genoss. Die Mitglieder lebten nach strengen ethischen Grundsätzen, zu denen auch bedingungslose Freundestreue gehörte. Ein berühmtes Beispiel hierfür liefern die beiden Pythagoreer Phintias und Damon gegenüber dem Tyrannen Dionysios II. von Syrakus.

Φιντίας Διονυσίῳ πολίτας ὑβρίζοντι ἐπιβουλεῦσαι ἐνομίζετο. Ἐπεὶ οὖν ἤγγειλάν τινες ταύτην τὴν ὑποψίαν[1] τῷ τυράννῳ, ὁ Φιντίας ἔμελλεν ἄξεσθαι ἐπὶ θάνατον. Ἀπεφήνατο δὲ τάδε αἰτῶν τὸν δυνάστην χρόνον[2] τινά· „Δεῖ με περᾶναι, ἃ ἐπηγγειλάμην τῷ πατρὶ ἀποθνήσκοντι· τὸν τῆς ἀδελφῆς[!] γάμον. Ἐγγυητὴς[3] δὲ τοῦ θανάτου ἑκὼν ἔσται Δάμων, εἷς τῶν φίλων μου.“ Ὁ δὲ Διονύσιος ἐπέτρεψε ταῦτα ἐλπίζων τοὺς Πυθαγορείους μόνον λόγῳ πίστιν φανεῖν, ἀλλὰ μὴ ἔργῳ.

Ὁ μὲν Δάμων ὑπέμεινε τὸν τοῦ θανάτου κίνδυνον προθύμως, ὁ δὲ Φιντίας ἀπ-ῆλθεν[!]. Τοῦ χρόνου[2] τελευτῶντος πᾶς ὁ δῆμος συν-ῆλθε[!] ὡς σκεψόμενος, εἰ ὁ Φιντίας τελεῖ τὰ ἐπηγγελμένα. Ὁ δ’ ἀφίκετο πολλὰ πονήσας ἐπὶ τῆς ἐσχάτης τοῦ χρόνου[2] ῥοπῆς[4]· ἤδη γὰρ ἔκλινεν ἡ ἡμέρα καὶ τῇ ἑσπέρᾳ ἔδει τὸν Δάμωνα ἀπάγεσθαι πρὸς θάνατον.

Ὁ μὲν Διονύσιος ἐσήμηνεν ἀπολῦσαι ἀμφοτέρους· ἐθαύμασε γὰρ αὐτοὺς πιστοτάτους ὄντας. Καὶ παρεκελεύσατο αὐτοῖς τρίτον προσλαβέσθαι[!] ἑαυτὸν εἰς τὴν φιλίαν. Οἱ δὲ τοῦτο οὐκ ἐδέξαντο, ἵνα μὴ διαφθαρείη φιλία ἐσθλή.

[1] ἡ ὑπ-οψία: der Verdacht

[2] ὁ χρόνος: *(hier:)* die Frist

[3] ὁ ἐγ-γυητής, -οῦ *(m. Gen.)*: der Bürge, der Garant (für)

[4] ἡ ῥοπή: *(hier:)* der Augenblick, der Moment

37001-32

1. Bestimme alle Formen von Verba liquida im Text und gib jeweils die Lernform an.
2. Stelle alle Wörter und Wendungen zusammen, die zum Sachfeld „Freundschaft und Treue“ gehören. (vgl. M 10 A)
3. MK Weise der Abbildung die entsprechende Textstelle zu.
4. MK Höre dir *Die Bürgschaft* von Friedrich Schiller aus dem Jahr 1799 an (QR-Code). Vergleiche den Text und die Ballade.
5. Diskutiert die letzten beiden Sätze: Soll man eine angebotene Freundschaft ablehnen?

Illustration zu Schillers „Bürgschaft“. ▶

E

1. Διονύσιος, ἐπεὶ Φιντίαν ἔλαβεν, ἔκρινεν· „Δεῖ σε διαφθαρῆναι."
2. Ὁ δὲ Φιντίας ἀπεκρίνατο· „Νῦν μὲν οὕτως ἔκρινας, ἀλλὰ συγχώρει μοι χρόνον (Frist) τινά."
3. Ὁ δὲ τύραννος· „Εἰ σφαλεῖς με, ἀποκτενῶ τὸν φίλον σου."
4. Καὶ ἀπέκτεινεν ἂν τοῦτον, εἰ μὴ ὁ Φιντίας ἀφίκετο ἐπὶ τῆς ἐσχάτης τοῦ χρόνου ῥοπῆς (*hier:* Augenblick, Moment).

Ü

1 a) Wähle die Wörter aus, die Formen von Verba liquida sind, und bestimme sie.
ἀπέστειλε ⁕ πειράσονται ⁕ περανοῦσιν ⁕ ἐγείρας ⁕ κρινῶ ⁕ ἐσθλαί ⁕ φανεραῖς ⁕ διηγεῖται ⁕ ἔμεινεν ⁕ διαφθείρεται ⁕ χαλεπήνας ⁕ φῆναι ⁕ ἐσημήνατε ⁕ σήματα ⁕ ἀπορεῖ ⁕ ἀπεκρίναντο

b) Die farbig hervorgehobenen Buchstaben der Verba liquida aus a) ergänzen die Auffassung der Pythagoreer vom diesseitigen Leben. Übersetze den Satz und erkläre seine Bedeutung.
Οἱ Πυθαγόρειοι ? ?̀ ? ? ? ? ? ? ? ? ψυχῆς ἔλεγον.

2 Präsens, Imperfekt, Aorist oder Futur? Analysiere die Formen von βάλλω, gib das Tempus an und übersetze.
βάλλειν ⁕ μεταβαλεῖν ⁕ βαλεῖ ⁕ βάλλει ⁕ βάλλε ⁕ διέβαλλε ⁕ ἔβαλεν ⁕ ἔβαλον ⁕ μεταβαλῶν ⁕ διαβάλλων

3 a) Nenne die Lernformen der Verben und übersetze anschließend die Ausdrücke.
τενεῖ ⁕ ἐγρηγόρασιν ⁕ ἔγειρον ⁕ ἀποκτενοῦσιν ⁕ ἀποκρίνασθαι ⁕ κρίνοιτο ἄν ⁕ μὴ ἀποστείλητε ⁕ ἐσφήλατε ⁕ βληθῆναι ⁕ μεταβέβληται ⁕ διαβληθέντες

b) Ordne den Lernformen die folgenden, nicht eigens gelernten Formen zu.

ἀποστέλλω ⁕ κρίνω ⁕ περαίνω ⁕ σημαίνω ⁕ σφάλλω ⁕ φαίνω

πε-πέραγ-κα ⁕ κε-κρι-μένος ⁕ ἐ-σημάν-θη ⁕ φαν-θή-σ-εται ⁕ ἀπ-ε-στάλ-ησαν ⁕ σφαλ-ῆναι

c) Wende deine Vorkenntnisse zur Bildung griechischer Verben an:
Erschließe und bestimme die Formen von b) und übersetze.

◀ *Lehre von den vier Elementen. Briefmarkensatz der Deutschen Post (2011).*

T

Der Tod des Empedokles

Über Empedokles aus Akragas gehen die Meinungen auseinander: Die einen sehen ihn als Naturphilosophen, die anderen als Guru und Scharlatan. Es wird berichtet, er habe sich mit achtzig Anhängern, darunter seinem Lieblingsschüler Pausanias, am Fuß des Ätna getroffen. Nach einem gemeinsamen Opfer und Mahl hätten sich dort alle schlafen gelegt. Am Morgen sei Empedokles verschwunden gewesen.

Εἷς δὲ τῶν οἰκετῶν διηγήσατο· „Νυκτός μ’ ἤγειρε φωνὴ θαυμασία, ἣ ἐκάλεσεν Ἐμπεδοκλέα. Καὶ εἶδον φῶς οὐράνιον[!], ἀλλ’ οἷός τ’ οὐκ ἦν βλέψαι πρὸς αὐτό.“ Οἱ μὲν ἄλλοι ἠπόρουν, εἰ ἀποστείλαιέν τινας ὡς ζητήσοντας τὸν φιλόσοφον. Ὁ δὲ Παυσανίας ἀπεκρίνατο αὐτοῖς ἐναντιούμενος· „Μηκέτι ἐξετάσητε, ἀλλ’ εὔξασθε· ὁ γὰρ Ἐμπεδοκλῆς μεταβαλὼν τὴν μορφὴν[1] γέγονε θεός.“

Ἄλλοι δὲ φάσκουσι τάδε· Ὁ Ἐμπεδοκλῆς θύσας παρεγένετο ἐπὶ τὸν Αἴτνης κρατῆρα καὶ ἐν-ήλατο[2]. Ἀπέκτεινε δ’ ἑαυτὸν ἐλπίζων τοὺς ἀνθρώπους κρινεῖν αὐτὸν θεόν, ἐὰν ἀφανισθῇ. Ὀλίγῳ ὕστερον μέντοι μία τῶν κρηπίδων[3] αὐτοῦ ἐκ τοῦ κρατῆρος ἐξεβλήθη· ὁ γὰρ φιλόσοφος ἐχρῆτο κρηπῖσιν[3] ἐκ χαλκοῦ εἰργασμέναις.

Καὶ εἰσίν, οἳ λέγουσι τὸν Ἐμπεδοκλέα ἀποδημῆσαι εἰς Πελοπόννησον κοὐκ ἐπανελθεῖν.

Ἤδη πολλοὶ διέβαλον τὸν Ἐμπεδοκλέα ὡς ἀπατήσαντα καὶ σφήλαντα τοὺς τότε. Ὅμως δὲ δια-μενεῖ[!] ἡ δόξα αὐτοῦ· πρῶτος γὰρ ἀπεφήνατο ἀέρα, πῦρ, γῆν τε καὶ ὕδωρ εἶναι στοιχεῖα τῶν ὄντων καὶ γενέσθαι μὲν πάντα ἐξ αὐτῶν „φιλίᾳ“, διακρίνασθαι[4] δ’ εἰς αὐτὰ „νείκει[5]“.

[1] ἡ μορφή: die Gestalt
[2] ἐν-άλλομαι: ich springe hinein
[3] ἡ κρηπίς, -ῖδος: der Stiefel
[4] δια-κρίνομαι: ich trenne mich, spalte mich
[5] τὸ νεῖκος, -ους: der Streit

1. Bestimme die Verbformen und gib die Lernform an: ἤγειρε (Z. 1) – ἀποστείλαιεν (Z. 3) – ἀπεκρίνατο (Z. 4) – ἐξεβλήθη (Z. 10) – σφήλαντα (Z. 14 f.)

2. Nenne die redeeinleitenden Verben, die im Text verwendet werden; erweitere die Liste anhand deiner Wortschatzkenntnisse.

3. Weise bei ἀπατήσαντα καὶ σφήλαντα (Z. 14 f.) Stilmittel nach und beschreibe die Wirkung an dieser Stelle. (vgl. M 73 B, M 79 B)

4. Der Philologe Oliver Primavesi fasst die Lehre des Empedokles von den vier Elementen (Feuer, Wasser, Luft und Erde) so zusammen, dass „das wahrhaft Seiende die vier Elemente (...) sowie die beiden Mächte Liebe und Streit sind (...). Alle Lebewesen kommen dadurch zustande, daß die Liebe heterogene Elementteile zusammensetzt, und sie vergehen, wenn der Streit diese Verbindungen wieder auflöst.“ Weise aus dem letzten Satz πρῶτος γὰρ ... „νείκει“ (Z. 15 ff.) möglichst viele Wörter dem Zitat zu.

E

1. Εἷς τῶν τοῦ Ἐμπεδοκλέους οἰκετῶν εἶπεν· „Ὑμεῖς μὲν ἤρεσθε, τί ἐγένετο.
2. Ἐγὼ δ' ἐρῶ καὶ διελεύσομαι πάντα·
3. Εἶδον οὖν φῶς θαυμάσιον. Ἔδραμον πρὸς τὸ φῶς ὡς ἀκριβῶς ὀψόμενος.
4. Ἐπεὶ δ' ἐπῆλθον, ἐσκόπουν, ὅπως μὴ εἰς τὸ φῶς ὄψομαι (ἴδω, ἴδοιμι).
5. Ἐφοβούμην γάρ, μὴ τυφλὸς γένωμαι (γενοίμην).“

Ü

1 Bestimme die Formen nach Tempus und Genus verbi. Ordne sie dann an korrekter Stelle ein.

a) ἦλθον • εἶπον • εἴρηται • ἐρρήθη • ἔρχομαι • ἐρῶ • ἐλήλυθα • ἔφαγον • ἠρόμην
ἀγορεύω → ● → ● → εἴρηκα → ● → ● ῥηθήσεται – ἐρωτάω → ἐρήσομαι → ●
● → ἐλεύσομαι → ● → ● – ἐσθίω → ἔδομαι → ●

b) εἶδον • ἑώρακα • ὁράω • ὄψομαι • τρέχω • ὤφθην
● → δραμοῦμαι → ἔδραμον
● → ● → ● → ● → ἑώραμαι → ● → ὀφθήσομαι

2 Wähle die richtige Übersetzung aus und erkläre den Fehler der falschen.

ἐρήσομαι: ich werde gefragt werden • ich werde fragen • ich werde kommen
τὰ ῥηθέντα: das, was gesagt wurde • das, was gegessen wurde • das, was gesagt werden wird
ἐροῦ: du fragtest *(Aor.)* • frage! • du wirst sagen
ἔλθοιεν ἄν: er könnte kommen • hoffentlich kommen sie • sie dürften kommen
μὴ φάγῃς: hoffentlich isst du nicht • du aßt nicht • iss nicht!
ἐρεῖτε: ihr werdet sagen • hoffentlich fragt ihr • sprecht!

3 Stelle Haupt- und Nebensätze inhaltlich sinnvoll zusammen (z. B. 5E) und übersetze.

1. Τῷ Ἐμπεδοκλεῖ ἔμελεν,	A. μὴ ἡ δόξα ἡ ἐκείνου τοῦ φιλοσόφου ἀφανίζοιτο.
2. Καὶ εἰσίν γε, οἳ λέγουσι Παυσανίαν διὰ δὴ τοῦτο σκοπῆσαι,	B. ὅπως μὴ οἱ ἄλλοι οἰκέται τὸν Ἐμπεδοκλέα ἀφανισθέντα ζητῶσιν.
3. Ἀλλ' ὀλίγοι τινὲς τῶν μετὰ τοῦ Ἐμπεδοκλέους ἐφοβοῦντο,	C. ὅπως ὑπὸ τῶν πλείστων ἀνθρώπων θεὸς νομισθήσεται.
4. Ὅμως κίνδυνος οὔποτε τῷ πράγματι (wirklich) ἦν,	D. μὴ ὁ διδάσκαλος διαβληθῇ.

I

Platon und die Tyrannen von Syrakus

Griechische Siedler aus Korinth gründeten im 8. Jahrhundert v. Chr. Syrakus, das bald zur größten und mächtigsten Stadt Siziliens heranwuchs; mit bis zu 200 000 Einwohnern gilt es als antike Weltstadt. Zur Herrschaftszeit von Dionysios I. (405–367 v. Chr.) und seinem Sohn Dionysios II. reiste **Platon** dreimal nach **Sizilien**. Dion, der Schwager des Herrschers, war begeistert von Platons Philosophie, und Platon hoffte, seine **politischen Ideen** dort in die **Praxis** umsetzen zu können. Zunehmend wurde er jedoch in politische Machtkämpfe verwickelt und geriet selbst in Gefahr, sodass er 360 v. Chr. erfolglos nach Athen zurückkehrte.

T

Der Tyrann und der Philosoph

Nach Sokrates' Tod (399 v. Chr.) hielt sich Platon über zehn Jahre in Unteritalien und Sizilien auf. Dort wurde der junge Dion, Schwager des mächtigen Tyrannen Dionysios I. von Syrakus, sein Schüler und Bewunderer. Mit Dionysios selbst traf Platon im Jahr 388 v. Chr. zusammen.

Ἐν δὲ τῇ συνουσίᾳ οὔτ' ἔφαγον οὔτ' ἔπιον οἱ συνόντες, ἀλλ' ἐρρήθη πολλὰ περὶ ἀρετῆς. Διονύσιος μὲν ἤρετο, τίς εἴη ἀνδρεῖος, Πλάτων δὲ ὧδε ἀπεκρίνατο· „Πάντες ἀνδρειότεροι ἢ οἱ τύραννοι."

Εἶτα δ' ἐπὶ δικαιοσύνην τραπόμενος ὁ φιλόσοφος πολλὰ διῆλθε καὶ δὴ καὶ ἐδήλωσεν· „Μακάριος μὲν ὁ τῶν δικαίων βίος, ἄθλιος δὲ ὁ τῶν ἀδίκων."

Τέλος δὲ ὁ Διονύσιος χαλεπήνας ἠρώτησε τὸν Πλάτωνα, διὰ τί εἰς Σικελίαν ἔλθοι. Τοῦ δ' εἰπόντος ἀγαθὸν ἄνδρα ζητεῖν, ὁ τύραννος· „Ἀλλὰ φανερὸς εἶ", ἔφη, „τοιοῦτον οὔπω εὑρών."

Δίων οὖν φοβούμενος, μὴ ὁ τύραννος ὀργίζηται, συνεβούλευσε τῷ Πλάτωνι δραμεῖν εἰς τὸν λιμένα καὶ φυγεῖν ἐκ Σικελίας. Καὶ οὕτως ὁ Πλάτων ἀπ-έπλευσεν[!] ἐπὶ τῆς νεώς, ἣ πρεσβευτήν[1] τινα Λακεδαιμονίων εἰς τὴν Ἑλλάδα κομιεῖν ἔμελλεν. Ὁ Διονύσιος μέντοι συγγνώμην οὐκ εἶχεν. Σκοπῶν δέ, ὅπως τιμωρήσεται τὸν φιλόσοφον, ἔπεισε τὸν Σπαρτιάτην ἀποκτεῖναι αὐτὸν κατὰ πλοῦν, εἰ δὲ μή, πάντως εἰς δουλείαν ἀγαγεῖν. Ἔμελε γὰρ τῷ τυράννῳ – ὥσπερ εἴρηται –, ὅπως κατόψεται τὸν θρασὺν φιλόσοφον βλαβέντα.

[1] ὁ πρεσβευτής, -οῦ: der Gesandte

1. Bestimme die Verbformen und gib jeweils die Lernform an: ἔφαγον (Z. 1) – ἐρρήθη (Z. 1) – ἤρετο (Z. 2) – διῆλθε (Z. 4) – ἠρώτησε (Z. 7) – ἔλθοι (Z. 8) – εἰπόντος (Z. 8) – εὑρών (Z. 9) – συνεβούλευσε (Z. 10) – δραμεῖν (Z. 11) – ἀπ-έπλευσεν (Z. 12) – ἔπεισε (Z. 15) – εἴρηται (Z. 17)

2. Übersetze: Ὁ θρασὺς φιλόσοφος βλάπτεται. – Ὁ τύραννος καθ-ορᾷ[!] τὸν θρασὺν φιλόσοφον βλαβέντα. – Μέλει τῷ τυράννῳ, ὅπως κατόψεται τὸν θρασὺν φιλόσοφον βλαβέντα (vgl. Z. 16 f.).

3. Z. 1–9: Paraphrasiere die Kritik, die Platon gegenüber Dionysios vorbringt.

MK 4. Ordne die Personen aus dem Text den Figuren auf der Abbildung zu. Charakterisiere darauf Dionysios auf Grundlage des Textes und der Abbildung.

E

1. Πλάτων προείλετο πάντας τοὺς ἄλλους τῶν τυράννων, ὅτι οὗτοι βίον ἄδικον ἕλοιντο.
2. Δίων δὲ τῷ φιλοσόφῳ· „Διονύσιος ἤνεγκε ταύτην τὴν ὕβριν, ἀλλ' οὐκ οἴσει ἄλλην τινά.
3. Ἄλλη τις ὕβρις οὐκ ἐνεχθήσεται ὑπ' αὐτοῦ." Συνεβούλευσεν οὖν αὐτῷ φυγεῖν.
4. Ὁ φιλόσοφος προσέσχε (τὸν νοῦν) τούτοις τοῖς λόγοις· ἔδει γὰρ προσσχεῖν τοῖς τοῦ φίλου λόγοις.
5. Ἕσπετο οὖν τῇ τοῦ Δίωνος βουλῇ.

Ü

1 Ordne die Verbformen zu Stammformenreihen. Das Perfekt ist nicht angeführt.

a) ἐνεχθήσομαι ◦ ἤνεγκον ◦ ἠνέχθην ◦ οἴσω ◦ φέρω
αἱρέω ◦ αἱρεθήσομαι ◦ αἱρήσω ◦ εἷλον ◦ ᾑρέθην
εἱλόμην ◦ αἱρέομαι ◦ αἱρήσομαι

b) ἀνέξομαι ◦ ἀνέχομαι ◦ ἠνεσχόμην
ἕξω/σχήσω ◦ ἔσχον ◦ ἔχω
ἕπομαι ◦ ἑσπόμην ◦ ἕψομαι

2 Übersetze. Achte besonders auf die Wahl der jeweils treffenden Bedeutung von ἀναιρέω.

a) Διονύσιος ὁ τύραννος πρὸς τὸν Σπαρτιάτην τὸν εἰς Ἑλλάδα πορευόμενον· „Πλάτωνα, τὸν θρασὺν φιλόσοφον, ἀνέλε κατὰ τὸν πλοῦν."
b) Χειμῶνος γενομένου νῆες μεγάλοις κύμασιν (κῦμα, -ατος: Welle) ἀνῃρέθησαν.
c) Ἀπόλλων οὐ μόνον ἐν Δελφοῖς ἀνεῖλεν, ἀλλὰ καὶ ἐν Διδύμοις.

3 Ordne den Formen die Übersetzungen zu. Zwei bleiben jeweils übrig. Bestimme und übersetze sie.

a) ἀνείλομεν ◦ ἀφελώμεθα ◦ διενεγκεῖν ◦ ἑλέσθαι ◦ ἕλοιεν ἄν ◦ ἔνεγκε ◦ οἴσεις

lasst uns wegnehmen *(Aor.)* ◦ sich unterscheiden *(Aor.)* ◦ wählen *(Aor.)* ◦ wir beseitigten ◦ du wirst tragen

b) ἀνασχήσῃ ◦ εἶχε ◦ ἐπίσχωμεν; ◦ ἠνέσχου ◦ προσέξετε ◦ σπέσθε ◦ σποῖσθε

sollen wir warten? ◦ folgt! ◦ du hieltest aus ◦ du wirst aushalten ◦ hoffentlich folgt ihr

I

Die Katastrophe von Sizilien

Der **Historiker Thukydides** hielt die sizilische Expedition Athens (415–413 v. Chr.) für das bedeutendste Ereignis des gesamten Peloponnesischen Krieges, ja sogar aller Kriege, die die Hellenen bis dahin kannten. Nach seiner Einschätzung führten innenpolitische Auseinandersetzungen in Athen zu einer katastrophalen Niederlage. Die meisten der ca. 30 000 ausgeschickten **Soldaten starben**, nur wenige kamen zurück. Athen sollte sich von den Folgen dieses Krieges nicht mehr erholen.

T

Katastrophe in Sizilien

Im Spätsommer 413 v. Chr. nimmt der Peloponnesische Krieg eine entscheidende Wendung: Das athenische Heer, das in Sizilien eingefallen ist, muss die Belagerung von Syrakus erfolglos abbrechen. Verzweifelt versucht der athenische Feldherr Nikias seine Soldaten zu retten, die nun von den Syrakusanern und ihren peloponnesischen Bundesgenossen unter Führung des Spartiaten Gylippos bedrängt werden.

▲ *Steinbrüche bei Syrakus.*

Νικίας, ἐπεὶ ἡμέρα ἐγένετο, τὸν στρατὸν πόρρω ἦγεν. Οἱ δὲ Συρακόσιοι καὶ οἱ σύμμαχοι ἕσποντο πανταχόθεν[1] βάλλοντες.

Οἱ δ᾽ Ἀθηναῖοι ἔσπευσαν πρὸς τὸν Ἀσσίναρον ἅμα ἐπιθυμοῦντες τοῦ πίνειν καὶ φοβούμενοι, μὴ πάντως διαφθαρεῖεν· ᾤοντο γὰρ συνοίσειν, ἐὰν διαβαίνωσι τὸν ποταμόν.

Ὡς δ᾽ ἀφίκοντο, οὐκ ἐπέσχον, ἀλλὰ δρόμῳ εἰς τὸ ὕδωρ εἰσ-ῆλθον[!] οὐδενὶ κόσμῳ· ἕκαστος γὰρ ἐσπούδασεν, ὅπως αὐτὸς πρῶτος σωθήσεται. Ἀθρόοι οὖν χωροῦντες καὶ οὐ προσέχοντες τοῖς πλησίοις[!] κατεπάτησαν[2] ἀλλήλους· οἱ μὲν τοῖς ἰδίοις δόρασιν ἀνῃρέθησαν, τοὺς δὲ ὁ ῥοῦς[3] ἀπ-ήνεγκε[!] σὺν τοῖς σκεύεσιν.

Ἐκ δὲ τῆς ἑτέρας ὄχθης[4] ὑψηλῆς οὔσης οἱ Συρακόσιοι ἔβαλλον τοὺς Ἀθηναίους πίνοντας καὶ ταραττομένους. Οἵ τε Πελοποννήσιοι εἰς τὸν ποταμὸν εἰσ-δραμόντες[!] τοὺς ἐκεῖ ἀπέκτειναν. Καὶ τὸ ὕδωρ εὐθὺς αἵματι καὶ πηλῷ[5] διεφθάρη, ἀλλ᾽ ὅμως ἐπίνετο.

Τέλος δὲ πολλῶν νεκρῶν ἤδη ἐν τῷ ποταμῷ ὄντων ὁ Νικίας οὐκ ἠνέσχετο ἔτι πλείους ἀποθνῄσκοντας. Παρέδωκεν[6] οὖν ἑαυτὸν Γυλίππῳ. Ὁ δ᾽ ἐκέλευσε τοὺς λοιποὺς συγ-κομίσαι[!] ζῶντας καὶ ἀφελέσθαι αὐτοὺς τὰ ὅπλα.

[1] πανταχό-θεν (*Adv.*): von allen Seiten

[2] κατα-πατέω: ich trample nieder

[3] ὁ ῥοῦς, ῥοῦ: die Strömung

[4] ἡ ὄχθη: das Flussufer

[5] ὁ πηλός: der Schlamm

[6] παρ-έδωκεν ἑαυτόν: er ergab sich

1. Bestimme alle Formen im Text, die sich auf αἱρέω, φέρω, ἔχω oder ἕπομαι (einschließlich Komposita) zurückführen lassen.
2. Paraphrasiere die Fehler des athenischen Heeres.
3. Weise den Text einer Textsorte zu. (vgl. M 19 B)
4. MK τοὺς λοιποὺς συγ-κομίσαι ζῶντας (Z. 19) – Informiere dich über das Schicksal der etwa 7 000 Athener. Die Abbildung gibt erste Hinweise.

E

1. Ἐν τῇ Σικελίᾳ συνέβη τάδε·
2. Οἱ Ἀθηναῖοι ἐβούλοντο διαβῆναι τὸν Ἀσσίναρον.
3. Ἀλλ' οἱ Συρακόσιοι ἐσκόπουν, ὅπως οἱ Ἀθηναῖοι μὴ διαβήσονται (διαβῶσιν) αὐτόν.
4. Ἔστησαν δὴ εἰς τὴν ἑτέραν ὄχθην (Flussufer) καὶ ἔβαλλον τοὺς Ἀθηναίους.
5. Ἐπεὶ ἐμαχέσαντο βραχεῖαν μάχην, οἱ Συρακόσιοι καὶ οἱ σύμμαχοι ἐνίκησαν νίκην μεγάλην.

Ü

1 Ordne die Formen zu Ketten und übersetze.

a) ἔβη → Pl. → Imp. → Sg. → Inf. → 1. Pers. Pl. Konj. → 3. Pers. Pl. Opt. → Part. Nom. Sg. m. → Pl. → f.

βαῖεν • βάντες • βάς • βᾶσαι • βῆθι • βῆτε • βῆναι • βῶμεν • ἔβησαν

b) ἔστημεν → Sg. → Opt. → Konj. → Part. Nom. Sg. m. → Akk. → Pl. → Dat. → Inf.

ἔστην • σταίην • στάντα • στάντας • στάς • στᾶσιν • στῆναι • στῶ

2 Wähle die Form aus, die zur angegebenen Übersetzung passt. Übersetze auch die übrigen Formen.
(damit) sie weggehen *(Aor.)*: ἀποβαίνουσιν • ἀποβῶσιν • ἀποβαῖεν • ἀποβᾶσιν
du wirst gehen: βήσῃ • βῇς • βάσης • ἔβης
ich bin hinübergegangen: μετέβην • μεταβέβηκα • μεταβέβηκεν • μετέβαινον
hoffentlich ereignet es sich *(Aor.)*: συμβαίνοι • συνέβη • συμβαίη • συμβῆναι
stell dich hin! *(Aor.)*: στάντι • ἔστης • στῆθι • στῆναι
lasst uns herantreten *(Aor.)*: στῶμεν • ἔστημεν • σταῖμεν • στῆτε

3 Übersetze die Ausdrücke in gutes Deutsch.
μέγα πάθος πάσχειν • πᾶσαν ἐπιμέλειαν ἐπιμελεῖσθαι •
αἰσχρὰν δουλείαν δουλεύειν • μεγίστους ἀγῶνας ἀγωνίζεσθαι •
καλὰς πράξεις πράττειν • ἐργάζεσθαι ἔργον καλόν • ἄρχειν δικαίαν ἀρχήν •
μεγάλας ἡδονὰς ἥδεσθαι • γλυκὺν ὕπνον καθεύδειν

I

Das archimedische Prinzip des Auftriebs

Archimedes aus Syrakus (um 287–212 v. Chr.) war Mathematiker, Physiker und Techniker. So bestimmte er z. B. den Näherungswert der Kreiszahl π und wies die Unendlichkeit des Zahlensystems nach. Als Archimedes einmal ein Bad in einer **Wanne** nahm und beim Einstieg in die Wanne viel **Wasser** überfloss, sei ihm, so die Legende, die Lösung für eine Aufgabe eingefallen, die ihm König Hieron II. von Syrakus gestellt hatte: Er sollte herausfinden, ob seine Königskrone aus purem Gold war oder ob ein Metall mit geringerer Dichte, wie z. B. Silber, beigemischt war. So nahm er einen Goldbarren, der genauso viel wog wie die Krone, und beobachtete, dass die Krone mehr Wasser verdrängte als der Goldbarren. Daraus schloss er, dass die Krone mehr **Volumen** besaß und somit weniger **Dichte** als der Goldbarren; also war sie nicht aus purem Gold. Nach dieser erfolgreichen Lösung der Aufgabe soll Archimedes mit dem Ruf „**Ηὕρηκα**“ „Ich hab's gefunden“ durch die Straßen gelaufen sein.

MYTHISCHE VORZEIT | MINOISCHE ZEIT | MYKENISCHE ZEIT | ARCHAIK | KLASSIK | **HELLENISMUS**

1800 · 1600 · 1400 · 1200 · 1000 · 800 · 600 · 400 · 200

Archimedes

T

Hebel, Spiegel und die Liebe zur Geometrie

Als Physiker bewies Archimedes u. a. das Hebelgesetz. Als Techniker erfand er neben Kriegsgeräten zur Verteidigung von Syrakus z. B. die „archimedische Schraube".

Ἀρχιμήδης τοὺς τῆς φύσεως νόμους σκεψάμενος ἄλλα τε καὶ τάδε ἔγραψεν· „Τῇ μικροτάτῃ δυνάμει τὸ μέγιστον βάρος[1] κινῆσαι δυνατόν ἐστιν." Καὶ ἐκήρυξεν· „Εἰ γῆν ἑτέραν εἶχον, ἐκίνησα ἂν ταύτην μεταβὰς εἰς ἐκείνην." Ταὐτὰ ἐδήλωσε καὶ τοῖσδε τοῖς λόγοις· „Δός[2] μοι, ποῦ στῶ[3], καὶ κινήσω τὴν γῆν."

Καὶ συνέβη τοὺς Συρακοσίους τὸν τῶν Ῥωμαίων στόλον προσερχόμενον ἀμῦναι χρωμένους μηχαναῖς τε καὶ ὀργάνοις, ἃ ηὗρεν ὁ Ἀρχιμήδης. Συν-ήγαγον[!] γὰρ τὰς ἡλίου ἀκτῖνας[4] κατόπτροις[5] καὶ προσέσχον αὐτὰς ἐπὶ τὰ τῶν νεῶν ἱστία[6]. Οὕτω δ᾽ αὐτὰ καῦσαι λέγονται.

Ἀπέθανε δέ, ὥσπερ εἴρηται, ὁ Ἀρχιμήδης θάνατον τοιόνδε· τῆς πόλεως ὑπὸ τῶν Ῥωμαίων αἱρουμένης ἔτυχε σκοπῶν διάγραμμα[7], ὃ ἔγραψε ξύλῳ τινὶ εἰς τὴν ψάμμον[8]. Δεῦρο δὲ τὸν νοῦν προσέχων οὐκ ᾔσθετο στρατιώτην Ῥωμαῖον ἐξαπίνης πλησίον αὐτοῦ στάντα. Οὗτος μὲν ἐκέλευσεν ἀκολουθεῖν πρὸς τὸν στρατηγόν. Ὁ δ᾽ Ἀρχιμήδης οὐχ ὡμολόγησε μισῶν ἀποβῆναι, πρὶν τελέσαι τὸ πρόβλημα[!]. Ἐβόησε δέ· „Μή μου τοὺς κύκλους τάραττε." Τότε δὴ ὁ Ῥωμαῖος ὀργισθεὶς ἀνεῖλεν αὐτὸν ξίφει.

[1] τὸ βάρος, -ους: die Last

[2] δός: gib; *erg. als Objekt* einen Punkt

[3] ποῦ στῶ: *übersetze wie* ποῦ ἂν στῶ

[4] ἡ ἀκτίς, -ῖνος: der Strahl

[5] τὸ κάτ-οπτρον: der Spiegel

[6] τὸ ἱστίον: das Segel

[7] τὸ διά-γραμμα, -ατος: die (mathematische) Zeichnung

[8] ἡ ψάμμος: der Sand

1. Bestimme alle Formen im Text, die sich auf die Wurzelaoriste ἔβην und ἔστην zurückführen lassen.

2. Stelle alle Verben und Wendungen zusammen, die zum Sachfeld „(natur)wissenschaftliches Arbeiten" gehören. (vgl. **M** 10 A)

3. Weise nach, dass die drei Begriffe der Überschrift den drei Textabschnitten entsprechen.

MK 4. a) Weise der Abbildung die entsprechende Textstelle zu.
   b) Wie glaubwürdig ist der Erfolg der beschriebenen Erfindung? Recherchiere und präsentiere deine Ergebnisse; berücksichtige auch aktuelle physikalische Versuche und Experimente.

MK 5. Informiert euch gruppenweise zu weiteren Erfindungen des Archimedes und erstellt mithilfe eines Präsentationsprogramms eine Übersicht. I und der Einführungstext geben erste Hinweise.

Giulio Parigi (1571–1635): Brennspiegel des Archimedes. Fresko. ▼

K

Griechische Tempel

In der griechischen Religion spielte sich der Kult zunächst im Freien ab: In einem umzäunten Heiligtum wurde an einem Altar den Göttern geopfert. Die Gottheit, vertreten durch das Kultbild einer Götterstatue, sollte das Opfer sehen und annehmen. Später wurde das Kultbild in einem eigenen Gebäude untergebracht. Diese älteste Form des griechischen Tempels, der Antentempel, bestand aus einem Hauptraum und einer Vorhalle, die von zwei Säulen getragen wurde. Als Anten bezeichnet man die vorspringenden Seitenwände der Vorhalle.

In archaischer Zeit bildete sich die maßgebende Form heraus: ein schmales, langes Bauwerk aus Stein (meist Marmor), in dem sich in der Cella das Kultbild befand, das durch eine Tür auf den Altar „blicken" konnte. Da ein Tempel kein Versammlungsort war, wurde auf sein Inneres kein Wert gelegt, dagegen umso mehr auf das Äußere. Die typische Tempelform wurde der Peripteros, bei dem eine durchgehende Säulenreihe den gemauerten Innenraum (Naos) umgab. Aus einer langgestreckten Tempelform entwickelte sich die klassische Idealform mit dem Säulenverhältnis 1n : 2n + 1.

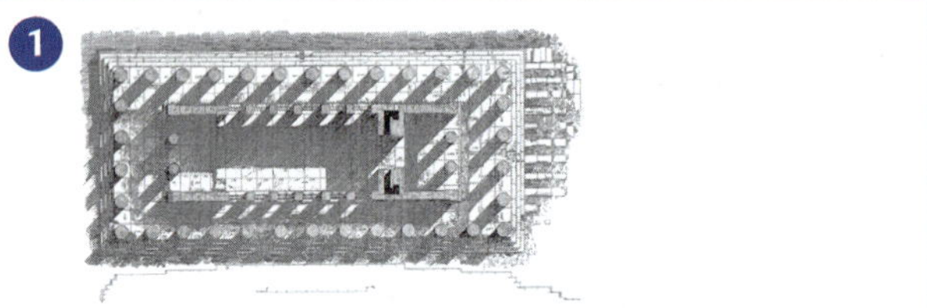

1 Grundriss des Concordiatempels in Agrigent
2 Der Concodiatempel in Agrigent
3 Der Poseidontempel in Paestum
4 Am Westgiebel des Parthenontempels in Athen lassen sich auf den Metopen noch immer Figuren erkennen.
5 Der Parthenontempel in Athen

6 Tempel der Athena Nike auf der Akropolis in Athen
7 Ionisches Kapitell vom Artemistempel in Metapontion
8 Säulenkapitell der Tholos in Epidauros
9 Der Zeustempel in Athen

Man kann die einzelnen Säulenordnungen sehr leicht an den Kapitellen unterscheiden:

Die dorische Ordnung
Dieser älteste Stil entstand ab dem Ende des 7. Jahrhunderts. Erkennungszeichen ist das Kapitell („Kopf" der Säule): Auf einem gerundeten Wulst (Echinus) liegt eine schmucklose Platte (Abakus). Die Säulen wirken kraftvoll, fast plump; sie werden von unten her erst etwas umfangreicher, um nach oben hin wieder abzunehmen. Die so entstehende „Schwellung" nennt man Entasis. Auf den Säulen lasten schwere Quader, die Architrave. Darüber befindet sich der Fries, bei dem sich Metopen (Reliefplatten) und Triglyphen (Platten mit dreifacher senkrechter Einkerbung) abwechseln. Dorische Tempel finden sich vor allem auf der Peloponnes, in Sizilien und Süditalien.

Die ionische Ordnung
Im 6. Jahrhundert bildete sich im ionischen Raum (Kleinasien und Ägäische Inseln) ein im Vergleich zum dorischen verspielterer und „eleganterer" Stil heraus: Die Säulen sind schlanker und weisen tiefere Einkerbungen (Kanneluren) auf. Die Kapitelle werden von Voluten, Ornamenten, die gedrehten Blättern ähneln, geschmückt. Auch über den Säulen gibt es mehr Schmuckelemente, z. B. Friese mit Pflanzenmotiven.

Die korinthische Ordnung
Erst ab dem 4. Jahrhundert findet sich dieser Stil. Für ihn sind Kapitelle typisch, die einen Kelch aus sich nach außen biegenden Akanthosblättern bilden. Säulen und Gebälk ähneln den ionischen.

Unter dem QR-Code findet sich ein Quiz über die griechischen Tempel.

37001-33

Ü **1** Nach Lektion 62:
Bearbeite nach Selbsteinschätzung zwei Niveaustufen: * einfach – ** mittel – *** anspruchsvoll

* Stelle jeweils die einander entsprechenden Formen in der Reihenfolge in Präsens, Futur, Aorist und Perfekt zusammen und übersetze.

ἀγγέλλειν ◦ ἀγγείλασαι ◦ ἀγγέλλεται ◦ ἀγγελεῖν ◦ ἀγγελθήσεται ◦ ἀγγέλλουσαι ◦ ἀγγελοῦσαι ◦ ἀγγεῖλαι ◦ ἠγγελμένον ἐστίν ◦ ἠγγέλθη ◦ ἠγγελκέναι ◦ ἠγγελκυῖαι

βληθήσονται ◦ βαλεῖ ◦ ἔβαλε ◦ ἐβλήθησαν ◦ βεβληκώς ◦ βέβληκε ◦ βαλών ◦ βαλῶν ◦ βάλλονται ◦ βάλλει ◦ βάλλων ◦ βεβλημένα ἐστίν

** Ordne die Bestimmungen den griechischen Formen unter Nennung der Lernform (1. Pers. Sg. Präs. Akt. bzw. Med.) zu und übersetze. Bei korrekter Zuordnung ergibt sich der Name eines berühmten Bewohners der Magna Graecia.

βληθήσεται ● ◦ φῆναι ● ◦ ἀγγείλατε ● ◦ κρινοῦσιν ● ◦ διαφθαρῆναι ● ◦ διαβέβληται ● ◦ ἀποστελῶν ● ◦ ἤγειρεν ● ◦ μείνας ●

Imp. Pl. Aor. Akt. **Ρ** ◦ 3. Pl. Fut. Akt. **Ο** ◦ Inf. Aor. Akt. **Α** ◦ Part. Fut. Akt. Nom. Sg. m. **Θ** ◦ Inf. Aor. Pass. **Γ** ◦ Part. Aor. Akt. Nom. Sg. m. **Π** ◦ 3. Pers. Sg. Fut. Pass. **Σ** ◦ 3. Pers. Sg. Ind. Aor. Akt. **Υ** ◦ 3. Pers. Sg. Perf. Pass. **Α**

*** Bestimme und übersetze.
σπείραντες ◦ ἄγγειλον ◦ ἀπεφήνω ◦ ἀποκτενοῦσιν ◦ νεῖμαι ◦ περαίνεται ◦ μείνωμεν ◦ διαφθαρέντες ◦ διεβλήθη ἄν ◦ ἀμυνῶν ◦ ἐγροῦ ◦ ἀπόκριναι

2 Übungen a) nach Lektion 63, Übungen b) nach Lektion 65:
Bearbeite nach Selbsteinschätzung eine Niveaustufe: * einfach – ** schwieriger

* Bestimme und übersetze. Zur Erleichterung ist die Lernform in Klammern angegeben.
a) ἐφάγετε (ἐσθίω) ◦ ἴδετε (ὁράω) ◦ ῥηθέντα (ἀγορεύω) ◦ ἐληλύθασιν (ἔρχομαι) ◦ ἐρήσεσθαι (ἐρωτάω)
b) ἕλε (αἱρέω) ◦ σπέσθαι (ἕπομαι) ◦ σχήσετε (ἔχω) ◦ βαίη (βαίνω) ◦ ἑλομένοις (αἱρέομαι) ◦ οἴσει (φέρω) ◦ στῆτε (ἔστην)

** Bestimme und übersetze.
a) εἴρηται ◦ μὴ φάγητε ◦ ἔλθοι ◦ ἐρώτα ◦ ὤφθησαν ἄν
b) ἐνεχθῆναι ◦ στῆθι ◦ ᾑρέθη (2) ◦ σχοῦσα ◦ σποῦ ◦ βήσεσθαι

3 Ein bisschen Zoologie, genauer: En-tomo-logie (In-sekten-kunde). Erkläre den Begriff, indem du die zugrunde liegenden griechischen Vokabeln angibst. Ordne anschließend die deutschen Insektenbezeichnungen den Fachbegriffen zu.

1. Chrysopa 2. Cleptes 3. Lạmpyris 4. Necrọphorus 5. Tachydrọmia 6. Xiphydria	a) Diebswespe b) Goldauge c) Leuchtkäfer d) Rennfliege e) Schwertwespe f) Totengräber (Käfer)

T

Besser selbstbeherrscht als fremdbeherrscht

Phalaris war ab ca. 570 v. Chr. Tyrann der Stadt Akragas (heute Agrigento) auf Sizilien. Der Dichter Stesichoros warnte die Bewohner seiner ebenfalls auf Sizilien gelegenen Heimatstadt Himera vor der Grausamkeit dieses Mannes..

Φάλαρις τῆς τυραννίδος ἐπιθυμῶν ἐθεράπευε τὸν δῆμον τὸν τῶν Ἱμεραίων καὶ ἐμάχετο τοῖς δυνατοῖς. Ἐπεὶ δὲ οἱ Ἱμεραῖοι εἵλοντο Φάλαριν στρατηγὸν αὐτοκράτορα[1] καὶ ἔμελλον φυλακὴν[2] τοῦ σώματος παρέξειν, Στησίχορος ὁ ποιητὴς ἔστη εἰς μέσον τὸ πλῆθος. Πρῶτον μὲν διελέχθη[3] περὶ ἄλλων τινῶν, ἔπειτα δ' εἶπεν αὐτῷ τόνδε τὸν μῦθον, εἰκόνα τοῦ μέλλοντος πάθους.

„Ἵππος“, ἔφη, „ἔνεμε μὲν μόνος λειμῶνα[4], ἔβαινε δὲ πρὸς κρήνην τινά τε καὶ ἔπινεν. Ἐλθόντος δ' ἐλάφου[5] καὶ διαφθείροντος τὸν λειμῶνα[4] καὶ ταράττοντος τὴν κρήνην ὁ ἵππος ἐβούλετο τιμωρήσασθαι διὰ τὴν ἀδικίαν. Τοῦ δ' ἐλάφου[5] ταχέως δραμόντος τε καὶ φυγόντος ὁ ἵππος ἤρετο ἄνθρωπόν τινα, εἰ οἷός τ' ἂν εἴη μετ' αὐτοῦ τιμωρήσασθαι τὸν ἔλαφον[5]. Ὁ δ' ἐπηγγείλατο τοῦτο ποιήσειν, ἐὰν ὁ ἵππος δέξηται χαλινὸν[6] καὶ αὐτὸς ἀνα-βῇ[!] ἐπ' αὐτὸν ἔχων δόρατα.

Ὁμολογήσαντος τοῦ ἵππου ὁ ἄνθρωπος ἐτιμωρήσατο μὲν τὸν ἔλαφον[5], ἐδούλωσε δὲ τὸν ἵππον. Ὁ μὲν γὰρ ἔλαφος[5] δόρασιν βληθεὶς ἀπέθανεν, ὁ δὲ ἵππος ᾔσθετο δεδουλώμενος τῷ ἀνθρώπῳ. „Τοῦτ'“, ἔφη ὁ Στησίχορος, „δέδοικα, ὦ Ἱμεραῖοι, μὴ τὸ αὐτὸ πάθητε τῷ ἵππῳ. Τὸν μὲν γὰρ χαλινὸν[6] ἐδέξασθε ἤδη, ἑλόμενοι στρατηγὸν αὐτοκράτορα[1]. Ἐὰν δὲ φυλακὴν[2] παράσχητε καὶ ἀναβῆναι[!] ἐπιτρέψητε, δουλεύσετε ἤδη Φαλάριδι.“

[1] αὐτο-κράτωρ, -ορος: selbstständig, mit Vollmachten
[2] ἡ φυλακή: die Wache, die Bewachung
[3] διελέχθη: *übersetze wie* διελέγετο
[4] ὁ λειμών, -ῶνος: die Wiese
[5] ὁ ἔλαφος: der Hirsch
[6] ὁ χαλινός: das Zaumzeug

37001-34

1 a) Z. 7–16: Stelle alle Merkmale menschlichen Verhaltens zusammen, das die Tiere zeigen.
b) Formuliere ein Epimythion (vgl. M 19 B); nutze Überschrift und Abbildung.

MK **2** Beschreibe den herrlichen Ort inmitten der Natur (Z. 7 f.); nenne den Fachbegriff für eine solche literarische Darstellung.

3 Die Allegorie ist ein Text (oder ein Bild), in dem alle Einzelheiten in eine zweite Bedeutung übersetzt werden können.
MK a) Erkläre den Begriff ἡ ἀλλ-ηγορία anhand seiner Bestandteile; nutze ggf. ein (Online-)Wörterbuch.
b) Nenne den Begriff, mit dem im Text die allegorische Fabel angekündigt wird.

Weitere Aufgaben zur Fabel unter dem QR-Code.

▲ *Allart van Everdingen: Das Pferd und der Hirsch (um 1645/1656).*

ΑΙΓΑΙΑΙ ΝΗΣΟΙ

ÄGÄISCHE INSELN

Als Leto, von Zeus schwanger, ihre Kinder gebären sollte, floh sie vor dem Zorn Heras, aber kein Ort auf der Welt wollte ihr Zuflucht gewähren. Nur Delos **1**, die bis dahin schwimmende Insel, nahm sie auf. Zum Dank bekam Delos darauf seinen festen Platz unter den Kykladen, wie die wie in einem Kreis angeordneten Inseln in der Ägäis genannt werden. Leto brachte die Zwillinge Apollon und Artemis zur Welt, und Delos wurde zur heiligen Insel, die Jahr für Jahr viele Festgesandtschaften aus der ganzen griechischen Welt empfing. Auf Delos befand sich das neben Delphi bedeutendste Apollonheiligtum der Antike.

5

6

2

3

4

1

Die Ägäischen Inseln hatten durch ihre Lage zwischen Europa und Asien, durch Handel und Seefahrt eine Brückenfunktion und es kam zu vielfältigen Begegnungen verschiedener Kulturen. Bereits im 3. Jahrtausend v. Chr. entstand auf den Kykladen eine eigene Hochkultur, die sich in modern wirkenden Kunstwerken wie dem berühmten Harfenspieler (2) verewigt hat. Selbstbewusstsein und politische Macht der Insel Naxos dokumentieren das monumentale Eingangsportal eines im 6. Jahrhundert v. Chr. begonnenen Apollontempels (3) ebenso wie eine Stiftung auf Delos im 7. Jahrhundert v. Chr.: eine Terrasse, auf der mindestens neun archaische Löwen (4) stehen. Im Hafen von Rhodos (5) stand der in der Antike zu den Sieben Weltwundern zählende Koloss von Rhodos, eine 37 m hohe Bronzestatue des Sonnengottes Helios, des Hauptgottes der Insel.

Die Ägäischen Inseln waren auch Zentren der Literatur: Chios ist einer der Orte, die sich als Geburtsort Homers rühmten, von Lesbos kamen Sappho und Alkaios mit ihren lyrischen Dichtungen, von Paros Archilochos, der Begründer der iambischen Dichtung.

Viele Inseln der Ägäis, die mit ihrem tiefen Blau und dem unvergleichlichen Licht (6) lockt, werden heute von Millionen von Touristen besucht. Zugleich werden insbesondere die Inseln, die nahe an der türkischen Küste liegen, wieder wie einst im Mythos zu einem Zufluchtsort für Menschen, die auf der Flucht vor Verfolgung und auf der Suche nach einem besseren Leben an ihrer Küste landen.

E

1. Ἀρχιμήδης ἔγνω, ὅτι ἐξῆν τὸν τῶν πολεμίων στόλον διαφθεῖραι.
2. Ὕστερον δέ, ἐπεὶ ἐπειρᾶτο πρόβλημά! τι γνῶναι καὶ τελέσαι, ἡ πόλις ἑάλω.
3. Στρατιώτης τις τὸν Ἀρχιμήδη ἁλώσεσθαι ἔμελλεν.
4. Ηὗρε τὸν Ἀρχιμήδη καθήμενον ὑπὸ δένδρου τινός, ὃ ἐκεῖ ἔφυ.
5. Μόνος ἦν· πέφυκε γὰρ σκοπεῖν καὶ θεωρεῖν ἐν ἡσυχίᾳ.

Ü

1 Ordne die Aoristformen den entsprechenden Formen des Präsensstammes zu und übersetze.

γνόντι • βιῶναι • ἑάλωμεν • ἔγνωμεν • ἁλούσης • ἔγνως • ἐβίω • γνοίη • ἔγνωτε • γνῶτε • ἁλοίην

γιγνώσκεις • γιγνώσκομεν • γιγνώσκοι • γιγνώσκετε (2) • γιγνώσκοντι • ἁλισκόμεθα • ἁλισκοίμην • ἁλισκομένης • βιοῦν • βιοῖ

2 Wähle die Form aus, die grammatisch nicht in die Reihe passt. Begründe und übersetze.

a) γνώσεται • ἐγνώσθη • ἔγνω • γιγνώσκει
b) βιούς • βίους • βιοῖεν • ἐβίωσαν
c) δεδυκέναι • δύεσθαι • δῦντες • δῦναι
d) ἔφυσαν • ἔφυν • ἔφυτε • ἔφυσεν

3 Legendäre Inseln
Wähle jeweils die Form aus, die einen grammatisch und syntaktisch korrekten Satz entstehen lässt, und übersetze. Ordne den Sätzen je eine Insel zu.

1 Ὀδυσσεὺς εἰς τὴν πατρίδα ἐπανελθεῖν σφόδρα ἐπεθύμει καίπερ ἐνδεᾶ πεφυκυῖαν / πεφυκός.
2 Ἐν δὲ τῷ Καλυψοῦς νήσῳ ἔφυσαν / ἔφυ πολλὰ φυτὰ! λαμπρά.
3 Δεδυκέναι / Ἔδυ λέγεται κατὰ τὸν μῦθον.
4 Ὁ Ἥλιος εἰς τὸν Ὠκεανὸν! δύντος / δὺς ἐπὶ τὴν νῆσον βλέπει, ἣν ὁ τῶν ἀνέμων ἄρχων θεὸς νέμεται.

A Αἰολία
B Ἀτλαντίς
C Ἰθάκη
D Ὠγυγίη

4 Eines der im Lektionstext erwähnten Gedichte findest du rechts im äolischen Dialekt des Originals. Vergleiche die Formen des Originals mit denen des Lektionstexts. Erläutere die Besonderheit des äolischen Dialekts.

Δέδυκε μὲν ἀ σελάννα
καὶ Πληίαδες· μέσαι δὲ
νύκτες, πάρα δ' ἔρχετ' ὤρα
ἔγω δὲ μόνα κατεύδω.

I

Was hat „lesbisch" mit Lesbos zu tun?
Auf **Lesbos** versammelte die Lyrikerin **Sappho** um 610 v. Chr. einen Kreis junger, adeliger **Mädchen** um sich und unterrichtete sie in Dichtung, Musik und Tanz. Deren Schönheit rühmt sie in ihren **Gedichten** in derart ausdruckvoller Form, dass Platon sie als zehnte Muse bezeichnete – leider ist von der ersten Dichterin Europas nur ein sehr geringer Teil ihrer Gedichte erhalten.
Das Wort „lesbisch" hat seinen Ursprung in diesen erotischen Gedichten Sapphos, die in einer Männerwelt weibliche Gefühle und Gedanken beschreibt.

T

Sappho – die Liebe, eine „bittersüße“ Leidenschaft

Ὅσοι τὰς τῆς Σαπφοῦς ᾠδὰς ἀνέγνωσαν, τὴν ποιήτριαν[!] μάλα ἐπῄνεσαν. Πολλάκις καὶ αὐτὴ ὑπ' ἔρωτος ἁλοῦσα τὴν τούτου τοῦ θεοῦ δύναμιν σαφῶς ἔγνω. Καὶ δὴ καὶ ἔνιοι οἴονται τὴν Σαπφὼ τοῦ ἐρᾶν ἕνεκα βιῶναι. Ὥστε ἡ Σαπφὼ τὸν Ἔρωτα „γλυκύ-πικρον[!]“ ἐκάλεσεν ἅτε γνοῦσα αὐτὸν καὶ εὐδαιμονίαν καὶ λύπην μεγίστην παρέχοντα.

Ἐν μέλει τινὶ λαμπροτάτῳ ἡ Σαπφὼ τὰ ἑαυτῆς πάθη ἐδήλωσεν· „Τῆς σελήνης ἤδη δύσης ἐγὼ μόνη καθεύδω.“ Ἐνόμισε γὰρ τὴν ἔρωτος ὥραν παρελθεῖν μέσῃ τῇ νυκτί.

Ἄλλοτε δὲ ἡ ποιήτρια[!] νεανίαν ἴσον τοῖς θεοῖς εἶναι εἶπεν, ὅτι ἐκεῖνος μὲν ἀντὶ τῆς παρθένου τῆς ὑπὸ Σαπφοῦς ἐρωμένης κάθηται. Ἡ δὲ Σαπφὼ φθόνῳ ἁλισκομένη ὠδύρατο· „Ὁ Ἔρως με τοῦ λόγου στερεῖ, οὐ γὰρ οἵα τέ εἰμι οὔτε χρῆσθαι τῷ στόματι οὔτε τῇ γλώττῃ οὔθ' ὁρᾶν οὔτ' ἀκούειν. Καὶ τὸ χρῶμα[1] τὸ τοῦ σώματος γέγονε λευκόν. Φαίνομαι γὰρ οὐκέτι ὑγιὴς πεφυκέναι, ἀλλὰ καίεσθαι δῦσα μέσον εἰς πῦρ. Πανταχοῦ δὲ ἱδρὼς[2] κατα-ρρεῖ[!] – ἀλλ' ἔγνων, ὅτι δεῖ πᾶν ὑπομένειν.“

[1] τὸ χρῶμα, -ατος: die Farbe

[2] ὁ ἱδρώς, -ῶτος: der Schweiß

1. Bestimme alle Formen im Text, die sich auf γιγνώσκω (einschließlich Komposita), ἁλίσκομαι, βιόω, φύομαι oder δύομαι zurückführen lassen.

2. Begründe, dass es sich bei μέσῃ τῇ νυκτί (Z. 9) und eine Zeitangabe, bei μέσον εἰς πῦρ (Z. 15 f.) um eine Richtungsangabe handelt.

3. Die bittersüße Liebe
   - a) Arbeite heraus, dass die Liebe sowohl eine besonders angenehme als auch eine äußert schmerzhafte Emotion auslösen kann; nenne die griechischen Begriffe.
   - b) Stelle alle positiven Aussagen über das Verliebt-Sein zusammen.
   - c) Stelle alle Aussagen über die negativen Folgen der (unerwiderten) Liebe gegenüber.

37001-35

4. MK Informiere dich über das Broken-Heart-Syndrom. Analysiere auf Textgrundlage (Z. 12b–17), ob der geschilderte Zustand mit medizinischen Berichten übereinstimmt.

5. MK Analysiere die Abbildung (QR-Code). Welche Gefühle und Stimmungen durchlebt Sappho?

6. MK Verfasse einen Werbetext für ein Parfum mit dem Namen „Sappho“.

▼ *Ferdinand Keller (1842–1922): Sappho (1909).*

E

1. Σαπφώ „Ὁ Ἔρως“, φησίν, „γλυκύ-πικρός! ἐστιν.“
2. Τίς φαίη ἄν, ὅτι ταῦτα οὐ δίκῃ ἐρρήθη;
3. Ἡ δὲ Σαπφὼ ταῖς παρθένοις· „Ἴμεν πρὸς τὸ τῆς Ἀφροδίτης ἱερὸν καὶ χορὸν ἄξομεν. Ὦ παρθένοι, ἴτε.“
4. Ὅταν δὲ παρθένος τις ἀπ-ίῃ! καὶ λίπῃ τὴν ποιήτριαν!, αὕτη κακῶς διακεῖσθαι ἐλέγετο.
5. Κακῶς διακειμένη πολλάκις μέλη ἐποίει.

Ü

1 Wähle die richtige Übersetzung aus. Übersetze auch die anderen Formen.

a) du sagst: φάθι • φής • φαίης • φασίν • φησίν • φάναι • ἔφησθα

b) euch geht es schlecht: κακῶς … διάκειται • διακεῖσθαι • διάκεισθε • διέκεισθε • διακείμεναι • διάκεινται

2 Ordne Präsens- und Imperfektformen einander zu.

φάτε • φαμέν • φημί • φησίν • φασίν • φής

ἔφη • ἔφησαν • ἔφην • ἔφητε • ἔφημεν • ἔφησθα

3 Ordne die entsprechenden Formen von ἔρχομαι und εἶμι einander zu.

a) ἔρχῃ • ἐρχόμενοι • ἔρχεσθαι • ἐρχοίμεθα • ἔρχου • ἐρχομέναις • ἔρχεσθε

ἴθι • ἴτε • ἰέναι • ἰούσαις • ἴοιμεν • εἶ • ἰόντες

b) ἦλθε • ἦλθον (2) • ἤλθομεν • ἤλθετε • ἦλθες

ἦτε • ᾖει • ᾔειν • ᾔεις • ᾖμεν • ᾖσαν

4 εἶναι oder ἰέναι? Bestimme die Formen und weise sie einem der beiden Verben zu. Drei Wörter können nicht zugewiesen werden.

εἰ • εἶ (2) • εἶμι • εἰμί • εἶτε • εἴθε • ἴσθι • ἴτε • ἐστέ • εἰσίν • εἶσιν • ὦ (2) • ἴω

MK **5** Der Beginn des berühmtesten Gedichts (vgl. T, Z. 10–16) des Alkaios lautet:
Begreifen kann ich nicht der Winde Stand, || bald wälzt von hier sich eine Woge an,
bald dorther. Wir jedoch: inmitten || treiben wir hin mit dem schwarzen Schiffe, …
Dieses Gedicht wurde im Laufe der Zeit als Metapher (vgl. M 67 A) auf das „Staatsschiff“ verstanden. Informiere dich über diese Metapher und präsentiere deine Ergebnisse.

I

Alkaios von Lesbos

Alkaios ist der zweite bedeutende **Lyriker**, der um 600 v. Chr. auf Lesbos lebte. Seine Gedichte, die er im äolischen Dialekt verfasste, handeln von **Politik**, **Liebe** und **Wein**; auch **Hymnen** auf die Götter gehören zu seinem Werk. Berühmt wurde Alkaios ferner durch das nach ihm benannte Versmaß der alkäischen Strophe, das in der römischen Literatur und in der deutschen Odendichtung Nachahmer fand.

MYTHISCHE VORZEIT | MINOISCHE ZEIT | MYKENISCHE ZEIT | ARCHAIK | KLASSIK | HELLENISMUS

1800 1600 1400 1200 1000 800 600 400 200

Alkaios (Lyriker)

T

Alkaios – ein politischer Liedermacher

Auf Lesbos fanden um 600 v. Chr. politische Machtkämpfe statt. Der aus der Stadt Mytilene auf Lesbos stammende Dichter Alkaios war in diese Geschehnisse verwickelt.

▲ *Sappho und Alkaios. Attischer Kalathos, um 475 v. Chr.*

Ἀλκαῖος ὁ Μυτιληναῖος οὐ μόνον ποιητὴς ἄριστος ἦν, ὡς πολλοί φασιν, ἀλλὰ καὶ τὰ πολιτικὰ ἔπραττεν. Τυραννίδος ἐν τῇ πόλει γενομένης δὶς φεύγειν ἠναγκάσθη. Τὴν οὖν φυγὴν ὀδυρόμενος· „Δυστυχὴς καὶ ἔρημος“, φησίν, „ἐν ἀγρῷ καθήμενος διατελῶ – χωρὶς τῆς ἀγορᾶς καὶ τῆς βουλῆς, ὧν μάλα ἐρῶ. Ἀλλ᾽ οἱ πολῖται αἰσχρῶς καὶ κακῶς διάκεινται.“ Ἐπεὶ αὐτῷ ἐξῆν αὖθις ἐπανελθεῖν, σὺν ἑταίροις ἐν συμποσίοις κατα-κεῖσθαι! ἐφίλει καὶ πολλάκις τὸν οἶνον ᾖδεν. Ἐν ἀρχῇ μέλους τινὸς ἀναγιγνώσκομεν· „Οἶνος, ὦ φίλε παῖ, καὶ ἀλήθεια.“

Λαμπρότατα δ᾽ ἐγένετο μέλη, ἐν οἷς τὴν ἑαυτοῦ ἑταιρείαν[1] συμβάλλει νηὶ ἀνὰ πόντον ἰούσῃ. Ὡς γὰρ ναῦς χειμῶσιν, οὕτως ἡ ἑταιρεία[1] στάσει καὶ τυραννίδι ταράττεται. Τῷ δ᾽ ἐσθλῷ ἀνδρὶ προσήκει ὥσπερ κυβερνήτῃ τῆς ἑταιρείας[1] ἡγεῖσθαι, ἵνα αὕτη εἰς λιμένα ἀσφαλῆ ἴῃ. Ἐὰν δὲ οἱ ἑταῖροι ὀκνῶσιν ἅτε φοβερῶς διακείμενοι καὶ μὴ φῶσιν βοηθήσειν ἀλλήλοις, ἡ ναῦς ἀνὰ μέσον τὸν πόντον εἶσι καὶ διαφθαρεῖσα κείσεται κενὴ γενομένη.

[1] ἡ ἑταιρεία: die Hetairie *(politische Gruppierung, bei Alkaios eine Partei mytilenischer Aristokraten)*

1. Bestimme alle Formen im Text, die sich auf φημί, εἶμι oder κεῖμαι (einschließlich Komposita) zurückführen lassen.
2. Stelle aus dem Text alle Substantive zusammen, die zum Wortfeld „Gesellschaft und Herrschaft“ gehören. (vgl. M 10 A)
3. Heute bezeichnen wir Alkaios als Lyriker, für die Griechen war er ein μελο-ποιός. Erkläre diese Wortzusammensetzung. Die Überschrift gibt einen Hinweis.
4. MK Vergleiche die Abbildungen. Beide zeigen Sappho und Alkaios.
5. MK οἶνος ... καὶ ἀλήθεια (Z. 9) – In der europäischen Literatur weist Alkaios als Erster auf diesen Zusammenhang hin. Stelle Sprichwörter mit vergleichbarem Inhalt aus anderen Sprachen und Kulturen zusammen.

▼ *Lawrence Alma-Tadema (1836–1912): Sappho und Alkaios (1881).*

E

1. Ἀλκαῖος ἔγραψε πολλὰ καὶ καλὰ μέλη. Ὧν ἕνεκα ὑπὸ πολλῶν ἐθαυμάζετο.
2. Ὁ Ἀλκαῖος, ὃν γιγνώσκομεν πολλὰ μέλη γράψαντα, καὶ τὰ πολιτικὰ ἔπραττεν.
3. Ἀλλὰ τυραννὶς ἐγένετο, ᾗ ἐναντιούμενος φεύγειν ἠναγκάσθη.
4. Ἥδετο δὲ τῷ τοῦ ἐπανελθεῖν καιρῷ, ᾧ ἔλαβεν, ἐπεὶ ἡ τυραννὶς ἐλύθη.
5. Ἥδετο οὖν, ᾧ ἔλαβε καιρῷ.
6. Ἐπεμελεῖτο γὰρ ἀεί, ὧν δεῖ πολίτην ἀγαθὸν ποιεῖν.

Ü

1 a) Wiederhole die Formen des Relativpronomens (27 A).
b) Bestimme jeweils das Relativpronomen und nenne sein Beziehungswort.
c) Übersetze.
- Ἀλκαῖος ποιητὴς ἄριστος ἦν· ὃς καὶ τὰ πολιτικὰ ἔπραττεν.
- Ἀλκαῖος ποιητὴς μελῶν ἦν· ἃ λαμπρότατα ἐγένετο.
- Φυγὴν αἰσχρὰν ἠναγκάσθη φυγεῖν· ἣν ὠδύρατο.
- Σὺν ἑταίροις οἶνον ἐν συμποσίοις πιεῖν ἐφίλει· ὃν ἐν μέλεσί τισιν ᾖδεν.

2 Übersetze zunächst die Satzreihe, dann die Variante, in der die beiden Hauptsätze zu einem Satzgefüge verschränkt sind. Gib den Relativsatz auf syntaktisch verschiedene Weisen wieder.
a) Ὁ Ἀχιλλεὺς ἐν Σκύρῳ ἔλαθεν· ὃν κράτιστον τῶν Ἀχαιῶν εἶναι πάντες οἴονται.
Ὁ Ἀχιλλεύς, ὃν κράτιστον τῶν Ἀχαιῶν εἶναι πάντες οἴονται, ἐν Σκύρῳ ἔλαθεν.
b) Διὸ οἱ ἡγεμόνες Ὀδυσσέα εἰς τὴν νῆσον ἔπεμψαν· ὃν σοφώτατόν τε καὶ ποικιλώτατον πάντων ὄντα ἔγνωσαν.
Διὸ οἱ ἡγεμόνες Ὀδυσσέα, ὃν σοφώτατόν τε καὶ ποικιλώτατον πάντων ὄντα ἔγνωσαν, εἰς τὴν νῆσον ἔπεμψαν.

3 a) In den Relativsätzen hat eine Assimilation des Relativpronomens stattgefunden. Weise die ursprünglichen Akkusativformen des Relativpronomens den Sätzen zu, indem du das jeweilige Beziehungswort berücksichtigst.

ἃ ● τούτων, ἃ ● ἣν

- Ἦσαν, οἳ τῷ Ἀρχιλόχῳ ὠργίζοντο ἀκούσαντες ποιημάτων θρασέων, ὧν (~ ●) ἔγραψεν.
- Ὁ Ἀρχίλοχος πολλά, ὧν (~ ●) οἱ ἀρχαῖοι πολλοῦ ἐποιοῦντο, μεγάλα οὐκ ἐνόμιζεν.
- Δῆλος γ' ἐγένετο τῆς ἀσπίδος οὐδαμῶς φροντίζων, ἧς (~ ●) ἀπ-έρριψεν[!].

b) Übersetze.

I

Archilochos von Paros

Archilochos, der um 650 v. Chr. auf Paros lebte, wendet sich bewusst gegen das Heldenethos, wie es in den homerischen Epen verherrlicht wird, und gilt als der erste Lyriker, der in der Ich-Form über **persönliche Gefühle und Gedanken** schreibt. Nur ca. 500 Verse sind erhalten, oft bissige und aggressive Gedichte, die er im Versmaß des **Iambos** verfasste. Archilochos war für die Griechen einer ihrer bedeutendsten Dichter und hatte ebenso wie Sappho und Alkaios großen Einfluss auf die römische Dichtung.

T

Archilochos – ein Diener des Kriegsgottes und der Musen

Archilochos ist der erste europäische Dichter, dessen Lebenszeit sich zuverlässig eingrenzen lässt, da er eine Sonnenfinsternis erwähnt, die auf den Tag genau auf den 6. April 648 v. Chr. datierbar ist. Vor allem auf den Inseln Paros und Thasos führte er als Söldner ein abenteuerliches Leben. Von sich selbst sagt er: „Ich bin ein Diener des Kriegsgottes und von den Musen beschenkt."

Ἀρχίλοχος ὁ Πάριος, ὃν πρῶτον τῶν Ἑλλήνων ἐν τοῖς ποιήμασι περὶ ἑαυτοῦ εἰπεῖν πολλοὶ οἴονται, τὴν πατρίδα ἔλιπε καὶ ἐν πολέμῳ διέτριβεν. Ὃς οὐκ ἐφρόντισε τῆς ἀσπίδος ἀπο-ρρίψας αὐτὴν τῆς σωτηρίας χάριν, ἐπεὶ οἱ Θάσιοι πρὸς Σαίους ἐπολέμουν. Οὐδ᾽ ἐφρόντισε τοῦ κλέους, οὗ ὅστις τῶν ἀρχαίων ἀμελοίη ἄ-τιμος ἦν. Ὁ ποιητὴς καί· „Οὐ φιλῶ", ἔφη, „μέγαν στρατηγόν, ἀλλά μοι μικρός τις εἴη, καὶ ἐμοὶ ἀρέσκει ἀνήρ, ὃν θαρροῦντα ἔγνων, καὶ ἐὰν αἰσχρὸς τὸ εἶδος ᾖ."

Ὁ Ἀρχίλοχος τῶν ἐναντίων κατηγόρει γράφων πικρότατα ποιήματα κατ᾽ αὐτῶν. Κόρην τινά, Νεοβούλην τὸ ὄνομα, ἠνάγκασεν ἀποθανεῖν, αἷς ἐχρῆτο διαβολαῖς. Ἐπεκάλεσε γὰρ αὐτῇ ἐπιθυμίαν τε καὶ ἡδονήν· ὃ τὴν τῆς Νεοβούλης τιμὴν διέφθειρεν.

Καὶ οὐκ ἔμελε τῷ Ἀρχιλόχῳ τῆς λύπης, ἧς ἔπαθεν, οὐδὲ τῆς πενίας ὡς τὸν τοῦ βίου ῥυθμὸν γνόντι· ὁ ποιητὴς παρῄνεσε τῷ ἑαυτοῦ θυμῷ μήτε ἄγαν χαίρειν, ᾗ ἐνίκησε νίκῃ, μήτε νικηθέντα ὑπὲρ μέτρον ὀδύρεσθαι.

1. Weise die entsprechenden Textstellen zu: relativischer Satzanschluss (3x) – verschränkter Relativsatz – Assimilation – Attraktion (2x)

2. a) „Diener des Kriegsgottes" – Stelle aus dem ersten Abschnitt (Z. 1–7) alle Wörter und Wendungen zusammen, die zum Sachfeld „Krieg" gehören.
   b) „von den Musen beschenkt" – Stelle alle Textbelege zusammen, die über Archilochos als Dichter informieren.

3. Arbeite aus dem ersten Abschnitt (Z. 1–7) heraus, dass Archilochos das archaische Heldenethos (vgl. Epochenüberblick II – Archaik, S. 59) ablehnte.

MK 4. Die Bedeutung eines Schildes (vgl. Abbildung) wird auch durch die Wendung ἢ τὰν ἢ ἐπὶ τᾶς deutlich. Informiere dich über diesen Ausruf.

MK 5. Recherchiere Archilochos' Verhältnis zu Neobule (Z. 8–11); weise Merkmale von Hatespeech nach.

▼ *Die Chigi-Kanne, 650–640 v. Chr.*

E

1. Ἀρχίλοχος τὸν θάνατον δεδιὼς ἔφυγεν.
2. Ἐνίων στρατιωτῶν τεθνεώτων οὐκ ἐφίλει ἑστάναι ἐν τῇ τάξει.
3. Πολλοὶ νομίζουσιν αὐτὸν πρῶτον ἐν τοῖς ποιήμασι περὶ ἑαυτοῦ ἂν εἰπεῖν.
4. Τίς οὐκ οἶδεν, ὅτι ὁ Ἀρχίλοχος λόγους πικροὺς ᾔδει;
5. Τούτους εἰδὼς ἔγραψε πολλὰ ποιήματα, ἵνα καὶ οἱ ἐναντίοι τὴν τῶν ποιημάτων ῥώμην εἰδῶσι ψεγόμενοι.
6. Ἴσμεν οὖν αὐτὸν Νεοβούλην τινὰ ποιήμασι διαφθείραντα.

Ü

1 a) Wiederhole das Perfekt Aktiv (Ind., Part., Inf.) von παιδεύω (42 A).
b) Erschließe nun die Formen, indem du besonders auf die Endung achtest. Übersetze.
δέδιας • δεδιότες • δέδιεν • τεθνᾶσιν • τεθνάναι • τεθνηῶσαι • ἕσταμεν • ἑστώς • ἕστατε
Hinweis zu den deutschen Bedeutungen: δέδια ~ δέδοικα, ἕστηκα *Perf. zu* ἔστην, τέθνηκεν *Perf. zu* ἀποθνῄσκει

2 Irrealis oder Potentialis? Arbeite anhand sprachlicher und inhaltlicher Kriterien den Modus der farbig hervorgehobenen Verbformen mit ἄν heraus.
a) Οἴομαι τοὺς Μηλίους σωθῆναι ἂν ἐκ τοῦ ὀλέθρου, εἰ τοῖς Ἀθηναίοις ὑπήκουσαν.
b) Ῥᾳδίως ἂν σωθέντες, εἰ τοῖς Ἀθηναίοις ὑπήκουσαν, οἱ Μήλιοι προείλοντο ἐλεύθεροι ὄντες ἀποθανεῖν ἢ δουλεύοντες ζῆν.
c) Ἔγωγε οὐκ οἴομαι οὐδένα ἀνθρώπων οὔποτε τὴν δουλείαν προαιρεῖσθαι ἂν τῆς ἐλευθερίας.

3 Ordne die Formenreihen in dieser Folge: Indikativ, Konjunktiv, Optativ, Imperfekt, Futur (Imperativ).
a) εἰσόμεθα • ἴσμεν • εἰδεῖμεν • ᾔδεμεν • εἰδῶμεν
b) ἴσθι • εἰδείης • οἶσθα • ᾔδησθα • εἰδῇς • εἴσῃ
c) ᾔδεσαν • εἰδεῖεν • εἰδῶσιν • εἴσονται • ἴσασιν

I

Thukydides – der erste wissenschaftliche Historiker
Thukyides hat in seinem Werk über den **Peloponnesischen Krieg**, den er selbst erlebte, wie kein zweiter antiker Historiker die **Gründe**, die zu diesem Krieg führten, **analysiert**. Das **menschliche Verhalten** werde dabei von den **negativen Triebkräften πλεονεξία und φιλοτιμία**, von Habgier und Ehrsucht, bestimmt. Mit klarer Rationalität erkannte er die Gesetzmäßigkeiten, die in Kriegen gelten, „solange die Natur des Menschen dieselbe bleibt", wie er selbst sagt. Den Krieg bezeichnete er als „Lehrer der Gewalt", die grausame Vernichtung von Melos ist ein Beleg hierfür.

Verteidiger zwischen den Zinnen einer Stadtmauer. Plastik aus Ionien. ▼

T

Das Recht des Stärkeren

Während des Peloponnesischen Krieges, im Jahr 416 v. Chr., wollten die Athener die Einwohner der bis dahin neutralen Kykladeninsel Melos (heute Milos) mit Waffengewalt zwingen, ihre Verbündeten zu werden. Es entwickelte sich ein Dialog zwischen den Ratsmitgliedern von Melos und den athenischen Gesandten.

Μήλιοι· Ἴστε ἡμᾶς Λακεδαιμονίων ἀποίκους[1] ὄντας. Ὅμως ὑμῖν φίλοι μὲν ἐσόμεθα ἀντὶ πολεμίων, σύμμαχοι δ᾽ οὐδετέρων, οὔθ᾽ ὑμῶν οὔτε τῶν Λακεδαιμονίων.

Ἀθηναῖοι· Ἡμεῖς μὲν κρείττονες ὄντες τὸ ἡμῖν αὐτοῖς συμφέρον πράξομεν· ὑμᾶς δ᾽ ἀσθενεῖς ὄντας τὴν ἡμετέραν δύναμιν δεδιέναι δεῖ. Διὸ προσήκει ὑμῖν συμμάχοις γενέσθαι. Εἰ δὲ μή, τῇ ὑμετέρᾳ πόλει ἐπιχειροῦντες ὑμᾶς διαφθεροῦμεν.

Μήλιοι· Ὑμεῖς δήπου τῆς ἡγεμονίας ἐπιθυμοῦντες τὸ δίκαιον καὶ νόμιμον παραβαίνετε. Οὔπω δὲ τέθναμεν οὐδὲ ὑμᾶς δέδιμεν, ἀλλὰ ἀεὶ πίστιν τε καὶ ἐλπίδα τῆς σωτηρίας ἔχομεν.

Ἀθηναῖοι· Σύνισμεν ἡμῖν αὐτοῖς τὴν ἐλπίδα τῷ μὲν χείρονι παραμύθιον[2] ἐν τῷ κινδύνῳ, τῷ δὲ κρείττονι οὐ χρησίμην οὖσαν. Εἰδεῖτε ἄν, ὅτι ὑμῖν μὲν χρήσιμον ἔσται τοῖς Ἀθηναίοις συμμάχους εἶναι, ἡμῖν δὲ ἄρξαι. Ἕσταμεν πρὸ τῆς ὑμετέρας βουλῆς οὐ περὶ τοῦ δικαίου, ἀλλὰ περὶ τοῦ ὠφελίμου βουλευσόμενοι. Ἡγούμεθα δὲ τῇ ἀνθρωπείᾳ φύσει προσήκειν ἀεὶ πλεονεκτεῖν εἰδότες καὶ ὑμᾶς ἂν ἐν τῇ αὐτῇ δυνάμει δρῶντας ταὐτό.

[1] ὁ ἄπ-οικος: der Kolonist, der Auswanderer

[2] τὸ παρα-μύθιον: der Trost

1. Bestimme alle Formen im Text, die sich auf ein Verb mit Wurzelperfekt (δέδια, ἑστᾶσιν, τεθνᾶσιν) zurückführen lassen.
2. Erfasse, welche Assoziationen die Melier mit Ἴστε ἡμᾶς Λακεδαιμονίων ἀποίκους ὄντας (Z. 1) hervorrufen wollen.
3. Weise mehrere Antithesen nach (vgl. M 75 A). Berücksichtige dabei auch Pronomen.

4. Arbeite aus dem Text heraus, dass es sich um einen „asymmetrischen Dialog" handelt. MK
5. Stelle alle Wörter und Wendungen zusammen, die zu den Sachfeldern „Macht", „Nutzen" und „Recht" gehören; weise nach, welche Partei welche Sachfelder nutzt.
6. Der Historiker Wolfgang Will spricht von einer anschließenden „skrupellosen Vernichtung des neutralen Melos". Belege diese Aussage über den Fortgang und präsentiere deine Ergebnisse. MK

Ü **1** Relativischer Satzanschluss, verschränkter Relativsatz oder Attraktion? Analysiere die Sätze syntaktisch und übersetze.

Skulpturen made in Rhodes island

a) Οὐ μόνον ὁ καλούμενος κολοσσός, ἀλλὰ καὶ εἰκών, ἣν οὐκ ὀλίγοι καλλίστην πασῶν εἶναι νομίζουσιν, ἐν Ῥόδῳ εἴργασται.

b) Τρεῖς εἰκονο-ποιοὶ! Ῥόδιοι τὸν Λαοκόοντα καὶ τοὺς υἱοὺς ἐκ μαρμάρου! ἐποίησαν. Οἷς δράκοντες ἐπιχειροῦσιν ἐκ τῆς θαλάττης ἐλθόντες.

c) Οἱ γὰρ θεοὶ οὐκ ἔχαιρον, οἷς εἶπεν ὁ μάντις χρησμοῖς, καὶ τοὺς δράκοντας ἔπεμψαν ὡς αὐτὸν καὶ τοὺς υἱοὺς αὐτοῦ φονεύσοντας.

d) Ἡ δ' εἰκών, ἣν οὐ πολὺν χρόνον ἐν τῇ νήσῳ μείνασαν ἴσμεν, εἰς Ῥώμην ἐκομίσθη.

e) Πολλοῖς δὴ ἐνιαυτοῖς ὕστερον γεωργός τις τὴν εἰκόνα τὴν ὑπὸ γῆς κειμένην ηὗρεν. Ἣν πολλοῦ ἀξίαν οὖσαν αὐτίκα ἔγνω.

37001-36

2 a) Übersetze zunächst die folgenden Sätze. Unterscheide die ähnlichen Wörter genau.

- Ἀσθενής εἰμι· πρὸς ἰατρὸν εἶμι. Εἰ ὑγιὴς εἶ, οὐκ εἰς τὸν τοῦ ἰατροῦ οἶκον εἶ.
- „Ἆρ' οἶσθα, ποῖ χθὲς (gestern) ᾖα;" – „Ἐν τῷ θεάτρῳ ᾖσθα."
- Τὰ πρόβατα οὐκ ἴσασιν, ποῖ ἴασιν.

b) Bearbeite nach Selbsteinschätzung zwei Niveaustufen: * einfach – ** mittel – *** anspruchsvoll
Ordne die Formen den zugrunde liegenden Verben zu und übersetze.

* ὁράω oder οἶδα? Wiederhole zuerst den starken Aorist Aktiv.
ἴδετε • εἴδετε • εἰδεῖτε • εἰδώς • εἶδον • ἴδοιεν • οἶδεν • ἰδεῖν • ᾔδεμεν

** εἰμί, εἶμι oder οἶδα? Wiederhole zuerst die Formen von εἰμί.
εἰδέναι • εἶσιν • εἰσίν • ἐστί • ἴτε • ἴστε • ἴθι • ἴσμεν • ᾔδησθα • ἦμεν • ἔσται • ἐστέ • εἶεν • εἰδείη • ᾔει • ᾖμεν

*** εἰμί, εἶμι, οἶδα oder ὁράω?
ἰέναι • ἴδοι • ᾔδει • ἰδοῦσα • ἰδοῦσιν • ἴσθι (2) • ἴθι • ἴσασιν • ἴασιν • εἰδοῦσιν • εἶ (2) • εἰδεῖεν • εἴητε • εἶναι • ἔσεσθαι • εἶδες • εἴδομεν • εἰδότες • ᾔδεσαν • ἦσαν • ἦσθα

3 Wähle die Form aus, die grammatisch nicht in die Reihe passt. Begründe deine Entscheidung.

a) ἑστάναι • εἰδέναι • δεδιέναι • βῆναι
b) φῆναι • φάναι • φαῖεν • φατέ
c) διάκεισθε • διακεῖσθαι • διάκειται • διάκεινται
d) ἁλῶναι • ἁλῶν • ἁλούς • ἁλοίη
e) φῦναι • φύεται • φύητε • φῦτε

4 Übersetze und nimm Stellung zu den dort geäußerten Ansichten.

Den Melierdialog des Historikers Thukydides kennst du bereits (69 T). Ähnlich lässt er einen Politiker Siziliens über die Politik Athens sprechen:

Τοὺς Ἀθηναίους πλεονεκτεῖν πολλὴ συγγνώμη (ich habe viel Verständnis dafür, dass ...), καὶ οὐ τοῖς ἄρχειν βουλομένοις μέμφομαι, ἀλλὰ τοῖς ὑπακούειν προθυμοτέροις οὖσιν· Πέφυκε γὰρ τὸ ἀνθρώπειον ἄρχειν τοῦ εἴκοντος.

T

Unglück im Glück

Polykrates, der Herrscher über die Insel Samos, galt wegen seiner Macht und seines Reichtums als vom Glück gesegnet.

Πολυκράτης ἐπὶ τοῦ τῶν βασιλείων[1] τείχους ἑστὼς ἥσθη[2] βλέπων κατὰ τὴν νῆσον. „Ἄρχω, ὧν ὁρᾷς“, ἔφη πρὸς τὸν τῶν Αἰγυπτίων βασιλέα. „Συγχωρεῖν σε δεῖ ἐμὲ εὐδαιμονίας τυχεῖν.“ Ὁ δέ· „Οὔ φημί σε εὐτυχῆ εἶναι τοῦ μεγίστου ἐναντίου ἔτι ζῶντος.“ Αὐτίκα δ’ ἄγγελός τις ἧκε τὴν κεφαλὴν τὴν τούτου τοῦ νικηθέντος καὶ τεθνεῶτος ἐναντίου φέρων.

[1] τὰ βασίλεια, -ων: der Königspalast
[2] ἥσθη: *übersetze wie* ἥδετο

Ὁ οὖν Αἰγύπτιος· „Δέδια τὸν τῶν θεῶν φθόνον. Οὐδεὶς γὰρ ἄνθρωπος ἐν παντὶ τῷ βίῳ ἀπολαύοι ἂν τῆς ἡδονῆς ἀκράτου[3]. Σύνοιδα δ’ ἐμαυτῷ βασιλεύων μὲν δυνατῶς τε καὶ ἀσφαλῶς, διακείμενος δὲ λυπηρῶς, ὅτι υἱός μου τέθνηκεν. Οἶδα οὖν τοὺς θεοὺς οὐδενὶ μόνον ἀγαθὰ παρέχοντας. Διό σοι παραινῶ τοῦτο τὸ χρῆμα, ὃ μάλιστα φιλεῖν νομίζεις, ἀπο-ρρῖψαι[!], ὅπως φύγῃς τὸν τῶν θεῶν φθόνον.“

[3] ἄ-κρατος, -ον: unvermischt

Καὶ ὁ τῶν Σαμίων τύραννος πειθόμενος σφραγῖδα[4], ἣν περὶ πλείστου ἐποιεῖτο, ἀπ-έρριψεν[!], ὥστε αὕτη δῦσα εἰς τὴν θάλατταν ἠφανίσθη. Μετ’ ὀλίγον δὲ ἁλιεύς[5] τις ἰχθῦν[6] κάλλιστον ἐν πόντῳ ἁλόντα τῷ τυράννῳ δῶρον[7] ἤνεγκεν. Τοῦ δ’ ἰχθύος[6] τμηθέντος[8] ἡ σφραγὶς[4] ηὑρέθη[9]. Οἱ οὖν Σάμιοι ἔλεγον τὴν τοῦ Πολυκράτους εὐδαιμονίαν ἄπειρον εἶναι. Ἀλλ’ ὁ ξένος μᾶλλον δεδιὼς οὐκέτι ἐθάρρει, ἀλλά· „Ὡς τάχιστα ἄπ-ειμι[!]“, ἔφη, „ἅτε γνούς, ὅτι οἱ θεοὶ φθονοῦντές[!] σοι συμφορὰν παρασκευάσουσιν.“

[4] ἡ σφραγίς, -ῖδος: der Siegelring
[5] ὁ ἁλιεύς, -έως: der Fischer
[6] ὁ ἰχθῦς, -ύος: der Fisch
[7] *prädikativ:* als …
[8] *Part. Aor. Pass. zu* τέμνω
[9] *Aor. Pass. zu* εὑρίσκω

1 Gib aus dem Text Beispiele für folgende grammatische Erscheinungen an: Ausfall des Beziehungsworts mit Assimilation des Relativpronomens – Konsekutivsatz – Genitivus absolutus – Potentialis

2 Stelle alle Textstellen zusammen, die Polykrates’ Glück und Macht beschreiben.

3 a) Paraphrasiere alle Aussagen des Pharaos Amasis, in denen er sich auf die Götter bezieht.
b) Belege, dass sich die Furcht des Pharaos steigert.
MK c) Weise der Abbildung die entsprechende Textstelle zu.

4 Neben *Die Kraniche des Ibycus* (34 T) und *Die Bürgschaft* (61 T) hat Friedrich Schiller auch die Ballade *Der Ring des Polykrates* (1798) verfasst. Vergleiche T und die Bearbeitung durch den Dichter (QR-Code).

37001-37

ΑΘΗΝΑΙ – ΑΤΤΙΚΗ

ATHEN – ATTIKA

Das Ende unserer Reise durch die griechische Welt und zugleich der Höhepunkt ist Athen **1**. Der Name der heutigen griechischen Hauptstadt **2** stand in der Antike für politische Macht und demokratische Staatsform, für Kunst, Literatur und Philosophie. Im 5. Jahrhundert v. Chr. wurde es zum kulturellen Zentrum Griechenlands: Die klassischen Bauten auf der Akropolis stehen für eine Kunst des Maßes und der Harmonie, und so fanden sowohl der Parthenontempel als auch die Propyläen im antikebegeisterten 19. Jahrhundert zahlreiche Nachahmungen weltweit **3** **4**. Die Formen des Dramas, sowohl Tragödie als auch Komödie, wurden in Athen zur Blüte gebracht, und die Stücke von Aischylos, Sophokles, Euripides und Aristophanes beeinflussten die Dramatiker aller folgenden Zeiten und werden auch heute noch oftmals inszeniert **5**.

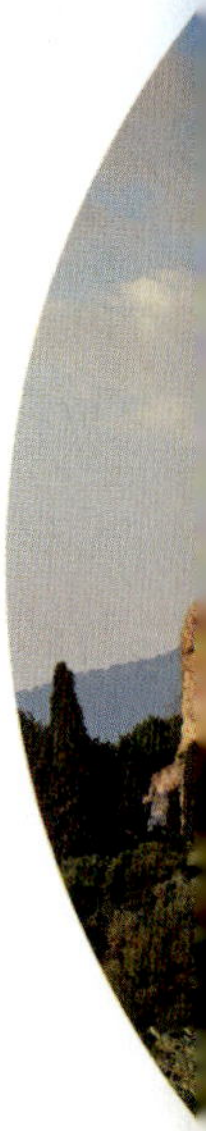

5

6

7

Die Staatsform der Demokratie, in der in der Volksversammlung die Macht der Rede entscheidend war, förderte die Entwicklung der Rhetorik. So kam denn auch Demosthenes, der berühmteste Redner der Antike, der auch Vorbild für den Römer Cicero wurde, aus Athen. Und die Philosophie siedelte nach ihrem Beginn in Kleinasien im 5. Jahrhundert v. Chr. nach Athen über und behandelte ein neues Thema, den Menschen. Sokrates nahm für seine philosophischen Überzeugungen sogar den Tod auf sich. Nach ihm entstanden im 4. und 3. Jahrhundert v. Chr. die vier großen Philosophenschulen: Platons Akademie (6), Aristoteles' Peripatos, Zenons Stoa (7) und Epikurs Kepos.

Auch wenn in der Zeit des Hellenismus mit Alexandria ein neues Zentrum der Macht und Kultur entstand, und auch dann, als Griechenland zur römischen Provinz wurde, blieb Athen ein berühmtes geistiges und kulturelles Zentrum. Hierher schickten die Römer der Oberschicht ihre Söhne zum Studium in die Rhetorik- und Philosophenschulen. Das Jahr 529 n. Chr., in dem der oströmische Kaiser Justinian die Philosophenschulen in Athen schließen ließ, weil sie als Zentrum des Heidentums galten, wird allgemein als das Ende des antiken Athen gesehen.

E

1. Οἱ τῶν Ἀθηναίων πρέσβεις (Gesandte) ἐδέχθησαν ὑπὸ τῶν Μηλίων καὶ ἐλογίσαντο ὧδε·
2. „Ἐλογίσθη κακῶς ὑφ' ὑμῶν. Δέξασθε τὴν βουλὴν ἡμῶν.
3. Ἆρ' οὐκ ἔχετε φόβον ἡμῶν τῶν Ἀθηναίων;
4. Ἠθροίσθητε γὰρ τῆς σωτηρίας ἕνεκα.
5. Μὴ αἰσχυνθῆτε εἴκοντες. Ἡττηθήσεσθε γὰρ ἡμῶν.
6. Πολλοὶ γὰρ ἤδη ἡμῖν μαχόμενοι ἐσφάλησαν ἐλπίδι."

Ü

1 Futur oder Aorist? Medium oder Passiv? Analysiere die Formen und übersetze.

a) ἐβιάσασθε ∗ ἐβιάσθητε ∗ βιάσεσθε ∗ βιασθήσεσθε
b) θεαθήσονται ∗ ἐθεάσαντο ∗ ἐθεάθησαν ∗ θεάσονται
c) ἐλογίσθη ∗ λογιεῖται ∗ ἐλογίσατο ∗ λογισθήσεται
d) μέμψῃ ∗ ἐμέμψω ∗ ἐμέμφθης ∗ μεμφθήσῃ

2 Genitivus subiectivus oder obiectivus? Überprüfe, ob eine Übersetzung mit beiden Genitiven möglich ist oder ob nur einer der beiden sinnvoll ist.
φόβος θανάτου ∗ νίκη τῶν βαρβάρων ∗ ἐπιθυμία τῆς σοφίας ∗ ἡ τῶν παιδῶν ἐπιμέλεια ∗ τὸ τῆς θαλάττης κράτος ἔχειν ∗ αἱ τῶν τυράννων ὕβρεις ∗ αἰδὼς τῶν γονέων

3 Übersetze und erkläre die Unterschiede zwischen griechischem und deutschem Genus verbi.

a) Τῶν Ἀθηναίων εἰς τὴν νῆσον ἀφικομένων οἱ Μήλιοι **ἠθροίσθησαν**.
b) Οἱ μὲν **ἐξεπλάγησαν** τοῖς τῶν Ἀθηναίων λόγοις, οἱ δ' **ὠργίσθησαν**.
c) Οἱ δ' Ἀθηναῖοι **ἐλογίσαντο** μόνον τὸ αὑτοῖς συμφέρον.
d) Οἱ Μήλιοι· „Τὸ νῦν εἶναι", ἔφασαν, „**ἀπαλλαγήσονται** οἱ ἄγγελοι, ἀλλ' ὕστερον οἱ Ἀθηναῖοι οὐκ **αἰσχυνθήσονται** τὴν πόλιν καὶ ἡμᾶς κρείττους ὄντες διαφθεῖραι."
e) Καὶ οἱ Μήλιοι οὐκ **ἐψεύσθησαν**· τῶν **μεταπεμφθέντων** στρατιωτῶν **ἡττήθησαν**.

I

Athen unter Perikles

Das perikleische Zeitalter gilt als die **goldene Zeit Athens**, in der **Macht und Kultur** auf ihrem Höhepunkt standen: Die Akropolis, die Tragödien des Sophokles und die Kunst des Phidias sind Beispiele für die Blütezeit. Die Athener waren stolz auf ihre kulturellen Leistungen, auf die Herrschaftsform der **direkten Demokratie** und auf ihre wirtschaftliche und politische Macht. Dieses Selbstbewusstsein hatte allerdings auch eine **Kehrseite**: Viele ehemalige Bundesgenossen wurden unterdrückt und fanden sich von Athen bevormundet – die Athener wurden im Werk des Thukydides (vgl. 69 I) so beurteilt: „Sie seien dazu geschaffen, weder selbst Ruhe zu halten noch die anderen Menschen in Ruhe zu lassen."

Philipp von Foltz (1805–1877): Das Zeitalter des Perikles (um 1852). ▶

T

Athenisches Selbstbewusstsein

Im 5. Jahrhundert v. Chr., vor allem in der Zeit der sogenannten Pentekontaetie (479–431 v. Chr.), stieg Athen zum Zentrum des griechischen Kulturraums auf. Dies wirkte sich auch auf das Selbstverständnis der Einwohner aus. Das berühmteste Beispiel für deren ausgeprägtes Selbstbewusstsein findet sich in einer Gedenkrede, die der Historiker Thukydides dem Staatsmann Perikles in den Mund gelegt hat.

Οἱ Ἀθηναῖοι ἠθροίσθησαν ὡς ἀναμνησθησόμενοι τῶν καλῶν ἔργων. Ἤλπισαν δὲ Περικλέα καλῶς τε καὶ μετρίως ἐρεῖν. Καὶ οὐκ ἐψεύσθησαν· ἐφάνη γὰρ ὁ ἀνὴρ καὶ ἤρξατο μεμνημένος τῶν προγόνων·

„Οὗτοι δι’ ἀρετὴν τὴν χώραν, ἣν οἰκοῦμεν, ἀεὶ ἐλευθέραν κατέλιπον καὶ ἐκτήσαντο τὴν ἀρχήν, ἣν ἐδεξάμεθα.“

Ἐντεῦθεν δ’ ἐπῄνεσε τὴν τῶν Ἀθηναίων πολιτείαν καὶ τοὺς τρόπους· „Ἡ ἡμετέρα πολιτεία οὔτε ζηλοῖ οὔτε μιμεῖται τοὺς τῶν πλησίον νόμους, ἀλλὰ μᾶλλον παράδειγμά ἐστιν αὐτοῖς. Κέκληται μὲν δημοκρατία, μέτεστι[1] δὲ πᾶσι τὸ ἴσον.

Ἐλευθέρως ὁμιλοῦμεν κοὐκ ἀδικοῦμεν ἀλλήλους διὰ δέος οὐ μόνον τῶν ἀρχόντων, ἀλλὰ καὶ τῶν νόμων – μάλιστα τῶν ἀ-γράφων, οὓς δεῖ αἰσχυνθῆναι.

Καὶ ἔξεστιν ἡσθῆναι δημοσίᾳ μὲν θυσίαις καὶ ἀγῶσιν, ἰδίᾳ δὲ οἴκοις καλοῖς. Εἰσ-έρχεται δὲ διὰ μέγεθος τῆς πόλεως πάντα ἐκ πάσης γῆς. Φιλοκαλοῦμέν[2] τε μετ’ εὐτελείας[3] καὶ φιλοσοφοῦμεν ἄνευ μαλακίας[4]. Οὔτε ἀ-μαθίᾳ θρασεῖς ἐσμεν, οὔτε ὀκνοῦμεν λογισμῷ, ἀλλὰ τολμῶμεν λογισάμενοι.

Συν-ελὼν δὲ λέγω τὴν πᾶσαν πόλιν τῆς Ἑλλάδος παίδευσιν[5] εἶναι.“

[1] μέτ-εστι πᾶσιν: πάντες μετ-έχουσιν

[2] φιλο-καλοῦμεν: φιλοῦμεν τὰ καλά

[3] ἡ εὐ-τέλεια: die Schlichtheit, die Einfachheit

[4] ἡ μαλακία: die Verweichlichung, die Schlaffheit

[5] ἡ παίδευσις, -εως: die Bildungsstätte, das Bildungszentrum

1. Gib zu den Verbformen die Lernform an und ordne sie im Gebrauch der Genera verbi den Gruppen 1 oder 2 zu: ἠθροίσθησαν (Z. 1), ἀναμνησθησόμενοι (Z. 1), ἐφάνη (Z. 3), ἐκτήσαντο (Z. 5), ἐδεξάμεθα (Z. 5), αἰσχυνθῆναι (Z. 12), ἡσθῆναι (Z. 13) und λογισάμενοι (Z. 17)

2. Eine typische Rede?
   a) Weise nach, dass Perikles eine ungewöhnliche Rede hält. (vgl. M 19 B)
   b) Stelle alle Wörter und Wendungen zusammen, die auch heute in politischen Reden genutzt werden könnten.

MK 3. Überprüfe deine Ergebnisse aus Aufgabe 2 b) anhand einer modernen Rede. (QR-Code)

37001-38

4. Begründe, welche Aussage des Perikles zur Abbildung passt.

E

1. Περικλῆς ᾐδεῖτο τοὺς πολίτας καὶ δὴ καὶ ᾐδέσθη τοὺς προγόνους.
2. Εἶπεν, ὅτι οἱ Ἀθηναῖοι εὐθὺς προθυμηθεῖεν ὁρμηθῆναι καὶ κινδυνεῦσαι.
3. Ἔνιοι Ἀθηναῖοι ἐβουλεύσαντο, εἰ ὁ Περικλῆς τἀληθῆ εἴποι.
4. Ὁ δὲ Περικλῆς οὐκ ἐδήλωσεν, πότερον οἱ Ἀθηναῖοι μᾶλλον ἐθαυμάσθησαν τῆς σοφίας ἢ τῆς ἀνδρείας.

Ü

1 Nenne die Lernform und übersetze.
ἠναντιώθην ◦ διελέχθημεν ◦ διανοηθεῖεν ἄν ◦ ἐδεήθητε ◦ μὴ ἀχθεσθῇς ◦ ᾐδέσθης ◦ ἐβουλήθησαν ◦ ἐνθυμηθέντες ◦ ἐπιμελήθητε ◦ εὐλαβηθῶμεν ◦ οἰηθείης ἄν ◦ ὡρμήθητε ◦ προθυμηθείς ◦ πεισθεῖτε ◦ πλανηθῆναι

2 Übersetze und erkläre den Modusgebrauch im Fragesatz.
a) Οἱ Μήλιοι διενοήθησαν, εἰ τοὺς Ἀθηναίους πείσειαν κατὰ τὸ δίκαιον πρᾶξαι.
b) Καὶ ἐσκέψαντο, εἴτε τοῖς Ἀθηναίοις ἐναντιωθῶσιν εἴτε ὑπακούσωσιν.
c) Ἐνεθυμήθησαν οὖν· „(Πότερον) οἱ Ἀθηναῖοι ἡμᾶς σύμπαντας ὁμοίως διαφθεροῦσιν ἢ τῶν γυναικῶν τε καὶ τῶν παίδων φείσονται;“

3 Übersetze und achte insbesondere auf die Genitivfunktion.
a) Οἱ μὲν τὰς Ἀθήνας ἐθαύμαζον τῶν καλῶν ἔργων, οἱ δὲ τὴν πόλιν ἐπῄνουν τῶν νόμων καὶ τοὺς πολίτας ἐζήλουν τῆς δημοκρατίας.
b) Ἀλλ’ ἦσαν, οἳ τὴν πολιτείαν τῆς ἄγαν ἐλευθερίας ἐμέμψαντο. Οὗτοι δὴ καὶ ῥήτορσί τισιν ὠργίσθησαν τῶν λόγων τῶν τὸν δῆμον ἐρεθιζόντων (ἐρεθίζω: ich hetze auf).

4 In seiner Rede (vgl. 70 T) erinnert Perikles die Athener auch an ihre tapferen Taten im Krieg. Füge die Verben passend ein und übersetze.
ἀχθέσονται ◦ δεησόμεθα ◦ ἐνθυμηθέντες ◦ ἐφοβήθημεν ◦ ὡρμήθημεν

Ἡμεῖς οἱ Ἀθηναῖοι οὔποτε ● τοὺς ἐναντίους. Ἡμεῖς γὰρ ● τοὺς κινδύνους λογισάμενοί τε καὶ ●. Οἱ ἐναντίοι ἡμῖν οὐκ ● ἅτε ὑπ’ ἀνδρῶν ἀγαθῶν νικηθέντες. Θαυμασθησόμεθα τῆς ἀνδρείας καὶ οὐκ ● οὔτε Ὁμήρου οὔτε ἄλλου τινὸς ποιητοῦ, ἵνα ἐπαινέσῃ ἡμᾶς.

I

Die Frühgeschichte Athens
Die Geschichte Athens beginnt vor ca. 7000 Jahren mit **ersten Siedlungsspuren** auf der **Akropolis**; bereits für die mykenische Zeit ist dort eine Burg nachweisbar (ca. 1500 v. Chr.). Athen blieb auch in den folgenden unruhigen Jahrhunderten **ununterbrochen besiedelt** – ein Umstand, auf den die Athener in späterer Zeit sehr stolz waren. Wie bei der Stadt und Burg von Mykene (Μυκῆναι), so steht auch der Name Athens im Plural: Ἀθῆναι. Ob Athene der Stadt ihren Namen gegeben hat oder ob umgekehrt der Name der Göttin von der Stadt abgeleitet wurde, bleibt letztlich offen.

T

Athenes Geschenk

Einen nicht zu unterschätzenden Teil seiner wirtschaftlichen und somit auch politischen Macht verdankte Athen dem Ölbaum. Seine große Bedeutung wird auch im Gründungsmythos der Stadt deutlich.

Αἱ Ἀθῆναι πρῶτον Κεκροπία ἐκαλοῦντο, ἐπεὶ Κέκροψ, ὁ τῆς Γῆς υἱός, τὴν ἀκρόπολιν[!] ἔκτισε καὶ νόμους συν-έγραψεν[!]. Τότε δὲ Ζεὺς ἐνεθυμήθη, εἴ πως ὠφελοίη τοὺς ἐκεῖ οἰκοῦντας. Ὑπέσχετο οὖν τὴν χώραν ἔσεσθαι τούτου τοῦ θεοῦ, ὃς ἔλθοι δῶρον τιμιώτατον φέρων.

Αὐτίκα δ᾽ ἔρις ἐγένετο Ποσειδῶνι καὶ Ἀθηνᾷ. Ὡρμήθησαν οὖν εἰς τὴν ἀκρόπολιν[!] ὡς κτησόμενοι τὴν χώραν. Ὁ μὲν Ποσειδῶν κρήνην ἐποίησε τριαίνᾳ[1] σχίσας[2] πέτραν, ἡ δ᾽ Ἀθηνᾶ ἐλαίαν[3] ἔφυσε ποδὶ τύψασα τὴν γῆν. Οἱ δ᾽ ἀμφὶ τὸν Κέκροπα διενοήθησαν περὶ τούτων τῶν δώρων σκοποῦντες, πότερον ἐνίκησεν ὁ θεὸς ἢ ἡ θεά.

Θαυμάζοντες δὲ τὴν ἐλαίαν[3] τῶν ὠφελίμων καρπῶν προείλοντο τὸ ἔλαιον[!] ἀντὶ τοῦ ὕδατος. Οὐκοῦν ἐκήρυξαν τὴν τῆς θεᾶς νίκην. Ὁ μὲν Ποσειδῶν ἔλιπε τὴν χώραν μάλ᾽ ἀχθεσθείς, ἡ δὲ πόλις ἔλαβε τὸ τῆς Ἀθηνᾶς ὄνομα. Ἐκ τούτου δὲ οἱ Ἀθηναῖοι ἔφασκον αὐτάρκεις εἶναι τῆς Ἀθηνᾶς ἀεὶ βοηθούσης.

[1] ἡ τρί-αινα: der Dreizack
[2] σχίζω: ich spalte
[3] ἡ ἐλαία: der Ölbaum, der Olivenbaum

1. … εἴ πως ὠφελοίη τοὺς ἐκεῖ οἰκοῦντας (Z. 3); … πότερον ἐνίκησεν ὁ θεὸς ἢ ἡ θεά (Z. 9) – Erfasse jeweils, ob eine indirekte Satzfrage, eine direkte oder indirekte Wahlfrage vorliegt.

2. Stelle alle Konnektoren zusammen, die den zeitlichen Ablauf verdeutlichen. (vgl. M 15 B)

3. Ὁ μὲν Ποσειδῶν κρήνην ἐποίησε …, ἡ δ᾽ Ἀθηνᾶ ἐλαίαν ἔφυσε … (Z. 6 ff.) – Weise die stilistische Besonderheit im Satzbau nach; begründe, dass diese Stilmittel zur Verdeutlichung eines Wettbewerbs geeignet sind. (vgl. M 75 A, M 79 B)

MK 4. Informiere dich mithilfe des Textes und weiterer Quellen über Kekrops. Unterscheide zwischen mythischen und (möglicherweise) historischen Informationen; präsentiere deine Ergebnisse.

Ölbaum vor dem Erechtheion auf der Akropolis. Der heutige Ölbaum wurde um 1900 gepflanzt. ▶

E

1. Ὅδε ὁ μῦθος ἐλέγετο· „Ζεὺς βουλεύεται Κεκροπίαν τὴν πόλιν διδόναι τούτῳ τῷ θεῷ τῷ τὸ κάλλιστον δῶρον διδόντι.
2. Διὸ δύο θεοὶ διδόασι δῶρα· Ποσειδῶν μὲν δίδωσι κρήνην, Ἀθηνᾶ δ’ ἐλαίαν (Ölbaum).“
3. Ἐλέγετο, ὅτι ὁ Ζεὺς τῇ Ἀθηνᾷ ἔδωκε τὴν πόλιν.
4. Δύο μὲν θεοὶ ἔδοσαν δῶρα· οἱ δ’ ἀμφὶ τὸν Κέκροπα ἐνόμισαν τὴν Ἀθηνᾶν τὸ κάλλιον δῶρον δοῦναι.

Ü

1 Ordne die Formen von παρέχω und δίδωμι einander zu und übersetze sie.

διδόασιν • διδόναι • διδοῖμεν • διδόντι • δίδωσιν • διδούσας • διδοίης • δίδομεν • δίδως

παρέχομεν • παρέχει • παρέχειν • παρέχεις • παρέχουσιν • παρέχοιμεν • παρέχοντι • παρεχούσας • παρέχοις

2 Wähle die Form aus, die zur angegebenen Übersetzung passt. Übersetze die verbleibenden Formen.

a) sie geben: δίδωσιν • διδοῦσιν • διδόασιν • διδόναι
b) einer, der gibt: δίδως • διδούς • διδοῦσαι • διδοίη
c) du gabst *(Aor.)*: δώσεις • δέδωκας • δούς • ἔδωκας
d) Frauen, die gaben: διδόντας • δώσουσαι • δοῦσαι • δοῦναι

3 Ordne folgende Buchstaben bzw. Silben den Formen zu, sodass die angegebenen Übersetzungen entstehen.

δε • δί (2) • ἔ • εν • μεν • ναι • σ • ων

? ? δομεν: wir geben • ? ? δώκαμεν: wir haben gegeben • δώ ? ομεν: wir werden geben • ἔδο ? ? ?: wir gaben • ? δωκα: ich gab • δοῦ ? ? ?: gegeben haben *(Aor.)* • ἔδωκ ? ? ἄν: er hätte gegeben • δώσ ? ?: um zu geben *(Part. Fut. Akt. Nom. Sg. m.)* • ? ? δωσιν: er gibt

I

Ein großes Volksfest

Der Komödiendichter Aristophanes (ca. 445–380 v. Chr.) gibt uns in den *Wolken* auch einen Eindruck davon, wie neben den offiziellen Veranstaltungen das Volk die Panathenäen feierte. So karikiert er den Philosophen Sokrates und lässt ihn den Donner nicht als Zeus’ Werk erklären, sondern durch den Zusammenstoß der Wolken. Dem wissbegierigen Zuhörer erläutert er diesen Effekt, indem er ihn mit den Folgen einer Suppe vergleicht, die man bei den Panathenäen an einem Stand gekauft hat: Zunächst verursacht sie ein Knurren, Rumoren und Poltern, bis sie sich mit einem gewaltigen Donner Luft verschafft.

T

Die Panathenäen – Athen feiert

Jedes Jahr fand am Ende des Monats Hekatombaion, der in etwa dem heutigen Juli entspricht, zu Ehren der Stadtgöttin Athene ein Fest statt: die Panathenäen (τὰ Παναθήναια). Seit 566 v. Chr. wurden diese alle vier Jahre mit besonders großem Aufwand gefeiert.

Παναθηναίοις οἱ ἀστοὶ σύμπαντες, ἄρχοντες καὶ ἰδιῶται, γέροντες καὶ νέοι, ἄνδρες καὶ γυναῖκες, συλλέγονται. Πλείονας δὲ ἡμέρας Ἀθηνᾷ Πολιάδι[1] παντοίοις ἀγῶσι χάριν ἀποδιδόασι τῆς τῶν Ἀθηνῶν φυλακῆς· ἡ γὰρ θεὰ οὔποτε προέδωκε τὴν πόλιν, ἀλλ’ εὔνοιαν παρεῖχεν κράτος διδοῦσα ἐν πολέμῳ τε καὶ εἰρήνῃ. Οὕτω δὲ πάντες οἱ τῇ πόλει ἐπιβουλεύοντες δίκην ἔδοσαν τῶν κακῶν.

Τῇ δὲ τελευταίᾳ ἡμέρᾳ οἱ Ἀθηναῖοι μεγάλην πομπὴν[2] ποιοῦσιν· εὔχονται καὶ θύουσιν ἔμπροσθεν τῶν ἁγίων τῆς Ἀθηνᾶς ναῶν καὶ ἁθροίζονται ἐν τῇ ἀκροπόλει[!] ὡς δώσοντες τῇ θεᾷ τὸν πέπλον[3]. Κόραι τινὲς γενναῖαι φέρουσι τοῦτον τὸν πέπλον[3], ἵνα αὐτῷ καλύπτηται καὶ κοσμῆται ἡ σεμνὴ τῆς Ἀθηνᾶς εἰκών. Μετὰ δὲ ταῦτα οἱ ἱερεῖς θύουσι δημοσίᾳ ἑκατὸν βοῦς προθύμως μεταδιδόντες τῷ πλήθει τοῦ κρέως[4]. Οἱ δ’ ἀστοὶ ἥδονται τῇ συνουσίᾳ καὶ τῷ δείπνῳ.

[1] Ἀθηνᾶ Πολιάς: die Stadtgöttin Athene

[2] ἡ πομπή: die Prozession, der Festzug

[3] ὁ πέπλος: der Peplos *(langes Frauengewand, meist aus Wolle)*

[4] τὸ κρέας, -ως: das Fleisch

1. Bestimme alle Formen im Text, die sich auf δίδωμι (einschließlich Komposita) zurückführen lassen.
2. Z. 1–6: Stelle aus dem ersten Absatz alle Wörter zusammen, die von πᾶς, πᾶσα, πᾶν abgeleitet sind.
3. Paraphrasiere die Eigenschaften, die Athene zugeschrieben werden.
4. Weise nach, dass der Text die Merkmale eines Berichts erfüllt. (vgl. M 19 B)
5. Im Einführungstext wird ein Monatsname erwähnt. Gib die Textstelle an, die diese Bezeichnung erklärt.
6. Z. 7–11: Erschließe, dass die Abbildung nicht den Festzug (QR-Code) zeigt, sondern die Vorbereitungen darstellt.

37001-39

◀ *Ein Priester und ein Kind falten den heiligen Peplos. Stück aus dem Fries an der Ostseite des Parthenons.*

E

1. Ἀθηνᾷ χάρις ἀποδίδοται ὑπὸ τῶν ἀστῶν.
2. Τῆς πόλεως οὔποτε ὑπὸ τῆς θεᾶς προδιδομένης οἱ ἀστοὶ (περὶ) πλείστου ποιοῦνται τὴν τιμὴν αὐτῆς.
3. Διὸ πολλὰ ἀγάλματα χρυσοῦ ἢ ἐλέφαντος (Elfenbein) διδόασιν αὐτῇ.
4. Οἱ ἀστοὶ νομίζουσι φυλακὴν ὑπὸ τῆς θεᾶς ἀεὶ δοθῆναι, νῦν δίδοσθαι, τὸν λοιπὸν χρόνον δοθήσεσθαι.
5. Ἐπεὶ / Ὅτι δὲ τὸ τῶν Ἀθηνῶν κράτος ὑπὸ τῆς θεᾶς ἐδόθη, χάριν ἀποδιδόασιν αὐτῇ.

Ü

1 Bestimme und übersetze.
δίδοται ◦ προδίδοσαι ◦ δίδοσθαι ◦ ἀποδίδονται ◦ προδιδόμεθα ◦ ἀποδιδόμενα

2 Wähle die Form aus, die nicht in die Reihe passt, und begründe deine Entscheidung.
a) προδίδοσθαι ◦ προδιδοῦσαι ◦ προδίδοσθε ◦ προδίδοται
b) προδιδόντες ◦ προδιδούσας ◦ προδιδόμεναι ◦ προδίδονται
c) προδίδομαι ◦ προδίδοται ◦ προδιδόναι ◦ προδίδοσαι

3 Übersetze und gib hierbei die Funktion der farbig hervorgehobenen Genitive an.
Οἱ παλαιοὶ τὰ τοῦ Φειδίου ἔργα πολλοῦ ἐποιοῦντο. Καὶ ἡ τῆς Ἀθηνᾶς εἰκὼν καὶ ἡ τοῦ Διὸς ἦσαν χρυσοῦ καὶ ἐλέφαντος[!]. Πλείστου δὴ οὖν ἄξιαι ἦσαν. Καὶ πολλοὶ τὸ ἐν Ὀλυμπίᾳ ἄγαλμα καίπερ τριάκοντα πήχεων (ὁ πῆχυς, -εως: die Elle) τὸ ὕψος (τὸ ὕψος: die Höhe) ὃν οὐ πλείονος ἡγοῦντο (~ ἐποιοῦντο) τοῦ ἐν Ἀθήναις.

4 a) Wähle die Aoristformen aus. Übersetze die verbliebenen Formen.
ἀπεδόθη ◦ ἀποδέδοται ◦ δεδομένα ◦ δοθήσονται ◦ ἐδόθη ◦ ἐδόθησαν ◦ προδοθήσῃ ◦ προεδόθημεν

b) Weise die bei a) ausgewählten Formen den Sätzen zu und übersetze.
Δωρεαί (ἡ δωρεά ~ τὸ δῶρον) ὠφέλιμαι ὑπὸ τῆς Ἀθηνᾶς καὶ τοῦ Ποσειδῶνος ●, ὅτι ἀμφότεροι ὠρέξαντο τῆς Ἀττικῆς ἄρχειν. Παναθηναίοις τῇ Ἀθηνᾷ χάρις ●, ὅτι ἡ πόλις ἀεὶ ὑπ᾽ αὐτῆς ἐφυλάχθη. Οἱ δὲ πολῖται· „Ἐπεὶ ὑπὸ τῆς Ἀθηνᾶς οὐπότε ●, εὖ διακείμεθα.“ Ταύτῃ τῇ ἑορτῇ καὶ ὁ πέπλος[!], ὡς πρὸς κόσμον εἴη, τῇ τῆς θεᾶς εἰκόνι ●.

I

Feste in Athen
Neben den **Dionysien** gab es in Athen noch weitere Feste zu Ehren des Gottes Dionysos; am bekanntesten sind die **Anthesterien**, die im Februar/März stattfanden. Mit diesem **Blumenfest** (τὸ ἄνθος: die Blume) dankte man Dionysos für den neuen, jetzt trinkbaren **Wein** und begrüßte den **Frühling**. Das Fest hatte dabei einen fröhlichen, ausgelassenen Charakter, unserem Karneval ähnlich: Man verkleidete sich und veranstaltete Umzüge. Außerdem wurden die dreijährigen Kinder mit Blumen bekränzt und durch das Geschenk eines eigenen Weinkännchens in die Welt der Älteren aufgenommen.

T

Die Dionysien – großes Theater in Athen

Die im Monat Elaphebolion (heute in etwa März) abgehaltenen Großen oder Städtischen Dionysien (**τὰ Διονύσια**) wurden seit Mitte des 6. Jahrhunderts v. Chr. gefeiert. In der Mitte des 5. Jahrhunderts v. Chr. sah ihr Ablauf folgendermaßen aus:

Ἐπὶ Περικλέους οἱ Ἀθηναῖοι τὰ Διονύσια ἑκάστου ἔτους ἦγαγον ἐξὸν τὴν τῆς πόλεως δύναμιν καὶ τοὺς τρόπους δηλοῦν. Δημοσίᾳ οὖν χάρις ἀπεδόθη τῷ Διονύσῳ ὑπὸ πάντων τῶν ἐν τῷ ἄστει· ᾔσθησαν γὰρ τῷ ὑπὸ τοῦ θεοῦ δεδομένῳ οἴνῳ. Καὶ ἐτίμησαν αὐτόν, ὡς κοσμήσειε τὸν βίον αὐτῶν καὶ πολλαῖς ἄλλαις ἡδοναῖς. Ἡγήσαντο δ' ὄλβιοι εἶναι, ἐπεὶ πλείστου ἐποιήσαντο τὴν ἐν ταῖς Ἀθήναις δίαιταν.

Πέμποντες δὲ πομπὴν[1] πολλῶν σταδίων οἱ ἀστοὶ ἕσποντο τῷ τοῦ θεοῦ ἀγάλματι. Ἐγκρατεῖς δ' οὐκέτι ὄντες ἐθορύβουν καὶ ὠρχοῦντο[2] ὥσπερ Σάτυροι ἢ Μαινάδες.

Πρὸς δὲ τούτοις οἱ Ἀθηναῖοι ἀν-ήγαγον[!] ἐν ἡμέραις τρισὶ τραγῳδίας[!] ἐννέα. Νόμος δ' ἦν δίδοσθαι τὴν καθ' ἑκάστην ἡμέραν χορηγίαν[3] ἀνδρὶ πλουσιωτάτῳ. Οὗτος οὖν – ἐπίκουρος ὢν ποιητοῦ λαμπροῦ – μισθὸν ἀπέδωκε διδασκάλῳ[4] καὶ χορῷ καὶ ὑποκριταῖς[5], παρεσκεύασε δὲ πάντα τὰ περὶ τὴν σκηνήν. Οἱ μὲν χορηγοί[6] τραχέως ἠγωνίσαντο ἀλλήλοις περὶ τῆς νίκης καὶ τῆς τῶν θεωμένων εὐνοίας. Ἐκεῖνοι δ' ἐτέλεσαν οὐ πολλά· ἄλλοι μὲν ἐθεάσαντο δυοῖν ὀβολῶν[7], ἄλλοι δὲ καὶ οὐδενός.

[1] πομπὴν πέμπω: ich veranstalte einen Festzug
[2] ὀρχέομαι: ich tanze
[3] ἡ χορ-ηγία: die Choregie (*modern:* die Produktion eines Stücks)
[4] ὁ διδάσκαλος: (*hier:*) der Regisseur
[5] ὁ ὑπο-κριτής, -οῦ: der Schauspieler
[6] ὁ χορ-ηγός: der Chorege (*modern:* der Produzent)
[7] ὁ ὀβολός: der Obolos (*kleine griechische Münze; halber Tageslohn eines Armen*)

1. Bestimme alle Formen im Text, die sich auf δίδωμι (einschließlich Komposita) zurückführen lassen.

2. Ordne alle Genitive im Text zu: Genitivattribut, Genitiv nach einer Präposition, Genitiv des Wertes, Genitiv der Beschaffenheit, Genitiv zur Zeitbestimmung

3. Z. 10–15: Stelle alle Wörter und Wendungen zusammen, die zum Sachfeld „Theater" gehören; vergleiche deine Ergebnisse mit denen aus Lektion 12 (Aufgabe 1).

MK 4.
a) Informiere dich darüber, wie kulturelle Veranstaltungen, zum Beispiel Theateraufführungen, heutzutage finanziert werden. Stelle Bezüge zwischen der Praxis in der jetzigen Zeit mit der damaligen in Athen her.
b) Belege, dass die Theaterbesuche für die athenische Bevölkerung zur φιλο-καλία (vgl. 70 T, Übersetzungshilfe 2) gehörten.

Das Dionysostheater im späten 4. Jh. v. Chr. Rekonstruktion von Peter Connolly. ▼

E

1. Ποιηταὶ συντιθέασι τραγῳδίας[!], αἳ ἀν-άγονται[!] ἐν τοῖς Διονυσίοις.
2. Ἐφίενται τῆς νίκης συντιθέντες τὰς τραγῳδίας[!] ὡς κάλλιστα.
3. Ταῖς τραγῳδίαις[!] Αἰσχύλος, Σοφοκλῆς, Εὐριπίδης τίθενται λαμπροί.
4. Ὁ δ' Αἰσχύλος συνέθηκε τρεῖς τραγῳδίας[!] περὶ Ὀρέστου.
5. Ἐφεῖτο δὲ τῆς νίκης. Καὶ ἐβουλήθη τοὺς θεωμένους οὕτως εὐμενῶς διατεθῆναι, ὥστε δοῦναι αὐτῷ τὴν νίκην.
6. Ὄντως δὲ αὗται αἱ τραγῳδίαι[!] οὕτω λαμπραὶ ἐγένοντο, ὥστε καὶ νῦν ἀν-άγονται[!].

Ü

1 Du kennst die Konjugation von δίδωμι / δίδομαι. Erschließe die analog gebildeten Formen von τίθημι (ich setze, stelle, lege) / τίθεμαι und ἵημι (ich setze in Bewegung) / ἵεμαι und übersetze sie.

a) δίδω-ς, τίθη-ς, ἵη-ς • δίδο-μεν, τίθε-μεν, ἵε-μεν • δίδο-τε, τίθε-τε, ἵε-τε • δίδω-σι(ν), τίθη-σιν(ν), ἵη-σι(ν) • διδό-ασι(ν), τιθέ-ασι(ν), ἱ-ᾶσι(ν) • δίδω-μι, τίθη-μι, ἵη-μι • διδούς, τιθείς, ἱείς • διδό-ντες, τιθέ-ντες, ἱέ-ντες • διδό-ναι, τιθέ-ναι, ἱέ-ναι

b) δίδο-ται, τίθε-ται, ἵε-ται • δίδο-σθε, τίθε-σθε, ἵε-σθε • δίδο-μαι, τίθε-μαι, ἵε-μαι • δίδο-νται, τίθε-νται, ἵε-νται • διδό-μεθα, τιθέ-μεθα, ἱέ-μεθα • δίδο-σαι, τίθε-σαι, ἵε-σαι • δίδο-σθαι, τίθε-σθαι, ἵε-σθαι • διδό-μενος, τιθέ-μενος, ἱέ-μενος

2 Wähle die Form aus, die zur Übersetzung passt. Übersetze auch die übrigen Formen.

a) er schickt: ἵενται • ἱᾶσιν • ἵησιν • ἵεται • ἱεῖσιν

b) schicken *(Präs.)*: ἱέναι • ἰέναι • εἶναι • εἰδέναι • ἰδεῖν

3 Futur oder Aorist? Gib das Tempus an und übersetze.

a) Aktiv: διέθηκεν • ἐπιθεῖναι • συνθήσομεν • συνεῖναι • μεθείς • ἀφήσουσιν

b) Medium: διαθήσῃ • διέθετο • ἐφεῖτο • ἐφεῖσθε • ἐφήσεσθαι • ἐφέσθαι

c) Passiv: ἐπετέθη • συντεθέντα • ἀφεθήσονται • μεθείθη • συνείθησαν

4 Erläutere den syntaktischen Kontext von ὥστε und übersetze.

a) Διόνυσος τὸν βίον κοσμεῖ πολλαῖς ἡδοναῖς, ὥστε τοὺς ἀνθρώπους ὀλβίους εἶναι.

b) Ὥστε Διονυσίοις οἱ Ἀθηναῖοι θεραπεύουσι τὸν θεόν.

c) Οἱ δὲ πολῖται τῷ τοῦ θεοῦ ἀγάλματι ἑπόμενοι οὕτως εὐφραίνονται, ὥστε ἀκολάστως ὀρχοῦνται (ὀρχέομαι: ich tanze).

I

Bildung für Frauen

… in der modernen Welt eine Selbstverständlichkeit, so scheint es. Aber in vielen Ländern auf der Welt sind Frauen auch im Bezug auf Bildung von einer **Gleichstellung weit entfernt**. In der Antike war Bildung für Mädchen und Frauen die Ausnahme, und **gebildete Frauen** sowie deren Männer wurden vielfach schräg angesehen und in Komödien **verspottet** – so auch **Aspasia**, die als Hure oder Zuhälterin beleidigt wurde, und auch ihr Mann Perikles, der Vorwürfe wie Feigling, Kriegshetzer, Frauenheld oder Tyrann zu hören bekam. Da Aspasia eine Fremde aus Milet war, galt ihre Verbindung nach attischem Recht auch nicht als gültige Ehe.

T

Ein Paar im Rampenlicht

Perikles und Aspasia waren das wohl berühmteste und erfolgreichste Politikerpaar der griechischen Antike. Neben vielen Bewunderern hatten sie jedoch auch zahlreiche Neider.

Περικλῆς πολλάκις στρατηγὸς ἐτέθη ὑπὸ τῶν Ἀθηναίων. Διέθηκε δὲ τὰ τῆς πόλεως οὕτως, ὥστε τὸν δῆμον μάλιστα ὠφεληθῆναι. Ἡ δὲ πολιτεία τότε λόγῳ μὲν δημοκρατία ἦν, ἔργῳ δὲ ἀρχὴ τοῦ πρώτου ἀνδρός. Ὁ γὰρ Περικλῆς σωφρονέστατος ὢν μᾶλλον ἦγε τὸ πλῆθος ἢ ἤγετο ὑπ' αὐτοῦ. Ἀλλὰ καίπερ ἀκμαζούσης[1] τῆς πόλεως οἱ ἐναντίοι οὐκ ἤθελον μεθιέναι τοῦ πρὸς τὸν Περικλέα φθόνου, ἀλλ' ἐφίεντο ἄλγη ἐπιτιθέναι αὐτῷ.

Ὥστε κατηγόρουν τῶν φίλων αὐτοῦ καὶ δὴ καὶ Ἀσπασίας. Ἡ δ' ἦν γυνὴ πάνυ ἄτοπος· ἐπεὶ ἀφίκετο ἐκ τῆς Μιλήτου, διῆγε πολὺ αὐταρκέστερον τῶν ἄλλων ἐν ταῖς Ἀθήναις γυναικῶν. Ἄριστα δὲ συνίει καὶ τὰ πολιτικὰ καὶ τὴν φιλοσοφίαν, ὥστε πολλοὶ τῶν εὐδοκιμούντων συνεγένοντο καὶ διελέχθησαν αὐτῇ.

Οἱ μὲν ἐναντίοι ἐφθόνησαν τῷ Περικλεῖ καὶ ἐλύπησαν αὐτὸν γραφὴν[2] συντιθέντες, ἡ δ' Ἀσπασία ἀ-σεβείας[!] ᾐτιάθη. Καὶ κίνδυνος ἦν, μὴ καταψηφίσωνται οἱ δικασταὶ αὐτῆς θάνατον. Ἀλλ' ἀπελύθη, ἐπεὶ ὁ Περικλῆς οὔτε ἀφῆκε τὴν ἀγαπωμένην γυναῖκα οὔτ' ἐσίγησεν, ἀλλ' ἀπελογήσατο ὑπὲρ αὐτῆς παντὶ τρόπῳ.

[1] ἀκμάζω: ich blühe

[2] ἡ γραφή: *(hier:)* die Anklageschrift

1. Bestimme alle Formen im Text, die sich auf τίθημι oder ἵημι (einschließlich Komposita) zurückführen lassen.
2. ὥστε – Gib jeweils eine Textstelle für eine tatsächliche Folge, eine beabsichtigte Folge und eine Hauptsatzeinleitung an.
3. Stelle alle Textstellen zusammen, die Aspasia als Vorbild auch für moderne Frauen charakterisieren.
4. Erforsche, inwieweit Perikles und Aspasia auf den Abbildungen realistisch oder idealisiert dargestellt sind.
5. MK Der Geschichtsschreiber Thukydides bezeichnet Perikles als πρῶτος ἀνήρ. Recherchiere, aufgrund welcher Merkmale Perikles der *erste Mann* war; präsentiere deine Ergebnisse. σωφρονέστατος (Z. 4) gibt einen ersten Hinweis.

◄ Aspasia

Perikles ►

E

1. Περικλῆς ἦν θαυμαστὸς καὶ τιμητὸς ἐν ταῖς Ἀθήναις.
2. Οἱ δ' ἐναντίοι ἐνόμιζον αὐτὸν ἀ-νίκητον! εἶναι.
3. Διὸ οὐ τοῦ Περικλέους, ἀλλὰ τῆς Ἀσπασίας κατηγόρησαν· „Αὕτη κολαστέα ἐστίν.
4. Ὑμῖν, ὦ δικασταί, ταύτην κολαστέον (ἐστίν).“

Ü

1 Nenne das Verb, von dem sich das Verbaladjektiv ableitet. Übersetze und gib an, ob das Verbaladjektiv die Möglichkeit und/oder das Ergebnis einer Handlung bezeichnet.

a) φοβητός ἐναντίος • νόμοι γραπτοί • δοῦλος ἐν τῷ οἴκῳ θρεπτός • κρυπτὸς τάφος • κακὸν οὐ λεκτόν • ἡ θαυμαστὴ δόξα • τιμητὰ δῶρα

b) χώρα ἀνοίκητος • τὸ ἀπαίδευτον τέκνον • ἡ εὐπαίδευτος κόρη • ἡ ἀκόλαστος θυγάτηρ • τὸ ἀνεξέργαστον ἔργον • ὁ ἀδίδακτος παῖς

2 Übersetze. Achte dabei auf die unterschiedlichen Dativfunktionen.

Παναθηναίοις ἡ Ἀθηνᾶ θεραπευτέα ἐστίν. Πολλὰ οὖν παρασκευαστέα· Ἑκατὸν βόες γεωργοῖς κομιστέαι καὶ ἱερεῦσι θυτέαι εἰσίν. Τῶν δὲ κρεάτων (τὸ κρέας, -ατος: das Fleisch) τοῖς ἀστοῖς μεταδοτέον. Καὶ δὴ καὶ ὁ πέπλος! κόραις γενναίαις κατεργαστέος καὶ εἰς τὴν ἀκρόπολιν! οἰστέος, ὅτι τὸ ἄγαλμα κοσμητέον ἐστίν. Τὰ τοῦ Ὁμήρου ὡς χρηστοτάτοις ῥαψοδοῖς! δοτέα, ἵνα αὐτὰ διέρχωνται.

3 Wähle aus den farbig hervorgehobenen Formen diejenige aus, die einen grammatisch korrekten Satz entstehen lässt. Übersetze.

Ein Vater spricht zu seinem Sohn über dessen Karriere: Ἡ ῥητορικὴ! τέχνη μαθητή ἐστιν. Ἐμοὶ μὲν ἰτέος / ἰτέον / ἰτέοι πρὸς σοφιστὴν πυκνὸν καὶ ὁ αἰτητὸς μισθὸς ἀποδοτέος· σοὶ δὲ σπουδαστέον / σπουδαστόν / σπουδαστοί.
Καὶ χρηστέῳ / χρηστέον / χρηστέᾳ σοι τῇ ῥητορικῇ! ἐν τῷ δικαστηρίῳ λόγους ποιουμένῳ, οἱ δικασταὶ πειστέαι / πειστέον / πειστέοι, ποιητέον τὸν ἥττω λόγον κρείττω.
Πιστεύω τοὺς λόγους σου ἀνελέγκτῳ / ἀνελέγκτους / ἀνελέγκτου ἔσεσθαι.

I

„sophisticated“

Bis in die moderne englische Sprache hinein haben die Sophisten ihre Spuren hinterlassen. Je nach Zusammenhang bedeutet *sophisticated* „anspruchsvoll“, „kultiviert“, aber auch „raffiniert“. Unser **Bild** von den **Sophisten** ist stark und vermutlich auch einseitig durch **Platon** geprägt: „Das schwächere Argument zum stärkeren machen“, so stellt er uns deren Zielsetzung dar. Dass **Sokrates** selbst, der in Platons Dialogen als entschiedener **Gegner der Sophisten** und deren Relativierung der Werte und der Religion auftritt, von den „normalen“ Bürgern ebenfalls als Sophist betrachtet wurde, zeigen die Komödien des Aristophanes (vgl. 72 I).

T

Die Sophisten – Stars oder Scharlatane?

Über die Sophisten war man in Athen geteilter Meinung. Für die einen waren sie Stars, von denen man vieles lernen konnte, für die anderen höchst gefährliche Scharlatane, die man um jeden Preis loswerden musste. – Folgende Unterhaltung hätte Ende des 5. Jahrhunderts v. Chr. auf der Agora in Athen stattfinden können:

„Θαυμαστέοι οἱ σοφισταί· ἴσασι γὰρ πάντα καὶ κελεύουσι τοὺς συγγιγνομένους ἐρωτᾶν, ὅ τι ἂν τις βούληται. Ἀποκρίνονται δὲ πρὸς ἅπαντα ῥητορικῇ[!] ζηλωτῇ χρώμενοι. Διαιροῦντες τὰ πράγματα ἐμπειρίᾳ καὶ τέχνῃ ἀμηχάνῳ ἀ-νίκητοι[!] γίγνονται καὶ ἐν δικαστηρίῳ καὶ ἐν ἐκκλησίᾳ. Τὸ δὲ μέγιστον· φάσκουσιν οὐ μόνον τοὺς εὐγενεῖς[1], ἀλλὰ καὶ τοὺς ἄλλους παιδευτοὺς εἶναι. Ἐάν τις ὀρέγηται παιδείας, φύσεως δεῖται καὶ διδασκάλου χρηστοῦ. Πρὸς δὲ τούτοις ἀσκητέα ἐστὶν αὐτῷ ἡ τέχνη.“

„Εὐφήμει[2]. Τί ἐστι τὸ ὄφελος τοιαύτης σοφίας; Πᾶσι γὰρ ὁρατόν, ὅτι οἱ σοφισταὶ στρέφουσι τοὺς λόγους ἄνω καὶ κάτω. Τῇ δὲ ῥητορικῇ[!] ἀδικοῦσι τοὺς ἀνθρώπους, οἳ ἂν ἀγνοῶσι τοὺς σοφιστικοὺς[3] ἐλέγχους. Καὶ οὗτοι σέβονται τοὺς θεούς· οἱ μὲν γὰρ νομίζουσιν ἄνθρωπόν τινα πυκνὸν ἐξ-ευρεῖν[!] αὐτούς, οἱ δὲ λέγουσιν ἄ-δηλον[!] εἶναι, πότερον εἰσὶ θεοὶ ἢ οὔ. Αὐτοὺς γὰρ εἶναι παντάπασιν ἀ-οράτους[!]. Ἡμῖν ἄρα φυλακτέον ἐστὶν οὐ μόνον τούτους τοὺς ἄνδρας, ἀλλὰ καὶ τὰ βιβλία αὐτῶν.“

[1] εὐ-γενής, -ές: vornehm, adelig

[2] εὐ-φήμει: Gott bewahre! (*zu* εὐ-φημέω *– wörtlich?*)

[3] σοφιστικός: sophistisch; spitzfindig, betrügerisch

1 θαυμαστέοι (Z. 1), ζηλωτῇ (Z. 3), ἀ-νίκητοι (Z. 4), παιδευτούς (Z. 6), ἀσκητέα (Z. 7), ὁρατόν / ἀ-οράτους (Z. 9/14), φυλακτέον (Z. 15)

a) Gib jeweils das zugrunde liegende Verb an.

b) Ordne die Formen tabellarisch jeweils den Verbaladjektiven auf -τός, -τή, -τόν oder -τέος, -τέα, -τέον zu; berücksichtige deine Ergebnisse bei der Übersetzung.

2 Stars oder Scharlatane?

a) Arbeite mit Textbelegen die positiven Eigenschaften der Sophisten heraus.

b) Stelle alle Aussagen zusammen, die Kritik an den Sophisten zum Ausdruck bringen.

c) Erfasse für beide Standpunkte die Rolle der Redekunst (ἡ ῥητορική, Z. 3/10).

MK **3** Die Abbildung zeigt einen diskutierenden Sophisten. Arbeite Merkmale dieser antiken Karikatur heraus.

Karikatur eines diskutierenden Sophisten auf einer griechischen Vase, um 440. v. Chr. ▶

E

1. „Οἱ σοφισταὶ ἵστανται εἰς τὴν ἀγορὰν καὶ τοὺς ἐκεῖ καθιστᾶσιν σοφωτέρους καὶ ἀμείνονας (ἀνθρώπους).
2. Δεῖ περὶ πλείστου ποιεῖσθαι αὐτοὺς ἅτε τὰ τῆς πόλεως κάλλιστα καθισταμένους." –
3. „Οὐδένα οὔποτε κατέστησαν σοφώτερον οὐδ' ἀμείνονα στάντες εἰς τὴν ἀγοράν.
4. Νομίζω δ' αὐτοὺς τὰ τῆς πόλεως οὔτε καταστήσασθαι οὔτε καταστήσεσθαι καλῶς.
5. Διὸ σοφιστήν τινα οὔτε κατέστησα διδάσκαλον τοῦ υἱοῦ οὔτε καταστήσω."

Ü

1 Bestimme und übersetze.

a) ἱστάναι • ἵσταμεν • ἵστατε (2) • ἱστάντες • ἱστᾶσιν

b) ἵσταται • ἵστασθε (2) • ἵστασαι • ἱστάμενα • ἵστασθαι

2 Ordne die griechischen Formen den Übersetzungen zu (z. B. J10).

A. ἐστάθη B. ἕστηκα C. ἔστην D. ἔστησα E. ἐστήσω F. ἵστης G. σταθήσεται H. στήσομαι I. στήσω

1. ich werde stellen 2. ich stellte *(Aor.)* 3. ich stehe 4. du stelltest für dich *(Aor.)* 5. ich stellte mich *(Aor.)* 6. du stellst 7. es wurde aufgestellt *(Aor.)* 8. ich werde mich stellen 9. es wird aufgestellt werden

3 Bestimme zunächst die farbig hervorgehobenen Formen. Übersetze anschließend den Text.

Ἀσπασία ἐκ τῆς Μιλήτου ἀναστᾶσα εἰς τὰς Ἀθήνας ἀφίκετο. Ἐκεῖ Περικλῆς τὴν Ἀσπασίαν ἑταίραν' κατέστησε. Ἐβουλεύσατο πολλάκις σὺν τῇ φρονίμῳ καὶ ἀγαπωμένῃ γυναικὶ ὡς τὰ τῆς πόλεως καταστησόμενος ὡς ἄριστα. Εἰς δὴ φόβον κατέστη, ἐπεὶ ἡ Ἀσπασία ἀσεβείας' κατηγορήθη. Καὶ δὴ καὶ δάκρυα χέων αὐτὴν ἀπελογήσατο εἰς τοὺς δικαστὰς στάς.

I

Reden als literarisches Mittel

Thukydides verwendet in seinem Geschichtswerk die **Reden** als literarisches Mittel, indem er Vertreter verschiedener Positionen – hier Kleon und Diodotos – zu Wort kommen lässt. Im Exkurs über sein methodisches Vorgehen schreibt er: „Schwierig war es für mich, das Gesprochene im genauen Wortlaut wiederzugeben (...) Wie mir jede Partei das Notwendige über die jeweilige Situation wohl gesprochen haben mag, so ist es wiedergegeben. Dabei hielt ich mich möglichst nahe an den Gesamtsinn des tatsächlich Gesagten." Thukydides' Interesse galt dabei vor allem den eigentlichen **Triebkräften**, die **menschliches Handeln** bestimmen (vgl. 69 I).

▲ *Die Rednerbühne auf der Pnyx, dem Ort der Volksversammlung.*

T

Wie soll der Mächtige regieren?

Im Jahr 428 v. Chr. war Mytilene auf Lesbos aus dem Attisch-Delischen Seebund ausgetreten. Die Athener wollten diesen Verlust nicht tatenlos hinnehmen und eroberten die Stadt 427 v. Chr. zurück. Um für alle übrigen Bündnispartner ein Zeichen zu setzen, verhängte die Volksversammlung in Athen eine harte Strafe: Alle Männer aus Mytilene sollten hingerichtet, Frauen und Kinder in die Sklaverei verkauft werden. Tags darauf kam es aber zu einer zweiten Beratung, in der sich zwei Meinungen gegenüberstanden.

Κλέων, ᾧ μάλιστα ἐπίστευεν ὁ δῆμος μετὰ τὸν τοῦ Περικλέους θάνατον, ἀνέστη καὶ εἶπε τοιάδε· „Πολλάκις ἤδη ἔγνων ὑμᾶς ἀδυνάτους ὄντας ἑτέρων ἄρχειν. Ἀνάγκη γὰρ τοὺς ἄρχοντας βεβαίους εἶναι καὶ μὴ φείσασθαι τῶν ἀδικούντων. Καίτοι ὑμεῖς ἀεὶ μεταβάλλετε τὴν γνώμην. Νῦν δὴ καθίστατε τὴν πόλιν εἰς κίνδυνον ἐλεοῦντες τοὺς Μυτιληναίους, οἳ ἔβλαψαν ὑμᾶς. Μὴ ἀναστήσητε τούτους, ἀλλὰ κατα-βάλετε[!] αὐτοὺς σύμπαντας ζημίᾳ βαρυτάτῃ. Οὕτω γὰρ παράδειγμα σαφὲς καταστήσετε τοῖς ἄλλοις συμμάχοις."

Ὁ μὲν Κλέων τοιαῦτα συνεβούλευσεν, Διόδοτος δ' ἀναστὰς γνώμην ἀπεφήνατο ὧδε· „Ἄριστα ἂν καθισταῖσθε τὰ τῆς πόλεως, εἰ δικάζοιτε χωρὶς τάχους[1] καὶ ὀργῆς προσέχοντες μόνον τούτοις, ἃ ἂν λυσιτελῇ τῇ πόλει. Ἐννοεῖτε οὖν· τί κέρδος ὑμῖν ἔσται, ἐὰν ζημιώσητε πάντας τοὺς Μυτιληναίους, αἰτίους τε καὶ ἀν-αιτίους[!]; Χρήματα οὐκέτι εἰσ-έλθοι[!] ἂν ἐκ τῆς Μυτιλήνης καὶ ἐχθροὶ ἂν εἶτε πᾶσι τοῖς ἄλλοις συμμάχοις, οἳ οὐ παύσονται πράγματα παρέχοντες. Κρίνατε οὖν τοὺς αἰτίους τῆς στάσεως καθ' ἡσυχίαν, ἐάσατε δὲ τοὺς ἄλλους οἰκεῖν."

[1] τὸ τάχος, -ους: *Subst. zu* ταχύς

1. Bestimme alle Formen im Text, die sich auf ἵστημι (einschließlich Komposita) zurückführen lassen.

2. χωρὶς τάχους καὶ ὀργῆς (Z. 11) – Beschreibe die damit verbundenen Vorteile, Entscheidungen zu treffen.

3. Weise mit Textbelegen nach, dass Kleon den Standpunkt der Autorität vertritt, während Diodotos Angemessenheit und Gerechtigkeit fordert.

4. MK Nutze ein Wörterbuch (vgl. M 78 A), um καθ' ἡσυχίαν (Z. 16) treffend zu übersetzen; gib aus dem Text eine synonyme Wendung an.

5. Erläutere den Euphemismus ἐᾶν οἰκεῖν (vgl. Z. 16). Der Einführungstext gibt Hinweise.

6. MK Informiere dich über den Ausgang der entscheidenden zweiten Abstimmung.

E

1. Ἐπεὶ ἡ Πνύξ, ὁ τῆς ἐκκλησίας τόπος, ἀνθρώπων ἐπλήσθη, Κλέων ἤρξατο λέγειν·
2. „Ἐπίσταμαι ὑμᾶς οὔτε δυναμένους οὔτε δυνησομένους ἑτέρων ἄρχειν.
3. Οὐ γὰρ ἐπίστασθε ἄλλους κατέχειν.“
4. Ἀλλὰ Διόδοτος· „Ἔγνωτε μὲν τοὺς Μυτιληναίους κατα-βαλεῖν· νῦν δὲ γνῶτε τοῦτο τῇ πόλει οὐ λυσιτελοῦν.
5. Ἀκούσατε οὖν ἐμοῦ συμβουλεύοντος· ἀπείπετε μὴ πάντας τοὺς Μυτιληναίους ζημιῶσαι.“

Ü

1 Wähle die Form aus, die grammatisch nicht in die Reihe passt. Begründe deine Entscheidung.

a) ἐπίστασαι • ἐπιστήσῃ • ἠπιστήθης • ἐπίστασθε
b) δύνανται • δύνασαι • δυνάσται • δύναται
c) ἐπλήσθη • πέπλησται • πλῆσαι • πλησθήσεται

2 Gib an, welche Konstruktion auf die farbig hervorgehobenen Verben folgt. Achte dementsprechend beim Übersetzen auf die Wahl der passenden Bedeutung.

a) Οἱ σοφισταὶ ἐπίστανται οὐ μόνον τοὺς εὐγενεῖς (die Adeligen), ἀλλὰ καὶ τοὺς ἄλλους διδακτοὺς ὄντας.
b) Οἱ σοφισταὶ ἐπίστανται τὴν ῥητορικὴν (τέχνην) δίδασκειν.
c) Οἱ σοφισταὶ φαίνονται ἀδικοῦντες, ἐὰν σοφιστικοῖς ἐλέγχοις χρῶνται.
d) Καὶ φαίνονται μὲν τἀληθῆ λέγειν, ψεύδονται δέ.
e) Ἀλλὰ Σωκράτης ὁ φιλόσοφος γιγνώσκει, ὅτι τὸ ἀδικεῖν τὴν ψυχὴν βλάπτει.
f) Ὁ Σωκράτης γιγνώσκει τοὺς νέους τῶν σοφιστῶν ἀποτρέπειν [ἀποτρέπω *(m. Gen.): (hier:)* ich warne (vor)] καὶ οὐκ ἀπαγορεύει τοὺς τῶν σοφιστῶν λόγους ἐλέγχων.
g) Διὸ γονεῖς τινες ἀπαγορεύουσι τοῖς παισὶ μὴ ὁμιλεῖν τοῖς σοφισταῖς.

3 Übersetze in gutes Deutsch.

a) Οἱ Ἀθηναῖοι τὰς ναῦς ἀνδρῶν ἔπλησαν.
b) Ὁ οἰκέτης τὸν κρατῆρα οἴνου καὶ ὕδατος ἔπλησεν.
c) Μὴ φόβου πλήσῃς ἡμᾶς.
d) Τῶν σίτων πέπλησμαι.

I

Aristophanes – Komödien für den Frieden

Sechs Jahre nach Beginn des Peloponnesischen Kriegs schreibt Aristophanes 426 v. Chr. ein gewagtes **Stück gegen diesen Krieg** und vor allem die Politiker, die ihn zu verantworten haben: Jedes Jahr leiden die **Bauern**, unter ihnen auch die des attischen Dorfes **Acharnai**, unter den Verwüstungen der Felder durch die Spartaner. Der Großbauer Dikaiopolis beschließt daher die Sache selbst in die Hand zu nehmen und überzeugt seine Landsleute Gleiches zu tun: Die Acharner schließen einfach einen Privatfrieden mit den Spartanern, Mann für Mann – und genießen das Leben. Im Jahr 421 v. Chr. verfasst Aristophanes eine Komödie mit dem programmatischen Titel ***Eirene*** und zehn Jahre später, im zwanzigsten Jahr des Krieges, erzwingen in der **Komödie *Lysistrate*** die Frauen mit ihren Mitteln den Frieden – eine hochpolitische, aber auch derbe und witzige Komödie. Der Philosoph Hegel sagte über Aristophanes: „Ohne ihn gelesen zu haben, lässt sich kaum wissen, wie dem Menschen sauwohl sein kann.“

T

Pazifismus ist Frauensache

Im Jahr 411 v. Chr. ist Athen vom Peloponnesischen Krieg bereits schwer gezeichnet. Vor diesem Hintergrund bringt der Komödiendichter Aristophanes sein Stück *Lysistrate* auf die Bühne. Ein Theaterbesucher informiert über das Bühnenstück.

Ἔγνων τὴν ἀκρόπολιν[!] πεπλησμένην γυναικῶν. Αὗται μὲν παρεκλήθησαν ἐκ πάσης τῆς Ἑλλάδος. Λυσιστράτη δέ, Ἀθηναία τις, ἣν αἱ γυναῖκες ἡγεμόνα κατέστησαν, παρῄνεσε τῷ ὄχλῳ ὧδέ πως·

„Ὦ φίλαι, κακῶς διάκεινται αἱ πόλεις, κακῶς διακείμεθα καὶ ἡμεῖς αὐταί. Διατελοῦμεν γὰρ σιγῶσαι καὶ ποθοῦσαι[1] τοὺς ἄνδρας, οἳ εἴκοσιν ἤδη ἔτη πολεμοῦσιν οὐκ ἐπιστάμενοι εἰρήνην ποιεῖσθαι. Διαφθείρονται δὲ οἱ υἱοί, οὓς ἐτέκομεν ἐν μεγίστοις ἄλγεσιν. Καὶ ἡμεῖς φαινόμεθα ἐξαπατώμεναι ὑπὸ τῶν ἀνδρῶν, οἳ προσποιοῦνται ἐφίεσθαι σωτηρίας καὶ εὐδαιμονίας ἡμῶν.

Ἀλλὰ νῦν χρὴ αὐτοὺς δίκην δώσειν τῆς ἀβουλίας[2] καὶ τῶν ψευδῶν[!]. Παροξύνωμεν[3] αὐτούς, ἀλλὰ μὴ ὁμιλῶμεν αὐτοῖς. Καὶ μὴ ἀπαγορεύωμεν ταράττουσαι αὐτούς, πρὶν ἂν παύσωνται ἀποκτείνοντες ἀλλήλους.“

Αἱ οὖν γυναῖκες, ἐπεὶ ἤκουσαν τῆς Λυσιστράτης τοιαῦτα λεγούσης, πᾶσαι συνεχώρησαν καὶ ὅρκον προσέθεσαν. Εἶτα δὲ ὁ σύλ-λογος[!] ἐλύθη. Καὶ ἐν βραχεῖ οἱ ἄνδρες οὐκέτι οἷοί τε ἦσαν κρατῆσαι τῶν ἐπιθυμιῶν, ἀλλ’ οὐκ ἐδυνήθησαν πεῖσαι τὰς γυναῖκας οὔτε κολακείᾳ[4] οὔτε δώροις. Ὥστε ἔγνωσαν κατα-θεῖναι[!] τὰ ὅπλα.

[1] ποθέω: ich vermisse, sehne mich nach

[2] ἡ ἀ-βουλία: die Unvernunft

[3] παρ-οξύνω: ich reize (*wörtlich?*)

[4] ἡ κολακεία: die Schmeichelei, die schmeichelnden Worte

1 Weise für die folgenden Verbformen zu, ob sie mit einem prädikativen Partizip oder einem Infinitiv verbunden sind; berücksichtige dies bei der Übersetzung: ἔγνων (Z. 1) – διατελοῦμεν (Z. 5) – ἐπιστάμενοι (Z. 6) – φαινόμεθα (Z. 8) – προσποιοῦνται (Z. 8) – ἀπαγορεύωμεν (Z. 11 f.) – παύσωνται (Z. 12) – ἤκουσαν (Z. 14) – οἷοί τε ἦσαν (Z. 16) – ἐδυνήθησαν (Z. 17) – ἔγνωσαν (Z. 18)

2 Der Text gliedert sich in vier Abschnitte: I (Z. 1–3) – II (Z. 4–9) – III (Z. 10–13) – IV (Z. 14–18). Gib den Inhalt jeweils in einem Satz wieder.

MK 3 Begründe mit Blick auf das Ende, dass der Name Λυσι-στράτη passend gewählt ist.

MK 4 Analysiere das abgebildete Theaterplakat; stelle Bezüge her, welche Aspekte der antiken Komödie bewahrt werden.

Theaterplakat der Aufführung der „Lysistrate“ (2014) am theater privat in Wien. ▼

E

1. Λυσιστράτη· „Πολέμῳ πολλοὶ ἄνθρωποι ἀποδείκνυνται ἐνδεεῖς.
2. Οἱ ἄνδρες οἱ ἐν τῇ εἰρήνῃ σωφροσύνην δεικνύντες ἐν τῷ πολέμῳ βίαν καὶ ἀ-μαθίαν[1] δεικνύασιν.
3. Νῦν πολλοὶ μὲν υἱοὶ ἡμῶν ἤδη ἀπώλοντο, πολλοὶ δ' ἔτι ἀπολοῦνται, ἐὰν μὴ κωλύωμεν τοὺς ἄνδρας.
4. Ὑμῖν αὐταῖς οὖν ὀμόσατε μὴ μείξεσθαι αὐτοῖς, πρὶν ἂν εἰρήνην ποιῶνται."

Ü

1 Erschließe die Formen mithilfe deiner Kenntnisse zur Bildung der Verben auf -μι und übersetze.
δείκνυτε (2) • δεικνύντες • δεικνύασιν • δεικνύναι • δεικνύοιεν ἄν • δεικνύωμεν • δείκνυσιν • δεικνῦσιν • δεικνύμενον • δείκνυσθαι • δείκνυνται • δεικνύοιτο

2 Wähle die richtige Übersetzung aus. Die in Klammern angegebenen Buchstaben ergeben den Titel einer weiteren Antikriegskomödie des Aristophanes.
ἀποδειχθέν: es wurde bewiesen *(Aor.)* [A] • etwas, das bewiesen wurde *(Aor.)* [E] • er beweist [O]
ὀμόσας: du schworst *(Impf.)* [E] • du schworst *(Aor.)* [Π] • einer, der schwor *(Aor.)* [I]
ἐμίγη: es wurde gemischt *(Aor.)* [P] • mische! *(Aor.)* [H] • er mischte *(Aor.)* [Σ]
ἀπολεῖς: du wirst zugrunde gehen [T] • du richtest zugrunde [O] • du wirst zugrunde richten [H]
ἐμείξαμεν: wir zeigten *(Aor.)* [I] • wir mischten *(Aor.)* [N] • wir werden mischen [O]
ἀπολέσθαι: zugrunde richten [N] • zugrunde gehen *(Aor.)* [H] • ihr werdet zugrunde richten [A]

3 Übersetze und arbeite dabei die Funktion der Dative heraus.
Κλέων· „Πᾶσιν πολίταις συμβουλεύω τάδε. Εὖ ἴστε· Ἐὰν τοῖς ἐναντίοις καὶ τοῖς πολεμίοις βλαβερὰ (Verderbliches) βουλεύησθε, ὑμῖν αὐτοῖς καὶ τῇ πόλει ὠφέλιμα βουλεύεσθε. Διὸ γνῶτε καὶ νῦν τὰ ἡμῖν πᾶσιν συμφέροντα· Μὴ φείσησθε τῶν Μυτιληναίων."

I

Die Herrschaft der Dreißig und Sokrates

Nur acht Monate – von November 404 bis Mai 403 v. Chr. – sollte die Herrschaft der **30 Tyrannen** nach der Niederlage Athens im Peloponnesischen Krieg dauern. Kritias, Platons Onkel, war ihr Anführer. Die Dreißig verfolgten Bürger nicht nur aus politischen Gründen, sondern auch aus **Habgier** und **persönlichen Feindschaften**. Dabei versuchten sie viele Athener in ihre Verbrechen zu verwickeln, darunter auch Sokrates; dieser verweigerte jedoch die Mitwirkung an der Verfolgung seiner Mitbürger, was durchaus gefährlich war (vgl. näher dazu 83 T): Wenn wir Aristoteles glauben dürfen, fielen ihnen 1500 athenische Bürger zum Opfer.

T

Das Ende Athens?

Im Jahr 404 v. Chr. ist Athen zu Land und zu Wasser eingeschlossen und hat alle Bundesgenossen verloren. Durch die Hungersnot völlig demoralisiert, ergaben sich die Athener den Spartanern, obwohl sie schlimmste Rache vonseiten ihrer Feinde befürchten mussten.

Οἱ Λακεδαιμόνιοι οὐκ ἔφασαν πόλιν δουλώσειν, ἣ μέγα ἀγαθὸν ἠργάσατο τῇ Ἑλλάδι. Ἠνάγκασαν δὲ τοὺς Ἀθηναίους καθελεῖν τὰ μακρὰ τείχη, παραδοῦναι τὰς ναῦς πλὴν δώδεκα καὶ ἄνδρας τριάκοντα ὀλιγαρχικούς[1] ἀποδεῖξαι ἡγεμόνας. Οὗτοι πρῶτον μὲν τοὺς λεγομένους συκοφάντας[2], ἄνδρας πονηρούς, ἐδίωξαν, εἶτα δέ τινες αὐτῶν βίαν τε καὶ πλεον-εξίαν[!] αἰσχρὰν ἀποδεικνύντες ἀπώλεσαν πάντας τοὺς ὑπὸ τοῦ δήμου τιμωμένους, μάλιστα δὲ τοὺς πλουσιωτάτους.

Πολλοὶ οὖν τῶν δημοτικῶν[3] ἔφυγον ἐκ τῆς πόλεως καὶ ἠθροίσθησαν ἐν Θήβαις. Ἐκεῖθεν[4] δ' ὡρμήθησαν Θρασυβούλου ἡγουμένου καὶ ἀφίκοντο εἰς Πειραιᾶ.

Οἱ δὲ τριάκοντα καρτερῶς ἠναντιώθησαν τοῖς ἀμφὶ τὸν Θρασύβουλον. Μάχη δ' ἐγένετο αὐτοῖς, ἐν ᾗ Κριτίας καὶ ἄλλοι τινὲς τῶν τριάκοντα ἀπώλοντο.

Μετὰ δὲ τὴν τῶν δημοτικῶν[3] νίκην οἱ Ἀθηναῖοι οὐκ ἐδείκνυσαν ὁμόνοιαν, ἀλλ' οἱ ὀλιγαρχικοὶ[1] καὶ οἱ δημοτικοὶ[3] ἠπίστουν ἀλλήλοις καὶ ἑκάτεροι ἕτοιμοι οὐκ ἦσαν μείξασθαι. Τέλος δὲ διηλλάγησαν καὶ ὤμοσαν ὅρκους, ὥσπερ ἐπιδείκνυσι Ξενοφῶν, ἦ μὴν μὴ μνησθήσεσθαι τῶν εἰς ἀλλήλους κακῶν, καὶ δὴ καὶ ὁμοῦ ἐπολιτεύοντο.

[1] ὀλιγ-αρχικός: oligarchisch *(d. h. spartafreundlich)* gesonnen
[2] ὁ συκο-φάντης: der Sykophant, der Denunziant, der Verräter
[3] δημοτικός: demokratisch *(d. h. spartakritisch)* gesonnen
[4] ἐκεῖ-θεν *(Adv.)*: von dort

1. Bestimme die Verbformen: ἀποδεῖξαι (Z. 4) – ἀποδεικνύντες (Z. 6) – ἀπώλεσαν (Z. 6) – ἀπώλοντο (Z. 14) – ἐδείκνυσαν (Z. 15) – μείξασθαι (Z. 17) – ὤμοσαν (Z. 18) – ἐπιδείκνυσι (Z. 18)

2. Gib alle Konnektoren und Wendungen an, die den Ablauf örtlich und zeitlich strukturieren. (vgl. M 15 B)

MK 3. Ὁμόνοια gilt als zentraler Wert der athenischen Geschichte; so heißt einer der Hauptplätze Athens (vgl. Abb.) heute Πλατεία Ομονοίας – Omonia-Platz.
   a) Erschließe die altgriechische Schreibweise und die Bedeutung; überprüfe deine Vermutungen mithilfe eines Wörterbuchs. (vgl. M 78 A)
   b) Informiere dich über schwierige Phasen der griechischen Geschichte im 19. und 20. Jahrhundert.

MK 4. ὥσπερ ἐπιδείκνυσι Ξενοφῶν (Z. 18) – Informiere dich über Xenophon und präsentiere deine Ergebnisse in Form einer Kurzbiografie.

E

1. Οἱ μὲν Λακεδαιμόνιοι ὑπέσχοντο τὴν τῶν Ἀθηναίων γῆν μηκέτι τεμεῖν.
2. Οἱ δὲ τριάκοντα οὐκ ἔκαμον διώκοντες τοὺς δημοτικούς[!] – διὸ οὗτοι ἔφυγον.
3. Τῶν δημοτικῶν[!] ἐπανελθόντων καὶ εἰς Πειραιᾶ ἀφικομένων μάχη ἐγένετο.
4. Τῆς νίκης τυχόντες οὗτοι πρῶτον μὲν τῆς ἀδικίας οὐκ ἐπελάθοντο.
5. Τέλος δ' αἰσθόμενοι, ὅτι δεῖ ὁμονοίας, ὁμοῦ τοῖς ἐναντίοις ἐπολιτεύοντο ὡς τὴν πόλιν φυλάξοντες καὶ αὐξήσοντες.

Ü

1 Präsens, Futur oder Aorist? Ordne die Formen dem Tempus nach und übersetze.

a) τεμεῖ • τέμνει • μὴ τέμητε • ἀφίξεται • ἀφίκετο • ὑπισχνεῖτε • ὑπόσχεσθε • ὑποσχήσεσθε • πιεῖν • πίνειν • Τί πίω; • μὴ κάμωμεν • καμούμεθα

b) ἁμαρτήσεσθε • ἁμαρτανούσαις • αὐξῆσαι • αὐξάνουσαι • αὐξήσειν • ἐλάβετε • λαμβάνετε • λήψῃ • λήσει • λαθών • μὴ ἐπιλάθησθε • μὴ ἐπιλανθάνοισθε • πευσόμεθα • μάθωμεν • μανθάνομεν • μαθησόμεθα • τευξόμεθα • τυγχάνοιμεν

2 Wiederhole die Bildung des starken Aorists Aktiv/Medium (vgl. 23 A / 24 B). Stelle Aktiv-Medium-Paare zusammen, die in den übrigen grammatischen Kategorien übereinstimmen, und übersetze.

a) ἀφίκεσθαι • ἀφίκοντο • ἀφικομένοις • ἀφίκετο • ὑποσχοῦ • ὑποσχοίμην ἄν • ὑπέσχεσθε • ὑποσχόμεναι

ἐπίετε • πιοῦσιν • ἔτεμον • τεμεῖν • τέμε • ἔτεισεν • κάμοιμι ἄν • καμοῦσαι

b) ἐπελάθου • ἐπύθεσθε • μὴ ἐπιλαθώμεθα • πύθοιντο ἄν • πύθεσθε • ᾔσθετο • αἰσθομένους

ἡμάρτετε • μάθετε • ἔτυχε • ἔλαβες • λάθοιεν ἄν • λαθόντας • μὴ ἁμάρτωμεν

3 Viele Verben der neuen Grammatik stehen mit prädikativem Partizip. Untersuche dementsprechend die Satzstruktur und übersetze.

A· „Ἐπυθόμην πολεμίους τὸ ἄστυ λαβόντας. Τί;“

B· „Οἱ πολέμιοι νυκτὸς τοὺς φύλακας[!] ἔλαθον ἐπιχειρήσαντες τοῖς τοῦ ἄστεως τείχεσιν. Οἱ δὲ φύλακες[!] οὐκ ᾔσθοντο τῶν πολεμίων ἐπιχειρησάντων· καθεύδοντες γὰρ ἔτυχον. Ἄ-φυκτόν[!] γ' ἐγένετο πάντας τοὺς πολίτας μαθεῖν τοὺς φύλακας[!] ἁμαρτόντας.“

I

Aristoteles – ein Universalgelehrter

Metaphysik, Logik, Ethik, Staats- und Dichtungstheorie, Biologie, Physik, … – das waren für Aristoteles keine in sich abgeschlossenen Wissenschaften, sondern ein großes Ganzes. Über 200 Titel soll sein Werk umfasst haben, wovon nur etwa ein Viertel erhalten ist. Während seine Schriften in der Antike eher geringe Wirkung hatten, entdeckten **islamische Gelehrte** im 9. Jahrhundert deren Bedeutung und fertigten **arabische Übersetzungen** an. Im 12. Jahrhundert wurden seine Texte ins **Lateinische** übersetzt und ab dem 13. Jahrhundert gehörten sie zur Standardliteratur an den neu entstandenen **europäischen Universitäten**.

Raffael (1483–1520): Die Schule von Athen (Ausschnitt). ▶

T

Platon und Aristoteles

Platon (427–347 v. Chr.) und Aristoteles (384–322 v. Chr.) sind die berühmtesten griechischen Philosophen. Obwohl sie so manche Grundüberzeugung teilten und Aristoteles ein Schüler Platons war, hätten beide kaum unterschiedlicher sein können. Mit ihren Gedanken prägen sie nicht nur die Philosophie, sondern das wissenschaftliche Denken in Europa bis heute.

Πλάτων, νεανίας γενναιότατος, μετήλλαξε τὸν βίον, ὥσπερ ἐπυθόμεθα, Σωκράτει ἐντυχών. Οὐκέτι ἐπεμελήθη τούτων, ὅσα ἐν τῷ ἔμπροσθεν[1] ἐπετήδευσεν· ἀπέβαλε τὰ ποιήματα, ἃ ἔγραψεν, καὶ ἐπαύσατο πολιτευόμενος. Ἤρξατο δὲ φιλοσοφῶν.

Μετὰ δὲ τὸν τοῦ Σωκράτους θάνατον ἐζήτει τόπον τινά, οὗ ἐξείη αὐτῷ διδάσκειν. Καὶ οἱ ἄρχοντες ἔδοσαν αὐτῷ ἱερὸν ταπεινὸν[2] Ἀκαδήμου, ἥρωός τινος οὐκ ἀξιο-λόγου[!]. Ὁ δὲ Πλάτων ὑπέσχετο αὐξήσειν τὴν τούτου δόξαν καὶ ὠνόμασε τὸ χωρίον Ἀκαδήμειαν. Ἐκεῖ δ᾽ ἐσκέψατο διαλεγόμενος τοῖς μαθηταῖς, τί ἐστι σοφόν, τί δίκαιον, τί σῶφρον, τί ἀνδρεῖον. Μάλιστα δ᾽ ἐσπούδασε περὶ τὴν τοῦ ἀγαθοῦ ἰδέαν[!].

Τότε δὴ πολλοὶ παρεγένοντο ὡς μαθησόμενοι. Ἀφίκετο καὶ Ἀριστοτέλης. Ὁ δ᾽ ἐν βραχεῖ ὑπὸ πάντων ἐζηλοῦτο ἅτε φρονιμώτατος ὤν. Ἐμπειρίᾳ δὲ χρώμενος συνέλαβε πάντα τὰ ὄντα· ἔταξε καὶ κατέλεξε φυσικά[!], ὥσπερ τὰ ζῷα ἢ τὰ φυτά[3], μαθηματικά[!], λογικά[!], ἠθικά[!].

Ἔλιπε δὲ τὴν Ἀκαδήμειαν μετὰ εἴκοσιν ἔτη – ὀργισθείς, ὥσπερ ὑπέλαβόν τινες· ὁ γὰρ Πλάτων ἥμαρτε τοῦ ὀρθοῦ οὐχ ἱκανῶς αἰσθόμενος τὴν τοῦ Ἀριστοτέλους φύσιν.

[1] ἐν τῷ ἔμπροσθεν: *ergänze* χρόνῳ

[2] ταπεινός: hinfällig, ärmlich

[3] τὸ φυτόν: die Pflanze

1 Bestimme die Verbformen und gib an, welche Präsenserweiterung jeweils vorliegt: ἐπυθόμεθα (Z. 1 f.) – ἐντυχών (Z. 2) – ὑπέσχετο (Z. 7) – αὐξήσειν (Z. 8) – μαθησόμενοι (Z. 12) – ἀφίκετο (Z. 12) – συνέλαβε (Z. 14) – ἥμαρτε (Z. 17) – αἰσθόμενος (Z. 17 f.)

2 τὰ φυσικά, μαθηματικά, λογικά, ἠθικά (Z. 15)

a) Nenne den Fachbegriff des enthaltenen Stilmittels. (vgl. M 75 A)

b) Gib eine weitere Textstelle mit diesem Stilmittel an.

3 Die großen Unterschiede

a) Arbeite anhand der Aussagen ἐσκέψατο διαλεγόμενος τοῖς μαθηταῖς (Platon, Z. 9) und ἐμπειρίᾳ δὲ χρώμενος συνέλαβε πάντα (Aristoteles, Z. 14) die unterschiedlichen Methoden der beiden Philosophen heraus.

b) Weise mit Textbelegen nach, dass die beiden auch völlig verschiedene Bereiche der antiken Philosophie bearbeiteten.

c) Erfasse, inwiefern der Künstler Raffael die beiden Philosophen in der Art ihres Auftretens gut getroffen hat. K „Philosophie" (S. 175 f.) gibt erste Hinweise. MK

E

1. Πλάτων ἔπαθεν ἄτοπα, ἐπεὶ Σωκράτει ἐνέτυχεν, καὶ ἤρξατο φιλοσοφῶν.
2. Διὸ ἐζήτει (καὶ ηὗρεν) τόπον τινὰ ὡς τοὺς μαθητὰς διδάξων.
3. Πολλοὶ παρεγένοντο πρὸς τὴν Ἀκαδήμειαν· ἐκεῖ ὁ Πλάτων ἐδίδαξε καὶ τὸν Ἀριστοτέλη.
4. Μετὰ δ' εἴκοσιν ἔτη τῷ Ἀριστοτέλει οὐκέτι ἐμέλησε τῆς Ἀκαδημείας καὶ ἔδοξεν αὐτῷ αὐτὴν λιπεῖν.
5. Ὠιήθη γὰρ ὑπὸ τοῦ Πλάτωνος οὐχ ἱκανῶς τιμᾶσθαι.

Ü

1 Übersetze folgende Formen. Die farbig hervorgehobenen Buchstaben der Aoristformen ergeben in der richtigen Reihenfolge Namen (a) und Ausruf (b) einer berühmten Person.

a) γέγονα ◦ πάθοις ἄν ◦ εὑρέ ◦ ἐδιδάχθησαν ◦ τέθνηκεν ◦ πεπόνθαμεν ◦ πεσεῖν ◦ πεισόμενοι ◦ ἐμνήσθης ◦ ηὗρες ◦ δεδιδάγμεθα ◦ γενήσεσθαι ◦ μνησθείς
? ? ? ? ? ? ? ? ? ?

b) ἐθελήσει ◦ ἐχάρητε ◦ δόξουσιν ◦ ᾠήθησαν ◦ μελήσει ◦ βουληθέντες ◦ θελήσειαν ἄν ◦ δέδοκται ◦ οἰήσονται
? ? ? ? κ ?

2 Gib die Lernform der Verben an und übersetze.
Ἀνήρ τις νοῦν βέβαιον καὶ ἐσθλὸν ἔχων· „Ἀδίκῳ τινὶ τυράννῳ οὔποτε πείσομαι, οὐδ' εἰ πολλὰ κακὰ ὑπ' αὐτοῦ πείσομαι. Μηδεὶς πειράσαιτό με λόγοις παντοίοις πεῖσαι· τοιούτοις λόγοις οὐδαμῶς πεισθήσομαι."

3 Übersetze.
Λυσιστράτη· „Οὐ χρή, ὦ Ἀθηναῖαι, ἐμὲ τὰ τούτῳ τῷ πολέμῳ γεγονότα ὑμᾶς διδάξαι. Δοκεῖ δὲ μοι ἡμᾶς τὸν πόλεμον παῦσαι. Πῶς γενήσεται; Δέδοκται δὴ ἡμᾶς τοῖς ἀνδράσι μὴ μιγῆναι. Οἰήθητέ γε τοῖς ἀνδράσιν οὕτως ἀναγκασθεῖσι τῆς εἰρήνης μελήσειν. Ἡμεῖς μὴν τῇ εἰρήνῃ χαιρήσομεν. Οὐδεὶς μὲν τῶν υἱῶν οὐκέτι πεσεῖται, ἡμεῖς δ' οὐκέτι κακῶς πεισόμεθα. Καὶ οἱ ἄνδρες ἐν πολέμῳ οὐκ ἀποθανοῦνται, οὐκέτι γὰρ βουλήσονται μάχεσθαι. Διὸ μνήσθητε καὶ οἴκοι οὖσαι τῶν δεδογμένων."

I

Wie wollen oder sollen wir leben?

Es ist diese zeitlose Frage, die sich Menschen aller Epochen gestellt haben und auch heute immer noch stellen. Und die Antworten sind ebenso zeitlos, denn **Themen** wie Ursprung und Ziel, Tod, Liebe, **Sinn und Glück** betreffen den Kern der menschlichen Existenz. Die Philosophien **Epikurs** und der **Stoa** haben mit ihren Antworten weit über ihre Zeit hinaus gewirkt: Cicero beschäftigte sich mit beiden philosophischen Richtungen, der Dichter Horaz bezeichnete sich als Schwein aus der Herde Epikurs und auch in der modernen Philosophie und Psychologie werden beide Sichtweisen des menschlichen Lebens immer wieder diskutiert. So zeigen sich z. B. in den Forderungen nach einem **Weltethos** viele Parallelen zum kosmopolitischen Denken der Stoa, nach welchem man die gesamte Welt als Heimat betrachten soll.

T

Epikureer und Stoiker

Spätestens nach dem Sieg der Makedonen in der Schlacht von Chaironeia (338 v. Chr.) war das demokratische Athen am Ende. Dies hatte auch Auswirkungen auf die Philosophie: Epikur (341–270 v. Chr.) und Zenon (ca. 335–262 v. Chr.) begründeten die berühmten Philosophenschulen der Epikureer und der Stoa, die den philosophisch interessierten Menschen, angepasst an die veränderte politische Situation im Hellenismus, auf ganz unterschiedliche Weise einen neuen Bezugsrahmen zu geben versuchten.

Ἀμφότεροι ἐσκόπουν, πῶς οἱ ἄνθρωποι εὑρήσουσι τὴν εὐδαιμονίαν ἢ γενήσονται εὐδαίμονες.

Ὁ μὲν Ἐπίκουρος ἐδίδαξε τοὺς συνόντας, ὅτι δεῖ ὀρέξασθαι ἡδονῆς, φυγεῖν δὲ πόνους καὶ ἄλγη. Καὶ ἐβουλήθη ἐλευθερῶσαι αὐτοὺς ἀπὸ τοῦ φόβου τοῦ τῶν θεῶν ἢ δαιμόνων. Ἔφασκε δὴ τούτους οὐ φροντίσαι τοῦ κόσμου, ἀλλὰ πάντα – καὶ τὰ σώματα καὶ τὰς ψυχάς – γεγονέναι ἐξ ἀ-τόμων[!] καὶ πάλιν καταλυθήσεσθαι εἰς αὐτά. Καὶ οὐκ ἠθέλησε πολιτεύσασθαι, ἀλλ’ ἐχάρη διάγων αὐτάρκως μετὰ φίλων ἐν κήπῳ[1] τινὶ ζητῶν τὴν ἀ-ταραξίαν[!].

Οἱ δὲ Στωϊκοὶ ὕμνησαν τὸν λόγον ὥσπερ θεόν· ἔδοξε γὰρ αὐτοῖς τοῦτον κοσμῆσαι πάντα τὰ ὄντα. Καὶ ᾠήθησαν αὐτὰ προνοίᾳ γενέσθαι καὶ αὖθις διαφθαρῆναι. Τῷ δ’ ἀνθρώπῳ ἅτε μέρει ὄντι τοῦ κόσμου οὐκ ἔξεστιν ἐκ-φυγεῖν[!] ταύτην τὴν ἀνάγκην. Ὁ οὖν σοφὸς οὐδαμῶς ἐμπεσεῖται εἰς ταραχήν[!], ἀλλὰ καρτερήσει καὶ δέξεται ἐλευθέρως, ὅσα δεῖ παθεῖν. Διαθήσει δὲ πάντα – καὶ τὴν πολιτείαν – κατὰ τὸ καθῆκον[2]. Οὐ μελήσει αὐτῷ οὔτε τοῦ νοσεῖν[!] οὔτε τοῦ ἀποθανεῖν, οὔτε δυνάμεως οὔτε χρημάτων ὡς ἀδιαφόρων[3] ὄντων.

[1] ὁ κῆπος: der Garten

[2] τὸ καθ-ῆκον, -οντος: die Pflicht

[3] ἀ-διά-φορος, -ον: gleichgültig, unterschiedslos

MK **1** Erschließe die deutsche Bedeutung der für die Stoa wichtigen Begriffe (vgl. M 44 B); überprüfe deine Vermutungen anschließend mithilfe eines Wörterbuchs: αὐτο-νομία – αὐτ-άρκεια – ἀ-πάθεια – ἀ-ταραξία

2 Trotz deutlicher Gegensätze haben die epikureische und stoische Philosophie eine große Gemeinsamkeit: Sie sind Glücksphilosophien.

a) Weise die Richtigkeit dieser Behauptung mit Textbelegen nach.

b) Paraphrasiere, wie für Epikureer und Stoiker das Glück zu erreichen ist.

MK **3** ἐχάρη διάγων αὐτάρκως μετὰ φίλων ἐν κήπῳ τινί (Z. 8 f.) – Informiere dich, aus welchem Grund οἱ ἀπὸ τῶν κήπων als Synonym für die Epikureer gilt; präsentiere deine Ergebnisse.

MK **4** ζητῶν τὴν ἀταραξίαν (Epikureismus, Z. 9); Ὁ οὖν σοφὸς οὐδαμῶς ἐμπεσεῖται εἰς ταραχήν (Stoa, Z. 13 f.) – Recherchiere die unterschiedliche Bedeutung von ἀταραξία in den beiden Systemen; präsentiere deine Ergebnisse.

K Demokratie

Solon.

... bedeutet Herrschaft (κράτος) des Volkes (δῆμος). Das Wort taucht zum ersten Mal in der europäischen Literatur bei dem Historiker Herodot in der 2. Hälfte des 5. Jahrhunderts v. Chr. auf. Wenn wir heute von der Geburtsstunde der Demokratie in Europa sprechen, denken wir zuerst an Athen:

Drakon zeichnete um 621 v. Chr. dort erstmals Gesetze auf. Seine Strafen waren äußerst hart, eben „drakonisch". Drakons große Leistung besteht allerdings darin, dass er Rechtssicherheit schuf und die Willkür, die vor allem vom Adel und den Reichen ausging, zurückdrängte.

Solon wurde 594 v. Chr. in einer Zeit schwerer innerer Unruhen als Gesetzgeber mit besonderen Vollmachten eingesetzt. Er verstand sich als διαλλακτής, d. h. als Versöhner (vgl. διαλλάττω) zwischen Adel und Volk, zwischen reichen Großgrundbesitzern und armen Bauern. Er setzte eine Volksversammlung (ἐκκλησία) und den demokratisch gewählten Rat der 400 (βουλή) ein.

Solons Verfassung war trotz allem eher eine Timokratie als eine Demokratie: Je mehr Steuern ein Bürger zahlte, desto mehr politische Rechte hatte er, desto höhere Ehre (τιμή) genoss er im Staat. Archonten und Areopag (der Rat der ehemaligen Archonten), die nur aus Mitgliedern der obersten Gesellschaftsschicht bestanden, lenkten bzw. kontrollierten alle wichtigen Entscheidungen.

Kleisthenes führte in den Jahren 508/507 v. Chr. entscheidende demokratische Reformen durch: Erst jetzt wurde die βουλή, die auf 500 Mitglieder aufgestockt wurde, wirklich allen athenischen Bürgern zugänglich. Rat und Volksversammlung fällten nun die wichtigen politischen Entscheidungen. Um dabei lokalen Sonderinteressen vorzubeugen, ließ Kleisthenes die einzelnen Stimmbezirke jeweils aus den verschiedenen Regionen Athens (Gebirge, Küste, Stadt) zusammenlosen. Noch blieb der Areopag wichtiges Kontrollorgan, Archonten und Beamte mussten aber nach Ablauf ihrer Amtszeit vor dem Volk Rechenschaft ablegen.

Wer zu mächtig wurde, konnte durch ein Scherbengericht (ὀστρακισμός) aus Athen verbannt werden.

Perikles führte Athen ungefähr ab 460 v. Chr. in die Zeit seiner höchsten Blüte. Der Areopag war vollständig entmachtet, alle wesentlichen Entscheidungen waren auf die βουλή, die ἐκκλησία und die aus Geschworenen bestehenden Volksgerichte übertragen. Diese waren allen athenischen Bürgern zugänglich.

Die meisten Ämter wurden, teilweise im täglichen Wechsel, ausgelost. Damit auch ärmere Bürger Ämter bekleiden oder an Sitzungen teilnehmen konnten, wurden auf Perikles' Betreiben aus der Staatskasse finanzielle Entschädigungen für den Verdienstausfall gezahlt. Damit war die erste direkte Demokratie der Geschichte vollendet.

Nicht vergessen werden darf allerdings: Wenn nun alle Macht beim Volk von Athen lag, so hieß das noch lange nicht, dass tatsächlich alle in Athen Lebenden politisch tätig werden durften. Die Bürgerlisten wurden streng geführt. Tatsächlich besaßen in klassischer Zeit von ca. 300 000 in Athen ansässigen Personen gerade einmal ca. 40 000 politische Rechte. Ausgeschlossen von aktiver politischer Betätigung waren Frauen, männliche Athener unter zwanzig Jahren, Metöken (μέτοικοι), d. h. von auswärts zugezogene Bürger, und deren Nachkommen sowie Sklaven.

Vergleiche die attische Demokratie mit unserer heutigen. Suche Unterschiede und Gemeinsamkeiten und bewerte sie.

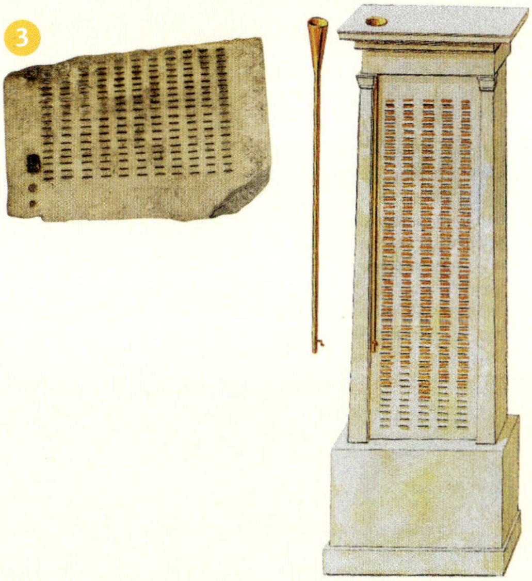

1 Hier traf sich die βουλή: Rekonstruktion der Tholos, in der die jeweils 50 diensttuenden Ratsmitglieder auf Staatskosten gespeist wurden, daneben das alte Ratsgebäude (βουλευτήριον) und unmittelbar dahinter das neue. Ganz im Hintergrund ist der Tempel des Hephaistos (heute auch Theseion genannt) zu sehen.
2 Die heutigen Überreste des Tholos-Gebäudes
3 Losmaschine: Jeder Kandidat gab ein Schildchen mit seinem Namen ab, das nach einer bestimmten Ordnung in die Schlitze des Apparates gesteckt wurde. Schwarze und weiße Murmeln, die dann in den Trichter links geworfen wurden, bestimmten, welche Schildchen wieder herausgenommen und welche stecken bleiben durften.
Das größere Loch links unten zeigt, wo die Murmeln herausfielen.

Ü **1** δίδωμι und τίθημι: Ordne die in Person, Numerus, Modus, Tempus und Genus verbi entsprechenden Formen einander zu und übersetze sie.

χάριν ἀπόδοτε • δίδωσιν • δώσετε • δέδοται • ἔδοτε • ἔδωκα • μεταδιδόασιν τοῖς ἀστοῖς ἐλευθερίας • προδίδοσθε • προδοῦναι • προεδόθη

εὖ διετέθη • διέθετε • ἐπιθήσετε • ἔθηκά σε φίλον • ἐπιτιθέασιν • θεῖναι • σύμμαχοι τίθεσθε • σύνθετε • τίθησιν • νόμος κεῖται

2 τίθημι hat von seinen Stämmen θη- / θε- sehr viele Fremdwörter gebildet. Alle bearbeiten a); wer schnell ist, auch b) und c).

MK **a)** Erkläre die folgenden Fremdwörter mithilfe deiner Griechischkenntnisse, eines griechischen Wörterbuchs oder einer Internetrecherche.

Thema • Theke • Diskothek • Glyptothek • Hypothek • Pinakothek • Videothek • Vinothek • These • Antithese • Hypothese • Prothese • Synthese

b) Gib die beiden Wörter an, die etwas aus der Reihe fallen.

c) Finde weitere Fremdwörter, die von τίθημι abgeleitet sind.

3 Kasuslehre. Bearbeite eine der beiden Aufgaben.

a) Gib den Kasus an, mit dem das Verb verbunden ist, und wähle beim Übersetzen dementsprechend die Verbbedeutung.
Οἱ Στωϊκοὶ τῶν ἐπιθυμιῶν κρατοῦντες ὀλίγῳ ἀγαπῶσιν, πολλῶν κτημάτων οὐκ ἐφίενται. Καὶ οἱ μετὰ Ἐπικούρου καὶ οἱ μετὰ τοῦ Πυθαγόρου ἀγαπῶσιν τὸ τοῖς φίλοις συγγίγνεσθαι. Οἱ Ἀκαδημϊακοὶ τὸν Σπευσίππον διάδοχον (Nachfolger) τοῦ Πλάτωνος ἀπέδειξαν / κατέστησαν / ἔθεσαν.

b) Erkläre die Verwendung des Kasus der farbig hervorgehobenen Wörter und übersetze.
Οἱ Ἀθηναῖοι ὀλίγου δεῖν τῆς Ἀσπασίας θάνατον κατεψηφίσαντο. Ἦσαν γάρ, οἳ τῇ τοῦ Περικλέους δυνάμει ἤχθοντο. Τὸν γὲ Περικλέα αὐτὸν βλάπτειν οὐχ οἷοί τε ὄντες ἠδίκησαν τὴν Ἀσπασίαν διώξαντες ἀσεβείας'. Ὁ Περικλῆς ἀπολογούμενος τὴν Ἀσπασίαν παντάπασιν ὠφέλησεν. Μετὰ τὴν δίκην ἡ Ἀσπασία τῷ Περικλεῖ τῆς ἀπολογίας' χάριν ἀπέδωκεν. Διὰ παντὸς τοῦ βίου ἀνεμνήσθη τοῦ Περικλέους ἀπολογήσαντος. Ἆρα τοῦ φθόνου οἱ τοῦ Περικλέους ἐναντίοι μεθεῖσαν ἄν, εἰ ἡ Ἀσπασία δίκην ἔδωκεν;

37001-40

Leo von Klenze (1784–1864): Ideale Ansicht der Stadt Athen (1846). Der QR-Code führt dich zu einer interaktiven Version des Gemäldes. ▶

Athen wird wieder Hauptstadt

Wie in W 3 zu lesen, war der bayerische Prinz Otto von Wittelsbach König von Griechenland geworden. In die ersten Jahre seiner Regierungszeit (1832–1862) fiel 1834 die Verlegung des Regierungssitzes nach Athen.

Ὄθων, ἐπεὶ βασιλεὺς τῆς Ἑλλάδος ἀπεδείχθη ὑπὸ τῶν Εὐρωπαϊκῶν συμμάχων, πρῶτον μὲν ἐβασίλευεν ἐν τῇ Ναυπλίᾳ. Λουδοβῖκος δέ, ὁ τῆς Βαυαρίας βασιλεύς, μάλα θαυμάζων καὶ ἀγαπῶν τὴν παλαιὰν Ἑλλάδα οὐκ ἔκαμε παραινῶν τῷ νεανίᾳ μεταβῆναι εἰς τὰς Ἀθήνας.

Ὁ οὖν Ὄθων ἐπείσθη ὑπὸ τοῦ πατρὸς καὶ ἔγνω τὰς Ἀθήνας τὰς τότε μικρὰς καὶ ἐνδεεῖς οὔσας αὖθις μητρό-πολιν[!] θεῖναι τῆς Ἑλλάδος. Καὶ ἔδοξεν αὐτῷ τὴν λαμπρὰν τῶν προγόνων πόλιν ἀναστῆσαι. Διὰ δὲ τοῦτο ἀρχιτέκτονες[!] εὐδοκιμοῦντες ἀπεστάλησαν ἐκ τῆς Βαυαρίας, οἷον Λέων Κλέντσε. Οὗτος δ’ ἀφικόμενος ἐβουλεύσατο, ὅτι αὐτῷ ἐπιμελητέον εἴη τῆς ἀκροπόλεως[!]· αὕτη γὰρ ἔτυχε κάκιστα διακειμένη, ἐπεὶ πολὺν χρόνον ἔρυμα[1] ἦν. Ὁ οὖν Κλέντσε καθεῖλε μὲν πάντα τὰ ἐκεῖ ὑπὸ τῶν Τούρκων ἀνασταθέντα, ἐπεὶ ᾠήθη αὐτὰ ζηλωτὰ οὐκ εἶναι. Ἐσπούδασε δὲ περὶ τὰ οἰκοδομήματα[2] καὶ ἀγάλματα, ἃ κατελείφθη ὑπὸ τῶν παλαιῶν. Καὶ οὐ μόνον ἐν τῇ ἀκροπόλει[!], ἀλλὰ πανταχοῦ ἐν τῇ πόλει οἱ ἀρχιτέκτονες[!] ἐπεχείρησαν σῶσαι τὰ ἀρχαῖα καὶ συναρμόσαι[3] αὐτὰ τοῖς νέοις.

Ἀλλὰ καίπερ μέγα ἐφιέμενοι καὶ πολλὰ χρήματα διδόντες οἱ Βαυαροὶ οὐκ ἠπιστήθησαν φίλους αὐτοῖς καταστῆσαι τοὺς Ἕλληνας· οὐ γὰρ ᾔσθοντο τούτους μάλιστα τῆς ἐλευθερίας ἐπιθυμοῦντας. Τέλος δὲ φευκτέον ἦν τῷ Ὄθωνι στάσεως γενομένης.

[1] τὸ ἔρυμα, -ατος: die Festung

[2] τὸ οἰκο-δόμημα, -ατος: das Bauwerk, das Gebäude

[3] συν-αρμόττω (*Aor.* συνήρμοσα; *m. Dat.*): ich verbinde harmonisch mit

MK **1** τὰς Ἀθήνας τὰς τότε μικρὰς καὶ ἐνδεεῖς οὔσας (Z. 5 f.) – Informiere dich über die Einwohnerzahl Athens zu verschiedenen Zeiten: 5. Jahrhundert v. Chr., Herrschaftszeit Ottos I., heute.

2 König Otto I. von Griechenland erließ am 18.09.1834 folgenden Beschluss. Weise möglichst viele Details den entsprechenden Textstellen zu.
Die Akropolis hört auf, Festung zu sein und soll nie mehr als solche behandelt werden. Wir bestimmen ferner in dieser Beziehung, daſs auf der Akropolis die Mauern, welche keinen antiquarischen oder historischen Werth haben, entfernt, der antike Boden des oberen Plateau nach und nach ganz aufgedeckt, die Denkmale möglichst wieder hergestellt und am östlichen Ende ein paſsliches Gebäude für ein National-Museum errichtet werde. Insbesondere soll der Parthenon nach einem von dem geheimen Rathe von Klenze erstatteten und von Uns bereits genehmigten Antrage förderlich wiederhergestellt werden.

T

Wer war Sokrates?

Διογένης Λαέρτιος τὸν Σωκράτους βίον τε καὶ τρόπον ἐπιδείκνυσιν ἡμῖν ὧδέ πως·

Σωκράτης Σωφρονίσκου ἦν υἱὸς λιθουργοῦ[1] καὶ Φαιναρέτης μαίας[2], Ἀθηναῖος. Καὶ αὐτὸς λιθουργὸς[1] ὢν τὰς ἐν ἀκροπόλει[!] Χάριτας ποιῆσαι λέγεται.

Πρῶτος φιλοσόφων ἔν τε τοῖς γυμνασίοις καὶ ἐν τῇ ἀγορᾷ περὶ βίου διελέχθη· ἔγνω γὰρ τὴν τῆς φύσεως καὶ τῶν μετεώρων θεωρίαν[!] οὐδὲν κέρδος οὖσαν τοῖς ἀνθρώποις. Τῷ οὖν βουλομένῳ παρεκελεύετο ἐπιμελεῖσθαι, ὅπως ὡς βελτίστη ἔσται ἡ ψυχή.

Ἀποδημεῖν δ' οὐκ ἐβούλετο, πλὴν εἰ στρατεύεσθαι ἔδει. Ἐν δὲ τῇ κατὰ Δήλιον μάχῃ, ὥσπερ ὁ Διογένης διηγεῖται, Ξενοφῶντα ἀφ' ἵππου πεσόντα δι-έσωσεν[!]. Καὶ πάντων τῶν Ἀθηναίων φευγόντων αὐτὸς ἠρέμα[3] ἀν-εχώρει[!]. Καὶ παντὶ δῆλον ἦν, ὅτι μάλα ἀνδρείως ἀμυνεῖται, εἴ τις αὐτοῦ ἅψεται.

Ἀεὶ ἐν ταῖς Ἀθήναις μένων μετὰ τῶν ἑκάστοτε παρόντων ἐφιλοσόφει, οὐχ οὕτως, ὥστε ἀφελέσθαι τὴν δόξαν αὐτούς, ἀλλ' ὥστε τὸ ἀληθὲς ἐκ-μαθεῖν[!] πειρᾶσθαι.

Πολλάκις δὲ Σωκράτης βλέπων εἰς τὰ πλήθη τῶν πιπρασκομένων[4] ἔλεγε πρὸς αὑτόν· „Πόσων[5] ἐγὼ χρείαν οὐκ ἔχω." Ἔτι δὲ σχολὴν ἐπῄνει ὡς κάλλιστον κτημάτων, καὶ ἔλεγεν ἓν μόνον ἀγαθὸν εἶναι – τὴν ἐπιστήμην, καὶ ἓν μόνον κακόν – τὴν ἀ-μαθίαν[!].

Μέλητος Ἀθηναῖος ὡς ἀπολῶν αὐτὸν ἐγράψατο γραφὴν[6] τήνδε· „Ἀδικεῖ Σωκράτης, οὓς μὲν ἡ πόλις νομίζει θεοὺς οὐ νομίζων, ἕτερα δὲ καινὰ δαιμόνια εἰσ-ηγούμενος[!]· ἀδικεῖ δὲ καὶ τοὺς νέους διαφθείρων."

1 ὁ λιθ-ουργός: der Steinmetz
2 ἡ μαῖα: die Hebamme
3 ἠρέμα (*Adv.*): ruhig
4 πιπράσκω: ich verkaufe
5 πόσων: *zu ergänzen* χρημάτων
6 ἡ γραφή: die Anklageschrift

1. Gib Textstellen zu den grammatischen Erscheinungen an und wiederhole diese selbstständig: NcI (25 B2), Verben mit prädikativ gebrauchtem Partizip (Typ 1, 35 B), Attraktion im Relativsatz (68 B)

2. Weise nach, dass sich Abschnitte mit biografischen Informationen zu Sokrates und seinen philosophischen Standpunkten abwechseln.

3. Nenne die Begriffe, die für Sokrates das einzige ἀγαθόν und das einzige κακόν darstellen.

4. **a)** Weise nach, dass Sokrates sich sowohl von den Naturphilosophen (Lektionen 53, 54, 61, 62 sowie K „Griechische Philosophie", S. 174) als auch von den Sophisten (Lektion 75) unterscheidet.
   b) ἔν τε τοῖς γυμνασίοις … ὅπως ὡς βελτίστη ἔσται ἡ ψυχή (Z. 6–9) – Arbeite heraus, in welchen Punkten sich Epikureer und Stoiker (80 T) von Sokrates abgrenzen.

5. Ἀδικεῖ Σωκράτης (Z. 23) – Gib die drei Anklagepunkte wieder.

MK 6. Recherchiere, welche Anklagepunkte auch in unserem heutigen Strafrecht möglich sind.

7. Entwirf einen tabellarischen Lebenslauf des Sokrates.

Sokrates. Römische Kopie eines griechischen Originals, 4. Jh. v. Chr.

T

Die Ehe des Sokrates

Xanthippe gilt allgemein als „böses, zänkisches Weib“. Dies ist größtenteils auf Anekdoten zurückzuführen, die Diogenes Laertios überliefert hat. Aber wie steht Sokrates zu seiner Ehefrau?

Σωκράτης γυναῖκα[!] ἠγάγετο[!] Ξανθίππην πολλῷ νεωτέραν, ἐξ ἧς αὐτῷ ἐγένοντο τρεῖς υἱοί. Ἐρωτηθεὶς δέ, πότερον ἄνδρα δεῖ γαμεῖν ἢ μή, ἔφη· „Ὃ ἂν αὐτῶν ποιήσῃς, μετανοήσεις.“ Ξανθίππη δέ, ὥς φασι οἱ πολλοί, φύσει τραχυτάτη καὶ χαλεπωτάτη ἦν.

Σωκράτην ποτὲ πρῶτον μὲν ἐλοιδόρησεν, ἔπειτα δὲ καὶ ὕδωρ ἐπέχεεν[!] αὐτῷ. „Οὐκ ἔλεγον“, εἶπεν ὁ φιλόσοφος, „ὅτι Ξανθίππη βροντῶσα[1] καὶ ὕδωρ ποιήσει;“

Πρὸς Ἀλκιβιάδην εἰπόντα, ὡς οὐκ ἀνεκτὴ[2] εἴη ἡ Ξανθίππη λοιδοροῦσα, ἔλεγε Σωκράτης· „Ἀλλ’ ἔγωγ’ εἴωθα ἀκούων συνεχῶς. Ἆρ’ οὐ καὶ σὺ χηνῶν[3] βοώντων ἀνέχῃ;“ – Ἀλκιβιάδης· „Ἀλλά μοι ᾠὰ[4] καὶ νεοττοὺς[!] τίκτουσιν.“ – Σωκράτης· „Κἀμοὶ Ξανθίππη παιδία γεννᾷ.“

Καὶ ἔλεγε συνεῖναι τραχείᾳ γυναικὶ ὥσπερ οἱ ἱππικοὶ[5] θυμοειδέσιν[6] ἵπποις· „Ὡς ἐκεῖνοι“, ἔφη, „τούτων κρατήσαντες ῥᾳδίως τῶν ἄλλων ἵππων περιγίγνονται, οὕτω κἀγὼ Ξανθίππῃ χρώμενος καὶ τοῖς ἄλλοις ἀνθρώποις ἀ-πόνως[!] ὁμιλήσω.“

Λαμπροκλῆς, ὁ πρεσβύτατος Σωκράτους υἱός, τῇ μητρί ποτε χαλεπαίνων· „Οὐδεὶς ἂν δύναιτο“, ἔφη, „αὐτῆς ἀνασχέσθαι τὴν χαλεπότητα[7].“ Καὶ ὁ Σωκράτης· „Ἐπιμελεῖται ἐκείνη, ὅπως ὑγιανεῖς καὶ μηδενὸς ἐνδεὴς ἔσῃ, καὶ πολλὰ τοῖς θεοῖς εὔχεται ἀγαθὰ ὑπὲρ σοῦ. Ἀλλὰ σὺ αὐτὴν χαλεπὴν εἶναι φῄς; Οἴομαι ἐγώ, εἰ τοιαύτην μὴ δύνασαι φέρειν μητέρα, τἀγαθά σε οὐ δύνασθαι φέρειν.“

[1] βροντάω: ich donnere
[2] ἀν-εκτός: *Verbaladjektiv zu* ἀν-έχομαι
[3] ὁ χήν, χηνός: die Gans
[4] τὸ ᾠόν: das Ei
[5] ὁ ἱππικός: der Pferdekenner
[6] θυμο-ειδής, -ές: feurig, wild
[7] ἡ χαλεπότης, -ητος: die unfreundliche Wesensart

1. a) Gib Textstellen zu den grammatischen Erscheinungen an und wiederhole diese selbstständig: Eventualis (48 A1), Satzfragen (5 B), indirekte Wahlfragen (71 B2)
   b) Wiederhole die Komparativ- und Superlativbildung der Adjektive (41 A1 und B); gib alle Textstellen an, die eine Steigerung enthalten.

2. 81 T (Z. 7) informiert darüber, wie Sokrates philosophierte: διελέχθη.
   a) Weise die Methode in diesem Text nach.
   b) Nenne die redeeinleitenden Verben, die im Text verwendet werden; erweitere die Liste anhand deiner Wortschatzkenntnisse.

3. Paraphrasiere die Textstellen, die Xanthippes positive Seiten hervorheben.

MK 4. Weise der Abbildung die entsprechende Textstelle zu.

5. Schreibe als Xanthippe einen Brief an deinen Ehemann Sokrates. Sprich alle Dinge an, die dich an seinem Verhalten stören. Nutze auch dein Vorwissen aus den Lektionen 48 und 81 sowie K „Griechische Philosophie" (S. 174 f.).

◀ *Otto van Veen (1556–1629): Xanthippe leert einen Topf Wasser über Sokrates (1607).*

T

Zivilcourage und Rechtsempfinden des Sokrates

Σωκράτης ποτὲ ἐβούλευσεν[1]. Ἐπιστάτου[2] δ᾽ αὐτοῦ ἐν τῇ ἐκκλησίᾳ γενομένου ἐπεθύμησεν ὁ δῆμος τοὺς δέκα στρατηγοὺς ἀθρόους μιᾷ ψήφῳ κρῖναι καὶ ἀποκτεῖναι – παρὰ τοὺς νόμους, ὡς ἐν τῷ ὕστερον χρόνῳ πᾶσιν ἔδοξεν· οἱ δὲ μετὰ τὴν ἐν Ἀργινούσαις ναυ-μαχίαν[!] μεγάλου χειμῶνος γενομένου τοὺς ναυαγοὺς[3] οὐκ ἀνείλοντο[4].

Τότε ὁ Σωκράτης μόνος ἠναντιώθη μηδὲν ποιεῖν παρὰ τοὺς νόμους καὶ ἐναντία ἐψηφίσατο[5]. Ὠργίζετο μὲν ἄρ᾽ αὐτῷ ὁ δῆμος, οἱ δὲ δυνατοὶ ἠπείλουν καὶ ἕτοιμοι ἦσαν ἀπαγαγεῖν αὐτὸν καὶ δεσμοῖς περι-βάλεῖν[!]. Ἄλλοι δ᾽ ἐβόων δεινὸν εἶναι, εἰ μή τις ἐάσει τὸν δῆμον πράττειν, ὃ ἂν βούληται. Ἀλλ᾽ ὁ Σωκράτης περὶ πλείονος ἐποιήσατο μετὰ τοῦ νόμου καὶ τοῦ δικαίου κινδυνεύειν ἢ χαρίσασθαι τῷ δήμῳ παρὰ τὸ δίκαιον φοβηθεὶς δεσμὸν ἢ θάνατον.

Ἐπειδὴ δ᾽ ὀλιγ-αρχία[!] ἐγένετο, οἱ τριάκοντα τύραννοι τὸν Σωκράτην καὶ ἄλλους τέτταρας μετεπέμψαντο· ἀφικομένοις δ᾽ αὐτοῖς παρα-νόμως[!] προσέταξαν ἀγαγεῖν ἐκ Σαλαμῖνος Λέοντα τὸν Σαλαμίνιον, ἵνα ἀποθάνοι.

Τότε μέντοι ὁ Σωκράτης οὐ λόγῳ, ἀλλ᾽ ἔργῳ αὖ ἐν-εδείξατο[!], ὅτι αὐτῷ θανάτου μὲν οὐδὲν μέλει, τοῦ δὲ μηδὲν ἄδικον μηδ᾽ ἀνόσιον ἐργάζεσθαι τὸ πᾶν[6] μέλει.

Αὐτὸν γὰρ ἐκείνη ἡ ἀρχὴ οὐκ ἐξέπληξεν, ὥστε ἄδικόν τι ἐργάσασθαι, ἀλλ᾽ ἐπειδὴ ἐκ τῆς θόλου[7] ἐξ-ῆλθον[!], οἱ μὲν τέτταρες ᾤχοντο εἰς Σαλαμῖνα καὶ ἤγαγον Λέοντα, ὁ δὲ Σωκράτης ᾤχετο ἀπ-ιὼν[!] οἴκαδε. Καὶ ἴσως ἂν διὰ ταῦτα ἀπέθανεν, εἰ μὴ ἡ ἀρχὴ ὀλίγῳ ὕστερον κατ-ελύθη.

[1] βουλεύω: ich bin Mitglied des Rats *(der βουλή)*

[2] ὁ ἐπι-στάτης: der Vorsitzende, der Präsident *(für einen Tag)*

[3] ὁ ναυ-αγός: der Schiffbrüchige

[4] ἀν-αιρέομαι: ich berge

[5] ψηφίζομαι: ich stimme ab

[6] τὸ πᾶν ≈ πάντως

[7] ἡ θόλος: die Tholos, der Rundbau *(Amtsgebäude auf der Agora)*

1. Gib Textstellen zu den grammatischen Erscheinungen an und wiederhole diese selbstständig: Genitivus absolutus (33 A), Irrealis (45 A2)

2. Z. 6–12: Erkläre den Tempuswechsel im zweiten Abschnitt vom Aorist hin zum Imperfekt und zurück.

3. **a)** Paraphrasiere alle Textstellen, an denen sich Sokrates gegen die Meinung anderer stellt.
   b) Erfasse die Charaktereigenschaften, die hier deutlich werden.

4. **a)** Erschließe die zwei verschiedenen Staatsformen, die in den Abschnitten 1–2 (Z. 1–12) und 3–5 (Z. 13–24) deutlich werden.
   b) Stelle Wörter und Wendungen zusammen, die für die jeweilige Staatsform typisch sind.

5. Erläutere, wie (un)gerechtes und (un)gesetzliches Handeln sprachlich ausgedrückt wird.

6. „Menschen, die sich ungerecht verhalten, können nicht glücklich sein" (τὸν μὲν γὰρ καλὸν καὶ ἀγαθὸν ἄνδρα καὶ γυναῖκα εὐδαίμονα εἶναί φημι, **τὸν δὲ ἄδικον καὶ πονηρὸν ἄθλιον**). – Diskutiert diese These des Sokrates.

Die Heliaia, das Volksgericht in Athen.

T

Τί ποτ᾽ ἐστίν …; – Was ist eigentlich …?

Sokrates – so stellt es Platon in seinen Frühdialogen dar – möchte mit seinen jeweiligen Gesprächspartnern das Wesen einzelner „Tugenden" herausfinden.

Σωκράτης διελέχθη Εὐθύφρονι μὲν τῷ ἱερεῖ περὶ τοῦ ὁσίου, Λύσιδί τε καὶ Χαρμίδῃ δὲ τοῖς νεανίαις περὶ φιλίας καὶ σωφροσύνης. Ἐντυχὼν δὲ Λάχητι τῷ στρατηγῷ ὁ Σωκράτης ἤρξατο λέγων·

Σω· Τοῦτο τοίνυν πρῶτον ἐπιχειρήσωμεν, ὦ Λάχης, εἰπεῖν, ἀνδρεία τί ποτ᾽ ἐστίν· ἔπειτα μετὰ τοῦτο σκεψόμεθα, ᾧτινι ἂν τρόπῳ τοῖς νεανίαις παραγένοιτο.
Ἀλλὰ πειρῶ εἰπεῖν, τί ἐστιν ἀνδρεία.

Λα· Οὐ μὰ[1] τὸν Δία, ὦ Σώκρατες, οὐ χαλεπὸν[2] εἰπεῖν. Εἰ γάρ τις ἐθέλοι ἐν τῇ τάξει μένων ἀμύνεσθαι τοὺς πολεμίους καὶ μὴ φεύγοι, εὖ ἴσθι, ὅτι ἀνδρεῖος ἂν εἴη.

Σω· Εὖ μὲν λέγεις, ὦ Λάχης, ἀλλ᾽ ἴσως ἐγὼ αἴτιός εἰμι μὴ καλῶς σε ἀποκρίνασθαι, ὅτι οὐ σαφῶς ἠρόμην. Βούλομαι γάρ σου πυθέσθαι μὴ μόνον τοὺς ἐν τῷ πολέμῳ, ἀλλὰ καὶ τοὺς ἐν τοῖς πρὸς τὴν θάλατταν κινδύνοις ἀνδρείους ὄντας, καὶ ὅσοι γε πρὸς νόσους καὶ ὅσοι πρὸς πενίας ἢ καὶ πρὸς τὰ πολιτικὰ ἀνδρεῖοί εἰσιν, καὶ ἔτι αὖ μὴ μόνον, ὅσοι πρὸς λύπας ἀνδρεῖοί εἰσιν ἢ φόβους, ἀλλὰ καὶ πρὸς ἐπιθυμίας ἢ ἡδονὰς δεινοὶ[2] μάχεσθαι. Εἰσὶ γάρ πού τινες, ὦ Λάχης, καὶ ἐν τοῖς τοιούτοις ἀνδρεῖοι.

Λα· Καὶ σφόδρα, ὦ Σώκρατες.

Σω· Οὐκοῦν ἀνδρεῖοι μὲν πάντες οὗτοί εἰσιν, ἀλλ᾽ οἱ μὲν ἐν ἡδοναῖς, οἱ δ᾽ ἐν λύπαις, οἱ δ᾽ ἐν ἐπιθυμίαις, οἱ δ᾽ ἐν φόβοις τὴν ἀνδρείαν κέκτηνται· οἱ δέ γ᾽, οἶμαι, δειλίαν[!] ἐν τοῖς αὐτοῖς τούτοις[3].

Λα· Πάνυ γε.

Σω· Τί ποτε ἑκάτερον τούτων ἐστίν, τοῦτο ἐπυνθανόμην. Πάλιν οὖν πειρῶ εἰπεῖν ἀνδρείαν πρῶτον, τί ὂν[4] ἐν πᾶσι τούτοις ταὐτόν[5] ἐστιν.

Λα· Δοκεῖ τοίνυν μοι καρτερία[!] τις εἶναι τῆς ψυχῆς.

[1] οὐ μά (*m. Akk.*): bei *(Ausruf beim Schwur)*
[2] *Ellipse*
[3] *ergänze* κέκτηνται
[4] τί ὄν: *(hier:)* worin *(wörtl.* was seiend)
[5] ταὐτόν = ταὐτό

1 a) Gib Textstellen zu den grammatischen Erscheinungen an und wiederhole diese selbstständig: ὅστις, ἥτις, ὅ τι (27 B), Hortativ (46 A2), οἶδα (69 B), Potentialis (49 B2 und 3)

b) Wiederhole auch die Kontraktionsregeln der Verba contracta auf -άω (55 A und B) und bestimme die Form πειρῶ (Z. 7, 25).

2 a) Belege, dass „Tapferkeit" bzw. „tapfer" Schlüsselwörter sind. Berücksichtige auch Synonyme und Antonyme. (M 10 A)

b) Weise nach, dass Sokrates im Vergleich zu Laches eine umfassende Definition von Gerechtigkeit erreichen will.

3 Ein typisch sokratischer Dialog (M 19 B)

a) Stelle alle Wörter und Wendungen zusammen, die zum Wortfeld „ein Gespräch führen" gehören.

b) Nenne alle Anreden.

c) Nenne alle Wörter und Wendungen, die Wünsche, Bitten und Aufforderungen ausdrücken.

d) Stelle alle Fragen zusammen; unterscheide zwischen indirekten Wortfragen und Satzfragen.

4 Gib die Fachbegriffe der Stilmittel an, die in der Aufzählung οἱ μὲν ἐν ἡδοναῖς, οἱ δ᾽ ἐν λύπαις, οἱ δ᾽ ἐν ἐπιθυμίαις, οἱ δ᾽ ἐν φόβοις (Z. 20 f.) enthalten sind. (vgl. M 75 A)

5 Stelle Bezüge her, in welchen Lebensbereichen Jugendliche heutzutage tapfer und mutig sein müssen.

MK **6** Die Abbildung zeigt sieben Tugenden mit altitalienischen Bezeichnungen.

a) Gib ihre deutschen Namen an.

b) Ordne sie der antiken (platonischen) Vierergruppe und der christlichen Dreiergruppe zu.

▲ *Pesellino (1422–1457): Die sieben Kardinaltugenden, um 1450.*

Hier findest du beispielhaft die Umsetzung der Satzanalyse, wie in M 81–85 vorgestellt:

Blau in Fettdruck hervorgehoben sind **adverbiale Partizipien** (vgl. 32 B, 33 A, 35 A, M 36 B). Dabei erscheint auch das nähere Umfeld (Beziehungswort bzw. Verbalendung, falls das Subjekt im Prädikat steckt) in Blau, allerdings nicht im Fettdruck.
Orange gedruckt werden attributive Partizipien (vgl. 32 B, M **36 B**). Auch hier erscheint der **Kern im Fettdruck**, das weitere Umfeld im Normaldruck.
Grün in Fettdruck markiert sind **prädikative Partizipien** (vgl. 35 B, 36 A, M 36 B), das Signalwort, das ein prädikatives Partizip nach sich zieht, ist im Normaldruck grün hervorgehoben.
Rot gedruckt erscheint der **AcI** (vgl. 9 B), wobei hier jeweils nur der Akkusativ und der Infinitiv hervorgehoben werden.
Ohne Einfärbung ist zur weiteren Verdeutlichung folgende Kennzeichnung verwendet:
Alle Subjekte und Prädikate der einzelnen Teilsätze sind unterstrichen, Elemente, die zum weiteren Umfeld des Subjekts oder Prädikats gehören, sind halb unterstrichen.
In **Fettdruck** erscheinen diejenigen **Wörter, die einen Nebensatz** (NB) **einleiten**.
Da es bei der Lektüre immer wieder hilfreich sein kann, **Ellipsen** (vgl. 19 A2) zu erkennen und aufzulösen, werden sie dir in 85 T durch <...> bzw. <...>, falls Subjekt oder Prädikat ausgelassen sind, angezeigt. Was zu ergänzen ist, musst du dabei jeweils selbst aus dem Kontext erschließen.
Pfeile und *im kursiven Kleindruck angegebene Erklärungen* stellen ggf. **weitere Hilfen** dar.

T

Gedanken eines zum Tode Verurteilten

Sokrates wird im Jahr 399 v. Chr. in Athen von einem mit 501 Männern besetzten Gericht zum Tod verurteilt. In seiner Schlussrede nach dem Urteil reflektiert er darüber, ob die Art seiner Verteidigung richtig war, und denkt über das Wesen des Todes nach.

HS NB1 NB2

Οὐ νῦν μοι μεταμέλει οὕτως **ἀπολογησαμένῳ**,
ἀλλὰ πολὺ μᾶλλον αἱροῦμαι ὧδε **ἀπολογησάμενος** τεθνάναι ἢ ἐκείνως ζῆν.
Οὔτε γὰρ ἐν δίκῃ οὔτ' ἐν πολέμῳ οὔτ' ἐμὲ οὔτ' ἄλλον οὐδένα δεῖ τοῦτο μηχανᾶσθαι,
ὅπως ἀπο-φεύξεται' – πᾶν **ποιῶν** – θάνατον.
Καὶ μηχαναὶ πολλαί εἰσιν ἐν ἑκάστοις τοῖς κινδύνοις,
ὥστε δια-φεύγειν' *(zum Infinitiv vgl. 74 B3)* θάνατον,
ἐάν τις τολμᾷ πᾶν ποιεῖν καὶ λέγειν.
Ἀλλὰ οὐ τοῦτ' ἐστὶν χαλεπόν, ὦ ἄνδρες, θάνατον ἐκ-φυγεῖν',
ἀλλὰ πολὺ χαλεπώτερον <...> πονηρίαν' <...>.
Ἐγὼ ὑμῖν ἐρῶ·
κινδυνεύει γάρ μοι τοῦτο τὸ **συμβεβηκὸς** ἀγαθὸν γεγονέναι,
καὶ οὐκ ἔσθ' ὅπως[1] ἡμεῖς ὀρθῶς ὑπολαμβάνομεν,
ὅσοι οἰόμεθα κακὸν εἶναι τὸ τεθνάναι.

[1] οὐκ ἔσθ' ὅπως: auf keinen Fall

Ἐννοήσωμεν δὲ καὶ τῇδε[2],
ὡς πολλὴ ἐλπίς ἐστιν ἀγαθὸν αὐτὸ εἶναι.
Δυοῖν γὰρ θάτερόν[3] ἐστιν τὸ τεθνάναι·
ἢ γὰρ <...> οἷον[4] μηδὲν εἶναι μηδὲ αἴσθησιν μηδεμίαν μηδενὸς ἔχειν τὸν τεθνεῶτα,
ἢ κατὰ **τὰ λεγόμενα** μεταβολή[5] τις τυγχάνει **οὖσα** τῇ ψυχῇ τοῦ τόπου τοῦ ἐνθένδε[6] εἰς ἄλλον τόπον.
Καὶ **εἰ** δὴ μηδεμία αἴσθησίς ἐστιν, ἀλλ' οἷον[4] ὕπνος,
ἐπειδάν τις **καθεύδων** μηδ' ὄναρ[7] μηδὲν ὁρᾷ,
θαυμάσιον κέρδος ἂν εἴη ὁ θάνατος·
καὶ γὰρ οὐδὲν πλείων ὁ πᾶς χρόνος φαίνεται οὕτω δὴ εἶναι ἢ μία νύξ.
Εἰ δ' αὖ οἷον[4] ἀποδημῆσαί ἐστιν ὁ θάνατος ἐνθένδε[6] εἰς ἄλλον τόπον
καὶ ἀληθῆ ἐστιν **τὰ λεγόμενα**,
ὡς ἄρα ἐκεῖ εἰσιν ἅπαντες **οἱ τεθνεῶτες**,
τί μεῖζον ἀγαθὸν τούτου εἴη ἄν, ὦ ἄνδρες δικασταί;
Εἰ γάρ τις **ἀφικόμενος** εἰς Ἅιδου,
ἀπαλλαγεὶς τούτων **τῶν φασκόντων** δικαστῶν εἶναι,
εὑρήσει τοὺς ἀληθεῖς δικαστάς,
οἳ καὶ λέγονται ἐκεῖ δικάζειν, Μίνως τε καὶ Ῥαδάμανθυς καὶ Αἰακός,
ἆρα φαύλη ἂν εἴη ἡ ἀπο-δημία!;
Ἢ αὖ Ὀρφεῖ συγγενέσθαι καὶ Ἡσιόδῳ καὶ Ὁμήρῳ –
ἐγὼ μὲν γὰρ πολλάκις ἐθέλω τεθνάναι,
εἰ ταῦτ' ἐστιν ἀληθῆ.
Καὶ δὴ τὸ μέγιστον <...>·
Δυναίμην ἂν τοὺς ἐκεῖ **ἐξετάζων** καὶ **ἐρευνῶν**[8] ὥσπερ τοὺς ἐνταῦθα διάγειν,
τίς αὐτῶν σοφός ἐστιν
καὶ **τίς** οἴεται μέν, ἔστιν δ' οὔ.
Ἐπὶ πόσῳ δ' ἄν τις, ὦ ἄνδρες δικασταί, δέξαιτο[9]
ἐξετάσαι **τὸν** ἐπὶ Τροίαν **ἀγαγόντα** τὴν πολλὴν στρατιὰν!
ἢ Ὀδυσσέα ἢ Σίσυφον ἢ ἄλλους μυρίους καὶ ἄνδρας καὶ γυναῖκας,
οἷς ἐκεῖ διαλέγεσθαι καὶ συνεῖναι καὶ ἐξετάζειν ἀμήχανον[10]
ἂν εἴη εὐδαιμονίας;

[2] τῇδε ≈ ὧδε

[3] θάτερόν = τὸ ἕτερον

[4] οἷον ≈ ὡς

[5] ἡ μεταβολή: der Übergang, der Wechsel

[6] ἐν-θέν-δε (*Adv.*) ≈ ἐντεῦθεν

[7] τὸ ὄναρ = ὁ ὄνειρος

[8] ἐρευνάω: ich erforsche

[9] ἐπὶ πόσῳ δέχεσθαι: wie viel dafür geben

[10] ἀμήχανον εὐδαιμονίας ≈ εὐδαιμονία ἀμήχανος

1 Gib Textstellen zu den grammatischen Erscheinungen an und wiederhole diese selbstständig: Konsekutivsatz (74 B3), Verba contracta auf -έω und -άω (53 A–55 B, 57 B1)

2 a) Z. 2–10: Weise nach, dass der Textabschnitt mehrere starke Kontraste enthält; gib den Fachbegriff dieses Stilmittels an. (vgl. M 75 A)
b) Für Sokrates geht es um alles oder nichts. Weise nach, dass dieses Stilmittel den Inhalt hier unterstützt.

3 Z. 12–25: Stelle alle Wendungen zusammen, mit denen Sokrates den Tod positiv darstellt.

4 Z. 33–48: Erkenne die mythologischen und historischen Anspielungen und löse sie auf.

MK 5 Recherchiere den Ablauf eines Prozesses vor der sogenannten Heliaia. Gehe bei der Präsentation deiner Ergebnisse auch darauf ein, wie oft ein Angeklagter Gelegenheit hatte, sich an die Richter zu wenden. Die Überschrift und der Einführungstext geben erste Hinweise.

MK 6 a) Untersuche, ob Sokrates in der Abbildung dieselbe Stimmung wie im Text hat.
b) Auf dem Gemälde unterscheidet sich Sokrates deutlich von seinen Gefährten. Beschreibe, mit welchen Mitteln der Künstler dies erreicht.
c) Vergleiche die Abbildung mit zwei weiteren Gemälden, zu denen du über den QR-Code gelangst.

37001-41

▲ *Jacques-Louis David (1748–1825): Der Tod des Sokrates (1787).*

Verzeichnis der Eigennamen

Die Betonung der deutschen Formen von griechischen Eigennamen, die häufig nicht mit der griechischen Akzentuierung übereinstimmt, wird durch Unterpunktung angezeigt, bei zweisilbigen Wörtern nur dann, wenn diese auf der zweiten Silbe betont sind. „R" gibt bei Herrschern die Regierungszeit an.

Ἀγαμέμνων, -ονος Agamẹmnon, mythischer König von → Mykẹnai (Mykẹne), Oberbefehlshaber des griechischen Heeres vor → Troja

Ἀγησίλαος, -ου Agesịlaos (R 399–360), bedeutender spartanischer König und Feldherr

Ἀγχίσης, -ου Anchịses, mit → Aphrodịte Vater des Ainẹias, des Stammvaters der Römer

Ἅιδης, -ου Hades, Bruder von → Zeus und → Posẹidon, Herrscher über die Unterwelt

Ἄδμητος, -ου Admẹt(os), mythischer König in → Thessạlien, Ehemann der → Alkẹstis

Ἀθηνᾶ, -ᾶς (Ἀθήνη, -ης) Athẹne, Göttin der Kunstfertigkeit und Weisheit

Ἀθῆναι, -ῶν (αἱ) Athen

Ἀθηναῖοι, -ων (οἱ) (die) Athener, Einwohner der Stadt Athen

Αἰακός, -οῦ Ạiakos, → Zeussohn, Großvater des → Achịlleus, Richter in der Unterwelt

Αἴας, -αντος Ạias, nach → Achịlleus tapferster Held vor → Troja

Αἴγισθος, -ου Aigịsth(os), Geliebter der → Klytaim(n)ẹstra, beteiligt am Mord an → Agamẹmnon

Αἰγύπτιοι, -ων (οἱ) (die) Ägypter

Αἴγυπτος, -ου (ἡ) Ägypten

Αἵμων, -ονος Haimon, Sohn des thebanischen Königs → Kreon, Verlobter der → Antịgone

Αἰολία, -ας (ἡ) Aiolia, mythische Insel im fernen Westen, Heimat des Windgottes Ạiolos

Αἰσχύλος, -ου Ạischylos (525–456), Tragödiendichter

Αἴτνη, -ης (ἡ) (der) Ätna, 3263 m hoher Vulkan im Nordosten → Siziliens

Ἀκαδήμεια, -ας (ἡ) (die) Akademịe, von → Platon um 387 v. Chr. nordwestlich vor den Mauern Athens gegründete Philosophenschule

Ἀκάδημος, -ου Akạdemos, athenischer Heros, an dessen Grabstätte errichtete → Platon seine Philosophenschule

Ἀκρόπολις, -εως (ἡ) (die) Akrọpolis, Oberstadt und Burgberg, besonders in Athen

Ἀκύλας, -α Ạquila („Adler"), Zeltmacher und Lederarbeiter, mit seiner Frau → Prisc(ill)a Christen in Korinth

Ἀλεξάνδρεια, -ας Alexạndria, von → Alexạnder (2.) dem Großen 331 v. Chr. an der Nilmündung gegründet, Zentrum von Handel, Kunst und Wissenschaft (Bibliothek)

Ἀλέξανδρος, -ου 1. Alexạndros, anderer Name des → Pạris 2. Alexạnder (der Große), König (R 336–323) der → Makedọnen, Eroberer eines Weltreiches

Ἄλεος, -ου Ạleos, mythischer König von → Tegẹa in → Arkạdien, Vater der → Auge

Ἀλκαῖος, -ου Alkạios, um 600 v. Chr., lyrischer Dichter aus → Mytilẹne auf → Lesbos

Ἄλκηστις, -ιδος Alkẹstis, ist bereit, für ihren Mann → Admẹtos in den Tod zu gehen

Ἀλκιβιάδης, -ου Alkibịades (450–404), athenischer Politiker und Feldherr

Ἀλκμήνη, -ης Alkmẹne, Mutter des → Hẹrakles von → Zeus

Ἄλτις, -εως (ἡ) (die) Altis, dem Zeus heiliger Hain in → Olỵmpia

Ἅλυς, -υος (ὁ) Halys, Grenzfluss zwischen → Lỵdien und Persien

Ἀλφειός, -οῦ Alphẹios, größter Fluss der → Peloponnẹs

Ἄμμων, -ωνος Ammon (griechisch) bzw. Amụn (ägyptisch), ägyptischer Gott; er besaß ein berühmtes Orakel in der Oase Siwa; mit → Zeus gleichgesetzt

Ἀνδρομάχη, -ης Andrọmache, Ehefrau → Hektors

Ἀνθέα, -ας Anthẹa, weiblicher Vorname („die Blütenreiche")

Ἀντιγόνη, -ης Antigone, Tochter des → Ọidipus, Schwester von → Etẹokles und → Polynẹikes

Ἆπις, -ιδος Apis, heiliger Stier in → Memphis, Verkörperung des Schöpfergottes Ptah

Ἀπόλλων, -ωνος Apọllon, Gott der Heilkunst und der Musik

Ἀραβία, -ας Arạbien, Ziel eines geplanten Feldzugs → Alexạnders (2.) 323 v. Chr.

Ἀργεῖοι, -ων (οἱ) (die) Argịver, Bewohner der Landschaft → Ạrgolis

Ἀργινοῦσαι, -ῶν (αἱ) (die) Arginụsen, Inselgruppe bei → Lesbos, Ort einer Seeschlacht 406 v. Chr.

Ἀργολίς, -ίδος (ἡ) (die) Ạrgolis, Gebiet im Osten der → Peloponnẹs um den Hauptort → Argos

Ἄργος, -ους (τό) Argos, Hauptstadt der → Ạrgolis

Ἄρης, -εως Ares, Kriegsgott

Ἀριάδνη, -ης Ariạdne, Tochter des → Minos und der Pasịphae

Ἀρίστανδρος, -ου Aristạndros, Seher im Dienste → Philipps (2.) II. und → Alexạnders (2.) des Großen

Ἀριστόδημος, -ου Aristọdemos, einer der 300 Spartaner bei der Schlacht an den → Thermopỵlen

Ἀριστοτέλης, -ους Aristọteles (384–322), Philosoph, Geistes- und Naturwissenschaftler, Schüler →Platons

Ἀριστοφάνης, ους Aristọphanes (~445–nach 388), bedeutendster Dichter der sogenannten Alten Komödie

Ἀρκάδες, -ων (οἱ) (die) Arkạder, Bewohner der Landschaft →Arkạdien

Ἀρκαδία, -ας Arkạdien, zentrale Landschaft der →Peloponnẹs

Ἀρίστων, -ωνος Arịston, spartanischer König (R 2. Hälfte des 6. Jh.s), Vater des →Demạratos

Ἄρτεμις, -ιδος Ạrtemis, Zwillingsschwester des →Apọllon, Göttin der Jagd und der Vegetation

Ἀρτεμίσιον, -ου (τό) Artemịsion, Kap im Norden Eubọias, Ort einer Seeschlacht zwischen Griechen und →Persern 480, Fundort einer bekannten →Poseidonstatue

Ἀρχίλοχος, -ου Archịlochos (um 650 v. Chr.) von →Paros, in Liebe und Hass leidenschaftlicher Dichter

Ἀρχιμήδης, -ους Archimẹdes (287–212) aus →Syrakụs, Mathematiker, Physiker und Ingenieur

Ἀσία, -ας Ạsien, in der Antike der westliche Teil des heutigen Kleinasien

Ἀσκληπιός, -οῦ Asklẹpios, Gott der Heilkunst, Kultstätte in →Epidạuros

Ἀσπασία, -ας Aspạsia aus →Milẹt, Lebensgefährtin des →Pẹrikles

Ἀσσίναρος, -ου Assinạros, Fluss im Südosten →Siziliens

Ἀτλαντίς, -ίδος (ἡ) Atlạntis, von →Platon in einem Mythos beschriebene Insel

Ἀτρεύς, -έως Ạtreus, Vater des →Agamẹmnon und des →Menelạos

Ἀττική, -ῆς (ἡ) Ạttika, Halbinsel um Athen

Αὐγείας, -ου Augịas, mythischer König von →Elis, Besitzer gewaltiger Rinderherden

Αὔγη, -ης Auge, Tochter des →Ạleos, Mutter des →Tẹlephos

Αὐλίς, -ίδος (ἡ) Aulis, Hafenstadt in →Boiọtien

Ἀφροδίτη, -ης Aphrodịte, Göttin der Schönheit und der Liebe

Ἀχαία, -ας Achạia, Landschaft an der Nordküste der →Peloponnẹs

Ἀχαιοί, -ῶν (οἱ) (die) Achạier, Bezeichnung für die Griechen

Ἀχιλλεύς, -έως Achịlleus, tapferster griechischer Kämpfer vor →Troja

Βαβυλών, -ῶνος (ἡ) Bạbylon, eine der bedeutenden Städte des Perserreiches am Euphrat

Βαυαρία, -ας (ἡ) Bayern

Βαυαροί, -ῶν (οἱ) (die) Bayern

Βοιωτία, -ας Boiọtien, Landschaft in Mittelgriechenland

Βουκέφαλα, -ων Bukẹphala, Stadt, die am Sterbeort von →Alexạnders (2.) Pferd →Bukẹphalos gegründet wurde, heute Jhelam in Pakistan

Βουκέφαλος, -ου Bukẹphalos, Pferd →Alexạnders (2.) des Großen, gestorben 326 v. Chr.

Βρισηίς, -ίδος Brisẹis, Kriegsgefangene des →Achịlleus, von →Agamẹmnon beansprucht

Γάγγης, -ου Ganges, nordwestindischer Strom

Γερηνία, -ας Gerẹnia, Stadt in →Messẹnien

Γερμανία, -ας Germạnien

Γῆ, Γῆς Gē, auch Gaia, Vergöttlichung der lebensspendenden Erde

Γίγαντες, -ων (οἱ) (die) Gigạnten, Söhne der →Gē, von den Göttern des →Olymp besiegt

Γλαύκη, -ης Glauke, Tochter des korinthischen Königs →Kreon (2.), Geliebte des →Jạson

Γύλιππος, -ου Gylịppos, spartanischer Feldherr im Peloponnesischen Krieg, besiegte die Athener in Sizilien (413 v. Chr.)

Δάμων, -ωνος Damon, →Pythagoreer aus →Syrakụs, lebte zur Zeit von →Dionysios dem Jüngeren

Δαρεῖος, -ου 1. Darẹios I. (R 522–486), Perserkönig 2. Darẹios III. (R 336– 330), Gegner →Alexạnders (2.) des Großen

Δελφοί, -ῶν (οἱ) 1. Dẹlphoi (Delphi), Stadt in der Landschaft →Phokis mit →Apollonheiligtum und Orakelstätte 2. (die) Dẹlphier, Einwohner von →Dẹlphoi (1.)

Δήλιον, -ου Dẹlion, Apollonheiligtum in →Boiọtien, von den Athenern 424 v. Chr. als Stützpunkt befestigt

Δῆλος, -ου (ἡ) Delos, Insel in der Ägạis, Kultort für →Apọllon

Δημήτηρ, -τρος Dẹmeter, Göttin der Fruchtbarkeit und des Wachstums

Δημάρατος, -ου Demạratos, spartanischer König, 491 v. Chr. Absetzung durch eine Intrige und Zuflucht beim persischen König

Δίδυμα, -ων (τά) Dịdyma, Ort südlich von →Milẹt mit Orakelstätte des →Apọllon

Διογένης Λαέρτιος Dịogenes Laẹrtios (3. Jh. n. Chr.), schrieb das wichtige Quellenwerk „Leben, Ansichten und Aussprüche der berühmten Philosophen"

Διόδοτος, -ου Dịodotos, gemäßigter athenischer Politiker, Gegenspieler →Kleons

Διομήδης, -ου Diomẹdes, mythischer König von →Argos, Kämpfer vor →Troja

Διονύσια, -ων (τά) (die) (kleinen und großen) Dionysien, Feste für →Dịonysos, in Athen mit Tragödien- und Komödienaufführungen

Διονύσιος, -ου Dionysios, Vater (R ~405–367) und Sohn (R 367–344), Tyrannen von →Syrakụs

Διόνυσος, -ου Diọnysos, Gott des Weines

Διόσκουροι, -ων (οἱ) (die) Dioskụren, →Kastor und →Polydeụkes (Pollux), göttliches Zwillingspaar, Helfer der Menschen

Δίων, -ωνος Dion (ermordet 354 v. Chr.), Verwandter von →Dionysios Vater und Sohn, Schüler →Platons

Εἰλείθυια, -ας Eileithyia, Tochter von →Zeus und →Hera, Geburtsgöttin, später mit →Ạrtemis gleichgesetzt

Ἕκτωρ, -ορος Hektor, Sohn des →Prịamos, Anführer der Trojạner

Ἑλένη, -ης Helẹne (Hẹlena), schönste Frau Griechenlands, Ehefrau des →Menelạos von →Sparta, von →Pạris entführt

Ἐλευσίς, -ῖνος (ἡ) Elẹusis, Stadt in →Ạttika mit berühmtem Mystẹrienkult

Ἑλικών, -ῶνος Hẹlikon, Gebirgszug im westlichen →Boiọtien

Ἑλλάς, -άδος (ἡ) Hellas, Name für Gesamtgriechenland

Ἕλλην, -ηνος Hellen, mythischer Stammvater der Griechen (Ἕλληνες)

Ἕλληνες, -ων (οἱ) (die) Hellẹnen, Griechen

Ἑλληνικός, -ή, -όν hellẹnisch, d. h. griechisch

Ἑλλήσποντος, -ου Hellespọnt, Meerenge zwischen Ägäis und →Propọntis, heute Dardanẹllen

Ἐμπεδοκλῆς, -έους Empẹdokles (~490-~430) aus Ạkragas (Sizilien), Philosoph, vielseitiger Wissenschaftler, Priester und Arzt

Ἐπίδαυρος, -ου (ἡ) Epidạuros, Hafenstadt in der →Ạrgolis mit Heiligtum des →Asklẹpios

Ἐπικούρειοι, -ων (οἱ) (die) Epikurẹer, Anhänger der Philosophie des →Epikụros

Ἐπίκουρος, -ου Epikụr(os) (341–270), Philosoph aus →Samos, tätig in Athen

Ἐρατοσθένης,- ου Eratọsthenes, bedeutender Geograf im 3. Jh. v. Chr.

Ἐρατώ, -οῦς Erạto, eine der neun →Musen, Muse der Liebesdichtung

Ἐρινύες, -ων (αἱ) (die) Erịnyen, Rachegöttinnen

Ἑρμῆς, -οῦ Hermes, Götterbote

Ἐρυμάνθιος, -α, -ον zum →Erymạnthos gehörig, erymạnthisch

Ἐρύμανθος, -ου Erymạnthos, Fluss und Gebirgszug in →Arkạdien

Ἔρως, -ωτος (ὁ) Eros, Gott der Liebe, seit dem Hellenismus als „Putten" auch im Plural auftretend

Ἐτεοκλῆς, -έους Etẹokles, Sohn des →Ọidipus, Bruder des →Polynẹikes

Εὐθύφρων, -ονος Ẹuthyphron, frommer athenischer Bürger, Titelfigur eines platonischen Dialogs über Frömmigkeit

Εὐμένης, -ου Eụmenes, Name mehrerer Herrscher von →Pẹrgamon

Εὐριπίδης, -ου Eurịpides (~480–406), Tragödiendichter

Εὐρυδίκη, -ης Eurydike, Nymphe, Ehefrau des →Orpheus

Εὐρυσθεύς, -έως Eurystheus, mythischer König von →Mykẹne

Εὔρυτος, -ου Eụrytos, einer der 300 Spartaner bei der Schlacht an den →Thermopylen

Εὐρώπη, -ης Eurọpe, Tochter eines Königs von →Phoinịkien, vom stiergestaltigen →Zeus nach →Kreta entführt

Εὐτέρπη, -ης Eutẹrpe, eine der neun →Musen, Muse der Lyrik und des Flötenspiels

Ἐφέσιοι, -ων (οἱ) (die) Ẹpheser, Einwohner von →Ẹphesos

Ἔφεσος, -ου (ἡ) Ẹphesos, Handelsstadt an der kleinasiatischen Küste mit berühmtem →Artemistempel

Ζεύς, Διός Zeus, König der Götter

Ζήνων, -ωνος Zenon (~335–262) aus Kịtion auf Zypern; Begründer der Philosophenschule der →Stọiker

Ἠλέκτρα, -ας Elẹktra, Tochter von →Agamẹmnon und →Klytaim(n)ẹstra, Schwester des →Orẹst(es)

Ἥλιος, -ου Hẹlios, Sonnengott

Ἦλις, -ιδος (ἡ) Elis, Landschaft im Nordwesten der →Peloponnẹs

Ἤπειρος, -ου (ἡ) Epẹiros, Landschaft in Nordwestgriechenland

Ἥρα, -ας Hera, Schwester und Ehefrau des →Zeus, Göttin der Ehe

Ἥραιον, -ου Herạion, →Heraheiligtum, z. B. bei →Argos

Ἡράκλειτος, -ου Heraklịt (~525–480), Philosoph aus →Ẹphesos

Ἡρακλῆς, -έους Hẹrakles, →Zeussohn, griechischer Heros

Ἡρόδοτος, -ου Herodọt (~485–425) aus →Halikarnạss(os), erster abendländischer Historiker („Vater der Geschichtsschreibung")

Ἡσίοδος, -ου Hesiọd (um 700 v. Chr.), Dichter aus →Boiọtien

Ἥφαιστος, -ου Hephạistos, Gott des Feuers und der Schmiedekunst

Θάλεια, -ας Thalịa, eine der neun →Musen, Muse der Komödie

Θαλῆς, Θαλοῦ Thales (~624–546) aus →Milẹt, Naturphilosoph

Θάσιοι, -ων (οἱ) (die) Thạsier, Bewohner der Insel →Thasos

Θάσος, -ου (ἡ) Thasos, Insel in der Nordägạis, reich durch Goldgewinnung und Weinanbau

Θεόπομπος, -ου Theopọmp(os), König von → Sparta (R 785–738)

Θερμοπύλαι, -ῶν (αἱ) (die) Thermopỵlen, Engpass zwischen Meeresküste und hohen Bergen in Mittelgriechenland

Θεσπιεῖς, -έων (οἱ) (die) Thẹspier, Bewohner der Stadt Thẹspiai in → Boiọtien

Θεσσαλία, -ας Thessạlien, Landschaft im Nordosten Griechenlands

Θεύθ Theuth, gemeinhin Thot(h) genannt, ibis- oder paviangestaltig, ägyptischer Gott des Mondes, des Kalenders, der Schrift und überhaupt der Weisheit

Θῆβαι, -ῶν Theben, Hauptort von → Boiọtien

Θηβαῖοι, -ων (οἱ) die Einwohner von → Theben

Θησεύς, -έως Theseus, Sohn des → Posẹidon, attischer Nationalheld

Θουκυδίδης, -ου Thukỵdides (~455–~400), athenischer Historiker

Θρᾴκη, -ης Thrạkien, Landschaft östlich von → Makedọnien

Θρᾴξ, -κός Thraker, Bewohner der Landschaft → Thrạkien

Θρασύβουλος, -ου Thrasỵbulos (~440–388), athenischer Politiker, stellte die Demokratie mit einem Sieg über die dreißig Tyrannen wieder her

Ἰάσων, -ονος Jạson, Anführer der Argonạuten und Ehemann der → Medẹ(i)a

Ἴβυκος, -ου Ịbykos (2. Hälfte des 6. Jh.s v. Chr.), Lyriker aus Rhẹgion

Ἴδας, -ου Idas, mythischer Held aus → Messenien, fällt im Kampf gegen die → Dioskụren

Ἰησοῦς, -οῦ Jesus

Ἰθάκη, -ης Ịthaka, Insel vor der Westküste Mittelgriechenlands, Heimat des → Odysseus

Ἰλιάς, -άδος (ἡ) (die) Ịlias

Ἴλιος, -ου (ἡ) (die) Ịlios, anderer Name für → Troja

Ἱμέρα, -ας Hịmera, Stadt an der Nordküste Siziliens

Ἱμεραῖοι, -ων (οἱ) (die) Himerạier, Bewohner → Hịmeras

Ἰνδία, -ας Indien

Ἰνδικός, -ή, -όν indisch

Ἰόλαος, -ου Iọlaos, Neffe und Helfer des → Hẹrakles

Ἰσσός, -οῦ Issos, Stadt in → Kilịkien, 333 v. Chr. Schlachtort zwischen → Darẹios III. und → Alexạnder (2.) dem Großen

Ἱπποδάμεια, -ας Hippodamẹia, Tochter des → Oinọmaos, Gattin des → Pelops

Ἱππόλυτος, -ου Hippọlytos, Sohn des → Theseus

Ἴσθμια, -ων (τά) (die) Ịsthmien, sportliche und musische Wettspiele in → Korịnth

Ἰσθμός, -οῦ Isthmos, die etwa 6 km breite Landenge bei → Korịnth

Ἰταλία, -ας Italien

Ἰουδαῖοι, -ων (οἱ) (die) Juden

Ἰφιγένεια, -ας Iphigẹnie, Tochter des → Agamẹmnon und der → Klytaim(n)ẹstra, Schwester von → Orẹst(es) und → Elẹktra

Καδμεία, -ας Kadmẹia, ursprünglicher Name → Thebens nach dem Stadtgründer → Kadmos, später Name der Burg Thebens

Κάδμος, -ου Kadmos, Bruder der → Eurọpe, Gründer von → Theben

Καλλιόπη, -ης Kallịope, eine der neun → Musen, Muse der epischen Dichtung und der Wissenschaft

Καλυψώ, -οῦς (ἡ) Kalỵpso, Nymphe, wohnt auf der Insel → Ogỵgia, nimmt den schiffbrüchigen → Odysseus auf und hält ihn sieben Jahre fest

Κάλχας, -αντος Kalchas, Seher (Prophet) der Griechen vor Troja

Κασσάνδρα, -ας Kassạndra, Tochter des → Prịamos, Wahrsagerin

Κάστωρ, -ορος Kastor, zusammen mit seinem Zwillingsbruder → Polydeụkes einer der → Dioskụren

Καύκασος, -ου Kạukasos, Gebirge; laut Mythos am Ostende der Erdscheibe

Κεκροπία, -ας Kekrọpia, Name der von → Kekrops erbauten ersten → Akrọpolis von Athen und des mythischen Athens

Κέκροψ, -οπος Kekrops, halb Mensch, halb Drache, mythischer erster König von → Ạttika

Κένταυροι, -ων (οἱ) (die) Kentạuren, mythische Zwitterwesen mit menschlichem Oberkörper und Pferdeleib

Κιθαιρών, -ῶνος (ὁ) (der) Kithạiron, Grenzgebirge zwischen → Ạttika und → Boiọtien

Κιλικία, -ας Kilịkien, Landschaft im Südosten Kleinasiens

Κλειώ, -οῦς Klio, eine der neun → Musen, Muse der Geschichtsschreibung

Κλέντσε → **Λέων Κλέντσε**

Κλέοβις und Βίτων Klẹobis und Biton, Söhne der → Kydịppe aus → Argos

Κλεοπάτρα, -ας Kleọpatra, Königin (R 51–30) → Ägyptens, Geliebte Caesars

Κλέων, -ωνος Kleon, radikaler athenischer Politiker und Demagoge zur Zeit des Peloponnesischen Krieges (431–404)

Κλυταιμ(ν)ήστρα, -ας Klytaim(n)estra, Schwester der → Helena, Ehefrau des → Agamemnon, Mutter von → Iphigenie, → Elektra und → Orest(es), Geliebte des → Aigisth(os)

Κνωσσός, -οῦ (ἡ) Knossos, Stadt an der Nordküste von → Kreta

Κολχίς, -ίδος (ἡ) (die) Kolchis, Landschaft an der Südostküste des Schwarzen Meeres, Ziel der Argonauten, Heimat → Mede(i)as

Κορίνθιοι, -ων (οἱ) (die) Korinther, Einwohner von → Korinth

Κόρινθος, -ου (ἡ) Korinth, Handelsstadt am → Isthmos zwischen Festland und → Peloponnes

Κρέων, -οντος 1. Kreon, Schwager des → Oidipus; regierte nach dem Tod seiner Neffen → Eteokles und → Polyneikes in → Theben; Gegner der → Antigone 2. Kreon, mythischer König von Korinth

Κρῆτες, -ων (οἱ) (die) Kreter, Bewohner → Kretas

Κρήτη, -ης Kreta, größte griechische Insel, Heimat der ältesten europäischen Hochkultur

Κρίσπος, -ου Crispus, Synagogenvorsteher in → Korinth

Κριτίας, -ου Kritias (~460–403), Anführer der dreißig Tyrannen in Athen

Κροῖσος, -ου Kroisos, reicher König (R bis 547) von → Lydien

Κρόνος, -ου Kronos, Titan, Vater u. a. von → Hera, → Hades, → Poseidon und → Zeus

Κυδίππη, -ης Kydippe, → Herapriesterin aus → Argos, Mutter von → Kleobis und Biton

Κυκλάδες, -ων (αἱ) (die) Kykladen, Inselgruppe in der Ägäis

Κύλων, -ωνος Kylon, Olympiasieger im Doppellauf 640 v. Chr. aus → Athen; erfolgloser Versuch, in seiner Heimatstadt Tyrann zu werden

Λάϊος, -ου Laios, mythischer König von → Theben, Vater des → Oidipus

Λάκαινα, -ης Lakonierin, Bewohnerin von → Lakonien

Λακεδαιμόνιος, -ου Lakedaimonier, Bewohner von → Lakedaimon: → Spartiaten

Λακεδαίμων, -ονος (ἡ) Lakedaimon, das Staatsgebiet von → Sparta; → Lakonien

Λακωνική, -ῆς Lakonien, häufig für → Lakedaimon

Λαμπροκλῆς, -έους Lamprokles, ältester Sohn des → Sokrates

Λάμψακος, -ου (ἡ) Lampsakos, Stadt an der Ostküste des → Hellespont

Λαοκόων, -οντος Laokoon, trojanischer Priester des → Poseidon; Hauptfigur einer berühmten Statuengruppe aus dem 1. Jh. v. Chr.

Λαπίθαι, -ῶν (οἱ) (die) Lapithen, sagenhafter Stamm, Gegner der → Kentauren

Λάχης, -ητος Laches (gefallen 418 v. Chr.), wohlhabender Athener, Stratege und Titelfigur eines platonischen Dialogs über die Tapferkeit

Λέρνα, -ης Lerna, sumpfiges und quellenreiches Gebiet südlich von → Argos

Λερναῖος, -α, -ον zu → Lerna gehörig, in/aus → Lerna

Λέσβος, -ου (ἡ) Lesbos, Insel vor der kleinasiatischen Küste, Heimat der Dichterin → Sappho und des Dichters → Alkaios

Λεωνίδας, -ου Leonidas I. (R 488–480), König von → Sparta, Feldherr bei den → Thermopylen

Λέων, -οντος Leon, Mann aus Salamis, 404 v. Chr. unter den dreißig Tyrannen hingerichtet

Λέων Κλέντσε (ὁ) Leo von Klenze (1784–1864), deutscher Architekt

Λητώ, -οῦς Leto, von → Zeus Mutter des → Apollon und der → Artemis

Λιβύη, -ης Libyen, westlich des → Nils gelegener Teil Nordafrikas

Λουδοβῖκος, -ου Ludwig I. (von Wittelsbach), König von Bayern (R 1825–1848); Vater König → Ottos von Griechenland

Λυδία, -ας Lydien, Land im westlichen Kleinasien

Λυδοί, -ῶν (οἱ) (die) Lyder, Einwohner von → Lydien

Λυκοῦργος, -ου Lykurg(os), sagenhafter Begründer der spartanischen Verfassung

Λύσις, -ιδος Lysis, schöner und begabter athenischer Bürger, Titelfigur eines platonischen Dialogs über Freundschaft

Λυσιστράτη, -ης Lysistrate, Hauptfigur der gleichnamigen Komödie des → Aristophanes

Μαινάδες, -ων (αἱ) (die) Mänaden, Anhängerinnen des Weingottes → Dionysos

Μακεδόνες, -ων (οἱ) (die) Makedonen, Bewohner von → Makedonien

Μακεδονία, -ας Makedonien, Landschaft im Norden Griechenlands

Μαραθών, -ῶνος Marathon, Ort im Nordosten → Attikas, dort 490 v. Chr. Sieg der Athener über die → Perser

Μέλητος, -ου Meletos, einer der drei Ankläger des Sokrates

Μελπομένη, -ης Melpomene, eine der neun → Musen, Muse der Tragödie

Μέμφις, -ιδος Memphis, antike Hauptstadt Unterägyptens, südlich von Kairo

Μενέλαος, -ου Menelaos, Bruder → Agamemnons, Ehemann der → Helena, mythischer König von → Sparta

Μερόπη, -ης Merope, Ehefrau des → Sisyphos

Μεσσηνία, -ας Messenien, im Südwesten der → Peloponnes

Μήδεια, -ας Medẹ(i)a, Tochter von Aiẹtes, dem König von →Kolchis

Μῆδοι, -ων (οἱ) (die) Meder, Bewohner von Mẹdien, von den Griechen oft mit den →Persern gleichgesetzt

Μήλιοι, -ων (οἱ) (die) Mẹlier, Einwohner der Insel →Melos

Μῆλος, -ου (ἡ) Melos, westlichste Insel der →Kyklạden, Kolonie von →Sparta

Μιλήσιος, -ου Milẹsier, Einwohner von →Milẹt

Μίλητος, -ου (ἡ) Milẹt, Stadt an der Südwestküste Kleinasiens

Μιλτιάδης, -ου Miltịades, athenischer Politiker und Feldherr, Vater des →Kimon, Sieg über die Perser bei →Mạrathon 490 v. Chr.

Μίλων, -ωνος Milon aus Kroton (Süditalien), zwischen 532 und 512 v. Chr. als Ringer sechsmal →Olympiasieger

Μίνως, -ωος/-ω Minos, Sohn des →Zeus und der →Eurọpe, mythischer König von →Kreta

Μινώταυρος, -ου Minotạuros, Mischwesen aus Mann und Stier

Μοῖραι, -ῶν (αἱ) (die) Moiren, (meist drei) Schicksalsgöttinnen

Μοῦσαι, -ῶν (αἱ) (die) Musen, Töchter des →Zeus, Schutzgöttinnen der Künste und Wissenschaften, von →Apọllon geleitet

Μυκῆναι, -ῶν (αἱ) Mykẹnai (Mykẹne), Burg in der →Ạrgolis, im Mythos Herrschersitz des →Agamẹmnon

Μυρρίνη, -ης Myrrhịne, Frauenname

Μυρτίλος, -ου Myrtilos, Wagenlenker des Königs →Oinọmaos

Μυτιληναῖοι, -ων (οἱ) (die) Mytilenạier, Einwohner von Mytilẹne auf →Lesbos

Μωσῆς, -έως Moses, führte nach biblischer Überlieferung die Israeliten aus Ägypten nach Kạnaan

Νάξος, -ου (ἡ) Naxos, größte Insel der →Kyklạden

Ναυπιαδάμη, -ης Naupiadạme, Mutter des mythischen Königs →Augịas von →Elis

Ναυπλία, -ας Nạuplia, heute Nạfplio, Küstenstadt in der →Ạrgolis

Νεῖλος, -ου (ὁ) (der) Nil, größter Fluss Afrikas, mündet in →Ägypten in das Mittelmeer

Νεμέα, -ας Nemẹa, Talkessel in der →Ạrgolis, wo →Hẹrakles den nemẹischen Löwen erwürgte

Νεοβούλη, -ης Neobụle, junge Adelige aus →Paros, von →Archịlochos zuerst geliebt, dann mit Hass verfolgt

Νέρων, -ωνος Nero (37–68), römischer Kaiser

Νέστωρ, -ωρος Nestor, mythischer König von →Pylos in →Messẹnien

Νηρεύς, -έως Nereus, Meergott

Νικίας, -ου Nịkias (geb. vor 469, hingerichtet 413), athenischer Politiker und Stratege, einer der Befehlshaber der Sizilischen Expedition

Ξανθίππη, -ης Xanthịppe, Ehefrau des →Sọkrates

Ξενοφάνης, -ους Xenọphanes (~565–~470) aus Kọlophon in Kleinasien; Dichter und Philosoph

Ξενοφῶν, -ῶντος Xẹnophon (~430–354) aus Athen, Feldherr, Historiker und Schriftsteller, Schüler des →Sọkrates

Ξέρξης, -ου Xerxes (I.) (R 486–465), Perserkönig

Ὀδυσσεύς, -έως Odysseus, König von →Ịthaka, Held vor Troja

Ὄθων, -ωνος Otto (von Wittelsbach), König von Griechenland (R 1832–1862); Sohn →Ludwigs I. von Bayern

Οἰδίπους, Οἰδίποδος Ọidipus (Ödipus), Sohn des →Laios, König von →Theben

Οἰνόμαος, -ου Oinọmaos, mythischer König von Pisa in →Elis; Vater von →Hippodamẹia

Ὀλυμπία, -ας Olympia, heiliger Bezirk in →Elis mit Sportanlagen; Austragungsort der Olympischen Spiele

Ὀλύμπια, -ων (τά) die Olympischen Spiele

Ὀλυμπιάς, -άδος Olympias (375–316), erste Ehefrau →Philipps II. von Makedọnien, Mutter →Alexạnders (2.) des Großen

Ὀλύμπιοι, -ων (οἱ) (die) Olympier, die olympischen Götter, die auf dem →Olymp wohnen

Ὄλυμπος, -ου Olymp, höchster Berg Griechenlands

Ὅμηρος, -ου Homẹr, Dichter der →*Ilias* und wahrscheinlich auch der *Odyssẹe*

Ὀρέστης, -ου Orẹst(es), Sohn des →Agamẹmnon und der →Klytaim(n)ẹstra

Ὀρφεύς, -έως Orpheus, mythischer Sänger aus →Thrạkien, versucht seine früh verstorbene Ehefrau →Eurỵdike aus der Unterwelt zu befreien

Οὐρανία, -ης Urạnia, eine der neun →Musen, Muse der Astronomie

Παναθήναια, -ων (τά) (die) Panathenäen, großes Fest in Athen zu Ehren der →Athẹne

Παρθένος, -ου (ἡ) Pạrthenos, Beiname der jungfräulichen Göttin →Athẹne

Πάριος, -ου (ὁ) (der) Pạrier, Bewohner der Insel →Paros

Πάρις, -ιδος Pạris, Sohn des →Prịamos und Entführer der →Hẹlena; →Alẹxandros (1.)

Παρμενίων, -ωνος Parmẹnion, bedeutender Feldherr →Philipps II. und →Alexạnders (2.) des Großen

Παρνασός, -ου (der) Parnạss, Berg oberhalb →Delphis

Πάρος, -ου (ἡ) Paros, Insel der Kyklạden, Heimat des → Archịlochos, berühmt für ihren Marmor

Πάτροκλος, -ου Pạtroklos, Freund und Kampfgefährte des → Achịlleus

Παῦλος, -ου Paulus (~5–~60 n. Chr.), Apọstel

Παυσανίας, -ου Pausạnias 1. häufiger griechischer Name 2. Lieblingsjünger des → Empẹdokles

Πειραιεύς, -έως/-ῶς (ὁ) Pirạ̈us, Hafen Athens

Πειρίθοος, -ου Peirịthoos, König der → Lapịthen, Gefährte des → Theseus

Πελοποννήσιοι, -ων (οἱ) (die) Einwohner der → Peloponnẹs, bei → Thukydides Bezeichnung der Bundesgenossen Spartas

Πελοποννήσιος, -α, -ον peloponnẹsisch

Πελοπόννησος, -ου (ἡ) (die) Peloponnẹs, bergige Halbinsel in Südgriechenland

Πέλοψ, -πος Pelops, Beherrscher und Namengeber der → Peloponnẹs

Πέργαμον, -ου Pẹrgamon, Burg und Stadt im nordwestlichen Kleinasien, 283–133 selbstständiges Königreich

Περίανδρος, -ου Periạndros (Periạnder), seit 627 v. Chr. Tyrann von → Korịnth

Περικλῆς, -έους Pẹrikles (~490–429), bedeutendster Politiker Athens

Πέρσαι, -ῶν (οἱ) (die) Perser, indoeuropäisches Volk im Gebiet des heutigen Iran

Περσεφόνη, -ης Persẹphone, Tochter des → Zeus und der → Dẹmeter, von → Hades in die Unterwelt als Frau und Herrscherin geraubt

Πιττακός, -οῦ Pịttakos aus Mytilẹne, † um 570 v. Chr., Politiker, einer der sieben Weisen

Πλαταιαί, -ῶν (αἱ) Platạiai, Stadt in → Boiọtien, bei der 479 v. Chr. die Griechen die → Perser besiegten

Πλάτων, -ωνος Platon (427–347) aus → Athen, Philosoph, Schüler des → Sọkrates

Πληιάδες (Πλειάδες), -άδων (αἱ) (die) Pleiạden, das für Seefahrt und Landwirtschaft wichtige „Siebengestirn“

Πλούταρχος, -ου Plutạrch (~46 bis nach 119) aus → Chaironẹia, vielseitiger Schriftsteller und Autor von 46 Parallelbiografien berühmter Griechen und Römer

Πνύξ, Πνυκός (ἡ) (die) Pnyx, Hügel in → Athen, Ort der Volksversammlung

Πολυδεύκης, -ου Polydeụkes (Pollux), zusammen mit seinem Zwillingsbruder → Kastor einer der → Dioskụren

Πολυκράτης, -ους Polỵkrates, Tyrann der Insel → Samos (R um 538–522)

Πολύμνια, -ας Polyhỵmnia, eine der neun → Musen, Muse des Gesangs mit der Leier

Πολυνείκης, -ους Polynẹikes, Sohn des → Ọidipus, Bruder von → Etẹokles und → Antịgone

Πολύφημος, -ου Polyphẹm(os), Kyklọp, Sohn → Posẹidons

Ποσειδῶν, -ῶνος Posẹidon, Gott der Meere

Πρίαμος, -ου Prịamos, mythischer König von → Troja, Vater von → Hektor, → Pạris/Alẹxandros und → Kassạndra

Πρίσκιλλα, -ας Priscịlla, vertrauliche Verkleinerungsform von Prisca, Gattin des → Ạquila

Προμηθεύς, -έως Promẹtheus, Wohltäter der Menschen, Rebell gegen → Zeus

Πυθαγόρας, -ου Pythạgoras (6. Jh. v. Chr.) aus → Samos, Philosoph, Mathematiker, Anführer einer Art Sekte

Πυθαγόρειος, -ου Pythagorẹer, Anhänger der Lehre bzw. Mitglied des Ordens des → Pythạgoras

Πυθία, -ας Pythia, Priesterin im → Apollontempel von → Delphi

Πύλος, -ου (ἡ) Pylos, Hafenstadt in → Messẹnien

Ῥαδάμανθυς, -υος Rhadamạnthys, mythischer kretischer Herrscher, Richter in der Unterwelt

Ῥήγιον, -ου Rhẹgion, Hafenstadt in Süditalien, heute Reggio di Calạbria

Ῥόδιοι, -ων (οἱ) (die) Rhọdier, Bewohner der Insel → Rhodos

Ῥόδος, -ου (ἡ) Rhodos, große Insel vor der Südwestküste Kleinasiens

Ῥωμαῖοι, -ων (οἱ) (die) Römer

Ῥώμη, -ης Rom

Σαῖοι, -ων (οἱ) (die) Saier, ein Volksstamm, der in → Thrạkien gegenüber der Insel → Thasos lebte

Σαλαμίνιοι, -ων (οἱ) (die) Salamịnier, Bewohner der Insel → Sạlamis

Σαλαμίς, -ῖνος (ἡ) Sạlamis, Insel vor Athen; im Sund zum Festland 480 v. Chr. Seesieg der Griechen über die → Perser

Σάμιοι, -ων (οἱ) (die) Sạmier, Bewohner der Insel → Samos

Σάμος, -ου (ἡ) Samos, fruchtbare Insel vor der kleinasiatischen Küste

Σαπφώ, -οῦς Sappho, Lyrikerin um 600 v. Chr. auf der Insel → Lesbos

Σάτυροι, -ων Satyrn, übermütige Wesen im Gefolge des → Diọnysos; Menschengestalt mit Ohren, Schwanz und Hufen eines Pferdes

Σικελία, -ας Sizịlien

Σιμωνίδης, -ου Simọnides (~556–467), Dichter von Lyrik und Elegien

Σίσυφος, -ου Sịsyphos, Gründer von → Korịnth; listenreich; Büßer in der Unterwelt

Σκῦρος, -ου (ἡ) Skyros, Insel in der nördlichen Ägäis

Σούνιον, -ου (τό) Sụnion, Vorgebirge an der Südostspitze von → Ạttika mit → Poseịdontempel

Σοφοκλῆς, -έους Sọphokles (~496–406) aus Athen, Tragödiendichter

Σπάρτη, -ης Sparta, Hauptort von → Lakedạimon im Süden der → Peloponnẹs

Σπαρτιάτης, -ου (ὁ) der Spartiạt, Angehöriger der spartanischen Kriegerklasse

Σπαρτοί, -ῶν (οἱ) (die) Sparten (wörtlich „die Gesäten“), die aus den von → Kadmos gesäten Drachenzähnen hervorgegangenen, bewaffneten Männer

Στάτειρα, -ας Statẹira, Tochter des Perserkönigs → Darẹios (2.) III., zweite Ehefrau → Alexạnders (2.) des Großen

Στησίχορος, -ου Stesịchoros (~630–~555), Dichter aus → Hịmera

Στοά, -ᾶς (ἡ) (die) Stoạ, eine nach ihrem Versammlungsort, der Stoạ Poikịle in Athen, benannte Philosophenschule, um 300 v. Chr. gegründet

Στωικοί, -ῶν (οἱ) (die) Stọiker, Anhänger der Philosophenschule der → Stoạ

Συρακόσιος, -ου Syrakusạner

Συράκουσαι, -ῶν (αἱ) Syrakụs, bedeutende Stadt in Sizilien

Σφίγξ, Σφιγγός (ἡ) (die) Sphinx, Fabelwesen vor → Theben

Σωκράτης, -ους Sọkrates (470–399), Philosoph aus → Athen

Σωφρονίσκος, -ου Sophronịskos, Vater des → Sọkrates, Steinmetz

Τάρταρος, -ου Tạrtaros, tiefster Teil der Unterwelt (→ Hades)

Ταΰγετον, -ου (τό) (der) Taỵgetos, Gebirgszug bei → Sparta

Τεγέα, -ας Tẹgea, Stadt im südöstlichen → Arkạdien

Τεγεάται, -ῶν (οἱ) (die) Tegeạten, Einwohner von → Tẹgea

Τερψιχόρη, -ης Terpsịchore, eine der neun → Musen, Muse für Chorlyrik und Tanz

Τευθρανία, -ας Teuthrạnien, Landschaft im nordwestlichen Kleinasien

Τεύθρας, -αντος Teuthras, mythischer König von → Teuthrạnien

Τηλέμαχος, -ου Telẹmachos, Sohn des → Odỵsseus

Τήλεφος, -ου Tẹlephos, Sohn des → Hẹrakles und der → Auge

Τιτᾶνες, -ων (οἱ) (die) Titanen, Söhne der → Gē

Τίτιος (-ου) Ἰοῦστος, -ου Tịtius Iustus, Bürger von → Korịnth

Τοῦρκοι, -ων (οἱ) (die) Türken

Τροία, -ας Troja, auch → Ịlios (oder Ịlion), Stadt im Norden Kleinasiens, Schauplatz der → *Ilias*

Τροιζήν, -ῆνος (ἡ) Troizẹn, Küstenstadt der → Ạrgolis; Geburtsort des → Theseus

Τρῶες, -ων (οἱ) (die) Troër, Einwohner von → Troja (→ Ịlios)

Τυνδάρεος, -ου Tyndạreos, Vater u. a. der → Klytaim(n)ẹstra, der → Hẹlena und des → Kastor

Τυχικός, -οῦ Tychikus, Begleiter und Vertrauter des Apostels → Paulus

Ὑδάρνης, -ου Hydạrnes, persischer Feldherr unter → Xerxes

Ὕφασις, -ιος (ὁ) (der) Hỵphasis, Fluss im nordwestindischen Pandschab, heute Beas

Φαίδρα, -ας Phaidra, Tochter des → Minos und der Pasịphaë, zweite Ehefrau des → Theseus

Φαιναρέτη, -ης Phainarẹte, Mutter des → Sọkrates, Hebamme

Φάλαρις, -ιδος Phalaris, grausamer Tyrann von Akragas im 6. Jh. v. Chr.

Φειδίας, -ου Ph(e)ịdias (tätig von 460–430), Bildhauer aus → Athen

Φθιῶτις, -ιδος (ἡ) Phthịa, Landschaft in → Thessạlien, Heimat des → Achịlleus

Φίλιππος, -ου 1. häufiger griechischer Name 2. Philipp II., König von → Makedọnien (R 359–336), Vater von → Alexạnder (2.) dem Großen

Φιντίας, -ου Phịntias, → Pythagorẹer, Freund des → Damon

Φοινίκη, -ης Phoinịkien, Küstenstreifen im heutigen Syrien und Libanon

Φυλεύς, -έως Phyleus, Sohn des Königs → Augịas

Φωκίς, -ίδος (ἡ) Phọkis, Landschaft in Mittelgriechenland

Χαλκίς, -ίδος (ἡ) Chạlkis, Hauptort der Insel Eubọia

Χάριτες, -ίτων (αἱ) (die) Charịten, drei Göttinnen für Anmut, Schönheit, Freude (lat. Grazien)

Χαρμίδης, -ου Chạrmides, Onkel → Platons, Schüler des → Sọkrates, Titelfigur in einem platonischen Dialog über Besonnenheit

Χειλωνίς, -ίδος Cheilọnis, Ehefrau des → Theopọmp(os)

Χριστός, -οῦ Chrịstus („der Gesalbte“)

Ὠγυγία, -ας Ogygia, mythische Insel, Wohnsitz der Nymphe → Kalypso

Ὠκεανός, -οῦ Okẹanos, die Erdscheibe umschließender Weltstrom

Vokabelverzeichnis

α

ἀγαθός, -ή, -όν gut, tüchtig **11A**
ἄγαλμα, τό das Götterbild, die Statue **42A**
ἄγαν *(Adv.)* zu sehr, übermäßig **33A**
ἀγανακτέω *(m. Dat.)* ich ärgere mich, bin empört (über) **54B**
ἀγαπάω ich liebe; *(m. Dat.)* bin zufrieden (mit) **74B**
ἀγγέλλω ich melde **61A**
ἄγγελος, ὁ der Bote **3A**
ἅγιος, -α, -ον heilig **72B**
ἀγνοέω ich weiß nicht, kenne nicht **75B**
ἀγορά, ἡ der Marktplatz; die Versammlung **67A**
ἀγορεύω ich sage, spreche, rede **24A. 34B. 63A**
ἄγριος, -α, -ον ländlich; wild, grausam **52B**
ἀγρός, ὁ der Acker, das Feld; Land *(als Gegensatz zur Stadt)* **6A**
ἄγω ich führe; führe durch **3B. 24A**
ἄγων *(Part.)* mit **33B**
ἀγών, ὁ der Kampf, Wettkampf **30A**
ἀγωνίζομαι ich kämpfe, wetteifere **17B**
ἀδελφός, ὁ der Bruder **13A**
ἀδικέω *(m. Akk.)* ich tue Unrecht **70B**
ἀδικία, ἡ das Unrecht, die Kränkung **14A**
ἄδικος, -ον ungerecht **49B**
ἀδύνατος, -ον unmöglich; unfähig, machtlos **42B**
ᾄδω ich singe, besinge **7B**
ἀεί *(Adv.)* immer **12A**
ἀήρ, ὁ die Luft **62B**
ἀθάνατος, -ον unsterblich **33B**
ἄθλιος, -ον elend, unglücklich **46A**
ἆθλος, ὁ der Wettkampf; die Mühe **3B**
ἀθροιζόμεθα *(Med.)* wir versammeln uns **27A**
ἀθροίζω ich versammle **27A**
ἀθρόος, -α, -ον versammelt, dicht gedrängt **64A**
αἰδέομαι ich respektiere, habe Ehrfurcht (vor) **54B**
Ἅιδης, (ὁ) Hades; der Hades, die Unterwelt **33B**
αἰδώς, ἡ die Scham, Ehrfurcht, der Respekt **37A**
αἷμα, τό das Blut **64B**
αἱρέομαι ich nehme mir, wähle **46A. 64A**
αἱρέω *(Aor. εἷλον)* ich nehme, ergreife, erobere **55A. 64A**
αἰσθάνομαι *(m. Gen. o. Akk.)* ich nehme wahr, bemerke **12B. 24B**
αἴσθησις, ἡ die Wahrnehmung **81–85**
αἰσχρός, -ά, -όν hässlich; gemein **15A**
αἰσχύνη, ἡ die Schande, Schmach **35B**
αἰσχύνομαι *(m. Akk.)* ich schäme mich (vor); *(m. Part. o. Inf.)* ich schäme mich (zu tun) **50A**
αἰτέω *(m. dopp. Akk.)* ich (er)bitte, fordere, verlange **61A**
αἰτία, ἡ der Grund, die Ursache; Schuld **54B**
αἰτιάομαι ich beschuldige **55B**
αἴτιος, -α, -ον *(m. Gen.)* schuld (an), verantwortlich (für), schuldig **76B**
-(ά)κις -mal **44A**
ἀκόλαστος, -ον ungezügelt, zügellos; frech **60A**
ἀκολουθέω ich folge **65B**
ἄκοντός τινος gegen den Willen von **33B**
ἀκούω ich höre **2B. 60B. 77B**
εὖ (κακῶς) ἀκούω ὑπό *(m. Gen.)* ich stehe in gutem (schlechtem) Ruf (bei), habe einen guten (schlechten) Ruf (bei) **49A**
ἀκριβής, -ές sorgfältig, genau **44B**
ἄκων, -ουσα, -ον unfreiwillig, ungern; unabsichtlich **31A**
ἀλγεινός, -ή, -όν schmerzhaft; lästig **33A**
ἄλγος, τό der Schmerz, Kummer **37A**
Ἀλέξανδρος, ὁ Φιλίππου Alexander, der Sohn Philipps **18A**
ἀλήθεια, ἡ die Wahrheit, Wirklichkeit **25A**
(τῇ) ἀληθείᾳ in Wahrheit **61B**
ἀληθής, -ές wahr, wirklich; ehrlich **37B**
ἁλίσκομαι ich werde gefangen, erobert; *(m. Part.)* werde überführt **66A**
ἀλκή, ἡ die Wehrkraft; Verteidigung **16A**
ἀλλά aber, sondern **4A**
(μετ-)αλλάττω ich ändere, wechsle **79A**
ἀλλήλων einander, gegenseitig **17B**
ἄλλος, -η, -ο ein anderer **11A**
ἄλλος μέν ... ἄλλος δέ einer ... ein anderer **58A**
ἄλλοτε *(Adv.)* ein andermal **50B**
ἄλλοτε μέν ... ἄλλοτε δέ einmal ... ein andermal, bald ... bald **50B**
ἅλς, ὁ das Salz **29A**
ἅλς, ἡ das Meer **29A**
ἅμα *(Adv.)* zusammen; zugleich; *(m. Dat.)* zugleich mit, zusammen mit; *(m. Part.)* während **32B**
ἁμαρτάνω *(m. Akk. o. Gen.)* ich verliere (etw.), verfehle (etw.); mache einen Fehler, sündige **79B**
ἀμείνων, -ον *(Komp.)* tüchtiger; vorteilhafter, besser **30B**
ἀμελέω *(m. Gen.)* ich kümmere mich nicht (um), vernachlässige **53B**
ἀμήχανος, -ον unmöglich, unglaublich; unfähig **35A**
ἀμύνομαι *(m. Akk.)* ich wehre mich, verteidige mich (gegen) **52A**
ἀμύνω ich wehre ab, halte fern **9A**
ἀμφί *(m. Akk.)* um ... herum **71A**
ἀμφισβητέω *(Impf. ἠμφεσβήτουν)* ich bestreite, bezweifle; *(m. μή + Inf.)* bestreite, dass **58A**
ἀμφότεροι, -αι, -α beide **17B**
ἄν *Signalwort* **45A**

ἀνά (m. Akk.) (örtlich) über (… hin); (zeitlich) während 25A
ἀναγιγνώσκω ich lese, lese vor 66A
ἀναγκάζω ich zwinge 8B
ἀναγκαῖος, -α, -ον notwendig 59A
ἀνάγκη, ἡ der Zwang, die Notwendigkeit 10A
ἀναιδής, -ές schamlos, unverschämt 38B
ἀναιρέω ich hebe empor (und bringe weg); beseitige, töte; weissage 64A
ἀναλαμβάνω ich nehme auf 50A
ἀναμιμνήσκομαι (m. Gen. o. Akk.) ich erinnere mich (an) 70B
ἀνδράποδον, τό der Sklave, die Sklavin 27B
ἀνδρεία, ἡ die Tapferkeit 16A
ἀνδρεῖος, -α, -ον mannhaft, tapfer 20A
ἄνεμος, ὁ der Wind 7B
ἄνευ (m. Gen.) ohne 5B
ἀνέχομαι (Impf. ἠνειχόμην, Aor. ἠνεσχόμην) (m. Gen. o. Akk. u. Part.) ich halte aus, ertrage 64B
ἀνήρ, ὁ der Mann 29A
ἀνθρώπειος, -α, -ον menschlich 37A
ἄνθρωπος, ὁ der Mensch 2B
ἀνίσταμαι ich stehe auf, breche auf 76A
ἀνίστημι ich stelle auf, richte auf 76A
ἀνόητος, -ον unvernünftig, unbegreiflich 31B
ἀνόσιος, -ον unrecht, gottlos 30B
ἀντί (m. Gen.) gegenüber; anstelle (von) 13B
ἄνω (Adv.) oben; nach oben 41A
ἄξιος, -α, -ον (m. Gen.) würdig, wert 26B
ἄξιος θαυμάζειν bewundernswert 58A
ἀξιόω ich fordere, bitte; (m. Gen.) halte würdig (für etw.) 56A
ἀπαγορεύω (Aor. ἀπεῖπον) (m. μή + Inf.) ich verbiete (zu tun); (m. Part.) werde müde (zu tun) 77B
ἀπάγω ich führe weg 20B
ἀπαλλάττω (m. Gen.) ich entferne; befreie (von) 22B
ἅπας, ἅπασα, ἅπαν all, ganz, jeder 34B
(εξ-)ἀπατάω ich betrüge, täusche 55A
ἀπέθανε(ν) (Aor. ← ἀποθνῄσκει) er, sie, es starb; wurde getötet 23A
ἀπεικάζω ich bilde ab, bilde nach 52B
ἀπειλέω ich drohe (an) 81–85
ἄπειμι (m. Gen.) ich bin abwesend, weg, fern (von) 39A
ἄπειρος, -ον (m. Gen.) unerfahren (in); unendlich 32A
ἀπηλλάγην (st. Aor. Pass. ← ἀπαλλάττω) ich wurde entfernt, befreit 38B
ἀπιστέω ich glaube nicht, misstraue 54B
ἀπό (m. Gen.) (örtlich) von (… her); (zeitlich) seit 12A
ἀποβαίνει es ergibt sich, kommt heraus 65A
ἀποβαίνω ich gehe weg 65A
ἀποβάλλω ich werfe weg; verliere 79A
ἀποδείκνυμι ich zeige, lege dar, beweise; (m. dopp. Akk.) mache zu 78A
ἀποδημέω ich bin verreist; verreise 62B
ἀποδίδωμι ich gebe zurück; bezahle 72A
ἀποθνῄσκει er, sie, es stirbt; wird getötet 8B. 23A
ἀποκρίνομαι ich antworte 30B. 62A
ἀποκτείνω ich töte 51B. 62B
ἀπολαύω (m. Gen.) ich genieße, habe Vorteil (von) 42B
ἀπολείπω ich verlasse, lasse zurück 30B
ἀπόλλυμαι ich gehe zugrunde; gehe verloren 78B
ἀπόλλυμι ich richte zugrunde; verliere 78B
ἀπολογέομαι ich verteidige (mich) 74B
ἀπολύω (m. Gen.) ich erlöse, befreie (von); gebe frei 9A
ἀπορέω ich bin in Verlegenheit/Not, bin ratlos 62A
ἀποστέλλω ich sende ab, schicke weg 62A
ἀποστερέω (m. Akk. u. Gen.) ich (be)raube 66B
ἀποτρέπω ich wende ab 28B
ἀποφαίνομαι ich lege dar, äußere mich 61A
ἅπτομαι (m. Gen.) ich berühre, fasse an; befasse mich mit 36A
ἄρα also, folglich 59A
ἆρ᾽ οὐ; (etwa) nicht? 5B
ἆρα;/ἆρ᾽; (unübersetzte Fragepartikel) 5B
ἆρα μή; etwa? 5B
ἀργύριον, τό das Silber; Geld 31A
ἀρέσκω ich gefalle 68A
ἀρετή, ἡ die Tüchtigkeit, Tugend 10B
ἀριθμός, ὁ die Zahl, Anzahl 18A
ἄριστος (-η, -ον), ὁ (Sup.) der (die, das) beste, tüchtigste 30A
ἀρκέω ich genüge, bin stark genug 60B
ἁρπάζω ich reiße an mich, raube 21A
ἄρτι (Adv.) eben, gerade; vor Kurzem 10A
ἀρχαῖος, -α, -ον alt, früher 68A
ἀρχή, ἡ der Anfang; die Herrschaft; das Reich 42A
ἄρχομαι (m. Gen.) ich beginne (mit); (m. Inf.) ich beginne (zu tun) 22A
ἄρχω (m. Gen.) ich beginne (etw.); herrsche (über) 4A
ἄρχων, ὁ der Anführer, Herrscher; Archont 31A
ἀσθενής, -ές schwach, kraftlos, krank 37B
ἀσκέω ich übe (aus) 75A
ἀσπάζομαι ich empfange freundlich, begrüße 21A
ἀσπίς, ἡ der Schild 50A
ἀστός, ὁ der Bürger 38A
ἄστρον, τό der Himmelkörper, Stern; das Sternbild 53B
ἄστυ, τό die Stadt, die Hauptstadt 39B
ἀσφαλής, -ές sicher, fest 38A
ἅτε (m. Part.) da (ja), weil (ja) (objektiver Grund) 32B
ἄτη, ἡ das Unheil; die Verblendung 51B

ἀτιμάζω ich entehre, behandle respektlos **21A**
ἄτοπος, -ον unpassend, seltsam **53B**
αὖθις/αὖ *(Adv.)* wieder **18B**
αὐξάνω ich vermehre, fördere **79B**
αὐτάρκης, -ες eigenständig, unabhängig **71B**
αὐτίκα *(Adv.)* sofort, sogleich **18B**
αὐτός, -ή, -ό selbst, persönlich; *(m. Artikel)* derselbe, dieselbe, dasselbe **15B**
αὐτός, ὁ *(m. Dat.)*/ὁ αὐτὸς καί derselbe wie **15B**
ἀφαιρέομαι *(m. dopp. Akk.)* ich nehme (jdm. etw.) weg **64A**
ἀφανίζω ich lasse verschwinden; vernichte **21A**
ἀφίημι ich schicke weg, lasse los **74A**
ἀφικνέομαι *(Aor.* ἀφικόμην*)* ich komme an, gelange **54B**
ἀφ' οὗ seitdem **52A**
ἄφρων, -ον unvernünftig **30B**
ἄχθομαι *(m. Dat.)* ich bin unwillig, ärgere mich (über) **71A**

β

βαίνω ich gehe **65A**
βάλλω ich (be)werfe, (be)schieße; treffe **7B. 25B. 62B**
βάρβαρος, ὁ der Nichtgrieche, Barbar **27B**
βαρύς, -εῖα, -ύ schwer, beschwerlich; *(von Tönen)* tief **76B**
βασιλεία, ἡ die Königswürde, das Königreich **28B**
βασιλεύς, ὁ der König **40B**
βασιλεύω *(m. Gen.)* ich bin/herrsche als König (über) **22A**
βέβαιος, (-α,) -ον fest, dauerhaft, zuverlässig **31B**
βέλος, τό das Geschoss, der Pfeil **52B**
βέλτιστος (-η, -ον), ὁ *(Sup.)* der (die, das) *(moralisch)* beste **41B**
βελτίων, -ον *(Komp.)* *(moralisch)* besser **41B**
βία, ἡ die Gewalt **16B**
βιάζομαι ich zwinge, überwältige **24A**
βιβλίον, τό das Buch **75B**
(ἀγαθὸν) βίον ζῆν ein (gutes) Leben führen **65B**
βίος, ὁ das Leben; der Lebensunterhalt **1**
βιόω ich lebe **56A**
βλάβη, ἡ der Schaden **58B**
βλάπτω *(m. Akk.)* ich schädige, schade **8A**
βλέπω ich blicke, schaue **16A**
βοάω ich rufe, schreie **57B**
βοήθεια, ἡ die Hilfe **50B**
βοηθέω ich helfe **67B**
βούλευμα, τό der Rat, Plan; Beschluss **33B**
βουλεύομαι ich berate mich, überlege; beschließe **12B**
βουλή, ἡ der Wille, Plan, Rat; die Ratsversammlung **28A**
βούλομαι *(2. Pers. Sg.* βούλει*)* ich will **12B**
βοῦς, ὁ/ἡ das Rind; der Ochse/die Kuh **40B**
βραχύς, -εῖα, -ύ kurz **40A**
βροτός, (ὁ) der Sterbliche; sterblich **50B**
βωμός, ὁ der Altar **13B**

γ

γαμέω ich heirate *(eine Frau)* **53B**
γάμος, ὁ die Hochzeit, Ehe **3B**
γάρ *(nachgestellt)* denn, nämlich **2B**
γε *(nachgestellt, enkl.)* *(betonend)* gewiss, gerade; *(einschränkend)* wenigstens, jedenfalls **28A**
γέγονα *(Perf.)* ich bin geworden, geboren **43B**
γελάω ich lache (aus) **55A**
γενεά, ἡ die Nachkommenschaft; Abstammung, Geburt **14A**
γενναῖος, -α, -ον adelig; tüchtig; ehrenvoll **19B**
γεννάω ich zeuge; gebäre **57B**
γένος, τό das Geschlecht, die Gattung; Abstammung **37A**
γέρων, ὁ der alte Mann, Greis **31A**
γεωργός, ὁ der Bauer **2A**
γῆ, ἡ die Erde; der Erdboden; das Land **25A**
γίγνεται er, sie, es entsteht, geschieht, ereignet sich **15B. 24B**
γίγνομαι ich werde (geboren) **15B. 24B**
γιγνώσκω ich erkenne, weiß; beschließe **3A. 66A. 77B**
γλυκύς, -εῖα, -ύ süß; lieb, geliebt **50B**
γλῶττα, ἡ die Zunge; Sprache **66B**
γνώμη, ἡ die Einsicht; Meinung; der Ausspruch **10A**
γονεῖς, οἱ die Eltern **40B**
γοῦν jedenfalls; zum Beispiel **22B**
γράμμα, τό der Buchstabe **58A**
γράφω ich schreibe; male **2A**
γυμνάζω ich übe, trainiere (jdn.) **16B**
γυμνάσιον, τό der Sportplatz **1**
γυμνός, -ή, -όν nackt, leicht bekleidet **17A**
γυνή, ἡ die Frau, Ehefrau **29B**

δ

δαιμόνιος, -α, -ον göttlich, übermenschlich; unbegreiflich **50A**
δαίμων, ὁ/ἡ das göttliche Wesen, der (gute/böse) Geist **80A**
δάκρυον, τό die Träne **7A**
δέ/δ' und, aber *(oft unübersetzt)* **4B**
δεδίδαγμαι *(Perf. Pass. ←* διδάσκω*)* ich bin gelehrt, unterrichtet (worden) **43A**
δέδοικα/δέδια *(Perf.)* ich fürchte **43B. 69A**
δεῖ *(m. Inf. o. AcI)* man muss, es ist nötig **28A**

δεῖ μοι *(m. Gen.)* ich brauche (etw.) **28A**
δείκνυμι ich zeige, mache klar **78A**
δειλός, -ή, -όν feig; unglückselig, elend **34A**
δεινός, -ή, -όν gefürchtet: (−) furchtbar; (+) tüchtig, fähig **13A**
δεινὸς λέγειν redegewandt **58A**
δεῖπνον, τό die Mahlzeit, das Abendessen **72B**
δέκα *(indekl.)* zehn **36B**
δέκατος (-η, -ον), ὁ der (die, das) zehnte **44A**
δένδρον, τό der Baum **7A**
δέομαι *(m. Gen.)* ich brauche, habe nötig; bitte **60A**
δέος, τό die Furcht, Angst **46B**
δεσμός, ὁ die Fessel; das Band **12A**
δεσπότης, ὁ der Herr, Herrscher **22A**
δεῦρο *(Adv.)* hierher **5B**
δεύτερος (-α, -ον), ὁ der (die, das) zweite **44A**
δέχομαι ich nehme an, nehme auf **14B**
δή *(Adv.; nachgestellt)* offenbar, natürlich *(Betonung des vorhergehenden Wortes)* **12A**
δῆλος, -η, -ον offensichtlich, klar **11A**
δῆλός εἰμι *(m. Part.)* offensichtlich **36A**
δηλόω ich mache klar, zeige **56A**
δημιουργός, ὁ der Handwerker, Schöpfer **26B**
δημοκρατία, ἡ die Demokratie **19A**
δῆμος, ὁ das Volk **2B**
δημόσιος, -α, -ον *(Adv.* δημοσίᾳ*)* öffentlich, auf Staatskosten **70B**
δήπου doch wohl, sicherlich **69A**
δῆτα *(Adv.)* bestimmt **46A**
τί δῆτα; *(in Fragen)* was denn? **46A**
διά *(m. Gen.)* durch (… hindurch) **7A**
διά *(m. Akk.)* wegen **13A**
διαβαίνω ich überschreite, überquere **42B**
διαβάλλω ich verleumde **62B**
διαβολή, ἡ die Verleumdung **68B**
διάγω ich verbringe (Zeit), verweile; lebe **6A**
διάγω *(m. Part.)* fortwährend, ununterbrochen **36A**
διαιρέω ich nehme auseinander, teile ein; analysiere **75A**
δίαιτα, ἡ die Lebensweise; der Lebensunterhalt **73A**
διάκειμαι *(oft m. Adv.)* ich bin (befinde mich) in einem Zustand **67B**
διαλέγομαι *(m. Dat.)* ich unterhalte mich (mit) **13A**
διαλλάττομαι *(Aor.* διηλλάγην*)* *(m. Dat.)* ich versöhne mich (mit) **78B**
διαλλάττω ich versöhne **46A**
διαλύω ich löse auf, zerstöre **49A**
διανοέομαι ich denke, überlege, beabsichtige **71A**
διάνοια, ἡ der Gedanke, das Denken, die Absicht **31B**
διατελέω ich vollende; verharre; *(m. Part.)* (tue) andauernd **60B**
διατίθημι ich ordne; versetze in einen Zustand **74A**
διατρίβω ich verbringe (die) Zeit, beschäftige mich; *(m. Part.)* tue andauernd **68A**
διαφέρω *(m. Gen.)* ich unterscheide mich (von), zeichne mich aus (vor) **36A**
διαφθείρω ich zerstöre, vernichte, verderbe **3B. 61B**
διδάσκαλος, ὁ der Lehrer **75A**
διδάσκω ich lehre, unterrichte **2A**
δίδωμι ich gebe **72A**
διέρχομαι ich gehe durch; erörtere **63A**
διηγέομαι ich erzähle, beschreibe **62A**
δικάζω ich spreche Recht, entscheide **76B**
δίκαιος, -α, -ον gerecht; berechtigt **19B**
δικαιοσύνη, ἡ die Gerechtigkeit **63A**
δικαστήριον, τό das Gericht **75A**
δικαστής, ὁ der Richter, Geschworene **51A**
δίκη, ἡ das Recht; der Prozess; die Strafe **30B**
δίκην δίδωμι *(m. Gen.)* ich zahle Strafe (für), werde bestraft (für) **72A**
διό daher, deshalb **6B**
δίς *(Adv.)* zweimal **44A**
διώκω ich verfolge; klage *(gerichtlich)* an **8B**
δοκεῖ μοι es scheint mir (gut) **53A**
δοκέω ich scheine; meine **53A**
δόξα, ἡ die Meinung; der (gute) Ruf, Ruhm **25A**
δόρυ, τό der Speer **50A**
δουλεία, ἡ die Sklaverei, Knechtschaft **24B**
δουλεύω ich diene, bin Sklave **44B**
δοῦλος, ὁ der Sklave **6A**
(κατα-)δουλόω ich mache zum Sklaven, unterdrücke **56A**
δράκων, ὁ der Drache(n), die (große) Schlange **39A**
δράω ich tue **69B**
δρόμος, ὁ der Lauf, das Wettrennen; die Rennbahn **17B**
δύναμαι ich kann, bin imstande, vermag **77A**
δύναμις, ἡ die Kraft, Macht, Fähigkeit **42A**
δυνάστης, ὁ der Herrscher, Machthaber **37B**
δυνατός, -ή, -όν fähig; mächtig; möglich **20A**
δύο zwei **36B**
δύομαι ich tauche *(selbst)* unter **66B**
δυστυχής, -ές unglücklich **37B**
δώδεκα *(indekl.)* zwölf **36B**
δῶρον, τό das Geschenk, die Gabe **1**

ε

ἐάν (= εἰ + ἄν) wenn **48A**
ἑαυτόν, -ήν/αὑτόν, -ήν sich **19A**
ἐάω *(Impf.* εἴων, *Aor.* εἴασα*)* ich lasse, lasse zu **76B**
ἔβαλον *(Aor.* ← βάλλω*)* ich beschoss, bewarf; traf **25B**
ἐβλάβην *(st. Aor. Pass.* ← βλάπτω*)* ich wurde geschädigt **38B**

ἐγένετο *(Aor. ← γίγνεται)* er, sie, es entstand, geschah, ereignete sich **24B**
ἐγενόμην *(Aor. ← γίγνομαι)* ich wurde (geboren) **24B**
ἐγγύς *(Adv.)* nahe, in der Nähe; *(m. Gen.)* nahe bei, in der Nähe (von) **40B**
ἐγείρομαι ich wache auf, erwache **62A**
ἐγείρω ich wecke; errege **62A**
ἐγκρατής, -ές (selbst)beherrscht, enthaltsam **73B**
ἐγκωμιάζω ich preise, lobe **26B**
ἐγρήγορα *(Perf.)* ich bin wach **62A**
ἐγώ ich **18B**
ἔγωγε ich jedenfalls **28A**
ἔδει es war nötig; wäre nötig (gewesen) **45B**
ἐθέλω ich bin bereit, will **5A**
ἐθίζω ich gewöhne (jdn.) **17A**
ἔθνος, τό das Volk, der Volksstamm **56B**
ἔθος, τό die Sitte, Gewohnheit **37A**
εἰ wenn; ob **45A**
εἰ (... ἤ) *(indirekte Frage)* ob (... oder) **71B**
εἰ γάρ *(m. Opt.)* *(häufig unübersetzt)*; hoffentlich *(m. Ind.)* **49A**
εἶδον *(Aor. ← ὁράω)* ich erblickte, sah **23A**
εἶδος, τό die Gestalt, das Aussehen; die Idee **40A**
εἴδωλον, τό das Bild, Götterbild **10A**
εἴθε *(m. Opt.)* *(häufig unübersetzt)*; hoffentlich *(m. Ind.)* **49A**
εἰκάζω ich vermute **47B**
εἴκοσι(ν) *(indekl.)* zwanzig **44A**
εἴκω ich weiche, gebe nach **18B**
εἰκών, ἡ das Bild, die Statue **52A**
εἵλκυσα *(Aor. ← ἕλκω)* ich zog, schleppte **51A**
εἱλόμην *(Aor. ← αἱρέομαι)* ich nahm mir, wählte **46A**
εἰμί *(enkl.)* ich bin **9A**
εἶμι ich werde gehen **67B**
εἶπον *(Aor. ← ἀγορεύω)* ich sagte, sprach **24A**
εἴργασται er, sie, es hat verfertigt, gearbeitet *(Med.)*, ist verfertigt, gearbeitet (worden) *(Pass.)* **43A**
εἴργω ich schließe ein; *(m. Gen.)* schließe aus (von) **30A**
εἰρήνη, ἡ der Friede(n) **27A**
εἰς *(m. Akk.)* *(örtlich)* in (... hinein), zu (... hin), nach (... hin); *(zeitlich)* bis zu **7B**
εἰς Ἅιδου (οἶκον) in den Hades, in die Unterwelt **33B**
εἷς, μία, ἕν einer, eine, ein(e)s **36B**
εἰσίν, οἵ einige, manche *(wörtl.* es gibt welche, die) **47B**
εἴσω *(Adv.)* hinein; drinnen; *(m. Gen.)* innerhalb (von) **52B**
εἶτα *(Adv.)* da, dann; ferner **46A**
εἴτε ... εἴτε sei es dass ... oder dass; *(indirekte Frage)* ob ... oder **71B**
εἶχον *(Impf. ← ἔχω)* ich hatte, besaß, hielt fest; verhielt mich **17A**
εἴωθα *(Perf.)* ich bin gewohnt, pflege (zu tun) **43B**
ἐκ/ἐξ *(m. Gen.)* aus (... heraus); seit; infolge (von) **8A**
ἔκαμον *(Aor. ← κάμνω)* ich mühte mich ab, wurde müde; war krank **36A**
ἕκαστος, -η, -ον jeder **22A**
ἑκάστοτε *(Adv.)* jedes Mal, jeweils **81–85**
ἑκάτερος, -α, -ον jeder von beiden; *(im Plural)* beide **78B**
ἑκατόν *(indekl.)* hundert **44A**
ἐκβάλλω ich werfe hinaus, vertreibe, verbanne **25B**
ἐκεῖ *(Adv.)* dort **4A**
ἐκεῖνος, -η, -ο jener, jene, jenes **23B**
ἐκκλησία, ἡ die Volksversammlung; *(in christl. Texten)* die Kirche **75A**
ἐκόντος τινός mit Erlaubnis von **33B**
ἐκπλήττω ich erschrecke (jdn.) **37A**
ἑκών, -οῦσα, -όν freiwillig, gern; absichtlich **31A**
ἔλαβον *(Aor. ← λαμβάνω)* ich nahm, ergriff; bekam **23A**
ἐλάττων, -ον *(Komp.)* kleiner, geringer, weniger **41B**
ἐλάχιστος (-η, -ον), ὁ *(Sup.)* der (die, das) kleinste, geringste, wenigste **41B**
ἔλεγχος, ὁ die Prüfung, Widerlegung, der Beweis **75B**
ἐλέγχω ich überführe, widerlege **34B**
ἐλεέω ich habe Mitleid, bedauere **76B**
ἔλεος, ὁ das Mitleid, Erbarmen **14B**
ἐλευθερία, ἡ die Freiheit **16B**
ἐλεύθερος, -α, -ον frei **17A**
ἐλευθερόω *(m. Gen.)* ich befreie (von) **56A**
ἔλιπον *(Aor. ← λείπω)* ich verließ, ließ zurück, ließ übrig **24A**
ἕλκω ich ziehe, schleppe **8B**
Ἕλλην, ὁ der Grieche **30A**
ἐλπίζω *(m. Inf. Fut.)* ich hoffe, erwarte **28A**
ἐλπίς, ἡ die Hoffnung, Erwartung **69B**
ἔμαθον *(Aor. ← μανθάνω)* ich lernte, erfuhr; verstand **24A**
ἐμαυτόν, -ήν mich **19A**
ἐμός, -ή, -όν mein **19B**
ἐμπειρία, ἡ die Erfahrung **75A**
ἔμπειρος, -ον *(m. Gen.)* erfahren (in), kundig (in) **34A**
ἐμπίμπλημι *(m. Gen.)* ich fülle an (mit) **77A**
ἐμπίπτει *(m. Dat.)* es befällt **35A**
ἐμπίπτω εἰς *(m. Akk.)* ich falle in (... hinein); gerate *(in einen Zustand)* **22B**
ἔμπορος, ὁ der Kaufmann *(im Überseehandel)* **19A**
ἔμπροσθεν *(Adv.)* *(örtlich)* (von) vorne; *(zeitlich)* vorher, früher; *(m. Gen.)* vor **72B**
ἐν *(m. Dat.)* in, an, auf *(Frage: „wo?" bzw. „wann?")* **5B**
ἐν Ἅιδου (οἴκῳ) im Hades, in der Unterwelt **33B**

ἐν βραχεῖ in kurzer Zeit, in kurzen Worten **40A**
ἐν νῷ ἔχω ich habe im Sinn, habe vor **25B**
ἐν ᾧ während **52A**
ἐναντιόομαι *(Impf.* ἠναντιούμην*)* ich widersetze mich, widerspreche **56B**
ἐναντίος, -α, -ον entgegengesetzt **58A**
ἐναντίος, ὁ der Gegner, Feind **4A**
ἐνδεής, -ές bedürftig; unterlegen **37B**
ἕνδεκα *(indekl.)* elf **36B**
ἔνδον *(Adv.)* drinnen, im Inneren **57B**
ἕνεκα *(m. Gen.; nachgestellt)* zum Zweck von; wegen **15B**
ἔνθα *(Adv.)* *(örtlich)* hier; *(zeitlich)* da, damals **46B**
ἐνθάδε *(Adv.)* hier, hierher **27A**
ἐνθυμέομαι ich bedenke, überlege **71A**
ἐνιαυτός, ὁ das Jahr **27A**
ἔνιοι, -αι, -α einige **39A**
ἐνίοτε *(Adv.)* manchmal **4B**
ἐννέα *(indekl.)* neun **9B. 36B**
ἐννοέω ich (be)denke, erwäge; (be)merke **76B**
ἐνταῦθα *(Adv.)* hier **25A**
ἐντεῦθεν *(Adv.)* *(örtlich)* von hier, von dort; *(zeitlich)* von da an; *(übertragen)* daher **70A**
ἐντός *(Adv.)* innerhalb; *(m. Gen.)* innerhalb (von) **41A**
ἐντυγχάνω *(m. Dat.)* ich treffe auf, gerate in **34A**
ἕξ *(indekl.)* sechs **36B**
ἐξ οὗ seitdem **52A**
ἐξαπατάω ich betrüge, täusche **55A**
ἐξαπίνης *(Adv.)* plötzlich **13B**
ἐξεργάζομαι ich vollende, setze durch, führe aus **35B**
ἔξεστι(ν) es ist möglich, erlaubt **15B**
ἐξετάζω ich prüfe **48A**
ἐξῆν es war möglich; es wäre möglich (gewesen) **45B**
ἐξόν *(absoluter Akk.)* da (obwohl, wenn) es möglich ist (war, wäre, gewesen wäre) **73A**
ἔξω *(m. Gen.)* außerhalb **38B**
ἔοικα *(Perf.)* ich gleiche; scheine (zu sein/tun) **43B**
ἑορτή, ἡ das *(religiöse)* Fest **10B**
ἐπαγγέλλομαι ich verspreche **13B. 61A**
ἐπαινέω ich lobe **60B**
ἔπαινος, ὁ das Lob **31A**
ἐπανέρχομαι ich kehre zurück **32A**
ἐπεί/ἐπειδή *(m. Aor.)* als, nachdem; da, weil **21B**
ἐπειδάν nachdem, wenn, sobald **52A2**
ἔπειτα *(Adv.)* danach **14B**
ἐπέρχομαι *(m. Dat.)* ich gehe heran (an), greife an **28A**
ἔπεσον *(Aor.* ← πίπτω*)* ich fiel **23A**
ἐπέχω ich halte fest, halte zurück; warte **64B**
ἐπί *(m. Gen.)* (oben) auf; in Richtung (von), bei; zur Zeit (von) **12A. 29B**
ἐπί *(m. Dat.)* *(örtlich)* (dicht) bei; *(übertragen)* aufgrund, unter der Bedingung, zum Zweck (von), wegen **45B**
ἐπί *(m. Akk.)* auf (... hinauf); zu (... hin); gegen **13B**
ἐπιβουλεύω *(m. Dat.)* ich plane einen Anschlag (auf), führe (etw.) im Schilde (gegen) **20A**
ἐπιδείκνυμι *(u. Med.)* ich zeige vor, stelle zur Schau; schildere **78A**
ἐπιθυμέω *(m. Gen.)* ich begehre, will **59B**
ἐπιθυμία, ἡ die Begierde, das Verlangen **68B**
ἐπικαλέω ich rufe herbei; *(m. Dat.)* mache Vorwürfe, beschuldige **53B**
ἐπίκουρος, ὁ der Helfer, Bundesgenosse **9B**
ἐπιλανθάνομαι *(m. Gen.)* ich vergesse **34A**
ἐπιμέλεια, ἡ die Sorge, Fürsorge **48B**
ἐπιμελέομαι *(m. Gen.)* ich kümmere mich, sorge mich (um) **54A**
ἐπίσταμαι *(m. Part. o.* ὅτι*)* ich verstehe, weiß (, dass); *(m. Inf.)* ich verstehe, weiß (zu tun), kann **77A**
ἐπιστήμη, ἡ das Wissen, die Wissenschaft; Erkenntnis **31B**
ἐπιστολή, ἡ der Brief **19B**
ἐπιτήδειος, -α, -ον geeignet, passend; befreundet **45A**
ἐπιτηδεύω ich betreibe eifrig **79A**
ἐπιτίθημι ich lege darauf, füge (hin)zu **74A**
ἐπιτρέπω ich überlasse, vertraue an; gestatte **35B**
ἐπιχειρέω *(m. Dat.)* ich versuche, unternehme; greife an **69A**
ἕπομαι *(Impf.* εἱπόμην, *Aor.* ἑσπόμην*)* *(m. Dat.)* ich folge; befolge, gehorche **48A. 64B**
ἔπος, τό das Wort **58A**
ἑπτά *(indekl.)* sieben **36B**
ἐπυθόμην *(Aor.* ← πυνθάνομαι*)* *(m. Gen.)* ich erkundigte mich (bei); erfuhr (von) **28A**
ἐράω *(m. Gen.)* ich liebe, begehre **66A**
ἐργάζομαι ich arbeite, verfertige **26A**
ἔργον, τό das Werk, die Tätigkeit, Tat **8A**
(τῷ) ἔργῳ in Wirklichkeit, tatsächlich **61B**
ἔρημος, -η, -ον einsam, verlassen **11A**
ἐρίζω *(m. Dat.)* ich streite; wetteifere (mit) **4B**
ἔρις, ἡ der Streit, Wettstreit **71A**
ἔρχομαι *(Aor.* ἦλθον*)* ich komme, gehe **27B. 63A**
ἔρως, ὁ die Liebe, das Verlangen **50B**
ἐρωτάω ich frage **63A**
ἐσθίω ich esse **63A**
ἐσθλός, -ή, -όν vornehm, edel; tüchtig **61B**
ἑσπέρα, ἡ der Abend **61B**
ἕστηκα *(Perf.)* ich habe mich gestellt, stehe **69A**
ἔστην *(Aor.)* ich stellte mich hin, trat hin **65A**
ἔστι(ν) er, sie, es ist vorhanden, existiert; es ist möglich, erlaubt **9A**

ἐστί(ν) *(m. Gen.)* es ist Aufgabe, Plicht, Eigenschaft (von); typisch für; es ist Eigentum (von), gehört **9A**
ἐστί(ν) *(m. Dat.)* es ist Eigentum (von), gehört **9A**
ἔστιν, οἵ einige, manche *(wörtl.* es gibt welche, die*)* **47B**
ἔσχατος (-η, -ον), ὁ *(Sup.)* der (die, das) äußerste, letzte **61A**
ἑταῖρος, ὁ der Gefährte, Kamerad **22A**
ἔτεκον *(Aor. ← τίκτω)* ich zeugte, gebar; erzeugte **24A**
ἕτερος, ὁ der eine, der andere *(von zweien)* **19B**
ἔτι *(Adv.)* noch **11B**
ἔτι δέ *(Adv.)* noch dazu, außerdem **17B**
ἕτοιμος, -η, -ον bereit **18A**
ἔτος, τό das Jahr **73A**
ἔτυχον *(Aor. ← τυγχάνω)* ich erhielt, bekam **25B**
εὖ *(Adv.)* gut **5A**
εὖ ἀκούω ὑπό *(m. Gen.)* ich stehe in gutem Ruf (bei), habe einen guten Ruf (bei) **49B**
εὐδαιμονία, ἡ das Glück, die Glückseligkeit, der Wohlstand **66A**
εὐδαίμων, -ον glücklich, glückselig **80A**
εὐδοκιμέω ich bin berühmt, habe einen guten Ruf **53A**
εὐεργέτης, ὁ der Wohltäter **45B**
εὐθύ(ς) *(Adv.)* sofort **59A**
εὐλαβέομαι *(m. Akk.)* ich nehme mich in Acht, hüte mich (vor);
(m. μή + Inf.) hüte mich (davor) (zu tun) **54B**
εὐμενής, -ές wohlwollend, freundlich **37B**
εὔνοια, ἡ das Wohlwollen, die Zuneigung **72A**
εὑρίσκω ich finde, erfinde **23A**
εὐσεβής, -ές fromm, pflichtbewusst, gewissenhaft **49A**
εὐτυχής, -ές glücklich, vom Schicksal gesegnet **37B**
εὐτυχία, ἡ das Glück, gute Schicksal **42B**
εὐφραίνω ich erfreue **4B**
εὐχή, ἡ das Gebet; die Bitte **10B**
εὔχομαι *(m. Dat.)* ich bete (zu); wünsche **13B**
ἔφη er, sie, es sagte **34A**
ἐφίεμαι *(m. Gen.)* ich strebe (nach) **74A**
ἔφυγον *(Aor. ← φεύγω) (m. Akk.)* ich floh (vor), vermied; ging in die Verbannung **23A**
ἐχθρός, -ά, -όν feindlich, verhasst **22B**
ἐχθρός, ὁ der Feind **9A**
ἐχρῆν es war nötig, man musste **29A**
ἔχω ich habe, besitze, halte fest; *(m. Adv.)* ich verhalte mich **3A. 9A. 64B**
ἔχων *(Part.)* mit **33B**
ἐψευσάμην ich log **70B**
ἐψεύσθην ich täuschte mich, wurde getäuscht **70B**
ἕως solange, während; bis **33A**

ζ

ὁ Ζεύς, τοῦ Διός Zeus **26A**
ζηλόω *(m. Akk.)* ich eifere nach, bewundere **56A**
ζημία, ἡ die Strafe **35B**
ζημιόω ich bestrafe **56A**
ζητέω ich suche, untersuche; versuche **53A**
ζήω ich lebe **57A**
ζωή, ἡ das Leben **46B**
ζῷον, τό das Lebewesen, Tier **79A**

η

ἤ oder; *(im Komp.)* als **17B. 41A**
ἤ … ἤ entweder … oder **17B**
ἦ μήν wahrlich, ganz gewiss *(bei Schwüren u. Beteuerungen)* **78B**
ἤγαγον *(Aor. ← ἄγω)* ich führte; führte durch **24A**
ἡγεμονία, ἡ die Vorherrschaft, Führung **69A**
ἡγεμών, ὁ der Führer, Anführer, Feldherr **30A**
ἡγέομαι *(m. Gen.)* ich führe; *(m. AcI)* glaube; *(m. dopp. Akk.)* halte für **54A**
ἤδη *(Adv.)* schon, bereits **16A**
ἥδομαι *(m. Dat.)* ich freue mich (über) **33A**
ἡδονή, ἡ die Lust, Freude, das Vergnügen **59B**
ἡδύς, -εῖα, -ύ angenehm, erfreulich **40A**
ἦθος, τό der Charakter, die *(innere)* Haltung, Gewohnheit **47A**
ἥκω ich bin gekommen, bin da **2B**
ἦλθον *(Aor. ← ἔρχομαι)* ich kam, ging **23A**
ἡλικία, ἡ das Alter **37B**
ἥλιος, ὁ die Sonne **2B**
ἡμεῖς wir **18B**
ἡμέρα, ἡ der Tag **43A**
ἡμέτερος, -α, -ον unser **19B**
ἤνεγκον *(Aor. ← φέρω)* ich trug, brachte; ertrug **37B**
ἤπειρος, ἡ das Festland **22B**
ἥρως, ὁ der Held; Halbgott **50A**
ᾐσθόμην *(Aor. ← αἰσθάνομαι) (m. Gen. o. Akk.)* ich nahm wahr, bemerkte **24B**
ἡσυχία, ἡ die Ruhe, Stille **44B**
ἡττάομαι *(m. Gen.)* ich bin schwächer (als), unterliege **55B**
ἥττων, -ον *(Komp.)* schwächer, weniger **41B**
ηὗρον *(Aor. ← εὑρίσκω)* ich fand, erfand **23A**

θ

θάλαττα, ἡ das Meer, die See **25A**
θάνατος, ὁ der Tod **3A**
θάπτω ich bestatte, begrabe **33B**
θαρρέω ich bin mutig, zuversichtlich **68A**
θαῦμα, τό das Wunder, die Sehenswürdigkeit **41A**

θαυμάζω ich staune, wundere mich; bewundere **2A**
θαυμάσιος, -α, -ον erstaunlich, seltsam; bewundernswert **47A**
θαυμαστός, -ή, -όν erstaunlich, seltsam; bewundernswert **11A**
θεά, ἡ die Göttin **15B**
θεάομαι ich schaue an, betrachte **55B**
θέατρον, τό das Theater **12A**
θεῖος, -α, -ον göttlich **15A**
(ἐ-)θέλω ich bin bereit, will **5A**
θεός, ἡ die Göttin **15B**
θεός, ὁ der Gott **1**
θεραπεύω ich verehre; pflege, heile **3A**
θερμός, -ή, -όν warm, heiß **60B**
θέω ich laufe, eile **60A**
θεωρέω ich betrachte, bin Zuschauer; besuche **53A**
θηρίον, τό das Tier **7A**
θησαυρός, ὁ die Schatzkammer, das Schatzhaus; der Schatz **41A**
(ἀπο-)θνῄσκει er, sie, es stirbt; wird getötet **8B**
θνητός, -ή, -όν sterblich **40A**
θορυβέω ich lärme **73B**
θρασύς, -εῖα, -ύ mutig; trotzig, frech **40A**
θρόνος, ὁ der Sessel, (Ehren-)Sitz, Thron **4A**
θυγάτηρ, ἡ die Tochter **43A**
θυμός, ὁ das Herz, der Geist; der Mut; die Wut **35B**
θύρα, ἡ die Tür, das Tor **14A**
θύω ich opfere **3B**

ι

ἰατρός, ὁ der Arzt **3A**
ἰδίᾳ *(Adv.)* persönlich, privat **70B**
ἴδιος, -α, -ον eigen; privat **15A**
ἰδιώτης, ὁ der Privatmann, Laie **72A**
ἱδρύω ich errichte, erbaue; gründe **40A**
ἱέρεια, ἡ die Priesterin **25A**
ἱερεύς, ὁ der Priester **40B**
ἱερόν, τό das Heiligtum, die Tempelanlage **10A**
ἱερός, -ά, -όν *(m. Gen.)* heilig, geweiht **21B**
ἵημι ich setze in Bewegung, schicke, werfe, lasse (los) **74A**
ἱκανός, -ή, -όν geeignet, ausreichend, fähig **33A**
ἱκετεύω ich flehe an, bitte (inständig) **10A**
ἱμάτιον, τό das Obergewand **24A**
ἵνα *(m. Konj.)* damit **46B**
ἵνα μή *(m. Konj.)* damit nicht **46B**
ἵππος, ὁ das Pferd **1**
ἴσος, -η, -ον gleich; gerecht **66B**
ἵσταμαι ich stelle mich (hin), trete (hin); stelle für mich (hin/auf) **76A**
ἵστημι ich stelle (hin/auf), bringe zum Stehen **76A**
ἰσχυρός, -ά, -όν kräftig; mächtig **16A**
ἰσχύς, ἡ die Stärke, Kraft; Macht **39B**
ἰσχύω ich bin stark; mächtig **45B**
ἴσως *(Adv.)* gleich; vielleicht **81–85**

κ

κἀγώ (= καὶ ἐγώ) und ich, auch ich **58B**
καθαιρέω *(Aor.* καθεῖλον*)* ich reiße nieder, vernichte **78A**
καθαίρω ich reinige **11B**
καθεύδω ich schlafe **10B**
κάθημαι ich sitze **26B**
καθίζομαι ich setze mich; sitze **12B**
καθίσταμαι ich stelle mich hin, gelange nach/zu, gerate in; stelle für mich hin, ordne **76A**
καθίστημι ich stelle hin; *(m. dopp. Akk.)* setze ein als, mache zu; *(m.* εἰς*)* versetze in **76A**
καθοράω ich sehe herab, sehe aus der Ferne; bemerke, sehe ein **63B**
καί und; auch, sogar **2B**
καί ... καί sowohl ... als auch; und **2B**
καὶ δὴ καί und auch, und sogar **20A**
καινός, -ή, -όν neu **58A**
καίπερ *(m. Part.)* obwohl, auch wenn **13B**
καιρός, ὁ der rechte Zeitpunkt, der günstige Augenblick **3A**
καίτοι und doch **76B**
καίω *(Aor.* ἔκαυσα*)* ich zünde an, (ver)brenne (etw.) **40B. 60A**
κακία, ἡ die Schlechtigkeit, Verdorbenheit **49A**
κακόν, τό das Übel, Leid, Unglück **7A**
κακός, -ή, -όν schlecht, schlimm, böse **11B**
κακοῦργος, ὁ der Übeltäter, Verbrecher **8A**
κακῶς ἀκούω ὑπό *(m. Gen.)* ich stehe in schlechtem Ruf (bei), habe einen schlechten Ruf (bei) **49A**
καλέω ich rufe, nenne **53B. 60B**
κάλλος, τό die Schönheit **40B**
καλός, -ή, -όν schön; gut **11A**
καλὸς κἀγαθός (= καλὸς καὶ ἀγαθός) vortrefflich *(körperlich und moralisch)* **58B**
καλούμενος, ὁ der sogenannte **54A**
καλύπτω ich verhülle, bedecke **72B**
κάμνω ich mühe mich ab, werde müde; bin krank **30A. 36A**
κἄν (= καὶ ἐάν) auch wenn **58B**
καρδία, ἡ das Herz **14A**
καρπός, ὁ die Frucht **71B**
κάρτα *(Adv.)* sehr, heftig, stark **35B**
καρτερέω ich bin standhaft, halte aus, ertrage **80A**
καρτερός, -ά, -όν stark, gewaltig, fest **33A**

κατά (*m. Gen.*) von ... herab; gegen **68B**
κατά (*m. Akk.*) (*örtlich*) über (... hin); überall in/auf; (*zeitlich*) während; (*übertragen*) gemäß **4B**
καταγέλαστος, -ον lächerlich **31B**
καταδουλόω ich mache zum Sklaven, unterdrücke **56A**
καταλαμβάνω ich ergreife; treffe an, überrasche **24A**
καταλέγω ich zähle auf; erzähle **79A**
καταλείπω ich lasse zurück, hinterlasse **38B**
καταλύω ich löse auf, zerstöre **38A**
κατασκευάζω ich richte ein **19A**
καταφρονέω (*m. Gen.*) ich denke gering (von), verachte **54A**
καταψηφίζομαι (*m. Gen. u. Akk.*) ich verurteile (jdn. wegen/zu etw.) **74B**
κατεργάζομαι ich bewirke, vollende, setze durch; töte **28B**
κατέχω ich halte nieder, halte fest **33A**
κατηγορέω (*m. Gen.*) ich klage an **68B**
κατορθόω ich richte auf; führe erfolgreich durch **56A**
κάτω (*Adv.*) unten; nach unten **38A**
κεῖμαι (*Fut.* κείσομαι) ich liege; bin gestellt, gesetzt, gelegt **67B**
κέκλημαι (*Perf. Pass.* ← καλέω) ich heiße **60B**
κέκτημαι (*Perf.*) ich besitze (= habe mir erworben) **70A**
κελεύω (*m. Akk.*) ich befehle **7B**
κενός, -ή, -όν leer; nutzlos **54B**
κέρδος, τό der Gewinn, Vorteil **38B**
κεφαλή, ἡ der Kopf **18A**
κήδομαι (*m. Gen.*) ich sorge (für) **17A**
κῆρυξ, ὁ der Herold, Kultdiener **30A**
κηρύττω ich verkünde, gebe bekannt **13A**
κινδυνεύω ich bin in Gefahr; scheine **5A**
(μέγαν) κίνδυνον κινδυνεύειν eine (große) Gefahr auf sich nehmen **65B**
κίνδυνος, ὁ die Gefahr **3A**
κινέω ich bewege **53A**
κλαίω (*Aor.* ἔκλαυσα) ich weine, beweine **49B. 60A**
κλέος, τό der Ruhm **37A**
κλέπτω ich stehle **12A**
κλίνω ich neige (mich), beuge **61B**
κοινῇ (*Adv.*) gemeinsam, öffentlich, im Staatsinteresse **45A**
κοινός, -ή, -όν gemeinsam **16B**
κολάζω ich bestrafe; zügle **4A**
κομίζω ich bringe, transportiere **10A**
-κοντα -zig (-ßig) **44A**
κόρη, ἡ das Mädchen, die Tochter **13A**
-κόσιοι, -αι, -α -hundert **44A**
κοσμέω ich ordne, schmücke **72B**
κόσμος, ὁ die Ordnung; der Schmuck; die Welt **3B**
-κοστός (-ή, -όν), ὁ der (die, das) -zigste (-ßigste) **44A**
κοὐκ (= καὶ οὐκ) und nicht **58B**
κρατέω (*m. Gen.*) ich (be)herrsche; (*m. Akk.*) besiege **77B**
κρατήρ, ὁ der Mischkrug, Krater **42A**
κράτιστος (-η, -ον), ὁ (*Sup.*) der (die, das) stärkste; beste **27B**
κράτος, τό die Stärke, Macht **37A**
κρείττων, -ον (*Komp.*) stärker; besser **41B**
κρήνη, ἡ die Quelle **11B**
κρίνω ich (be)urteile, richte; unterscheide **16A. 62A**
κρίσις, ἡ die Entscheidung, das Urteil **39B**
κρύπτω ich verstecke, verheimliche **7B**
κτάομαι ich erwerbe (mir) **70A**
(ἀπο-)κτείνω ich töte **51B. 62B**
κτῆμα, τό der Besitz **45A**
κτίζω ich gründe **39A**
κυβερνήτης, ὁ der Steuermann **67B**
κύκλος, ὁ der Kreis **65B**
κύριος, ὁ der Herr, Hausherr **6A**
κωλύω ich hindere, verhindere **23B**
κώμη, ἡ das Dorf **45A**

λ

λαμβάνω ich nehme, ergreife; bekomme **3A. 23A**
λαμπρός, -ά, -όν leuchtend; berühmt **15A**
λανθάνω (*m. Akk.*) ich bin verborgen (vor), entgehe **34B**
λανθάνω (*m. Part.*) heimlich, unbemerkt (von) **36A**
λεγόμενος, ὁ der sogenannte **16B**
λέγω ich spreche, sage, nenne **2A**
λείπω ich verlasse, lasse zurück, lasse übrig **24A**
λευκός, ή, -όν weiß **66B**
λέων, ὁ der Löwe **47B**
λίθος, ὁ der Stein **52B**
λιμήν, ὁ der Hafen **63B**
λογίζομαι ich rechne; überlege, bedenke **21A**
λόγος, ὁ das Wort, die Rede; der Sinn; die Vernunft **1**
(τῷ) λόγῳ dem Wort nach, angeblich **61B**
λοιδορέω ich (be)schimpfe, tadle **81–85**
λοιπός, -ή, -όν übrig **20B**
λυπέω ich betrübe, füge Schmerz zu **74B**
λύπη, ἡ der Kummer, Schmerz **60B**
λυπηρός, -ά, -όν schmerzlich, traurig **35A**
λυσιτελεῖ es nützt **76B**
λύω ich löse; beseitige, zerstöre **2B**

μ

μάθημα, τό der Unterrichtsgegenstand; die Kenntnis **58A**
μαθητής, ὁ der Schüler **79A**
μαίνομαι ich bin verzückt, in Ekstase; wüte **51B**
μακάριος, -α, -ον glückselig, selig **27B**

μακρός, -ά, -όν lang, groß **22B**
μάλα *(Adv.)* sehr **28B**
μάλιστα *(Adv.)* am meisten, besonders **44B**
μᾶλλον *(Komp. ← μάλα, Adv.)* mehr, eher; lieber **31B**
μανθάνω ich lerne, erfahre; verstehe **3A. 24A**
μαντεῖον, τό die Orakelstätte; der Orakelspruch **40A**
μαντεύομαι ich weissage; lasse mir weissagen **21B**
μάντις, ὁ der Seher, Wahrsager **47A**
μάρτυς, ὁ der Zeuge **29A**
μάτην *(Adv.)* vergeblich, umsonst **35A**
μάχη, ἡ der Kampf, die Schlacht **18B**
(δεινὴν) μάχην μάχεσθαι einen (fürchterlichen) Kampf ausfechten/austragen **65B**
μάχομαι *(m. Dat.)* ich kämpfe (mit) **15A**
μέγας, μεγάλη, μέγα groß **12A**
μέγεθος, τό die Größe **47A**
μέγιστος (-η, -ον), ὁ *(Sup.)* der (die, das) größte **17A**
μεθίημι ich lasse los; *(m. Gen.)* lasse ab (von) **74A**
μείγνυμι ich mische, vermische **78B**
μείζων, -ον *(Komp.)* größer **41B**
μέλει *(m. Dat. u. Gen.)* jdm. liegt etw. am Herzen, jdm. macht etw. Sorgen **28B**
μελέτη, ἡ die Fürsorge; die Übung **58B**
μέλλοντα, τά die Zukunft **47B**
μέλλω *(m. Inf. Fut.)* ich will, soll; zögere **28A**
μέλλων, -ουσα, -ον zukünftig **47B**
μέλος, τό das Lied; Glied **66A**
μέμνημαι *(m. Gen. o. Part.)* ich erinnere mich (an); *(m. Inf.)* ich denke daran (zu tun), bin darauf bedacht (zu tun) **70B. 77B**
μέμφομαι ich tadle, weise zurecht, werfe vor **12B**
μέν ... δέ/δ' (zwar) ... aber *(Gegensatz)*; einerseits ... andererseits *(parallelisierende Anordnung)* **4B**
μέντοι jedoch, allerdings **21B**
μένω ich bleibe; warte, erwarte **18B. 61B**
μέρος, τό der Teil, Anteil; die Aufgabe **41A**
μέσος, -η, -ον der mittlere; *(präd.)* mitten **41A**
μετά *(m. Gen.)* (gemeinsam) mit **18A**
μετά *(m. Akk.)* *(zeitlich)* nach **8A**
μετὰ ταῦτα *(„nach diesen Dingen")*, danach **23B**
μεταβαίνω ich gehe hinüber, übersiedle **65A**
μεταβάλλω ich werfe um, (ver)ändere; ändere mich **62B**
μεταδίδωμι *(m. Gen.)* ich gebe Anteil (an), lasse teilnehmen (an) **72A**
μεταλλάττω ich ändere, wechsle **79A**
μεταμέλει *(m. Dat. u. Gen.)* (jdn.) reut (etw.), (jd.) bereut (etwas) **81–85**
μετανοέω ich denke um, bereue **81–85**
μεταξύ *(Adv.)* in der Mitte, dazwischen; *(m. Gen.)* zwischen, während; *(m. Part.)* während **32B**
μεταπέμπομαι ich lasse kommen **13B**
μετέχω *(m. Gen.)* ich habe Anteil (an), nehme teil (an) **48A**
μετέωρα, τά die Himmelserscheinungen **53B**
μετρίος, -α, -ον mäßig; maßvoll, angemessen **70A**
μέτρον, τό das Maß; rechte Maß **46B**
μέχρι(ς) *(m. Gen.)* bis (zu) **52A**
μέχρι (οὗ) solange (als), bis **52A**
μή nicht **5A**
μηδαμῶς *(Adv.)* keineswegs, auf keinen Fall, niemals **33B**
μηδέ und nicht; auch nicht, nicht einmal **6B**
μηδείς, -μία, -έν niemand, keiner **36B**
μηδέτερος, -α, -ον keiner von beiden **69A**
μηκέτι *(Adv.)* nicht mehr **5A**
μήν gewiss, tatsächlich **24B**
μήποτε *(Adv.)* niemals, nie **35B**
μήπω *(Adv.)* noch nicht **55B**
μήτε ... μήτε weder ... noch **15A**
μήτηρ, ἡ die Mutter **29A**
μηχανάομαι ich denke (mir) aus, bewerkstellige **55B**
μηχανή, ἡ das Mittel, der Trick; die Maschine **23B**
μικρός, -ά, -όν klein **32A**
μικροῦ (δεῖν) beinahe **45B**
μιμέομαι ich ahme nach **70A**
(ἀνα-)μιμνήσκομαι *(m. Gen. o. Akk.)* ich erinnere mich (an) **70B**
μισέω ich hasse **65B**
μισθός, ὁ der Lohn, Sold **29B**
μνήμη, ἡ das Gedächtnis, das Andenken; die Erwähnung **45B**
μνημονεύω *(m. Gen. o. Akk.)* ich erinnere mich (an); erwähne **14B**
μόγις/μόλις *(Adv.)* mit Mühe, kaum; ungern **34A**
μοῖρα, ἡ der Anteil; das Schicksal **25A**
μόνον *(Adv.)* nur **9B**
μόνος, -η, -ον allein; einzig **15B**
μῦθος, ὁ die Erzählung, Sage, Geschichte **3B**
μύριοι, -αι, -α zehntausend **44A**
μυρίος, -α, -ον unzählig, unendlich viel, unendlich groß **50A**

ν

ναός, ὁ der Tempel **10B**
ναῦς, ἡ das Schiff **40B**
νεανίας, ὁ der junge Mann **14B**
νεκρός, ὁ der Leichnam, die Leiche **64B**
νέμομαι ich bebaue *(Ackerland)*, bewohne; nähre mich **45A. 61B**
νέμω ich teile zu; verwalte **51A. 61B**
νέος, -α, -ον neu; jung **22A**

νέος, ὁ der junge Mann **5B**
νῆσος, ἡ die Insel **22B**
νικάω ich siege, besiege **55A**
νίκη, ἡ der Sieg **14A**
(λαμπρὰν) νίκην νικᾶν einen (glänzenden) Sieg erringen/davontragen **65B**
νοέω ich denke, beabsichtige, erkenne **53B**
νομίζω ich glaube, meine **9B**
νομίζω *(m. dopp. Akk.)* ich halte für **22B**
νόμιμος, -η, -ον gesetzmäßig, gesetzlich **69A**
νόμος, ὁ das Gesetz; der Brauch **1**
νόσος, ἡ die Krankheit, Seuche **22B**
νοῦς, ὁ der Verstand; die Gesinnung, Absicht **25B**
νυκτός nachts, während der Nacht **60A**
νῦν *(Adv.)* nun, jetzt **5B**
νύξ, ἡ die Nacht **60A**

ξ

ξένος, ὁ der Fremde; Gast; Gastgeber, Gastfreund **2A**
ξίφος, τό das Schwert **51A**
ξύλον, τό das Holz, Holzstück **65B**

ο

ὁ δέ, ἡ δέ, τὸ δέ dieser aber, diese aber, dieses aber; der aber, die aber, das aber **10B**
ὁ μέν ... ὁ δέ der eine ... der andere **32B**
ὅδε, ἥδε, τόδε dieser, diese, dieses; der, die, das folgende **24A**
ὁδός, ἡ der Weg; Marsch, die Reise **22B**
ὀδούς, ὁ der Zahn **39A**
ὀδύρομαι ich (be)klage, jammere **49B**
ὅθεν woher *(rel.)* **59B**
οἱ σὺν Ἀλεξάνδρῳ/οἱ μετ' Ἀλεξάνδρου *(„die mit Alexander")* die Begleiter Alexanders; Alexander und seine Begleiter **18A**
οἱ τότε die damaligen Menschen, die Leute von damals *(„die damals")* **18A**
οἶδα ich kenne, weiß; *(m.* ὅτι *o. Part.)* ich weiß, dass; *(m. Inf.)* ich weiß/verstehe (zu tun), kann (tun) **69B. 77B**
οἴκαδε *(Adv.)* nach Hause, heim **28B**
οἰκεῖος, -α, -ον zum Haus/zur Familie gehörig; verwandt **22A**
οἰκέτης, ὁ der Hausgenosse; Sklave **46A**
οἰκέω ich wohne, bewohne **70A**
οἰκία, ἡ das Haus **14A**
οἴκοι *(Adv.)* zu Hause, daheim **32A**
οἶκος, ὁ das Haus; der Haushalt, die Familie **1**
οἶνος, ὁ der Wein **3B**
οἴομαι *(2. Pers. Sg.* οἴει*)* ich glaube, meine **12B**
οἷον (wie/so) zum Beispiel **41A**
οἷος, -α, -ον wie (beschaffen), was für ein *(rel.)* **29A**
οἷός τέ εἰμι ich kann, bin imstande **33A**
οἴχομαι ich gehe fort, bin fort; *(m. Part.)* fort; eilends **36A**
ὀκνέω ich zögere **55B**
ὀκτώ *(indekl.)* acht **36B**
ὄλβιος, -α, -ον glücklich, gesegnet, reich **73A**
ὄλεθρος, ὁ das Verderben, der Untergang, Tod **21B**
ὀλίγος, -η, -ον wenig, gering **11A**
ὀλίγου (δεῖν) beinahe **45B**
ὀλίγῳ *(m. Komp.)* um weniges, wenig **62A**
ὅλος, -η, -ον ganz **22A**
ὁμιλέω *(m. Dat.)* ich habe Umgang (mit), verkehre (mit) **53B**
ὄμμα, τό das Auge **35A**
ὄμνυμι *(m. Akk.)* ich schwöre *(bei einem Gott)* **78B**
ὅμοιος, -α, -ον gleich, ähnlich **51B**
ὁμολογέω ich stimme überein, stimme zu **65B**
ὁμόνοια, ἡ die Eintracht **78A**
ὁμοῦ *(Adv.)* zusammen, zugleich; *(m. Dat.)* zusammen mit, zugleich mit **49B**
ὅμως dennoch, trotzdem **15B**
ὀνειδίζω ich tadle, werfe vor **49B**
ὄνειρος, ὁ der Traum **11B**
ὄνομα, τό der Name, Ruf **29B**
ὀνομάζω ich nenne, benenne **21A**
ὀνομάζω *(m. dopp. Akk.)* ich nenne; bezeichne als **22B**
ὄντως *(Adv.)* wirklich, tatsächlich **42B**
ὀξύς, -εῖα, -ύ scharf; hitzig; *(von Tönen)* hoch, schrill **51A**
ὁπλίτης, ὁ der Schwerbewaffnete, Hoplit **14B**
ὅπλον, τό die Waffe **50A**
ὁπόταν (immer) wenn, sooft **52A2**
ὁπότε als, wenn **52A**
ὅπως wie **43A**
ὅπως *(m. Konj.)* damit **46B**
ὅπως μή *(m. Konj.)* damit nicht **46B**
ὁράω *(Impf.* ἑώρων*)* ich sehe **55A. 63B**
ὄργανον, τό das Werkzeug, (Musik-)Instrument **65B**
ὀργή, ἡ der Zorn **14B**
ὀργίζομαι *(m. Dat.)* ich bin zornig (auf), zürne **13A**
ὀρέγομαι *(m. Gen.)* ich strebe (nach), begehre **27A**
ὀρέγω ich strecke aus, reiche hin, gebe **34A**
ὀρθός, -ή, -όν gerade, aufrecht; richtig **42A**
(κατ-)ορθόω ich richte auf; führe erfolgreich durch **56A**
ὁρίζω ich begrenze; setze fest, definiere **21A**
ὅρκος, ὁ der Eid, Schwur **77B**
ὁρμάω/ὁρμάομαι ich setze mich in Bewegung, breche auf **55B**
ὄρνις, ὁ/ἡ der Vogel **57B**

ὄρος, τό der Berg **37A**
ὅς, ἥ, ὅ der, die, das; welcher, welche, welches **27A**
ὅσιος, -α, -ον fromm, heilig, recht **30B**
ὅσοι, -αι, -α wie große, wie viele; alle, die **57B**
ὅσος, -η, -ον wie groß **57B**
ὅστις, ἥτις, ὅ τι (*„wer/was auch immer"*) jeder, der; jede, die; alles, was; (*Pl.*) alle, die **27B**
ὅταν wenn (immer), sooft **52A2**
ὅτε (zu der Zeit) als, wenn **20B**
ὅτι dass; weil **5B**
οὐ, οὐκ, οὐχ nicht **5A**
οὐ μόνον ... ἀλλὰ καί nicht nur ... sondern auch **9B**
οὗ wo (*Adv.; rel.*) **30A**
οὐδαμῶς (*Adv.*) keineswegs, auf keinen Fall, niemals **33B**
οὐδέ und nicht; auch nicht, nicht einmal **6B**
οὐδείς, -μία, -έν niemand, keiner **36B**
οὐδέτερος, -α, -ον keiner von beiden **69A**
οὐκέτι (*Adv.*) nicht mehr **5A**
οὔκουν also nicht, folglich nicht **58B**
οὐκοῦν nicht wahr?; also, folglich **71B**
οὖν (*anknüpfend*) dann; (*folgernd*) daher, also **8B**
οὔποτε (*Adv.*) niemals, nie **35B**
οὔπω (*Adv.*) noch nicht **55B**
οὐρανός, ὁ der Himmel **3B**
οὔτε ... οὔτε weder ... noch **15A**
οὔ τοι/οὔτοι (*Adv.*) bestimmt nicht, keinesfalls **75B**
οὗτος, αὕτη, τοῦτο dieser, diese, dieses **23B**
οὕτω(ς) (*Adv.*) so, auf diese Weise **9A**
οὔ φημι (*m. Inf. o. AcI*) ich leugne; (*m. Inf. Fut.*) weigere mich **67A**
ὄφελος, τό der Nutzen **75B**
ὀφθαλμός, ὁ das Auge **11B**
ὄχλος, ὁ die (*ungeordnete*) Menge, das (*gemeine*) Volk **77B**
ὀψέ (*Adv.*) (zu) spät **51B**
ὄψις, ἡ die Sehkraft; das Aussehen **50A**

π

πάθος, τό das Erlebnis; Leid(en); die Leidenschaft **37A**
παιδεία, ἡ die Erziehung, Bildung **16A**
παιδεύω ich erziehe, bilde **2B**
παιδίον, τό das (kleine) Kind **24B**
παίζω ich scherze, spiele **35A**
παῖς, ὁ/ἡ das Kind; der Junge; das Mädchen **29B**
παῖς ὤν als Kind **33B**
πάλαι (*Adv.*) vor langer Zeit; früher **26B**
παλαιός, -ά, -όν alt **15A**
πάλιν (*Adv.*) wieder; zurück **7B**
παντάπασι(ν) (*Adv.*) völlig, ganz und gar; (*als Antwort*) ja natürlich **75B**
πανταχοῦ (*Adv.*) überall **9B**
παντοῖος, -α, -ον verschiedenartig, vielfältig **20B**
πάντως (*Adv.*) ganz (und gar), gewiss **48B**
πάνυ (*Adv.*) ganz, durchaus **32B**
παρά (*m. Gen.*) von (... her) **48A**
παρά (*m. Dat.*) bei, neben **56B**
παρά (*m. Akk.*) (*örtlich*) zu (jdm.) hin; entlang an; (*zeitlich*) während; (*übertragen*) gegen **38A**
παραβαίνω ich übertrete, überschreite **55A**
παραγίγνομαι (*m. Dat.*) ich finde mich ein, bin dabei (bei) **27B**
παράδειγμα, τό das Beispiel, Vorbild **47A**
παραδίδωμι ich übergebe, überliefere **78A**
παραινέω (*m. Dat.*) ich rede zu, empfehle, ermuntere **68B**
παρακαλέω ich rufe herbei, fordere auf **77B**
παρακελεύομαι (*m. Dat.*) ich fordere auf, ermuntere **20B**
παρασκευάζω ich verschaffe, liefere; bereite (vor) **4B**
πάρειμι ich bin anwesend, da(bei); helfe **39A**
παρέρχομαι ich gehe vorbei; vergehe **66A**
πάρεστι(ν) er, sie, es ist vorhanden; es ist erlaubt, möglich **39A**
παρέχω ich gebe, gewähre **4B**
παρθένος, ἡ das Mädchen, die junge Frau; Jungfrau **22B**
πᾶς, πᾶσα, πᾶν all, ganz, jeder **34B**
πάσχω (*Aor.* ἔπαθον) ich erlebe; erleide **26B**
πατήρ, ὁ der Vater **29A**
πατρίς, ἡ die Heimat, das Vaterland **59B**
παύομαι (*m. Gen.*) ich höre auf (mit), lasse ab (von); (*m. Part.*) ich höre auf (zu tun) **35B**
παύω ich beende **7A**
πεδίον, τό die Ebene, das freie Feld **38B**
πείθομαι ich gehorche **12B**
πείθω ich überrede, überzeuge **3A**
πειράομαι ich versuche **55B**
πέμπτος (-η, -ον), ὁ der (die, das) fünfte **27A. 44A**
πέμπω ich schicke, sende **4B**
πενία, ἡ die Armut **68B**
πέντε (*indekl.*) fünf **36B**
πέποιθα (*Perf.*) ich vertraue **43B**
περαίνω ich vollende **61A**
περί (*m. Gen.*) (*inhaltlich*) über; wegen **18B**
περί (*m. Akk.*) um (... herum); hinsichtlich **51B**
περὶ πολλοῦ (πλείονος/πλείστου) ποιέομαι ich schätze hoch (höher/am höchsten) ein, halte für wichtig (wichtiger/am wichtigsten) **54A**
περιγίγνομαι (*m. Gen.*) ich bin überlegen; überlebe, bleibe übrig **27B**

πεπιττός, -ή, -όν übermäßig, überflüssig 47A
πέτρα, ἡ/πέτρος, ὁ der Fels 57A
πέφυκα (*Perf.* ← φύομαι) ich bin (von Natur aus), bin veranlagt, bin begabt 66B
πικρός, -ά, -όν bitter, widerwärtig; scharf 49A
(ἐμ-)πίμπλημι (*m. Gen.*) ich fülle an (mit) 77A
πίνω (*Aor.* ἔπιον) ich trinke 60A
πίπτω ich falle 8B. 23A
πιστεύω ich glaube, vertraue 20A
πίστις, ἡ die Treue, das Vertrauen 61A
πιστός, -ή, -όν treu, zuverlässig, glaubwürdig 46B
πλανάομαι ich irre umher 57A
πλάττω (*Aor.* ἔπλασα) ich bilde, forme 26B
πλεῖστοι, οἱ (*Sup.*) die meisten, sehr viele 41B
πλείων, πλέον (*Komp.*) mehr 41B
πλεονεκτέω ich bin überlegen, im Vorteil; will mehr haben 69B
πλέω (*Aor.* ἔπλευσα) ich fahre (*mit einem Schiff*) 60A
πλῆθος, τό die Menge, große Anzahl 44B
πλήν (*m. Gen.*) außer 78A
πλήρης, -ες (*m. Gen.*) voll (von) 39A
πλησίον (*m. Gen.*) nahe (bei), in der Nähe (von) 34B
πλοῖον, τό das (Last-)Schiff 36A
πλοῦς, ὁ die Fahrt (*auf einem Schiff*) 25B
πλούσιος, -α, -ον reich 32B
πλοῦτος, ὁ der Reichtum 42B
πνέω (*Aor.* ἔπνευσα) ich wehe; atme 60A
πόθεν; woher? 9B
ποῖ; wohin? 6B
ποιέω ich tue, mache, verfertige; dichte; (*m. dopp. Akk.*) mache zu 53A
ποίημα, τό die Tat, das Werk; das Gedicht 43A
ποιητής, ὁ der Dichter 14B
ποικίλος, -η, -ον bunt, kunstvoll; listig 11A
ποῖος, -α, -ον; wie beschaffen?, was für ein? 26A
πολεμέω ich führe Krieg 68A
πολέμιος, ὁ der Feind (*im Krieg*) 16B
πόλεμος, ὁ der Krieg 14A
πόλις, ἡ die Stadt, der Stadtstaat 39B
πολιτεία, ἡ die Verfassung, der Staat 31B
πολιτεύομαι ich betätige mich als Bürger, bin politisch tätig 53B
πολίτης, ὁ der Bürger 27B
πολιτικός, -ή, -όν zu einer Polis gehörig; politisch 67A
πολλὰ στάδια viele Stadien (weit) 12A
πολλάκις (*Adv.*) oft, häufig 4A
πολλοί, οἱ die meisten, die große Masse 12A
πολλῷ (*m. Komp.*) um vieles, viel 55A
πολὺν χρόνον lange (Zeit) 12A
πολύς, πολλή, πολύ viel, zahlreich 12A

πονέω ich arbeite hart; habe Schmerzen, erleide 61A
πονηρός, -ά, -όν schlecht, böse 34A
πόνος, ὁ die Mühe, Strapaze; Not 4A
πόντος, ὁ das Meer 3B
πορεύομαι ich reise; marschiere 19A
πορίζω ich verschaffe 48B
πόρρω (*Adv.*) weiter; (*m. Gen.*) weit (hinein) in; weit entfernt von 55B
πόσοι, -αι, -α; wie große?, wie viele? 26A
πόσος, -η, -ον; wie groß?; (*Pl.*) wie große?, wie viele? 26A
ποταμός, ὁ der Fluss 29B
ποτέ (*Adv.; enkl.*) (irgend)einmal, irgendwann 20B
πότε; wann? 26A
πότερος, -α, -ον welcher (*von zweien*)? 71B
πότερον … ἤ (*dir. Frage*) (*unübersetzt*) … oder; (*indir. Frage*) ob … oder 71B
ποῦ; wo? 9A
που (*Adv.*) irgendwo; wohl, vielleicht 57A
πούς, ὁ der Fuß 37A
πρᾶγμα, τό die Tat; Sache 59A
πράγματα, τά die Verhältnisse, Angelegenheiten 59A
πράγματα παρέχω ich mache Schwierigkeiten 59A
πρᾶξις, ἡ die Handlung, Tätigkeit 39B
πράττω ich handle, betreibe, tue; (*m. Adv.*) befinde mich (*in einem Zustand*) 5A
πρέπει es gehört sich, ist angemessen 48B
πρέσβυς (*nur Nom. u. Akk.*) alt, ehrwürdig 81–85
πρίν ehe, bevor 52B
πρό (*m. Gen.*) vor 13A
προαιρέομαι (*Aor.* προειλόμην) (*m. Akk. u. Gen.*) ich ziehe vor, will lieber 54B
πρόβατον, τό das Schaf 51B
πρόγονος, ὁ der Vorfahr 20A
προδίδωμι ich gebe preis, liefere aus, verrate 72A
προθυμέομαι ich bin bereit; bemühe mich 54A
πρόθυμος, -ον bereitwillig, eifrig 56B
πρόνοια, ἡ die Vorhersehung, Voraussicht 80A
πρός (*m. Gen.*) von (… her); (*bei Schwüren*) bei 49B
πρός (*m. Dat.*) (*örtlich*) bei; (*übertragen*) außer 47B
πρός (*m. Akk.*) zu (… hin); gegen 4B
πρὸς τούτοις außerdem 47B
προσέρχομαι ich gehe hin, nähere mich; greife an 45B
προσέχω ich lenke hin 64B
προσέχω (τὸν νοῦν) (*m. Dat.*) ich achte (auf), kümmere mich (um) 64B
προσήκει es kommt zu, gehört sich 67B
πρόσθεν (*Adv.*) vorher, früher 56B
προσποιέομαι (*m. Inf.*) ich tue so, als ob 77B
προστάττω ich befehle, trage auf 19B

προστίθημι ich füge hinzu **77B**
πρόσωπον, τό das Gesicht **7A**
πρότερον *(Adv.)* früher, eher **18A**
προτρέπω ich treibe an, sporne an **17B**
πρῶτον *(Adv.)* zuerst **14B**
πρῶτος (-η, -ον), ὁ der (die, das) erste, als Erster **19A. 44A**
πυκνός, -ή, -όν dicht; klug **32A**
πυνθάνομαι *(m. Gen.)* ich erkundige mich (bei); erfahre (von) **19B. 28A. 77B**
πῦρ, τό das Feuer **47B**
πῶς; wie?, wieso? **26B**
πως *(Adv.; enkl.)* irgendwie; ungefähr **45B**

ρ

ῥᾴδιος, -α, -ον leicht **48A**
ῥᾷστος (-η, -ον), ὁ *(Sup.)* der (die, das) leichteste **48A**
ῥᾴων, ῥᾷον *(Komp.)* leichter **48A**
ῥέω ich fließe, ströme **54A**
ῥῆμα, τό das Wort, der Ausspruch **42B**
ῥήτωρ, ὁ der Redner, Redekünstler **29A**
ῥίπτω *(Impf.* ἔρριπτον*)* ich werfe, schleudere (weg) **16A**
ῥώμη, ἡ die Kraft; Macht **10A**

σ

σ(ε)αυτόν, -ήν dich **19A**
σαφής, -ές deutlich, klar **54A**
σέβομαι (σέβω) ich verehre **31A**
σελήνη, ἡ der Mond **66A**
σεμνός, -ή, -όν ehrwürdig, würdevoll **26B**
σῆμα, τό das Zeichen; Grab(mal) **57A**
σημαίνω ich zeige (an), gebe ein Zeichen; befehle **49B. 61A**
σημεῖον, τό das Zeichen, Vorzeichen **47B**
σιγάω ich schweige, verschweige **74B**
σιγή, ἡ das Schweigen **16B**
σίδηρος, ὁ das Eisen **33A**
σῖτος, ὁ das Getreide; die Nahrung, Speise **6A**
σκέπτομαι ich betrachte, prüfe **12A**
σκεύη, τά die Ausrüstung, das Gepäck **64A**
σκηνή, ἡ das Zelt; die Bühne **12A**
σκιά, ἡ der Schatten **57A**
σκοπέω ich betrachte, prüfe **53A**
σκοπέω, ὅπως (μή) *(m. Ind. Fut./Konj./Opt.)* ich achte darauf, dass (nicht) **63B**
σός, σή, σόν dein **19B**
σοφία, ἡ die Weisheit, Klugheit **31B**
σοφιστής, ὁ der Sophist; Weise, Gelehrte **75A**
σοφός, -ή, -όν weise, klug **11B**
σπείρω ich streue (aus), säe **39A. 61B**
σπεύδω ich eile, beeile mich; bemühe mich **7B**
σπουδάζω ich beeile mich; bemühe mich ernsthaft **27A**
σπουδή, ἡ der Eifer, Ernst **27A**
στάδιον, τό die Rennbahn; das Stadion *(als Längenmaß: 172–196 m)* **1**
στάσις, ἡ der Aufstand, die Revolution **67B**
στενός, -ή, -όν eng **36A**
(ἀπο-)στερέω ich (be)raube **66B**
στέφανος, ὁ der Kranz, Siegeskranz **31A**
στοά, ἡ die Säulenhalle **52B**
στοιχεῖον, τό das Element, der Urstoff **62B**
στόλος, ὁ der Kriegszug; das Heer, die Flotte **5B**
στόμα, τό der Mund **66B**
στρατεία, ἡ der Feldzug **60A**
στρατεύω ich unternehme einen Feldzug **5A**
στρατηγός, ὁ der Feldherr, Heerführer **1**
στρατιώτης, ὁ der Soldat **18A**
στρατόπεδον, τό das Heerlager **13B**
στρατός, ὁ das Heer **18A**
στρέφω ich drehe, wende **75B**
σύ du **18B**
συγγίγνομαι *(m. Dat.)* ich komme zusammen (mit), bin zusammen (mit) **74B**
συγγνώμη, ἡ die Verzeihung, Nachsicht **63B**
συγχωρέω ich gestehe zu, erlaube **59B**
συλλαμβάνω ich nehme zusammen, fasse zusammen **79B**
συλλέγω ich sammle, versammle **6B**
συμβαίνει es ereignet sich, passiert **65A**
συμβάλλω *(m. Dat.)* ich werfe/bringe zusammen; vergleiche (mit) **67B**
συμβεβηκός, τό das *(zufällige)* Ereignis, Geschehen **65A**
συμβουλεύω ich rate, gebe einen Rat **4A**
σύμμαχος, ὁ der Verbündete, Bundesgenosse **44B**
σύμπας, -πασα, -παν all, ganz, jeder **34B**
συμπόσιον, τό das Trinkgelage **60B**
συμφέρει es nützt **58B**
συμφέρον, τό/συμφέροντα, τά der Vorteil, Nutzen **58B**
συμφορά, ἡ das Unglück, *(schicksalhafte)* Ereignis **28B**
σύν *(m. Dat.)* (zusammen) mit **14A**
σύνειμι *(m. Dat.)* ich bin zusammen, habe Umgang (mit) **39A**
συνεχής, -ές zusammenhängend, andauernd **45A**
συνίημι ich verstehe **74A**
σύνοιδα ἐμαυτῷ *(m. Part.)* ich bin mir bewusst, dass **69B**
οἱ συνόντες, -ων die Gefährten **39A**
συνουσία, ἡ das Zusammensein, der Umgang **63A**

συντίθημι ich setze/stelle/fasse zusammen, verfasse **74A**
σφάλλω ich bringe zu Fall; täusche **8B. 62B**
σφόδρα *(Adv.)* sehr, heftig **14B**
σχεδόν *(Adv.)* fast, beinahe **22A**
σχολή, ἡ die Muße, freie Zeit; das Studium, die Schule **81–85**
σῴζω ich rette, bewahre **3B**
σῶμα, τό der Körper **33A**
σωτηρία, ἡ die Rettung; das Wohlergehen **14A**
σωφροσύνη, ἡ die Besonnenheit, Selbstbeherrschung **48B**
σώφρων, -ον vernünftig, besonnen **30B**

τ

τὰ ἐν Ἀθήναις *(„das in Athen")* die Ereignisse in Athen **18A**
τὰ τῶν Ἀθηναίων *(„das der Athener")* die Angelegenheiten der Athener **18A**
τἆλλα (= τὰ ἄλλα) die anderen Dinge; im Übrigen **58B**
τάξις, ἡ die Aufstellung; Anordnung, Vorschrift **39B**
ταράττω ich wühle auf, verwirre **3B**
τάττω ich stelle auf; ordne an, befehle **38A**
ταῦρος, ὁ der Stier **2B**
ταῦτα diese Dinge, dies **23B**
ταὐτό/ταὐτά (= τὸ αὐτό/τὰ αὐτά) dasselbe **58B**
τάφος, ὁ das Grab **41A**
ταχύς, -εῖα, -ύ schnell **44B**
τε *(nachgestellt; enkl.)* und **20A**
τεθνήκασιν/τεθνᾶσιν *(Perf.)* sie sind tot **69A**
τέθνηκε(ν) *(Perf.)* er, sie, es ist gestorben, tot **43B**
τείνω ich dehne, spanne, strecke **52B. 62B**
τεῖχος, τό die Mauer **45A**
τεκμήριον, τό das Kennzeichen, der Beweis **57B**
τέκνον, τό das Kind **7A**
τέκτων, ὁ der Baumeister, Handwerker **30A**
τελευτᾷ (τὸν βίον) er, sie, es stirbt **55A**
τελευταῖος, -α, -ον letzter **72B**
τελευτάω ich beende; *(intrans.)* ende **55A**
τελέω ich vollende; bezahle **60B**
τέλος *(Adv.)* schließlich, zuletzt **15B**
τέμνω ich schneide (ab); verwüste **32A**
τέρπομαι *(m. Dat.)* ich freue mich (über) **50B**
τέταρτος (-η, -ον), ὁ der (die, das) vierte **44A**
τέτταρες, -α vier **36B**
τέχνη, ἡ das Handwerk, die Kunst; List **11B**
τῇ αὐτῇ νυκτί in derselben Nacht **60A**
τί; was?, welches?; warum? **5A. 26A**
τι *(enkl.)* (irgend)etwas, irgendein; ein gewisses **26B**
τί δῆτα; *(in Fragen)* was denn? **46A**
τί ποτε; was denn? **81–85**
τίθημι ich setze, stelle, lege; *(m. dopp. Akk.)* mache (jdn. zu etw.) **74A**
τίκτω *(Aor.* ἔτεκον*)* ich zeuge, gebäre; erzeuge **17A. 24A**
τιμάω ich ehre **55A**
τιμή, ἡ die Ehre **10B**
τίμιος, -α, -ον wertvoll, kostbar **42A**
τιμωρέω/τιμωρέομαι *(m. Dat.)* ich räche mich für; helfe; *(m. Akk.)* räche mich an; bestrafe **63B**
τιμωρία, ἡ die Strafe; Rache **14A**
τίνω *(Aor.* ἔτεισα*)* ich bezahle, büße, werde bestraft **51B**
τίς; wer?, welcher? **9B. 26A**
τίς ποτε; wer denn? **81–85**
τις *(enkl.)* (irgend)jemand, irgendein(e); ein gewisser, eine gewisse; *(Pl.)* irgendwelche, einige **26B**
τοι *(enkl.)* sicher, gewiss **75B**
τοίνυν *(Adv.)* also, folglich **81–85**
τοιόσδε, τοιάδε, τοιόνδε so beschaffen, ein solcher **65B**
τοιοῦτος, -αύτη, -οῦτο so beschaffen, ein solcher **26A**
τολμάω ich wage, nehme auf mich **55A**
τὸ Ἐπικούρου *(„das Epikurs")* das Wort/der Ausspruch Epikurs **18A**
τὸ νῦν εἶναι für den Augenblick **58A**
τόξα, τά der Bogen und Pfeile; die Pfeile **23B**
τόξον, τό der Bogen *(zum Schießen)* **23B**
τόπος, ὁ der Ort, Platz, die Gegend **18B**
τοσοῦτοι, -αῦται, -αῦτα so große, so viele **26A**
τοσοῦτος, -αύτη, -οῦτο so groß **26A**
τότε *(Adv.)* da; damals, früher **14A**
ποτέ *(Adv.)* (irgend)einmal **50B**
τοτὲ μέν ... τοτὲ δέ einmal ... ein andermal, bald ... bald **50B**
τοὐναντίον (= τὸ ἐναντίον) das Gegenteil; im Gegenteil **58B**
τραῦμα, τό die Wunde **37B**
τραχύς, -εῖα, -ύ rau, uneben; hart, streng **73B**
τρεῖς, τρία drei **36B**
τρέπομαι *(Aor.* ἐτραπόμην*)* ich wende mich, fliehe **63A**
τρέπω ich wende; schlage in die Flucht **43A**
τρέφω ich ernähre, ziehe auf **16A**
τρέχω ich laufe, renne **63B**
τρίς *(Adv.)* dreimal **44A**
τρίτος (-η, -ον), ὁ der (die, das) dritte **44A**
τρόπος, ὁ die Art (und Weise); die Sitte, der Charakter **2A**
τυγχάνω *(m. Gen.)* ich erhalte, bekomme **25B**
τυγχάνω *(m. Part.)* *(oft unübersetzt)*, gerade, zufällig **36A**
τύπτω ich schlage **71A**
τυραννίς, ἡ die Tyrannenherrschaft **56B**
τύραννος, ὁ der Gewaltherrscher, Tyrann **2A**

τυφλός, -ή, -όν blind **11A**
τύχη, ἡ der Zufall, das Schicksal; Glück **10A**

υ

ὑβρίζω ich misshandle; verhöhne **12A**
ὕβρις, ἡ der Hochmut, Trotz; die Misshandlung **39B**
ὑγιαίνω ich bin gesund **3A**
ὑγίεια, ἡ die Gesundheit **48B**
ὑγιής, -ές gesund **48B**
ὕδωρ, τό das Wasser **39A**
υἱός, ὁ der Sohn **6A**
ὑμεῖς ihr **18B**
ὑμέτερος, -α, -ον euer **19B**
ὑμνέω ich besinge, preise **80A**
ὑπακούω ich gehorche **5A**
ὑπάρχει er, sie, es steht zur Verfügung, ist vorhanden; macht den Anfang **59B**
ὑπείκω ich weiche, gebe nach **18B**
ὑπέρ *(m. Gen.)* *(örtlich)* oberhalb von, über (… hin/hinaus); *(übertragen)* für **16B**
ὑπέρ *(m. Akk.)* über … hinaus **46B**
ὑπερέχω *(m. Gen.)* ich übertreffe, rage hinaus (über) **32A**
ὑπεσχόμην *(Aor. ← ὑπισχνέομαι)* *(m. Inf. Fut.)* ich versprach **29A**
ὑπισχνέομαι ich verspreche **79A**
ὕπνος, ὁ der Schlaf **3B**
ὑπό *(m. Gen.)* von *(handelnde Person im Pass.)*; unter *(Frage: „wo?")* **8A**
ὑπολαμβάνω ich nehme auf; nehme an, meine, vermute **79B**
ὑπομένω ich nehme auf mich, halte aus **6B**
ὑποπτεύω ich vermute, befürchte; verdächtige **7A**
ὕστερον *(Adv.)* später **20B**
ὑψηλός, -ή, -όν hoch **41A**

φ

φαίνομαι ich zeige mich, erscheine; *(m. Part. o.* ὅτι) es zeigt sich, dass ich/ich (tue) offensichtlich; *(m. Inf.)* ich scheine (zu tun), ich (tue) scheinbar **54B. 77B**
φαίνω ich mache sichtbar, zeige **61A**
φανερός, -ά, -όν sichtbar, deutlich **20B**
φανερός εἰμι *(m. Part.)* offensichtlich **36A**
φάρμακον, τό das Zaubermittel; Heilmittel; Gift **9B**
φάσκω ich sage, behaupte **40B**
φαῦλος, -η, -ον wertlos, schlecht **59B**
φείδομαι *(m. Gen.)* ich schone, verschone, spare **35B**
φέρω ich trage, bringe; ertrage **2A. 37B. 64A**
φέρων *(Part.)* mit **33B**
φεύγω *(m. Akk.)* ich fliehe (vor), vermeide; gehe in die Verbannung **6B. 23A**
φημί *(enkl.)* ich sage, behaupte **67A**
οὔ φημι *(m. Inf. o. AcI)* ich leugne; *(m. Inf. Fut.)* weigere mich **67A**
φθονέω *(m. Dat. u. Gen.)* ich beneide (jdn. wegen etw.) **74B**
φθόνος, ὁ der Neid, die Missgunst **51A**
φιλέω ich liebe; *(m. Inf.)* pflege zu tun, tue gewöhnlich **67A**
φιλία, ἡ die Zuneigung, Freundschaft **61B**
φίλος, ὁ der Freund **1**
φίλος, -η, -ον lieb, freundlich **34B**
φιλοσοφέω ich philosophiere, strebe nach Wissen/Weisheit **53A**
φιλοσοφία, ἡ die Philosophie, Liebe zur Weisheit **54A**
φιλόσοφος, ὁ der Philosoph **2A**
φοβέομαι ich fürchte **63B**
φοβέομαι μή (οὐ) *(m. Konj./Opt.)* ich fürchte, dass (nicht) **63B**
φοβερός, -ά, -όν furchtsam, ängstlich; furchtbar **32A**
φόβος, ὁ die Furcht, der Schrecken **2A**
φονεύω ich ermorde **14B**
φόνος, ὁ der Mord **15A**
φράζω ich zeige; sage **15A**
φρήν, ἡ das Denken, der Verstand; das Gefühl **51A**
φρονέω ich (be)denke; habe Verstand **54A**
φρόνιμος, -ον vernünftig, klug **31B**
φροντίζω *(m. Gen.)* ich kümmere mich (um) **6A**
φυγή, ἡ die Flucht; Verbannung **67A**
φυλακή, ἡ die Wache, Bewachung **72A**
φυλάττομαι *(m. Akk.)* ich hüte mich (vor) **12B**
φυλάττω ich bewache, beschütze **2B**
φύομαι ich wachse, entstehe **66B**
(τῇ) φύσει von Natur (aus) **61B**
φύσις, ἡ die Natur, natürliche Beschaffenheit, Wesensart **39B**
φύω ich lasse wachsen/entstehen, erzeuge **66B**
φωνή, ἡ der Ton, die Stimme **24B**
φῶς, τό das Licht **62A**

χ

χαῖρε. Sei gegrüßt!, Freue dich! **2A**
χαίρετε. Seid gegrüßt!, Freut euch! **2A**
χαίρω ich freue mich **2A**
χαίρω *(m. Dat.)* ich freue mich (über) **4A**
χαλεπαίνω *(m. Dat.)* ich zürne, bin verärgert (über) **50B. 61A**
χαλεπός, -ή, -όν schwer, schwierig; hart **49A**

χαλκός, ὁ das Erz, die Bronze, das Kupfer; die Waffe *(aus Erz)* **51B**
χαρίζομαι ich erweise einen Gefallen **25B**
χάριν *(m. Gen.; nachgestellt)* um … willen, wegen **68A**
χάριν ἀποδίδωμι *(m. Gen.)* ich statte Dank ab (für), bedanke mich (für), danke (für) **72A**
χάρις, ἡ die Gefälligkeit, der Dank; die Anmut, der Charme **29B**
χειμών, ὁ der Winter; der Sturm; die Not **49A**
χείρ, ἡ die Hand **29A**
χείρων, -ον *(Komp.)* geringer, schlechter **41B**
χέω ich (ver)gieße, schütte **60A**
χίλιοι, -αι, -α tausend **44A**
χορός, ὁ der Tanz; die Tanzgruppe, der Chor **2A**
χρεία, ἡ das Bedürfnis, der Mangel; Gebrauch, Nutzen **35A**
χρή es ist nötig, man muss **9B**
(ἐ-)χρῆν es war nötig, man musste **29A**
χρῆμα, τό die Sache, das Ding **34B**
χρήματα, τά die Güter, das Geld, der Besitz **34B**
χρήομαι *(m. Dat.)* ich gebrauche, verwende; habe Umgang mit; lasse mir ein Orakel geben **57A**
χρήσιμος, -η, -ον nützlich, brauchbar, tüchtig **69B**
χρησμός, ὁ der Orakelspruch, die Weissagung **21B**
χρηστός, -ή, -όν brauchbar, tüchtig **32A**
χρήω ich gebe ein Orakel, prophezeie **57A**
χρόνος, ὁ die Zeit **12A**
χρυσός, ὁ das Gold **31A**
χώρα, ἡ das Land **15B**
χωρέω ich weiche; gehe **64A**
χωρίον, τό der Raum, Platz, das Gelände; die Burg **26B**
χωρίς *(m. Gen.)* getrennt von, ohne **48A**

ψ

ψέγω ich tadle, weise zurecht **30B**
ψεύδομαι ich lüge; täusche mich **51A. 70B**
ψῆφος, ἡ der (Stimm-)Stein; die Abstimmung; der Beschluss **81–85**
ψυχή, ἡ die Seele; das Leben **18A**

ω

ὧδε *(Adv.)* so, auf folgende Weise **28B**
ᾠδή, ἡ der Gesang, das Lied; Gedicht **66A**
ὦμος, ὁ die Schulter **23B**
ὥρα, ἡ die Jahreszeit; Blütezeit, rechte Zeit **66A**
ὡς dass; weil; wie **5B. 6B**
ὡς *(m. Part.)* in der Meinung, dass; als ob *(subjektiver Grund)* **32B**
ὡς *(m. Part. Fut.)* damit, um … zu **35A**
ὡς *(m. Sup.)* möglichst **44B**
ὡς als, nachdem **52A**
ὡσαύτως *(Adv.)* ebenso **49B**
(ὡς) ἐμοὶ δοκεῖν wie mir scheint, meiner Meinung nach **58A**
ὡς (ἔπος) εἰπεῖν sozusagen **58A**
ὥσπερ *(Adv.)* genau(so) wie **6B**
ὥστε sodass **25B**
ὥστε sodass; *(im Hauptsatz)* daher, demnach, folglich **33B**
ὠφελέω *(m. Akk.)* ich unterstütze, nütze, helfe **71A**
ὠφελία, ἡ der Nutzen, Vorteil, die Hilfe **45B**
ὠφέλιμος, (-η), -ον nützlich **69B**

Bildnachweis

123RF.com / Alvaro Cabrera JimÃ©nez – S. 17; - / Celso Pupo – S. 104

AdobeStock / GIORGOS – S. 90, 91; - / Fredéric GUILLET – S. 25; - / jojoo64 – S. 21; - / Girogos Karagiannis – S. 109; - / Luis Santos – Cover; - / Nikolai Sorokin – S. 108/109; - / ValEs1989 – S. 80/81; - / WitR – S. 41; akg-images - S. 5, 35, 40, 57, 85, 91, 114, 120 (2), 121, 124/125, 131, 160, 167, 179, 203, 220/221, 226, 250, 259; - / Album – S. 217; - / Album, Oronoz – S. 151, 187, 235; - / Album, E. Viader, Prisma – S. 14; - / Balagne Balogh, archaeologyillustrated.com – S. 63, 108; - / Bible Land Pictures – S. 22, 163; - / Bildarchiv Steffens – S. 104, 105, Hinterer Vorsatz; - / Andrea Baguzzi – S. 121; - / Cameraphoto – S. 160; - / CDA, Guillemot – S. 193, Hinterer Vorsatz; - / Herve Champollion – S. 124; - / Peter Connolly – S. 31, 69, 233, 249, Hinterer Vorsatz; - / De Agostini Picture Library, G. Nimatallah – S. 14, 23, 121; - / De Agostini Picture Library, G. Dagli Orti – S. 108; - / Alfio Garozzo - S. 40; - / Rainer Hackenberg – S. 20, 24, 124, 213; - / Heritage Images – S. 211; - / Heritage Images, Ashmolean Museum, University of Oxford – S. 120; - / Heritage-Images, CM Dixon – S. 22; - / Heritage Images, Fine Art Images – S. 79; - / Heritage Images, Sites & Photos, Samuel Magal – S. 249; - / Heritage Images, The Print Collector – S. 55; - / John Hios – S. 156, 157; - / Andrea Jemolo – S. 47; - / jh-Lightbox Ltd., John Hios – S. 24, 238, 249, 257, Hinterer Vorsatz; - / Tristan Lafranchis – S. 87; - / Erich Lessing – S. 15, 53, 58, 63, 81, 89, 105 (4), 109, 125, 147, 159, 173, 179, 184, Hinterer Vorsatz; - / Nimatallah – S. 14, 45, 49, 67, 124, 156, 213, 248; - / North Wind Pictures – S. 62, 189; - / Osprey Publishing, Actium 31 BC, Christa Hook – S. 178; - / Science Sorce – S. 67; - / Jürgen Sorges – S. 72/73; - / Eric Vandeville – S. 37; - / WHA, World History Archive – S. 77; Alamy Stock Photo / agefotostock – S. 82, 120; - / aerial-photos.com – S. 208, Hinterer Vorsatz; - / All Star Picture Library Ltd. – S. 153; - / androsch – S. 157; - / Art Collection 2 – S. 75, 133; - / Azoor Photo – S. 157; - / Erin Babnik – S. 209; - / Classic Image – Hinterer Vorsatz; - / CW Images – S. 21; - / Dipper Historic – S. 119; - / Adam Eastland – S. 142; - / Jeremy Graham – S. 161; - / Terry Harris – S. 242; - / Chris Hellier – S. 235, 249; - / Bob Henry – S. 225; - / Heritage Image Partnership Ltd. – S. 224, 255; - / Peter Horree – S. 127, 157; - / imageBROKER – S. 212/213, 225; - / Wolfgang Kaehler – S. 197; - / Roberto Lo Savio – S. 196 - / Charles Mann – S. 212; - / Angus McComiskey – S. 205, Hinterer Vorsatz; - / Hercules Milas – S. 24 (2); - / NAPA – S. 212; - / Christian Offenberg – S. 157; - / B. O'Kane – S. 157, 169; - / Richard Osbourne – S. 175; - / Ozerk Kalender – S. 161; - / PhotoStock-Israel – S. 19; - / Photo Vault – S. 219; - / PictureLux, The Hollywood Archive – S. 39; - / PRISMA ARCHIVIO – S. 27, 38; - / Dmitry Rukhlenko Travel Photos – S. 224/225; - / Jürgen Schonnop – S. 196; -/ Richard Semik – S. 196/197; - / Martin Sopha – S. 209; - / stella – S. 224; - / Dimitrios Tsalkanis – S. 208; - / The Picture Art Collection – S. 244/245; - / The Print Collector – S. 208, Hinterer Vorsatz; - / volkerpreusser – S. 225; - / Ken Welsh – S. 62; - / WENN Rights Ltd. – S. 116/117; - / Jan Wlodarczyk – S. 160; - / Chun Ju Wu – S. 212; - / Ernst Wrba – S. 197, 208; - / ZUMA Press Inc. – S. 209; ASTERIX®- OBELIX®- IDEFIX® / © 2020 LES EDITIONS ALBERT RENE / GOSCINNY – UDERZO – 103

bpk-Bildagentur – S. 165, 217; - / Antikensammlung, SMB – S. 192; - / Antikensammlung, SMB, Johannes Laurentius – S. 136, Hinterer Vorsatz; - / Bayerische Staatsgemäldesammlungen – S. 61, 190/191; - / Alfredo Dagli Orti – S. 196; - / Münzkabinett, SMB, Dirk Sonnenwald – S. 192 (2); - / Museo Archeologico Nazionale, Neapel, Scala – S. 105; - / RMN-Grand Palais, Maurice et Pierre Chuzeville – S. 237; - / RMN-Grand Palais, Hervé Lewandowsi – S. 105, 253, Hinterer Vorsatz; - / Scala – S. 248; - / The Trustees of the British Museum – S. 42, 80, 121, 179; Bridgeman Images – S. 80, 120; - / De Agostini Picture Library, G. Dagli Orti – S. 105; - / Iberfoto – S. 160/161, 209; - / Look and Learn – S. 93, 195; - / National Archaeological Museum Athen – S. 33; - / Photo © Collection Artedia – S. 178; - / © Photo Raffaelo Bencini – S. 207; Briefmarken Holstein, Neuenkirchen – S. 200

Cartoon Collection / Kanin – S. 113

dpa Picture-Alliance / Arco Images GmbH – S. 81; - / kpa_90061 – S. 141; Dreamstime.com / Xiaoma – S. 25;

Karl Forster, Bad Grönenbach – S. 129

Getty Images Plus / Marzolino – S. 197; iStockphoto, Nmaverick – S. 19; - / iStockphoto, WitR – S. 40/41, 58, Hinterer Vorsatz

iStockphoto / vale_t – S. 229

Mauritius Images / Alamy Stock Photo, ACORN1 – S. 21; - / Alamy Stock Photo, ART Collection – S. 15; - / Alamy Stock Photo, Art Collection 2 – S. 144; - Alamy Stock Photo, Art Collection 3 – S. 138/139; - / Alamy Stock Photo, Artimages – S. 181; - / Alamy Stock Photo, Bildagentur-online, Schoening-H – S. 143; - / Alamy Stock Photo, Gary Blake – S. 40/41; - / Alamy Stock Photo, Mert Cetinkaya – S. 14/15; - / Alamy Stock Photo, Collectiva – S. 23; - / Alamy Stock Photo, Chris Craggs –

S. 147; - / Alamy Stock Photo, Ian Dagnall – S. 23; - / Alamy Stock Photo, Ian Dagnall Computing – S. 262; - / Alamy Stock Photo, Darling Archive – S. 80; - / Alamy Stock Photo, Dorling Kindersley – Hinterer Vorsatz; - / Alamy Stock Photo, Fifg – S. 23; - / Alamy Stock Photo, Funkyfood-London, Paul Williams – S. 21, 125, 135, 230/231; - / Alamy Stock Photo, Terry Harris – S. 21; - / Alamy Stock Photo, Andrew Hasson – S. 14; - / Alamy Stock Photo, Chris Hellier – S. 21; - / Alamy Stock Photo, Peter Horree – S. 15, 64/65; - / Alamy Stock Photo, Ivy Close Images – S. 97; - / Alamy Stock Photo, Maler – S. 111; - / Alamy Stock Photo, Denise Mandrella – S. 17; - / Alamy Stock Photo, Hercules Milas – S. 24, 41, 90/91 Hinterer Vorsatz; - / Alamy Stock Photo, Alexey Morozov – S. 90/91; - / Panther Media GmbH – S. 178/179; - / Alamy Stock Photo, Shotshop GmbH – S. 161; - / Alamy Stock Photo, Spring Images – S. 147; - / Alamy Stock Photo, Emanuel Tanjala – S. 40; - / Alamy Stock Photo, TheBiblePeople – S. 123; -/ Alamy Stock Photo, The Picture Art Collection – S. 199; - / The History Collection – S. 183; - / Alamy Stock Photo , Pjr Travel – S. 21; - / Alamy Stock Photo, Universal Images Group North America – S. 155, Hinterer Vorsatz; -/ Alamy Stock Photo, VASILIS VERVERIDIS – S. 95; - / Axion RF, Dosfotos – S. 17; - / Walter Bibikov – S. 109, 146; - / Hemis fr., Franck Guizion – S. 24/25; - / Hemis fr., MONTICO Lionel – S. 146/147; - / Jung und Wild Design, Mica Zeitz – S. 62/63; - / kdscholzfoto – S. 62/63, 81; - / Volker Miosga – S. 146; - / Pitopia, Karl-Heinz Peisker – S. 146; - / Science Source, NYPL – S. 16; - / Thonig – S. 25; - / Westend61, Maria Maar – S. 62, 108, 124/125

Photo Scala, Florenz – S. 51; - / courtesy of the Ministero Beni e Att. Culturali e del Turismo – S. 90

J. Saurine, Smithfield – S. 149; Science Photo Library / Carlos Clarivan – S. 171; Staatliche Antikensammlung und Glyptothek, München / Foto: Renate Kühling – S. 90

Theater der Dämmerung – S. 223; theater privat, Wien – S. 241; Theater und Orchester Heidelberg (Spielzeit der Produktion 20/21) – S. 224

www.wikimedia.org / GEMEINFREI – S. 208, 215.

Textnachweis

S. 16, 1: leicht überarbeitete Übernahme einer Übung von Oertel, Hans-Peter: Das griechische Alphabet als Abenteuer, in: Motivationshilfen zum Griechischunterricht. Zusammengestellt vom Staatsinstitut für Schulpädagogik. Herausgegeben vom Bayerischen Staatsministerium für Unterricht und Kultus, München 1982; S. 69, 4: Burckhardt, Leonhard: Militärgeschichte der Antike. München (C. H. Beck) 2008, S. 41 f.; S. 129, 5: Kerényi, Karl: Vorwort zur ‚Antigone', in: Schondorff, Joachim (Hrsg.): Theater der Jahrhunderte, München/Wien (Langen Müller) 1982, S. 15, zitiert nach: Walther, Lutz/Hayo, Martina (Hrsg.): Mythos Antigone. Texte von Sophokles bis Hochhuth. Leipzig (Reclam) 2004, S. 176; S. 163, 5: Kurth, Amélie: The Persian Empire. A Corpus of Sources From the Achaemenid Period, London (Routledge) 2007, S. 301, dt. Übersetzung von Matthias Märkl; S. 171, 4: Weeber, Karl-Wilhelm: Hellas sei Dank! Was Europa den Griechen schuldet. Eine historische Abrechnung. München (Siedler Verlag) 2012, S. 173; S. 183, 4: Orth, Wolfgang: Alexander der Große, in: Brodersen, Kai (Hrsg): Große Gestalten der griechischen Antike. 58 historische Portraits von Homer bis Kleopatra. München (C. H. Beck) 1999, S. 437; S. 201, 4: Primavesi, Oliver: Empedokles, in: Brodersen, Kai (Hrsg.): Große Gestalten der griechischen Antike. 58 historische Portraits von Homer bis Kleopatra. München (C. H. Beck) 1999, S. 220 f.; S. 216, 5: Görgemanns, Herwig (Hrsg.): Die griechische Literatur in Text und Darstellung, Stuttgart (Reclam) 1991. Bd. 1: Latacz, Joachim: Archaische Periode, Stuttgart 1991, S. 379; S. 226, I: Thukydides 1,70,9, übersetzt von: Thukydides: Der Peloponnesische Krieg, übersetzt und herausgegeben von Vretska, Helmuth, Stuttgart (Reclam) 1966; S. 221, 5: Will, Wolfgang: Athen oder Sparta. Eine Geschichte des Peloponnesischen Krieges, München (C. H. Beck) 2020, Umschlag; S. 240, I: Hegel, G. W. F.: Vorlesungen über die Ästhetik (1835 – 1838), in: Holzberg, Niklas: Aristophanes. Sex, Spott und Politik. München (C. H. Beck) 2010, Klappentext; S. 251, 2: Beschluss König Ottos I. von Griechenland, in: Aphoristische Bemerkungen gesammelt auf seiner Reise nach Griechenland von Leo von Klenze, Architekten, Königl. Bayerischem Hof-Bau-Intendanten, Vorstande der Ober-Bau-Behörde, wirklichem Geheimrathe und Kammerhernn. Berlin, bei G. Reimer. 1838. Beilage X, Art. 4, S. 741

ca. 1600 – 1425 | 1425–800 | 800 – 500

2. Jt. v. Chr.: Mit der minoischen Kultur (labyrinthartige Paläste; Stierkult) liegt auf Kreta die Wiege der europäischen Kultur.

Um 1300 (Späte Bronzezeit) war Troja eine bedeutende Stadt am Eingang der Dardanellen – aber ob es den Trojanischen Krieg wirklich gab, ist ungewiss.

Das um 1250 entstandene monumentale Löwentor demonstriert Reichtum und Macht der mykenischen Kultur.

Für das Jahr 776 werden die ersten Olympischen Spiele bezeugt, nach denen die Griechen die Jahre berechnen.

750 – 550: Die Griechen besiedeln große Teile des Mittelmeer- und Schwarzmeerraumes (griechische Kolonisation); das um 600 gegründete Poseidonia (Paestum) ist berühmt wegen seiner drei Tempel im dorischen Baustil.

ca. 600: Auf der Insel Lesbos blüht mit Sappho und Alkaios die frühgriechische Lyrik.

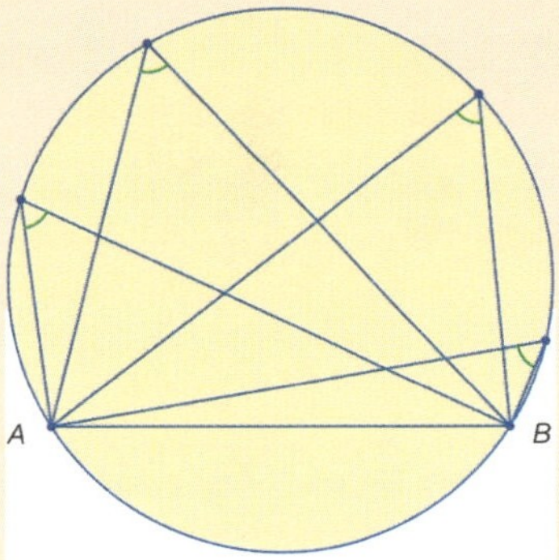

Thales gilt als Begründer der ionischen Naturphilosophie; exakt für den 28. 5. 585 berechnete er eine Sonnenfinsternis voraus.

Neben Olympia ist Delphi der Ort, in dem sich der Zauber der griechischen Kultur auch heute noch erleben lässt.